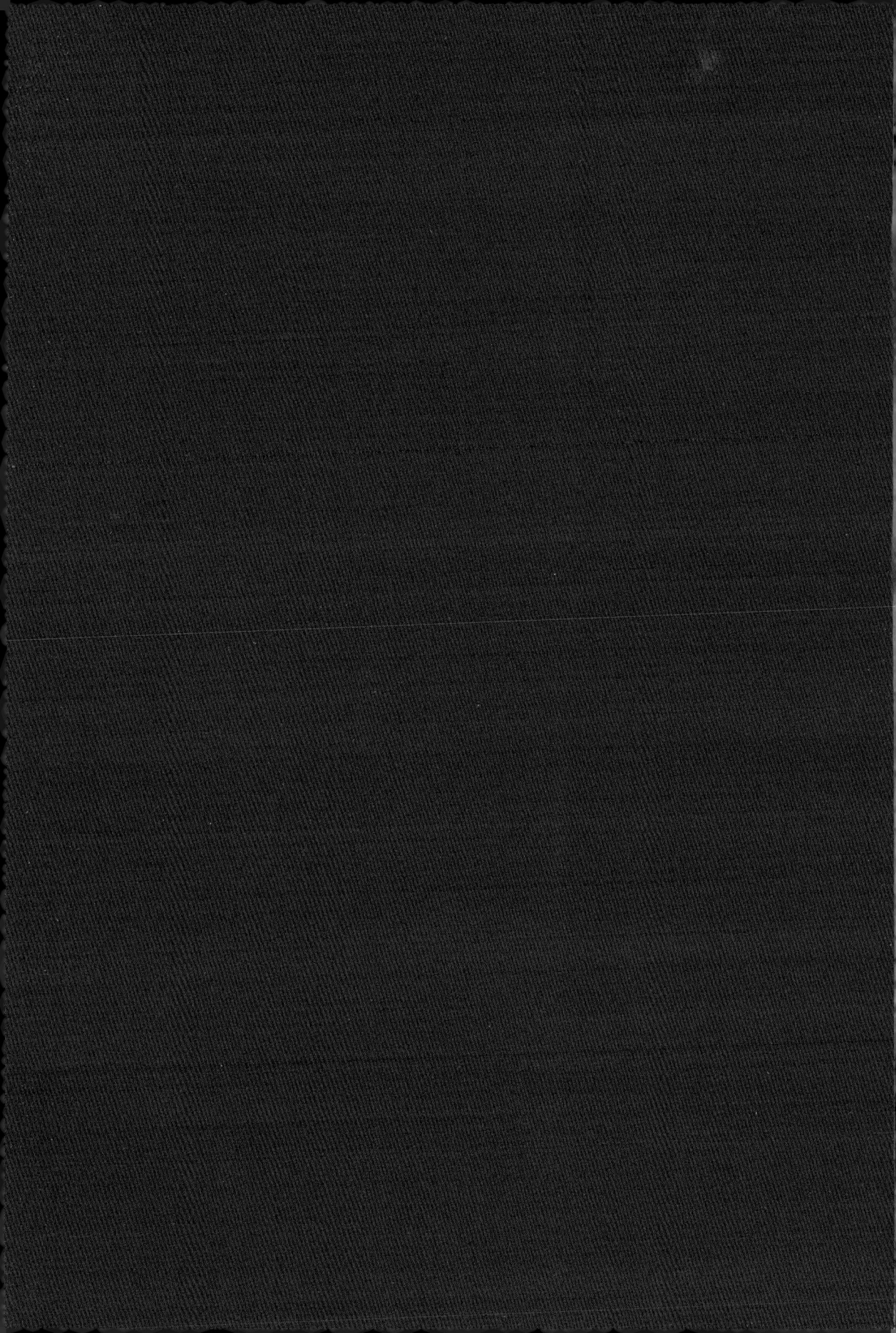

景颇族原始宗教文化研究

Wunpong Jinghpo Makam Masham

Sumru Dinglik Lam

祁德川 著

德宏民族出版社

图书在版编目（CIP）数据

景颇族原始宗教文化研究/祁德川著.—潞西：德宏民族出版社，2015.7
（重印）

ISBN 978 - 7 - 80750 - 664 - 5

Ⅰ.①景…　Ⅱ.①祁…　Ⅲ.①景颇族—原始宗教—宗教文化—研究—
中国　Ⅳ.①B933

中国版本图书馆 CIP 数据核字（2012）第096067号

书　　　名：	景颇族原始宗教文化研究	
作　　　者：	祁德川　著	

出版·发行	德宏民族出版社	责 任 编 辑	木　闹
社　　址	云南省德宏州芒市勇罕街1号	责 任 校 对	彭　敏
邮　　编	678400	封 面 设 计	岳　南
总编室电话	0692 - 2124877	发行部电话	0692 - 2112886
电 子 邮 件	dmpress@163.com	网　　址	www.dmpress.cn
印　刷　厂	云南民族印刷厂		

开　　本	16 开	版　　次	2012 年 6 月第 1 版
印　　张	29.25	印　　次	2015 年 7 月第 2 次
字　　数	300 千字	印　　数	1001 - 2000
书　　号	ISBN 978 - 7 - 80750 - 664 - 5/B · 5	定　　价	45.00 元

如出现印刷、装订错误，请与承印厂联系调换事宜。印刷厂联系电话：
0871 - 5382364

前　言

　　原始宗教是人类历史上各种宗教当中最为古老的一种意识形态。它又是人类社会中的一种比较复杂的社会现象，是原始社会里人们对于自身、社会和自然界的精神活动的产物，是原始部落集团全体成员恪守的信仰，也是原始人类世界观的主要内容，早期原始人类世代谋生活动和思维方式的一个重大的文化遗产，它蕴藏着人类精神文化当中许多原生形态的事物，有哲学、艺术、史学、文学、法律、天文、历算和医学等，包含着人类对神的感受与经验，所以，原始宗教对人类社会的影响大而深远。

　　在长期的历史发展过程中，景颇族为适应自然环境的多样性，创造了各具民族特色的原始宗教文化，它是景颇族传统文化的重要组成部分，也是景颇族传统文化最具民族特色的主要表现形式。

　　在人类出现之前的漫长岁月里，天地间本来没有什么所谓的"鬼神"存在，只是有了人类以后，随之而出现了各种各样的鬼神，而董萨（巫师）是鬼神世界的创造者和发明者，可以说没有董萨就没有鬼神。景颇族原始宗教巫师（董萨），在对大自然的崇拜过程中，创造出了木代南（木代鬼）、占南（太阳鬼）、占苦南（太阴太阳鬼）等190多种有名有姓的鬼魂形象。这些鬼魂形象大都具有鲜明的自然属性。那么董萨们是如何创造出如此众多的鬼魂形象呢？从古到今，人类依赖于大自然，在世代相继的生产活动中，把人的智慧、力量和热情全都用于大自然，大自然却反过来把自己的力量无情地作用于人类。在原始人类尚不发达的头脑里，造成同人类自己一样，有感觉、有意志、有情绪的鬼怪，董萨们根据这一幻觉创造了鬼魂世界，如直同南（山神鬼），据说它是一种非常恶的野鬼。传说它是一个男鬼，是在洪水泛滥时期出现的。它原本是仙人下面的头目，因不听从仙人的话，仙人把它的眼睛挖去一只，并让它永远不能回到舒坦的地方，只能呆在山洞里。因此，这种鬼又称"独眼聋鬼"。据说这种鬼无处不在，所以你无论走到何地何方都不能随便谈论它，特别是它只要肚子饿起来，不管遇到什么人都会"咬"。正因为如此，景颇人对山神鬼十分畏惧。当然，董萨创造的鬼也分有好鬼，如日鬼、月鬼等，这些鬼会保护人类，尤其家鬼更是如此。董萨们把自然界的各种客观事物赋予以人的形象，认为它们都是些有灵魂的东西，进而将自然界的一切事物神秘化。自从董萨们创造了自己的人类社会以来，他们又创造出主宰自己命运的各种鬼神世界。

景颇族原始宗教文化认为，无论日、月、风、云、山、川的作用都是鬼灵活动的体现。董萨们根据各种自然现象的特点及其对于人们的关系，确定它们在人们意识中的地位。认为星星是太阳的伴侣，闪电是雷的伙伴，特别是在各种天体现象中，由于风、雷、电等变化剧烈，便认为不只对各种农作物、房屋有危害作用，而且对人类的各种疾病有着息息相关。董萨们把它们解释为各种疾病和灾害发生的根源，从而归纳出山神、地神和水神是种植谷物、放牧牲畜和提供水源的源泉等。

在现实生产生活中，董萨是景颇族传统民间传说故事的发明者和编造者。他们特别能讲民间故事，凡举日月星辰、风云山水、花草树木、鱼虫鸟兽、人物事件等都可以编造出美丽动人的神话、传说、故事。

　　景颇族社会中的一些鬼神形象是从董萨们讲古道今过程中，把故事中的主人公赋予神化，经过几代董萨们的不断相传，不断创作，不断加工，逐步形成的鬼神形象，如景颇族创世纪中讲到的能万拉、能斑木占、彭干支伦、木占威纯、宁贯瓦等众多鬼魂形象。他们既是景颇族的祖先，又是所有鬼神的祖先。又如景颇族大斋瓦贡推干所说："自从形成了天地之后，就出现了彭干支伦和其妻木占威纯，他们是一切的'总鬼'，他们生出了人类和各种各样的实物、实体。首先生了'木代'（景颇族最大的鬼）等7弟兄。后又生了各支系所供奉的木代，山官家所供的'斯铁木曼、子胖木占'以及官庙中所供的'斯铁'鬼。接着又生了金子、银子、篮子、金盘子、水、火、树木、竹子、盐等实物和鸭、鹅、羊等动物。紧接着又生了宁贯瓦和他所用的大刀、锤子、夹子、弩、弓、尺子等用具"。可以这么说，景颇族的鬼形象就是这样产生出来的，这就是景颇族的文化来源。

　　景颇族原始宗教文化是景颇族传承本民族传统文化的主要手段之一。在漫长的岁月里，景颇族就是通过原始宗教文化的形式，从古至今的传统文化一代传授一代，促使景颇族的传统文化传承下来。从某种意义上讲，景颇族原始宗教文化是景颇族社会历史发展过程中留下来的宝贵财富，是景颇族历史发展的见证。

　　今天我们来开发利用这些优秀的传统文化，对我们建设民族文化大省、开发民族旅游业等都具有现实意义。

目 录

第一章 民 族

第一节 民族来源与迁徙

在祖国西南边疆，云南省西部的横断山脉高山峻岭中，居住着一个古老的民族——景颇族。景颇族在历史上无文字，因而也就没有用本民族文字记载的历史，仅有民间的口头传说。在早期的汉文史中记载也很少，而且含混难考。从语言系属看，汉藏语系藏缅语族的各族与我国古代西北地区甘青高原的氐羌部落集团有密切的关系。据《华阳国志·南中志》记载："南中，在昔盖夷、越之地。"而"夷"，是源于氐羌系统的部落。从云南省各地挖掘出土的多种多样新石器遗址中，也可推知公元前3世纪以前云南境内已有大部分居住着氐羌和百越系统的部落集团。这一理论，从景颇族的口头传说中也可得到一些印证。景颇族古老的传说认为，景颇族的祖先是由北方向南逐渐迁徙的。景颇族最早的发源地在"木拽省腊崩"，景颇语意为"天然平顶山"、或释为"男山和女山"。据一些老人说，这是一个终年积雪，非常寒冷的地方，位于迈立开江，恩梅开江、怒江、澜沧江、金沙江之源以北的广阔地区，即青藏高原一带。据景颇族载瓦支、浪莪支、勒赤支、波拉支又追始于"子丕子黑"，在昆仑山，位于青藏高原以北地区。从景颇族各支系的送魂路线看，景颇支送魂路线为伊洛瓦底江之西，并追始于"木拽省腊崩"。景颇族载瓦支送魂路线为片马之西北，并追始于"子丕子黑"。浪莪支系的送魂路线为经保山、腾冲、泸水县的登埂、六库、老窝，云龙县的漕河、瓦窑，并跨过龙川江、怒江和澜沧江直至金沙江边。约在战国秦献公时（公元前 383 年前后），大部分景颇族从青藏高原南迁到江心坡一带。以后江心坡一带的景颇族又逐渐西迁，越过澜沧江，怒江及高黎贡山进入滇西缅北交界地区。一部分向西迁到今缅甸孙布拉蚌、胡康河谷，德育茜和西北掸邦一带；一部分向西北迁到印度阿萨姆邦；另一部分向南迁到德宏地区，形成了今天我国景颇族、缅甸景颇族，印度景颇族的分布状况。

景颇族是一个跨境而居的民族，其地理位置在中印半岛西北部、中缅边境地带的广大山区，东起东经 96°～98°40′，南起北纬 23°，西起东经 96°，北起北纬 23°～27°25′之间，即东起高黎贡山、怒江，西至更的宛河及印度阿萨姆邦边境，北起喜马拉雅山麓的坎底、岔角江，南至腊戌、摩哥克山区一带。西北直线距离 700 公里，北部宽处东西直线距离 200～300 公里，其中密支那以北，东起高黎贡山西麓与恩梅开江北段山上，北至贡山与西庄的察隅边境，西起胡康河谷至印度阿萨姆邦边缘，这大片地区有 70 000 余平方公里，是景颇族的主要聚居区。我国景颇族主要聚居在云南省德宏傣族景颇族自治州境内，东经 97°31′～98°43′，北纬 23°～25°20′之间，这些地区与缅甸毗邻，国境线长达 503.8 公里。

第二节　族　称

景颇族主要有景颇、载瓦、浪莪、勒期、波拉等自称。自称不同的人相互的称谓也不尽相同。自称景颇的人叫自称载瓦的人为"阿资"或"资"，叫自称浪莪的人为"木如"，叫自称勒期的人为"勒诗"，叫自称波拉的人为"波拉"。自称载瓦的人叫自称景颇的人为"石东"，叫自称浪莪的人为"勒浪"，叫自称勒期的人为"勒期"，叫自称波拉的人为"波罗"。自称浪莪的人叫自称景颇的人为"泡沃"，叫自称载瓦的人为"杂沃"，叫自称勒期的人为"勒期"，叫自称波拉的人为"波罗"。自称勒期的人叫自称景颇的人为"石东"，叫自称载瓦的人为"载沃"，叫自称浪莪的人为"浪莪"，叫自称波拉的人为"波罗"。自称波拉的人叫自称景颇的人为"石东"，叫自称载瓦的人为"载沃"，叫自称浪莪的人为"浪莪"，叫自称勒期的人为"勒期"。

"景颇"既是景颇支系的名称，又是整个景颇族的总名称。"景颇"一词，在景颇语中解释为"人""景颇族""景颇支系"等。

唐代景颇族被称为"寻传蛮""祁鲜""裸形蛮""野蛮""高黎共人"等他称。元朝时期史书所载景颇族又多称之为"峨昌""莪昌""蛾昌"等他称，同时还被称为"羯些""遮些""结些""野蛮""野人"等。清代又被称为"遮些""野人"等。由于历史的原因，多数景颇族居住在山区、半山区。因此，又被称为"山头人"，对景颇族的景颇、载瓦两个支系则被称为"大山""小山"。新中国成立后，根据本民族自称各支系统称为景颇族。

在缅甸景颇族有不同称谓，景颇、载瓦、浪莪、勒期、波拉等自称不变，这些自称同时又是景颇族各支系的名称。居住在缅甸南部的景颇族称西北部一带即江心坡和孙布拉蚌一带的景颇族为"卡苦"，意为"江头人，即居住在恩梅开江、迈立开江江头的人。"部分缅族称孟拱地区和户拱河谷一带的景颇族为"景颇"，对其他地区的景颇族称为"克钦"。在缅甸一些史书和碑文中有"寻颇""革钦"的记载。景颇族认为"克钦"一称有歧义，并不屑于接受这个族称，但因缅甸联邦宪法中早已用过"克钦"称谓，故仍沿用"克钦族"这一族称。缅甸掸族称景颇族为"抗""抗戛"等。在印度阿萨姆邦的景颇族，自称"景颇"，当地其他民族称景颇族为"新福"。在泰国的景颇族，自称"景颇"，当地其他民族称景颇族为"抗"。

第三节　人口分布

我国景颇族主要分布在云南省德宏傣族景颇族自治州陇川、盈江、潞西（今芒市）、瑞丽、梁河等 3 县 2 市的半山半坝区。另外，还有少数景颇族散居在怒江傈僳族自治州的片马、岗房、古浪，临沧市的耿马傣族佤族自治县，普耳市的澜沧拉祜族自治县、孟连县，西双版纳傣族自治州勐海县，保山市的古永和贵州省凯里市等省州市县，共 130 212 人。（2000 年全国人口普查统计）。在缅甸的景颇族主要分布于亲敦江和伊洛瓦底江上游的克钦邦，少数散居于南北掸邦及缅中，缅印边境山区。据《世界民族常识》记载，缅甸景颇族共 116 万人。在印度主要分布于阿萨姆邦、阿鲁拉察尔和西孟加拉邦内，共 5 万多人。在泰国主要分布在青莱府，共有 1000 多人。

景颇族有景颇、载瓦、浪峨、勒期、波拉等自称。景颇族五种主要自称的人在德宏地区的分布情况大体上是：景颇支主要分布在德宏州盈江县铜壁关、卡场、太平、平原、姐帽、芒允，陇川县的清平、护国、陇把、王子树、景罕，瑞丽市的弄岛、勐秀，潞西市的芒海等县（市）乡镇以及临沧市耿马县贺派、福荣、景信等乡（镇），人口约有4万人。载瓦支主要分布在陇川县的拱瓦、邦瓦、清平、护国、陇把、王子树、章凤、景罕，盈江县的盏西、支那、弄章、芒允，潞西市的西山、东山、五岔路、中山、芒海、三台山，瑞丽市的户育、勐秀，梁河县的芒东、勐养，畹町经济开发区的芒棒等县市乡（镇）以及西双版纳州勐海县勐海乡，思茅市的澜沧县、孟连县等，人口约有8万人。浪莪支主要分布在潞西市的营盘、孟广、弄龙、允欠、当扫、拱卡，梁河县的勐养、芒东，陇川县的王子树，瑞丽市的勐秀、户育，盈江县的铜壁关等县市乡（镇）的部分地区，人口约有4 000人。勒期支主要分布在盈江县的盏西、支那，陇川县的护国，潞西市的西山、中山、东山，瑞丽市的勐秀，梁河县的勐养、芒东等县市乡（镇）的部分地区以及怒江州泸水县片马镇也有分布，人口约有4 000人。波拉支主要分布在梁河县的勐养、芒东，陇川县的王子树、护国、陇把，盈江县的铜壁关、盏西、支那，潞西市的西山、五岔路、中山，瑞丽市的勐秀等县市乡（镇）的少部分地区与其他支系杂居在一起，人口约有300多人。景颇族中景颇、载瓦两个支系人口较多，浪莪、勒期、波拉3个支系，人口较少，他们以村寨为单位而聚居，大多数同其他支系杂居在一起。从整个景颇族地区来看，大多数景颇族地区都是不同支系杂居在一起的。

第四节 语言及方言

自古以来，景颇族使用本民族语言作为本民族内部相互交际、交流思想的工具。景颇族5个支系都有与自称相同的语言或方言。

一、景颇语与载瓦语的关系

景颇语和其他四种支系语言差异较大。景颇语和载瓦语比较，在语法结构上比较接近，但在语音对应关系上比较远，词汇方面差异较大。据有关资料统计，在 3220 个词汇比较中，两者全同和相近的词只约占 19.3%，其中有一些词还是外来语借词，不同的词占 80.7%。在语法方面，两种语言的主要特点相同。不同的地方在于景颇语的量词少，在表示数量时，一般只用数词而不用量词；载瓦语的量词比较丰富，一般都用量词表示。景颇语的使动范畴的主要语法形式是在自动词前加词头表示使动，而载瓦语则用屈折形式和分析形式表示使动。国内外专家学者公认景颇语和载瓦语是两种独立的语言。下面仅就语音的主要差别作简要介绍：

1. 声母方面

景颇语声母共 31 个，载瓦语声母共 28 个。景颇语比载瓦语多 pʒ、phʒ、kʒ、khʒ 四个卷舌音声母，其中不送气卷舌音 pʒ、kʒ 两个，送气卷舌音 phʒ、khʒ 两个。载瓦语比景颇语多一个舌根音 xj，其余的声母都是相同的。景颇语与载瓦语的声母在景颇族原有的词源中相同的较少。

2. 韵母方面

景颇语有 88 个韵母，载瓦语有 86 个韵母。景颇语比载瓦语韵母多两个：一是带鼻音尾韵母紧音 i̱m；二是带塞音尾韵母松音 ip。两者在韵母上的相似之处，韵母都分松紧两类，韵母除了单元音外，还有复合元音韵母，带鼻辅音尾和塞辅音尾的韵母，但两者韵母在景颇族原有的词源中相同的较少。

3. 声调方面

景颇语有 31 调、33 调、55 调、51 调共 4 个调，载瓦语有 21 调、55 调、51 调共 3 个调。

景颇语和载瓦语之间有共同点，也有差异，但差异是主要方面。因此，景颇语和载瓦语是两种独立的语言。景颇语属汉藏语系藏缅语族景颇语支，载瓦语属缅语支。勒期、浪莪、波拉三个支系的语言与载瓦语接近。

二、载瓦语与勒期、浪莪、波拉三个支系语言的关系

景颇族不同的支系不仅在分布上存在密不可分的关系，而且在民族的其他特征上，如经济制度、生产方式、婚丧喜庆、生活方式、服饰衣着、宗教信仰、风俗习惯、心理素质、欢度节日等诸方面，都保持基本相同的特征。尽管景颇族不同的支系，在历史上可能是不同的共同体，但经过长期的历史发展，各支系已异源同流，发展成为一个统一的民族。在漫长的历史岁月中，各支系之间已经紧密地联系在一起，融为一个大的共同体。景颇族五个不同支系的差别，主要表现在语言中。五个支系都有自己的，不同于别的支系的语言，而且支系的界限同使用语言的界限完全一致。这就是说，使用不同的语言，是景颇族不同支系之间最明显和最主要的特征，但是，在景颇族五个支系中，载瓦、勒期、浪莪、波拉四个支系所使用的语言很接近。国内外学者有的认为是四种不同的独立语言，有的认为是同一语言中的不同方言。这四种语言在词的结构和语法方面的主要特点是相同的，其差别主要表现在语音上面。下面仅就语音的主要差别作简要介绍。

1. 声母方面

载瓦语、浪莪语、波拉语的声母都是 28 个，其中，浪莪语、

波拉语比载瓦语多了一个 ɣ 声母，少了一个 xj 声母；勒期语有 30 个声母，比载瓦语多了 ɣ、w 两个声母，比浪莪语、波拉语多了 xj、w 两个声母。其余的声母都是相同的。声母在同源词中大多是相同的，个别不同的声母也有相应的对应关系。

2. 韵母方面

载瓦语有 86 个韵母，勒期语有 156 个韵母，浪莪语有 91 个韵母，波拉语有 63 个韵母，其中，载瓦语单元音韵母 10 个，勒期语单元音韵母 34 个，浪莪语单元音韵母 18 个，波拉语单元音韵母 20 个；载瓦语复元音韵母 8 个，勒期语复元音韵母 16 个，浪莪语复元音 8 个，波拉语复元音 8 个；载瓦语带辅音尾韵母 68 个，勒期语带辅音韵尾的韵母 106 个，浪莪语单元音带辅音尾和复元音带辅音尾共 65 个，波拉语单元音带辅音尾和复元音带辅音尾 35 个。勒期语在不同语法结构中，动词、形容词的元音有长短之分，分别出现在不同的场合；复合元音韵母和复合元音带辅音尾的韵母只出现在少数词上。勒期语、浪莪语、波拉语带辅音尾的韵母排列不够整齐，少量的复合元音还带辅音韵尾。四个语言韵母在同源词中都有对应关系。

3. 声调方面

载瓦、勒期、浪莪、波拉四种语言的声调都较少，调值基本相同。载瓦语有 21 调、55 调、51 调，勒期语有 31 调、55 调、53 调，浪莪语有 31 调、55 调、35 调，波拉语有 31 调、55 调、35 调、51 调。另外，载瓦语有一个 15 调，浪莪语有一个 51 调都是出现在变调或借词中。四种语言的声调对应情况：①促声调都是只出现在塞音韵尾后，而且只有高平调和低降调，大多是高平对高平，低降对低降。②舒声调也有相应的对应关系，形式较多。

从以上的分析，载瓦、勒期、浪莪、波拉四种语言的语音结构和语音对应关系都比较接近。因此，载瓦、勒期、浪莪、波拉四个支系所讲的语言同属于汉藏语系藏缅语族缅语支载瓦语。载瓦语分载瓦、勒期、浪莪、波拉四个方言。

第五节　景颇、载瓦、勒期、浪莪、波拉各支系关系

一、景颇族分支系的传说

景颇族分支系的传说多种多样，但总的说法似乎是先有浪莪和景颇两个支系，以后景颇支始终为景颇，而浪莪支系后来逐步又分化出载瓦、勒期两个支系。而波拉支系则是景颇、载瓦、勒期、浪莪产生并成为一个独立支系以后，才从浪莪支系中分化出来，分化的历史较短。因此，波拉支系在历史上的分化传说较少。据传说是这样的：在宁贯瓦时代，景颇族尚未分支系，所讲的话基本上是一种话。从瓦切瓦时代开始，逐步从原始社会跨入阶级社会。瓦切瓦有 30 个枕头，

景颇族景颇支系（景颇族双人舞）

30 个老婆，从此才由鬼变人，他的儿子就分为浪莪、景颇、载瓦、勒期。他的大儿子浪莪到阿昌人聚居的地方去当官，大儿子浪莪娶了阿昌人为妻，并生下了梅普、梅掌、梅何等几个儿子，后来这些人都成了景颇族的不同姓氏。从他们起，就把自己的话结合阿昌话，变成了载瓦话。如今载瓦话还称为"梅你"话（盈江县支丹山的景颇族还称载瓦为阿昌）。关于景颇族分支系前，讲何种话，有两种传说，一种传说：在景颇族的发祥地木拽省腊崩时，人们最初讲浪莪话，后来又讲克弄话，再后来又讲景颇话，最后才讲载瓦话。另一种

景颇族载瓦支系盛装（女装）

传说：梅普、梅何、梅掌（系载瓦支系姓）的祖先都是浪莪，后来因为他们去到阿昌人地方当官，他们把浪莪话和阿昌话结合起来就讲出了载瓦话，到了奥拉当时代，他是属景颇支系。后来他到阿昌人和载瓦支系聚居的地方去做官，他也就跟着讲载瓦话，后来成了载瓦支系。

二、分支路线

根据景颇族送"木代鬼"时所念地名，以及景颇族老人死后送魂回老家的路线，大致可以探出其总的方向是沿恩梅开江东岸

北达康藏高原，也就是南下的路线。景颇族自青藏高原分支后，其迁徙至片马、江心坡一带的路线，大体是，景颇支系从送魂路线看，主要在伊洛瓦底江之西，并追始于"木拽省腊崩"。景颇支自青藏高原分支后，是从沿伊洛瓦底江以西的地区即沿澜沧江以西、怒江及伊洛瓦底江源头南下，并进入江心坡以及西部地

景颇族浪莪支系盛装（女装）

区。浪莪支系的送魂路线一直送到金沙江边，其中经过保山、腾冲、泸水县的登梗、六库、老窝，云龙县的漕涧、瓦窑，并跨过龙川江、怒江和澜沧江直至金沙江，其中维西以南，在兰坪、云龙之间构成的古浪速地就是浪莪支的主要聚居地之一。因此，浪莪支系传说他们的老家是"浪门"（汉语称浪速之地），即今云龙县澜沧江西岸的表村、早阳一带，清代的浪莪地则在片马以北，两地东西相距数百里，中间隔着怒江山脉、怒江和高黎贡山山脉，但两地之间还保存着"拉窝"① 及阿昌寨②等地名。从勒期支系的送魂路线看，则是由澜沧江以东，越过澜沧江、怒江山脉、怒江及高黎贡山而西迁至小江、片马、拖角、之非河一带，即旧茶山长官司地，也是清代以

---

① 拉窝：为浪莪人自称，浪莪的异音。
② 阿昌寨：元明时期景颇族也称为阿昌、峨昌。

后的浪荛地。根据载瓦支系的送魂路线看，没有提到恩梅开江以西的地址，也没有提到怒江以东的地址。这可能有几种情况：首先，载瓦支系自青藏高原分支后，沿怒江及伊洛瓦底江分水岭而南下至"子丕子黑"（约在怒江州片马之西北）。其次，载瓦支系分支系时间较晚，他们到了恩梅开江以东地区后，才开始分支，"子丕子黑"地区为载瓦支老家，没有涉及怒江以东的地区。总之，景颇族自青藏高原分支后南下至片马、江心坡一带。后来，从江心坡又向西方迁徙，如有的迁坎底转孙布拉蚌，向西越过现在的宛河到印度的阿萨姆地区；有的向西南迁到玉石厂、雾露河一带；有的由江心坡迈立开江到胡康河谷一带；还有沿伊洛瓦底江两岸而下至南北掸邦一带；另有一部分迁到云南省德宏州。

三、各支系的融合、发展与分化

景颇族南迁至片马、江心坡一带后，由于地域毗邻，各支系也有着一定的融合、发展与分化。据说景颇支奥拉当还没有去载瓦支聚居地区当官之前，载瓦支主要以梅普、梅仗、正康、浪争、真统、角陆等姓为最古老。这些姓据认为是他们不是瓦切瓦的后代，而是很早以前就有的，他们的老家在"子丕子黑"，他们的官是"春雷"家。奥拉当是景颇支勒排家，在景颇支就是官家。至于勒排家奥拉当为什么要到载瓦支聚居地区当官，则传说不一。第一种说法认为：载瓦支官家春雷家弟兄九人，个个争当官，开祭了九个官庙，春天播种季节，非要在九处举行"纳破"仪式，群众才能进行春耕，因而延误了季节，庄稼收成不好，百姓当年就不够吃，所以百姓不要他们当官，请来景颇支勒排家奥拉当当官。第二种说法：春雷家弟兄九人，个个争着当官，谁也

景颇族勒期支系传统服饰（男装）

不想做百姓，其父瓦切瓦见儿子们争吵不休，就去景颇支勒排家中请来奥拉当当官，但九个儿子不服，要与奥拉当比本领，以拉藤篾为验，弟兄九人合拉，藤篾动也不动，而奥拉当一人即将藤篾拉下。从此，奥拉当即在载瓦支当官，春雷兄弟九人成为百姓，并分为九个姓氏。老大泡屯、老二掌梅、老三搉已、老四搉约、老五梅普、老六梅卡、老七浪约、老八浪增、老九张么。

第三种说法：景颇支勒排家盆代九（奥拉当之曾孙）在洛孔地方，有七个妻子。盆代九死时缺牛发丧，前六个妻子的儿子分头去载瓦支系聚居的"子丕子黑"找牛。载瓦支系的人说："我们卖的牛没有，只有留着挽山官的几条。盆代九的几个儿子都答应用牛发丧后，都来载瓦却聚居地区当山官。之后盆代九前妻的几个儿子都到载瓦支地区当官，只有第七个妻子泡么介的儿子留在景颇支当官，即石丹排的祖先。在三种传说中，第一种传说可看出，景颇支奥拉当还没有去载瓦支当官前，载瓦支的山官统治较厉害，山官之间矛盾重重，各山官之间有着频繁的斗争，因而百姓十分不满意载瓦支山官。第二种传说可看出，载瓦支山官之间矛盾重重，斗争频繁，百姓生活、生产不安之际，奥拉当来载瓦支当官，其间也经过一番激烈的斗争。从景颇支和载瓦支的分布地区来看，当时的景颇支和载瓦支居住在一起，景颇支勒排家更加靠近载瓦支的分布地区，与载瓦支有着来往，并参加了这次斗争，从而取得了载瓦支的信任，并取得了山官统治地位。当景颇支勒排家取得载瓦支山官统治权利以后，勒排家成了载瓦支的人了。在景颇族的历史上，除部分景颇支与载瓦支融合外，大部分浪莪支与景颇支载瓦支相融合。现在景颇支内有木如姓①，其中藏包如，由于浪莪支长期与景颇支杂居在一起，以后逐步成为景颇支的木如姓。景颇支的勒陀如，本来是景颇支的勒陀姓，因

景颇族勒期支系传统服饰（女装）

其祖先将姑娘嫁给木如礤（浪莪支山寨）的木如根古都，由于亲家常来常往，景颇支会说木如话（浪莪话），其他地区的景颇支把勒陀姓逐称之为木如（浪莪），即以木如为姓。

　　上述可以看出，那时各支系之间已有着通婚关系。勒期支系除与载瓦支融合外，同时也与景颇支融合。据传说，"木郎"姓在"特拉莱郎"时，称"尔杨"姓。每年勒期支吃新米时，常请"尔杨"家的人去吃，后来他们要勒期支的人当他们的百姓，勒期支的人不肯，随后"尔杨"家杀了30多个勒期支人。之后"尔杨"家的"董萨"路过伊洛瓦底江上游藤桥时，勒期支人便将藤桥砍断，"尔杨"家的"董萨"被淹死。以后勒期支的人不

───────────────

① 木如：景颇支称浪莪支为"木如"。

再请"尔杨"家的人了。这些传说可看出景颇支与勒期支有往来。

景颇族在漫长的历史岁月中,各支系内部既有发展,也有分化。最典型的是景颇支勒排家自奥拉当去载瓦支聚居地区当官后,在景颇支内部又分出石丹排、高日排和蒙支排,在语言上亦有土语的区别。相传石丹排是留在景颇支地区当官的。高日排是奥拉当与其哥一同到载瓦支地区去当官,其哥后来又回到景颇支地区当官。他在载瓦支地区时学会许多载瓦话,回到景颇支地区时仍讲载瓦话。因此,直到现在高日方言比较接近载瓦方言。另外,传说蒙支排也是由载瓦支中分出去的,所以蒙支土语中的许多词汇也和载瓦支的词汇相近。据分析景颇支中高日、蒙支土语中的一些词汇和载瓦语的词汇有着较多的相同和相近。这主要有两种原因:

1. 景颇支中高日、蒙支长期与载瓦支杂居,彼此间互相通婚、相互兼用对方的语言,两种语言互相影响,在景颇支系中慢慢形成土语。

2. 景颇支和载瓦支有可能源出一派,以后逐步分支系。因此,在景颇支的高日、蒙支中仍保存着较多的与载瓦语相同的土语。

四、景颇和载瓦两支系的传说

1. 景颇和载瓦两支系的联系

景颇族景颇、载瓦、勒期、浪莪、波拉都认为自己有着共同的祖先,以后分化为五个支系,在历史发展中,各支系又互相融合,逐渐形成统一民族。景颇族载瓦支系的人认为载瓦支和景颇支同出于一个祖先,传说中的宁贯瓦是景颇族各支系共同的始祖，同是瓦切瓦的后代。虽然传说景颇支变载瓦支，或者浪莪支变载瓦支说法不同，但景颇族五个支系同有一个祖先宁贯瓦或瓦切瓦的传说是相同的，不仅景颇支和载瓦支共有一个祖先的传说相同，而且勒期支系与景颇、载瓦两个支系共有一个祖先的传说相同。勒期支系认为景颇载瓦支同源异流，一些勒期支系家谱说，勒期支系传说中的景颇族祖先"哦罗藏""冒日诺"就是景颇支载瓦支传说中景颇族祖先瓦切瓦。另外，据勒期支传说，人类的发源地是毛吐阿松崩、新备朗，其实这些地名与景颇支所传说的木拽省腊崩和恩梅开江是一回事，只是景颇支和勒期支的话不同，地名的说法也不同。

自古以来，景颇支和载瓦支不仅在分布上存在密不可分的关系，而且在民族的其他特征上，如经济制度、生产方式、婚丧喜庆、服饰衣着、宗教信仰、风俗习惯、心理素质等各方面，都保持基本相同的特征，特别是宗教信仰方面基本相同，如载瓦支系所供的"木代鬼"和景颇支系所供的"木代鬼"是完全一样，念鬼时还要用一些景颇语念。历史上景颇族载瓦支系的山官绝大多数是排家，一般来说排家是景颇支系。

2. 景颇载瓦两支系的差异

景颇族有着强烈而明确的支系意识。景颇族景颇、载瓦、勒期、浪莪、波拉5个支系，在现实生活或各支系间互相交往中，每个支系的成员不仅对自己所属支系十分明确，而且对所熟悉的人属于何支系也非常清楚。在通常情况下，对外景颇族主要使用"景颇"这一统一的名称。对内，则喜欢用支系的名称，认为自己不同于别的支系。

总之，支系的差别成为景颇族民族特征中的一个重要方面。景颇族不同支系的差别，主要表现在语言上，景颇族5个支系都有自己的、不同于别的支系的语言，而且支系的界限同使用语言的界限完全一致。使用不同的语言，是景颇族不同支系之间最明显和最主要的特征。景颇族不同支系的差别还表现在原始宗教信仰方面，历史上景颇支除去山官外，百姓也可以供奉"木代鬼"，只要他们有钱或能接到木代鬼。但是，载瓦支则只有排姓山官家才能供奉，百姓有钱也不能供奉。景颇支念木代鬼使用景颇语，载瓦支念木代鬼不用载瓦语念，而是用景颇语念。勒期、浪莪、波拉支系所供奉的是"省"，一般称"木代鬼"，但是所供奉的内容和形式与景颇支的木代鬼不同，念时都用浪莪话。虽然勒期、波拉有各自的语言，但是念"省"时则使用浪莪语。传说，早期景颇族举行目瑙纵歌时，景颇支系山官可以跳6天，百姓可以跳4天，而载瓦支系的山官只能跳4天，百姓可以跳3天。山官是景颇族在一定地区范围内的最高政治领袖，一般由幼子袭职。景颇族山官必须出生于"官种"（贵族）的血统，其社会地位高于百姓，并有特殊的命名，即在名字前加有百姓不能使用的特定冠词，如"早"、"扎"等。景颇支系的山官各个姓的都有。据说景颇支系的百姓只要谁占有或新建立了一个寨子，谁就可以做官，但是载瓦支系只有排家才能当山官，就是到别处占有或新建了寨子，百姓仍不能称官，而必须迎接排家来当山官。景颇族勒排姓中也有不能当官的。民间传说，勒排瓦代那腊的曾孙迷的都的孙子恩达不罗之孙子正康颇腊都不能当官。据说，正康颇腊之妻经常往娘家跑，不肯在家，生了两个孩子后，还经常往娘家跑。后来，正康颇腊将其妻抛弃，独自走出家门，到其他家上门去了。由于他离家时什么都没有带，没有将官家的泥土带走去另立官庙，没有将"早"和"扎"字封号带走，因而就失去了官种的身份，其后人也就不能当官。

第六节　经济生活

传说，景颇族源于"木拽省腊崩"，以后南迁，经怒江、澜沧江源头来到江心坡及小江流域一带。当初及以前，景颇族还处于原始社会阶段，人们还以树皮为衣，不会种庄稼，采集野果充饥，以木棍打野兽生吃。后来有个叫勒都的人发明了以竹片磨擦取火，才有了熟食。在这一历史时期的传说中提到了景颇族祖先彭干支伦、宁贯瓦和崩用景颇等三个主要人物的名字。传说，开天辟地的英雄宁贯瓦原是住在"阿桑龙布"① 的地方，据说，该地就在两江流域。当时人们居住在石岩洞里，使用各种石工具，如石刀、石锅、石三脚架②等。据说，至今江心坡部分地区还使用竹筒和石锅烧水煮饭，并使用络草秆做标枪，射杀野兽。从打猎中，人们开始试着把小兽饲养起来。传说，当时人们把野牦牛饲养起来，南迁以后不再养了。猪、鸡是由野猪、野鸡饲养起来的，羊也是由野羊饲养起来。在进入刀耕火种的初期，人们长期以采集、狩猎为生。后来逐渐学会了种芋头，景颇族最古老的姓氏"梅何"（意为栽芋头），"梅普"（意为犁芋头地）、"梅掌"（意为整理芋墒）等都是因为最初种植芋头而得名的。景颇族有个古老的习俗，人死后人们在给亡魂祭献时要用芋头，主要是纪念祖先种芋头的功绩，这种习俗至今仍有保留。约在元代以后，景颇族才出现刀耕火种的农业。据《滇略》卷九记载："阿昌、又名峨昌，怕热不怕冷，喜欢干燥，不喜欢潮湿，住高山上，进

---

①　阿桑龙布：景颇语意为"石岩洞"。
②　石三脚架：用三块石头架成的灶。

行刀耕火种。"景颇族学会了点种旱谷、玉米、荞等作物，如使用木棒挖穴点种，竹帚扫土覆盖等原始耕作技术，并实行了共同劳动，平均分配。大约到了明朝初年，景颇族农业已有相当发展。在农业与手工业发展的同时，开始产生了商品交换，从而出现了私有财产。随着生产力的提高，私有制的发展，父权家长奴隶制的出现，及至血缘关系逐渐为地缘关系所代替，逐渐形成了以地域联系为基础的农村公社，村社首领也即是世袭山官，原始公社解体，开始向阶级社会过渡。15世纪后，景颇族不断南迁，与汉、彝、白、傣等民族经济文化交流更加频繁。先进的铁制工具和先进技术，对景颇族社会生产力的发展起了积极的促进作用。居住在河谷地区和靠近汉、彝、白、傣等先进民族地区的景颇族不仅畜牧业、农业有了很大的发展，多数景颇族地区从锄耕农业已开始向犁耕过渡，种植旱谷、稻谷、玉米、瓜类等多种农作物。在手工业方面，当时淘金、煮盐、挖琥珀、编制竹器、藤器以及利用木棉织布等手工业已产生，并且不断发展。勒期支系聚居地区还出产团茶、麂皮、黄蜡、白蜡、栗蜡等农副产品已在附近市场上与周边汉、傣等民族商人进行交换。随着生产和交换关系的发展，景颇族的家长奴隶制也逐步有所发展，特别是清朝初期，部分景颇族地区的家长奴隶制已发展成早期奴隶制。约在公元14世纪至18世纪期间，茶山、里麻一带景颇族逐步大量地南迁到德宏境内，这对景颇族社会是一个巨大的历史变化。德宏地区很早以来就是中原封建王朝统治下的傣族封建土司统治的地区，景颇族到德宏后，进一步受到了汉族、傣族、德昂族封建势力的强大影响，特别是在汉族和傣族先进生产技术和封建经济影响下，景颇族地区生产力迅速提高，使景颇族内部的封建因素逐渐发展了起来。由于汉、傣等民族的封建统治和封建经济的影响，景颇族社会由原始社会末期或早期奴隶制的发展阶段开始了向更高的生产方式——封建制度跳跃式过渡。随着水田农业的普遍确立，而作为重要生产资料的水田也就逐渐形成世代承袭。景颇族地区，随着贫富分化，用水田进行典当、抵押、租佃、雇工等剥削关系的发生也有了可能，封建因素在此基础上迅速发展起来，这个过程一直延续到新中国成立前。景颇族南迁德宏地区后，由于和先进民族的接触，受强大的封建因素影响，在生产力进一步提高的基础上，特别是水田农业的发展，促使景颇族内部封建因素的产生，但是原来处在不同地区的景颇族社会发展不平衡。因此，向封建制度的过渡中也呈现出不平衡性，或多种经济形态同时并存，或跳跃式的发展。这种不平衡在一定程度上又决定了近代景颇族社会的不同发展倾向。有的景颇族地区具有封建领主制发展的倾向，而有的景颇族地区则具有向封建地主制发展的倾向。

新中国成立后，景颇族由一个不定居的游耕民族转为定居民族，由粗放的"刀耕火种"发展成为精耕细作，成了景颇族发展史上的一次飞跃。根据景颇族在新中国成立前的社会形态和生产水平，党和政府在景颇族地区实行了"直接向社会主义过渡"的方针，农业生产已从根本上改变了刀耕火种的落后状态，依靠社会主义合作的优越性，景颇族地区的村村寨寨，大量兴修水利，大搞农田基本建设，改进耕作农具，逐步提高耕作技术水平，粮食产量有了很大提高。在原有的基础上种植了甘蔗、茶叶、菠萝、香蕉、芒果、砂仁、草果、胡椒等经济作物。大量饲养了牛、马、猪、鸡、鹅、山羊等家畜。

景颇族地区的工业从无到有，新建立一批又一批的农副产品加工厂和织布等轻工业工厂，培养了一批又一批工业工人。特别是改革开放以来，按实事求是的原则，并通过逐步改革农业生产

成长起来的景颇族部分专家

新一代景颇族演员

技术，兴修水利，普及推广农业科学技术，同时调整了生产关系，实行联产承包责任制，通过调减征购任务和税收，提高农副产品价格，并通过开展农业科技试验、示范、培训、推广等服务措施，使农业生产技术得以迅速发展。多年来，景颇族地区粮食生产获得了丰收。

交通运输迅速发展起来，寨与寨、乡与乡，县与县间都修建了公路和驿道，改变了过去穷乡僻壤，崎岖难行的交通面貌。乡乡村村都已通了邮政和电话。随着经济的发展，景颇族人民的精神面貌也有了很大变化，信鬼信神的人大大减少了，许多不利于生产生活的陈规陋习也逐步破除。勤劳智慧的景颇族人民，通过自己的努力，逐步改善了旧社会遗留下来的贫困落后面貌。

热爱读书的景颇族新一代

第七节　风俗习惯

景颇族村社是同支系内各姓氏杂居，同族内各支系杂居，与其他民族杂居，很少有单一姓氏构成的村寨。景颇族的家庭是一夫一妻制家庭。家庭内各个成员之间的地位，特别是夫妻之间的地位一律平等，他们之间可以互相继承财产，子女也可以继承父母的财产，并有奉养父母的义务，父母也有义务抚养子女。父母双亡的孤儿多由亲叔伯、兄弟或舅父抚养，待成人后还要帮助其成家立业。景颇族各支系有一个习俗，凡是有人来家并愿意住下来与主人一块生活的，主人没有理由不让他（她）住下来。景颇族有句谚语："只有赶狗的棍子，而没有赶人的棍子"。因此，景颇族地区一个孤儿要找一个安身之处是很容易的。按景颇族习俗，没有子女的人家可以根据自己的愿望向别人要来子女做养子、养女。养子（女）来到家后，要举行祭家鬼仪式，并请亲友吃喝一顿。历史上养子（女）祭了家鬼后，就是家庭的正式成员，他们在家中的权利和养父母的亲生子女一样。绝后者的财产，多是依次由近亲继承，没有近亲的均由死者的亲友处理。

景颇族以大米为主食，少数地区以玉米为主食。每户宅旁园地里种植蔬菜、豆类和薯类，有时靠采集野菜野果作为副食品。景颇族主食和蔬菜的制作，多数与其他民族近似，但由于传统习惯和自然条件的特点，也形成一些独特的制作方法和饮食习俗。如鱼肉类吃法中，有别具一格的竹筒食法，具有特色的烧烤法。景颇族的菜谱中，以"舂菜"最富于特色。吃过的人，无不交口称赞。景颇人常说："舂筒不响，吃饭不香。"几乎每一个景颇族家都有一个舂筒，每顿饭都有舂菜。景颇族生活的山区，作舂菜的野菜、野果品种很多，常年不缺。除园里栽种的不少蔬菜可以做"舂菜"外，药菜两用的几种植物也能做"舂菜"。

景颇族的饮料主要有水酒、米酒、茶叶。景颇人常说："不喝酒，就不能讲故事。"不论男女老幼，不论是赶集，串亲访友，杀牛祭鬼，还是婚丧节庆，筒帕里装有一个小巧的竹制的"竹筒"（酒筒），凡有客人来访，或者知己相逢，各自拿出"竹筒"传递给对方。首先给在场的年长者喝，再给传递者喝，表示以礼相待，彼此尊重。

景颇族习惯用剥皮的竹筒煮茶，茶味浓香，几乎每家都有煮茶的竹筒。

过去景颇族老年人都会嚼烟，它也是景颇族表示相互友好、尊重、礼貌的象征之一。嚼草烟的辅助品有石灰、槟榔、沙吉。嚼了以后唇齿赤红，唾沫呈血色。嚼烟有提神、醒脑、防虫、杀菌、固齿、开胃的功能。

景颇族节日礼仪饮食习俗与日常生活的饮食习俗不一样。在婚丧节庆活动期间，吃饭时，一般分为丈人种家和姑爷种家。景颇族较早时期就建立了"丈人种"和"姑爷种"的姻亲关系。由于这种婚姻关系，舅父在景颇人的心目中有着重要的地位与作用。丈人种男子一般围坐在客厅火塘边的上席，姑爷种围坐在客厅火塘边的下席，妇女和儿童围坐在餐厅。如果主人家有老人，来的客人老人一般都到老人自己房间的火塘边与老人一起吃。按照景颇族古老的习俗，按人数分配酒、饭、菜。通常用芭蕉叶和枇杷叶包的饭菜，不管大人小孩，每人都有一份。饭前要递送洗手的竹筒水，用手抓饭吃，饭后同样要递送洗手的竹筒水。吃饭时，饭包要从小头吃起，不能先吃大头。老人还没有吃完饭，严禁喂猪喂鸡。景颇族是热情好客的民族，在景颇族的社会里，无论走到哪一寨，哪一家，都可以坐下来吃饭，任何一个不认识的客人到来，即使不带什么礼物，主人都必须招待饮食，景颇族认为让客人饿着肚子走，那是最不体面的。如果客人需要留宿过夜，会被热情地招待住于客房，女客通常安排住在煮饭的火塘边。对不食宿的专门拜访者，也可得到烟茶、白酒、水酒的热情接待。景颇族之间走亲访友时，客人一般带一些见面礼物，如酒、肉、饵块、粑粑、鸡蛋、糖果、烟、米等。

景颇族新式服饰（男装）

由于景颇族聚居地区季节变化不明显和古代物质生活的限制，所以景颇族服装一年四季少有改变。服饰的种类则因性别、年龄、地位之不同而有差异。男子衣服一般为黑色，上衣一般是对襟短衣，裤腿短而宽。上衣以黑色为主，对襟，用银吊作扣子。裤口用红白色线绣花边。景颇族中老年男子装饰特点是用红、黑、白等颜色的布作包头。新中国成立前，景颇族中老年男子留长发，头顶缠成髻，耳戴耳环，最早的耳环用竹或兽獠牙制成，后来改用银棒，同时佩银项圈、银手镯。青年男子的装饰特别是头用绣花包头巾装饰，在包头巾的一端，用各种颜色的毛线，剪成许多小绒球。身穿白色的衬衫和黑色或蓝色的长裤。未婚的青年男子常常把情人赠送的耳环戴在耳上，项圈套在颈上，炫耀于人。景颇族男子的装饰品中最有特色的是雪亮的长刀和火枪。景颇族男人不管串亲访友，下地劳动，或参加各种婚丧节庆活动，都要佩带长刀、筒帕和火枪。景颇族长刀和火枪不仅是景颇族男子的装饰品，而且也是景颇族人民生活、战斗中必不可少的珍贵物件。

古代景颇族妇女的服饰很有特色。小孩头发前齐眉，后齐颈，成半圆形。尚未出嫁的小姑娘都留长发，出嫁生儿育女后，头发作髻。到了 50 岁以后，多数妇女将头发作髻于顶，包黑色或蓝色包头。颈上戴银圈，红、白、黑三色串成的石珠。妇女一般两耳穿四孔，上孔戴肩银牌，有的用线吊到肩上，下孔戴银制

舞场中的方块队（男队）

长管，两端吊有小珠。手上带大小形状不同的银手镯。衣服主要穿黑色斜纹布制作的对襟衣，短及腰部，袖管细长，无领，银吊

景颇族传统服饰（男装）

作扣子。下穿自织的半花或满花围裙，腿上套自织的半花护腿，套黑藤圈。历史上的景颇族妇女大多数会纺线织布，穿的主要是自己织的土布，这些土布，美观大方，牢固耐穿，充分反映了景颇族勤劳和智慧的风貌。

现代景颇族妇女在服饰上有了很大的发展，由原来的单一形式，变成多种形式。在婚丧节庆中，景颇族妇女一般穿黑色对襟或左襟短上衣，上衣一般喜佩各式银饰、银片、银泡。头带自织的花色艳丽头巾，头巾的一边，用各种颜色的毛线剪成许多小绒球。下穿满花或半花统裙，裹上毛线织成的护腿。脚穿白皮鞋或

白胶鞋，在阳光下银光耀眼，像是千万支银色的孔雀翎闪闪发光。景颇族服饰中最复杂最有民族特色的是妇女的服装，而这些服装中最有特色的又是统裙。这种统裙是用羊毛线织成，多为黑底，少数是红底，上面再用红、绿、黄、蓝、紫毛线织出绚丽精美的图案。这些图案是取材于美丽的大自然和景颇人民的生活。有的以动物昆虫为题材如老虎脚爪，猫脚印、毛虫脚、蝗虫牙齿

景颇族盛装（女装）

等。有的以植物为题材如南瓜藤、生姜花、红木花、蕨菜叶、竹桥花等。有的以自然现象为题材，如彩虹、云彩等。有的以常见的用具为题材如篮子、笼子、梭子以及表示纽扣、连结、横倒、交叉、变曲等纹样。有的以反映生产面貌的水田、水沟、谷堆等为题材，千姿百态，栩栩如生，集中体现了景颇族妇女勤劳、纯朴的品质和豪放的性格特征。据统计，单是景颇族妇女统裙各式各样的织物图案，就有400多种。平时景颇族妇女喜欢穿便装，

便装上身是白色、草绿、黑色、淡黄的纯棉布、丝绸或者的确良布做的衣裳，腰身细小；下身着红、草绿、粉红、绿、淡黄的丝绸、纯棉布或者的确良布做的围裙，长及脚面。这种围裙制作简单，穿着方便，穿起来美观大方，显得婀娜多姿。

　　景颇族妇女在衣着上一般比男人守旧。几千年来，她们自始至终遵循着自己民族的装束。总体上说，景颇族五个支系在服饰上没有更多的差异，主要差异在服装的颜色、图案、式样等几个小的方面。历史上景颇族浪峨支系的服装和其他支系略有差异，

印度景颇族（女队）

主要表现在衣服的袖口、袖臂、衣领边沿和衣下摆一圈都镶有一条红布。除此之外，还以四个宝索姆戴于胸前，腰间也配有宝索制成的腰带等。浪峨支系的这种服饰，至今在我国的怒江州泸水县片马地区和缅甸西北部浪峨支系聚居地区还保留着。

　　景颇族在进入以地缘联系为基础的农村公社以后，婚姻形态

舞场中的方块队

是以个体家庭经济为基础的一夫一妻制。在家庭里，父亲是家长，不论是婚生子女或非婚生子女，均随父姓。子女长大后男婚女嫁过去一般均由父母作主。新中国成立后，父母包办婚姻的状况有了很大改变，多数男女青年是通过自由恋爱结婚。儿子多的人家，在他们结婚之后，依长幼次序一一分居。父母分给他们每人一些生活用具及田地。景颇族比较重视幼子，财产大部分由幼子继承。分家时一些重要的生产、生活资料，一般都留给幼子，作抚养幼子和父母养老送终之用。夫妻在家庭中的地位平等，都有互相继承财产的权利。父母与子女间有抚育和赡养的责任。如某家只有女而无子时可招婿上门，但女婿一般不改姓。无子嗣的人，也可收养子或养女，养子或养女与亲生子女一样，要赡养父母，有权继承财产。景颇族的配偶关系，同族各支系之间或同支

系之间完全可以彼此通婚，但是，无论同族各支系之间或是同支

系之间，都要严格遵守同祖、
同姓、姨表不婚的原则，而
是实行一种单向的通婚关系，
即姑母的儿子必须娶舅父的
女儿，而姑家的女儿却不能
嫁给舅家的儿子。如果谁违
背了姨表不婚、同姓不婚的
原则，无疑要受到社会习惯
法的严厉制裁。景颇族的婚
姻形式独具特色，主要有以
下几种方式：

　　①迷东。意为要媳妇或
订婚。

　　②迷确。意为娶回媳妇。

　　③迷考。意为偷心中的
媳妇。

　　④迷鲁。意为拉婚或
抢婚。

景颇族新式服饰（女装）

　　⑤迷奔。意为姑娘出嫁。

　　⑥蕊迷。意为自由恋爱，怀孕而结婚。其中迷考、迷鲁两种
形式是历史上曾有过，这种结婚形式新中国成立后已不存在了。
其他迷东、迷确、迷奔等结婚形式至今仍使用。从古到今，不管
采用任何形式，都必须遵守世代相传的同祖、同姓、姨表不婚的
原则。在婚礼举行之前，按景颇族的习俗要多次回访女方家父
母，男方要给女方一定的聘礼。第一次，送去米酒和一些布匹，

作为正式去提亲的聘礼。第二次送去毡子 1 条，被子 1 床，附带米酒、水酒各 1 桶，糯米粑粑若干，鸡蛋若干个等作为订婚聘礼。第三次，送去猪 1 头，黄牛或水牛各 1 头，作为娶亲的聘礼。第四次，送去黄牛或水牛各 1 头，铓锣一面等做为举行婚礼后回访的聘礼。历史上景颇族有婚后女方住娘家

景颇族新式服饰（男装）

的习俗，一般是举行婚礼回访后开始住娘家，有的来来往往一年，有的来来往往二三年不等，最终要看女方家缺乏劳动力的情况而定，这种现象新中国成立后逐步取消。景颇族娶媳妇时很注重长幼次序，如果岳父母家有好几个女儿，在娶妻时，必须依长幼顺序要，有意娶次女为妻，但长女尚未婚配，要给未嫁的大姐 1 头牛，表示对大姐的尊重，向大姐赔礼道歉。

　　按照景颇族习俗，每当一个景颇族妇女要临产时，主人家一

定要请一位子女齐全的老妇人来接生。当新生儿呱呱落地后，还要请老人为小孩拴线。如果说生的是男孩，老妇人将用红线拴在婴儿的右手腕，是女婴则拴在左手腕。在拴线的同时，还要请德高望众的老人为新生儿取名。按景颇人的说法，新生儿被拴过线，取上了名字，是表示他已来到人间，鬼就不敢来打扰小孩，可保佑婴儿平安。紧接着还要请前来帮忙的老人为新生儿祝福，念吉利语。

宁静的景颇族村寨里，突然响起有节奏的连续三声铜炮枪声，紧接着又是三声铜炮枪声，人们便知道是寨中有老人去世了。当听到鸣枪次数为偶数便知死者为男性，鸣枪次数为奇数便知死者为女性。自从景颇族地区产生火药枪以来，景颇族就用鸣枪方法向亲友报丧。周围亲友听到枪声，相继前来吊唁，帮忙料理丧事。对远方的亲友，一定要派两人同去报丧。当老人与世长辞，晚辈要拿出银子，用刀削下一些，将银片或银末放入死者嘴里，这样可以保佑子孙吉祥如意。随后将死者安放在特定的位置。按景颇人的习俗，遗体不能随意安放，头一定要对着安放家堂鬼的地方，前来帮忙的人，有的去采蒿枝叶，有的去背水，很快地为死者沐浴，并换上新衣服。之后，还要为死者拴线，将死者的手、脚大拇指并列捆起，有些地区仅拴脚拇指，不拴手的大拇指。在死者没有入殓前，要在死者胸部放一把刀，并派专人看守，绝对不能让黑猫跨过死者身体。景颇族认为让黑猫跨过，死者会还阳行走。景颇族对老人辞世的送葬活动非常重视，都必须要杀牛祭祀。什么时候送葬，要看择吉日，停灵时间，一般为双日，可停灵二日、四日。如果死者是儿孙满堂的老人，为了表示对死者的怀念和对生者的劝慰，从人死当天晚上，凡是前来吊丧的亲友都要在死者家中跳丧葬舞，这种舞是景颇族古老的祭祀舞蹈，舞蹈一般在屋内或屋外跳，跳时，有两人各击一面声音深沉的大锣铓，由四人领舞，围成舞圈，步伐整齐、节奏明快，气氛肃穆。跳起来总是通宵达旦，主人以酒待客，夜夜如此。景颇族认为，跳丧葬舞的日子越长，主人就越光荣，但多数是跳 3 个晚上。出殡日期一般由巫师打卦决定。送葬队伍出发前，所有前来吊丧的亲友、男子都要在屋外手持铜炮枪，依次鸣枪，把棺木揭开，让死者家属和亲朋好友最后向死者遗体告别。棺木抬出村寨，送葬队伍边走边鸣枪，到墓地后，巫师站在墓穴前大声叫死者的魂进，活人的魂出，便入葬。葬法有土葬、火葬和天葬三种。凡是正常死亡的采用土葬。凡是枪杀、刀砍、上吊、投河、火烧、久病不愈、野兽咬死以及孕妇难产而死等非正常死亡，多采用火葬。刚生下的幼婴夭亡，历史上曾用竹笋壳叶包裹，放在竹筒内，挂在枇杷树上，或到山林僻静处随便埋掉。如果是生一个死一个，被认为有鬼而戮尸丢弃，被称为"天葬"。举行葬礼后，还要为死者举行一次隆重的送魂仪式。景颇族认为，送葬仅仅只是送走了人的躯体，但人的灵魂还没有送走。送魂时，要在家堂旁设灵堂，人们砍来竹子，在坟墓上搭一座约有丈余尺高的圆锥草棚，棚顶要插一个人形木刻，是用红、白、黑三色彩画。另外在坟的四周插上竹竿，竹竿上都悬挂有红、黑两色木鸡。人形木刻表示死者的形象，竹竿上的各种木鸡，表示死者的性别、年龄以及生前的一些活动和事迹。景颇族认为，在未举行送魂仪式以前，死者的鬼魂照样吃人间烟火。因此，在举行送魂仪式的最后一天，给死者做的饭菜，就要按鬼神的习惯供给。舀水的竹筒要按流水方向倒着舀，包饭的叶子要翻着包。筷子要摆成单的，盛饭的碗要用缺口的，目的是告诉死者，从今天起，他吃的穿的用的，跟活着的人不一样了，你带着你的鬼魂快回到祖先那里去吧！在送魂过程中，如果是村中有威望的人与世长辞，人们还要跳最富有景颇民族特色的"金斋斋"送魂驱鬼舞，跳时有的人手持长刀，有的人手持树枝，边歌边舞，时而高声呼叫，时而对空鸣枪，舞姿剽悍，刀长火影，相互映照，整个舞场气氛热烈，此舞跳的时间不长。送魂的人要拆除设在家堂旁的灵堂，带上供在灵堂架上的死者遗物和祭品。前去送魂的人所带的祭品，送魂的人可以在路上边走边丢，这样表示祭品是给死者的。最后当人们将牛头等安放在坟前的牛头桩时，送魂活动就可算结束。在返回途中，大家都要折些树枝叶，边走边用树叶来扫自己的身体。回到主人家前，巫师在屋外用清水向所有送魂人的身上洒水，以示今后大家吉祥如意。

第八节　传统文化及文化结构

一、传统文化

　　景颇族是一个勤劳勇敢、聪明智慧的民族。在景颇族历史社会进程中，既有深厚肥沃的文化土壤，又有悠久的传统文化。在长期的历史进程中，景颇族不仅为开发祖国边疆和保卫祖国领土完整作出了巨大贡献，同时，创造了自己瑰丽多彩的传统文化，极大地丰富了祖国文化宝库。景颇族的传统文化，主要由独特的风俗、宗教信仰、文学艺术、表演艺术和雕刻刺绣艺术等构成。其中风俗、宗教信仰已在前面论述。景颇族的文学艺术，主要是具有民族特色的口头文化——神话、传说、故事、童话、谚语、谜语和巫师祭词等。就其内容来讲，主要是追忆了人类和本民族的起源、歌颂了氏族社会某些首领的英雄业绩，赞扬正义而勇敢的反抗斗争，描述纯洁而炽热的爱情，歌唱美丽富饶的家乡。景颇族和其他民族一样，在早期阶段，曾有过迷人的神话时代，并产生了大量的神话故事。这些神话故事，是景颇族先民以艺术幻想的形式，对自然界和社会形态的不自觉的反映，也是景颇族先民企图认识自然、征服自然、支配自然的产物。宁贯瓦是景颇族人民心目中的古代英雄，是一个半人半神的天鬼。他聪明、勇敢，在他父母创造的天空大地、日月星辰的基础上，他带领人民打平了天地、造出了高山、开辟了平坝，在战天斗地，改造自然中立下丰功伟绩。从这个神话中可以看出，虽然日月星辰、天空大地是天鬼创造的，但人间大地是人们在天神宁贯瓦带领下加以改造之后，才变得这样辽阔美丽，人的形象大于神的形象。景颇族的神话反映了古代景颇族人民对自然的认识过程。用想象和借助想象以征服自然力，支配自然力，把自然力加以形象化，从而表达自己追求光明，向往幸福，诅咒黑暗，批判邪恶的愿望。在景颇族传说中，人物传说，史事传说较少，民族风俗和地方风物传说较突出，它主要以解释景颇族地区的山川古迹、花虫鸟兽以及风俗习惯的由来为其特点，如目瑙纵歌的来历、长刀的来历等，它风土气息很浓，具有鲜明的民族特色和地方特色。这些传说，是不同历史时期景颇族人民现实生活的艺术再现，对研究景颇族的社会历史、风俗习惯、民族迁徙等都提供了很有价值的材料。在景颇族故事中，笑话故事、机智人物的故事较多，而且具有浓厚的民族特点。以幽默、讽刺作为表现手法，来揭露山官、头人、富人们的丑恶行为。在众多的故事中塑造了仇片、康坦、南八等聪明、机智的农民形象，无情地嘲笑，戏弄了山官、富人们的贪婪、愚昧无知，长了人民的志气，灭了统治阶级的威风。景颇族人民在长期而又细致地观察各种动植物的基础上，创作了

宁贯瓦神像

许多贴切地表现动植物特征的童话故事。运用宝物、魔法、鸟语兽言等艺术夸张手法，来表达思想内容，并把种种事物和现象，作出奇的夸张描写，使它带上不平凡的神奇色彩。童话故事中塑造了石头姑娘、仙女、龙女之类的形象，他们具有正直、善良、勤劳、美丽的性格特征。而那些山妖、白发老头、能施行魔法的人，则具有现实生活中残暴的统治者和掠夺者的性格特征。景颇

鬼　桩

族的谚语，富于哲理性和科学性。它是一种口头传授智慧和经验的文学形式。长期以来，从具有民族特点的谚语里，人们得到有益的劝诫和丰富的经验教训及知识，如"石头不能当枕头，坏人不能当朋友"，"好看的山花谢得早，漂亮的竹桶裂得快"，"有酒大家喝才香，有话当面说才真"等，通过拟人化的对比，揭示了辨别美与丑，好与坏的道理。景颇族的谜语也是很形象地与生

产生活和居住条件保持着紧密的联系。景颇族儿童对事物的认识和观察的能力，就是从本民族的隐喻性谜语中得到启发和提高。这是因为谜语有着智力训练和锻炼分析力的作用。景颇族老年人善于利用出谜和破谜的文娱活动，以增强青少年的推理、判断和联想的思维能力。

景颇族是一个能歌善舞的民族，歌唱艺术和舞蹈艺术是组成景颇族表演艺术的主要内容。说到歌唱艺术，主要是祭祀性的歌，其次是情歌。祭祀性的歌，又称古老的歌，曲调深厚练达，节拍分明，刚劲有力，唱时多用真声，略带朗诵，旋律简单，音域高亢辽阔，如祭"目瑙纵歌"时唱的"欧热热"歌，近似吼叫和呐喊，以显示人的威力。在"目瑙纵歌"中也唱调子，其内容要把"目瑙纵歌"的来源、人的来源唱出来。按照景颇族习俗，人死时要唱祭祀性的歌，分屋内和屋外唱两种，前一种是边唱边跳，是为了驱赶鬼魔不让其再来危害人们。后一种是随铓锣所击的节奏而悲唱，词的内容包括人为什么会死，死人的身世和品格是什么等，以追悼死者。属于祭祀性的歌，还有结婚、盖新房、割谷时唱的歌，其活动是生活生产方面的，而歌的内容大多为祭祀性的宗教信条。情歌为青年男女社交所唱，曲调很多，抒情气氛浓郁，旋律优美，一般是高声对唱或者是低声对唱，也有二重唱或混声合唱。情歌包括走路唱的和串姑娘对唱的两种。走路唱的情歌主要是青年男女到田间地角劳作或上山采集，砍柴时对唱。情歌曲调自然抒情，似高山流水，像天边飞云，感情真挚无华。串姑娘对唱的情歌，是青年男女相约在树林里或公房里唱歌，一般采用对歌形式。虽然景颇族各支系所唱的情歌曲谱不大相同，但是内容和形式基本相同。景颇族除了声乐外，还有丰富的器乐。主要是管乐器和打击乐器两种，管乐器主要有勒绒、比唇、特良、商比、比作、比格、比孙、锐作、盏史等几种；打击乐器有木鼓、铓、锣、钹、象脚鼓等。还有一些弦乐器二胡、三弦等。与音乐紧密相连的是舞蹈。景颇族的舞蹈是一颗璀璨的艺术明珠，它不但内容丰富，而且具有独特的艺术形式。舞蹈可分为祭祀性、狩猎性、军事性、生产劳动性和欢庆性等五大类。祭祀性舞蹈有龙东歌；军事性舞蹈有尚歌、串歌、以弯弯等，属刀舞之类；生产性舞蹈有布滚歌，此舞属丧葬舞，但其内容是反映生产劳动的过程，欢庆性舞蹈有象脚鼓舞、三弦舞等。丧葬和祭祀性舞蹈，多用来驱邪赶鬼，动作粗犷，形象原始。生产性舞蹈的步法变化较多，轻快活泼，比较自由。在浪莪支系中流行的三弦舞，不同打击乐伴奏，以唱为主，加以简单舞步，所唱内容是盖房子的整个过程对新居主人的良好祝愿。

很早以前，景颇族把雕绣艺术作为景颇族文化的有机组成部分。不但创造出自己的独特风格，而且制作技巧达到了相当可观的水平。就雕刻而言，景颇族早期的雕刻艺术也明显地保持着原始艺术的特征，最典型的是坟墓上的木雕人像和木鸟。木雕人像是个人形，但并不追求与死者形象相似，只起"符号"的作用。木雕鸟也是像鸟，但同样不表示为何种鸟的形象。还有寨门上的龙齿锯纹线雕，目瑙示栋上的雕刻等。除此以外，还有大量的生产、生活用具的雕刻，如刀把、口弦筒、扇筒、酒筒、竹耳环、织机木梳、腰圈等，都有两方连续和四方连续图案，图案纹样较为精致，构图严谨，形象均衡，排列有序，它较明显地脱离了原始雕刻艺术模式。刺绣工艺在景颇族社会中十分普遍，是景颇族妇女用来美化生活、打扮自己不可缺少的一种传统工艺。景颇族的刺绣主要有手帕刺绣，护腿刺绣和包头三种。手帕刺绣是青年男女谈恋爱时姑娘们绣给情人的爱情物。护腿刺绣主要是在护腿

景颇族传统房屋

的两头绣上红、绿、黄等色图案。包头刺绣主要是在包头两端绣上红、绿、黄、黑等色图案。刺绣的图案绝大部分是直线组成，弧线很少。景颇族的刺绣艺术，结构上清晰协调，图案和色调配合上大方自然，它反映了景颇族妇女丰富的审美想象力和高超的艺术创造力。

二、文化结构

景颇族地区的文化教育事业历史上长期处于落后状态，仍然保留着刻木记事的习惯。丰富多彩的民族民间文学艺术，大部靠口耳相传。据《扎铁龙线》一书记载，1914 年缅甸教会人员（景颇族）在瑞丽市弄岛乡等嘎村开办了中国第一所景颇文学校，随后于 1934 年先后在陇川县姐乌乡的磨水、章凤镇的广山，梁河县的石背，盈江县的龙盆、杨三河等村开办了景颇文学校，学生约有 150 多人。这些学校大多是由传教士开办的，教师大多数也是虔诚的基督教徒，他们在教学中进行宗教活动，学生读经书、唱赞美诗，跳舞也是为向耶稣祷告。新中国成立后，党和政府十分关注少数民族的教育事业，在景颇族地区大力兴办小学、中学，并积极开展普及教育工作，从而推动了景颇族地区教育事业的不断发展。1950 年，德宏州人民政府接管了原来的教会学校，按照"整顿、巩固、重点发展，提高质量，稳步前进"的方针，增设省立小学，在留用了原有的教师的基础上，充实了人民教师队伍。许多老师都兢兢业业，宣传党的民族政策，用民族语言文字教学，无微不至地关心学生，上学、放学时主动迎送，有病的送去看病，并亲自守护等。受到了各族群众的拥护，民族教育工作逐步打开了局面。1952 年，德宏地区的小学已发展到 144 所，并在潞西、盈江两县建立了两所民族中学，在校中小学生已达 7100 人。1953 年自治州成立后，在景颇族地区开办了一些寄宿制的民族学校，对少数民族儿童入学给予优待；在山区创办了一批半耕半读学校，专门教育年龄较大的学生；德宏州人民政府制定了助学金制度，实行免费教育，特别是景颇族地区的一些寄宿制学校，基本上实行全供给，加上实行民汉双语文教学，进一步激发了各民族的自信心和自尊心，促使大量民族学生入学。到 1965 年底，全州小学 1132 所，民族学生 31194 人，其中景颇族学生 7512 人。中学 7 所，学生 2212 人，其中景颇族学生 235 人。半工半读学校 36 所，在校学生 1436 人，其中景颇族学生 860 人。1966 年以后，进入"文化大革命"时期，景颇族地区的教育事业曾一度出现了"滑坡"现象，许多景颇族子女不愿入学读书，在校学生流动频繁，"读书无用"的思想在学生中蔓延，教育工作受到了严重的干扰和破坏。到 70 年代末 80 年代初期，"文化大革命"结束，景颇族地区的教育事业开始进入全盛时期，党和国家对边疆民族地区智力开发更加重视，不断增加经费投入，不断输入人才，以及各族人民对提高教育水平、普及科学技术的强烈要求，使整个教育工作进一步出现了前所未有的大好局面。"六五"计划完成的 1985 年，潞西、梁河、瑞丽、畹町 4 个县市经省验收合格，已达到"小学普及"标准。1995 年，德宏州有各级各类学校 1048 所，在校学生 19.29 万人，在校学生占全州总人口的 20.3%，少数民族在校生 9.78 万人，占在校生总数的 50.76%。在各级各类学校中，小学 902 所，在校学生 14.45 万人。校内外学龄儿童 13.39 万人，入学 13.16 万人，入学率达 98.28%。学年巩固率 97.79%。小学毕业生 1.615 万人，升入初中（含农职初中）1064 万人，升学率 68.38%。小学教职工 5845 人，其中专任教师 5050 人。另有代课教师 1361 人，临时工 134 人，占在编小学教职工的 25.58%。普通中学 73 所，其中高完中 18 所，初中 55 所，另有 15 所小学附设初中 35 个班。初中招生 1.0539 万人，在校生达 2.7942 万人，高中招生 1463 人，在校生 4171 人。普通中学教职工 2848 人，其中专任教师，高中 357 人，初中 1696 人，另有中学代课教师 116 人，临时工 141 人，占在编教职工的 9.02%。职业中学 10 所，其中职业初中 3 所，招生 151 人，在校生 330 人，另有"3+1"班学生 146 人。职业高中 7 所，招生 732 人，在校生 1578 人。中专、民干校等职高班招生 549 人，在校职高生 862 人。职业初高中年招生合计 1281 人，在校生 1594 人。职业初高中教职工 267 人，其中专任教师，职工初中 31 人，职业高中 150 人，代课教师 17 人，临时工 25 人，兼任教师 19 人，占在编职业中学教职工的 22.84%。中等专业学校

5 所（含中等师范学校 1 所），招生 477 人，在校生 1779 人。教职工 328 人，其中专任教师 196 人。中等技工学校 1 所，招生 130 人，在校生 265 人，教职工 31 人，专任教师 152 。教师进修学校 5 所，有教职工 59 人，其中专任教师 32 人。教育学院、电大各 1 所，两校招生 117 人，在校学生 200 人，教职工 100 人，其中专任教师 52 人。州委党校 1 所，招生 161 人，在校学生 443 人，教职工 60 人，其中专任教师 28 人。州民族干部学校 1 所招生 13 人，在校生 22 人，教职工 48 人，其中专任教师 23 人。幼儿园 48 所，招生 7469 人，在园（班）幼儿 1.0484 万人，教职工 451 人，其中专任教师 342 人。新中国成立以来，德宏地区景颇族为省内外各大专院校输送了大中专生 1500 多人，毕业后绝大多数都回景颇族地区工作。一部分人参加了函授大学，自修大学的学习。景颇族的高级知识分子，正在不断成长。

景颇族聚居的德宏州从 1952 年以来，一直在景颇族地区坚持开展社会扫盲工作。多年来，将扫盲工作列入议事日程和各级领导的责任目标，特别是国务院颁布了《扫除文盲工作条例》后，各级党政领导积极宣传和贯彻《扫除文盲工作条例》，在扫盲工作中做到了组织领导落实，任务责任落实，人员队伍落实，经费投入落实，办法措施落实等五个落实。在扫除文盲过程中，学文化与学科学技术相结合，巩固提高扫盲成果以及"扫、堵"相结合，扫盲教育和考核验收相结合等三结合。景颇族较集中的地区，除用汉文开展扫盲以外，重点用景颇文和载瓦文开展社会扫盲。据统计，1984 年至 1992 年先后开办景颇文载瓦文扫盲夜校 1300 班，学员 31150 人，脱盲 18000 人。景颇族的文盲率从 1982 年的 63.13%，下降到 1992 年的 9%，大大加快了景颇族地区扫除文盲的步伐。

第二章　原始宗教产生的历史背景

第一节　鬼神的起源

在人类出现之前的漫长岁月里，天地间本来没有什么所谓的"鬼神"存在，只是有了人类以后，随之而出现了各种各样的鬼神。人类创造了自己的人类社会，同时也创造出主宰自己命运的各种鬼神世界。从鬼神诞生之日起，人的世界也就再没有离开过鬼神，鬼神或多或少地禁锢着人的心灵。景颇族是一个富有丰富想象力的民族之一，也是一个富有造鬼造神传统的民族之一，产生鬼神的时间较远，鬼神数量众多，种类齐全。在相当长的历史时期内，名目繁多的鬼神充斥着景颇族的心灵深处。

历史上景颇族经过了漫长的原始社会，生产力水平比较低下，科学技术也不发达，医药知识更是贫乏。因此，景颇族祖先对自身接触的非常庞大的，变化万千的世界、巨大自然力的作用，人类的生老病死，吉凶祸福等现实状况，无法科学地解释。总认为日、月、山、川、鸟、兽、虫、鱼、巨石、大树等一切的一切也和人一样有实体和鬼魂。他们以自然力的作用，区别鬼神的好坏，一是造福于人类的鬼神，二是专门降祸于人类的鬼神。人们相信自然界和人类社会的背后都有鬼神在起作用，它支配着人们的生老病死、生产的丰歉、六畜兴旺、人丁的繁衍等。因此，鬼神在景颇族人民的思想上具有支配一切的作用，他们对看不见的世界里的鬼神是十分崇敬的。

景颇族认为鬼神在古时候就传下来了。至于鬼神的起源传说不一，主要有以下几种。

一、天和地以及世上万物起源的传说

传说，很古很古以前，世间本来没有天，没有地，也没有万物，一片混沌，整个世界是漆黑一团。后来天空中渐渐地出现了萤火虫一样发光的东西，但整个世界还是模糊不清，这时却出现了"能万拉"① 和"能斑木占"②，这两个造物主。他们想，在模糊不清的世界里，应当有天和地，但怎么样才能有世上万物呢？他们两个同时想到应该生一个能创造和解决一切的全知全能的人。后来他们生出了潘瓦能桑遮瓦能章③。在一片模糊不清的世界里，潘瓦能桑遮瓦能章很想有个太阳，让天空光明起来，就对他的父母能万拉和能斑木占说："你们快创造呀，你们快繁衍吧！"不久果然出现了太阳，最早的太阳虽然发光，但是不发热，潘瓦能桑遮瓦能章请他的父母用药水浸泡之后太阳才发热起来。又想夜间应当有个月亮，他又请父母创造月亮，月亮果然出现了，但很不清楚，他又请父母用清水把它洗白了。他又想，晚上月亮一个太孤独了，应当有星星去陪伴，他请父母创造星星，于是天上的星星出现了，银河也出现了。他又再想，天上的东西都

---

① 能万拉：传说中创造万物的男神。
② 能斑木占：传说中与能万拉共同创造万物的女神。
③ 潘瓦能桑遮瓦能章：能创造和解决一切的全知全能人，也是造天造地的人。

有了，但天底下的东西没有，应当首先有地才行，于是他又请父
母创造地，地出现了，但开始出现的地是软的、稀的，后来经过
太阳长时间的晒以后才逐步硬起来。潘瓦能桑遮瓦能章想，地上
应当有水、草、树等植物，就请父母创造，于是地上水、草、树
等植物有了，他又想草和树，应当有各种动物，他请求父母创造
动物，于是老虎、大象、老鹰、乌鸦、大蟒、野牛、野狗等出现
了。关于天地的形成，在《景颇族创世纪》[1] 里有记载：

　　　　远古，
　　　　天还没有形成，
　　　　地还没有产生。
　　　　在朦胧和混沌里，
　　　　有个皮能帕拉，[2]
　　　　有个迷能玛木占，[3]
　　　　有个木托拉，
　　　　有个顶山木占。
　　　　有个木章拉，
　　　　有个普兰木占。
　　　　有个鸟诗拉，
　　　　有个鸟卡木占。
　　　　有个涛智拉，
　　　　有个涛浪木占。

---

[1]　李向前搜集整理，德宏民族出版社出版。
[2]　拉：指男性。
[3]　木占：指女性。

在朦胧和混沌里，
上有能万拉，
下有能斑木占，
能万拉向下漂移，
落到能斑木占的身上，
能万拉在上摇摆，
能斑木占在下抖动，
创造天地的神已有了。
男神有了，
女神有了。
就要造天了，
就要打地了。
万事该出现了，
万物该产生。

远古，
能万拉的创造，
能斑木占的繁衍，
生下了像东荣①一样的东西，
有了空荡荡的一片。
这是什么呀？
父亲能万拉，
母亲能斑木占说：
这是将来的全知全能，

---

① 东荣：形容群山围绕的盆地。

潘瓦能桑遮瓦能章，
居住的木兰顶荣地方。

远古，
能万拉的创造，
能斑木占的繁衍，
生下了十拿长的绳①，
有了二十拿长的索。
生下绳做什么，
有了索做何用？
父亲能万拉，
母亲能斑木占说：
十拿长的绳，
用来拴住木兰顶荣的地方，
二十拿长的索，
用来稳固木兰顶荣地方。
生下了十拿长的绳，
有了二十拿长的索，
木兰顶荣地方拴住了，
木兰顶荣地方稳固了。

远古，
能万拉的创造，
能斑木占的繁衍，

---

① 拿：古时民间衡量长度的方法，一拿相当于 5 市尺。

生下了成卷的东西，
有了成捆的物件。
这是什么呀？
父亲能万拉，
母亲能斑木占说：
成卷的是十卷圣书，
成捆的是二十捆圣典①。
谁来看圣书，
谁来用圣典？
看圣典的就要诞生，
用圣典的就要降临。

远古，
能万拉的创造，
能斑木占的繁衍，
生下了一个，
还在娘胎里，
就长出牙齿会说话。
还没有出生，
就已经懂事会呼喊。
他一出生，
就现出一幅威严的面孔，
翘着脚，
晃着腿，

① 十卷圣书、二十捆圣典：这里不是指实际数据，而指很多书籍的意思。

他是谁呀?

他的名字是自己取的:

"我就是看十卷圣书,

用二十捆圣典的潘瓦能桑遮瓦能章"。

潘瓦能桑遮瓦能章,

他出生的时候,

他看的圣书有了,

他用的圣典有了。

他翻开圣书,

他打开圣典,

来到木兰顶荣地方,

对父亲和母亲说:

"父亲能万拉呀,

母亲能斑木占,

你们快创造呀,

你们快繁衍吧,

你们创造的万事,

我会接着圣书,

指明它们的用处,

你们繁衍的万物,

我会照着圣典,

给它们取下名字"。

远古,

能万拉的创造,

能斑木占的繁衍，
生出了脚登的竹桩，
有了手拉的背带。
它们是做什么的呀？
潘瓦能桑遮瓦能章说：
这是生育时，
脚登的竹桩①；
这是分娩时，
手拉的背带。②

远古，
能万拉的创造，
能斑木占的繁衍，
生下了一个热水槽，
有了一个冷水槽。
这是做什么的呀？
潘瓦能桑遮瓦能章，
说出了它们的用处：
等将来有了月亮，
等将来有了太阳，
月亮不够明，
太阳不够热，
把月亮往冷水槽里一浸，

---

① 竹桩：这里指产妇生育时，帮助其用力生产的竹桩，立在产床头。
② 背带：这里指生育时，为了帮助生产，两端拴在高处，让产妇拉的带子。

把太阳往热水槽里一淬，
月亮就够明了，
太阳就够热了。

远古，
能万拉的创造，
能斑木占的繁衍，
有了最初的月亮，
有了最早的太阳，
最初的月亮不够明，
最早的太阳不够热。
照潘瓦能桑遮瓦能章说的话，
把月亮往冷水槽里一浸，
把太阳往热水槽里一淬；
月亮够明了，
太阳够热了。

远古，
能万拉的创造，
能斑木占的繁衍，
有了热辣辣的太阳，
有了明晃晃的月亮，
但不知太阳做什么，
也不知道月亮有何用。
潘瓦能桑遮瓦能章，
说出了它们的用处，

等将来有了天，
等将来有了地，
天不够稳定，
地不够坚实，
用太阳稳定天，
用月亮坚固地。

远古，
能万拉的创造，
能斑木占的繁衍，
有了朦胧的一片，
有了圆圆的一团。
这是什么呀？
潘瓦能桑遮瓦能章，
给它们取了名字，
朦胧的是天空，
圆圆的是大地。
天不够稳定，
地不够坚实，
天不停地摇摆，
地不停地晃动。
按潘瓦能桑遮瓦能章说的话，
让太阳稳定了天，
让月亮坚固了地，
天稳定了，
地坚固了。

远古，
能万拉的创造，
能斑木占的繁衍，
天空出现了，
大地形成了，
天上没有飞的，
地上没有走的，
天空感到冷清，
大地觉得寂寞。
潘瓦能桑遮瓦能章便对父母说：
"父亲能万拉呀，
母亲能斑木占，
创造天上飞的吧，
生下地上走的吧。"

远古，
能万拉的创造，
能斑木占的繁衍，
生下了最神的老鹰，
有了最神的乌鸦，
生下了最神的蛇，
有了最神的蟒。
生下了最神的虎，
有了最神的豹。
生下了最神的象，

有了最神的象群。
天上有了飞的，
地上有了走的，
天空不再感到冷清，
大地不再觉得寂寞。
天更宽了，
地更广了。
天还在加宽，
地还在扩展。
天望不到边了，
地走不到沿了。

远古，
能万拉的创造，
能斑木占的繁衍，
宽广的大地，
有的地方凸起来了，
有的地方凹下去了。
这是什么呀？
潘瓦能桑遮瓦能章说：
凸起来的是高山，
凹下去的是峡谷。
有了高山，
有了峡谷，
千座山望不到边了，
万个坝走不到头了。

远古，

能万拉的创造，

能斑木占的繁衍，

有了亮光光的一片，

有了黑漆漆的一团。

这是什么呀？

潘瓦能桑遮瓦能章说：

亮光光的是白天，

他的名字瓦襄能退拉。①

黑漆漆的是黑夜，

她的名字叫能星能锐木占②

他们将永远相随，

他们将永远相伴。

远古，

瓦襄能退拉说，

他要一直亮到底。

能星能锐木占说，

他要一直黑到头。

他们争来抢去，

谁也不相忍让。

---

①　瓦襄能退拉：能退，亮之意，拉，男性，即阳性，合起来为光明神之意。

②　能星能锐木占：能星，为黑暗之意，木占，指女性，即阴性，合起来为黑暗神之意。

潘瓦能桑遮瓦能章，
对他们说：
"瓦襄能退拉呀，
能星能锐木占，
你们不要再争，
你们不要再抢，
你们就亮一半，
黑一半吧。
潘瓦能桑遮瓦能章，
规定了白天和黑夜，
瓦襄能退拉亮一半，
能星能锐木占黑一半。
从此，世界上——
有了白天和黑夜。

远古，
瓦襄能退拉觉得冷清，
想要白天的伙伴。
能星能锐木占感到寂寞，
想要黑夜的朋友。
潘瓦能桑遮瓦能章便对父母说：
"父亲能万拉呀，
母亲能斑木占，
创造白天的伙伴吧，
生下黑夜的朋友吧。"

远古，
能万拉的创造，
能斑木占的繁衍。
生下了黑蚂蚁，
有了黄蚂蚁。
生下了大蚂蚁，
有了小蚂蚁。
生下了小蛐蛐，
有了竹蝗。
生下了灰蚂蚱，
有了绿蚂蚱。
生下了四脚蛇，
有了脆骨蛇。
生下了小青蛙，
有了大癞蛤蟆。
生下了金线蛙，
有了大牛蛙。
生下了夜鸟，
有了蝙蝠。
生下了长尾鸟，
有了猫头鹰。
生下了貂鼠，
有了穿山甲。
白天走的归白天，
黑夜行的归黑夜，
从此，白天有了伙伴，

黑夜有了朋友。

远古，
潘瓦能桑遮瓦能章对父母说：
"父亲能万拉呀，
母亲能斑木占，
停止创造吧，
停止繁衍吧，
让你们的后代，
瓦襄能退拉，
能星能锐木占接着创造吧，
继续繁衍吧"。
听了儿子的话，
能万拉安息在东方，
他在东方发出灵光，
所以晴天从东方开始。
能斑木占安息在西方，
她在西方发出灵光，
所以雨天从西方来。

二、鬼起源的传说

创造万物的神能万拉和能斑木占创造了自然界后，生了瓦襄能退拉和能星能锐木占，他俩一个是代表白天，一个是代表黑夜。他俩原是争夺白天和黑夜的冤家，后来他俩的父母能万拉和能斑木占规定了白天和黑夜。瓦襄能退拉亮一半，能星能锐木占黑一半，最后他俩成为夫妻，并生了彭干支伦和木占威纯，他俩是一切鬼的始祖，他俩不仅生了许多鬼，而且生出了人类和各种各样的金银财宝，从此以后产生了鬼的世界。

彭干支伦和木占威纯首先生出了 7 个男鬼和 1 个女鬼。

1. 木作毛浪（天鬼）。居住在一个名叫崩寄的山峰上。主要是江心坡一带的景颇族供奉。

2. 木作肯娃弄（天鬼）。居住在斯寄利斯压伴崩腊格巴天山上。主要是江心坡一带的景颇族供奉。

3. 省腊普。它是一个瘟疫传播者。据说它住在一个叫贡推瓦祥贡代木案地方的坝子，对它祭祀好了，能使六畜兴旺、五谷丰登；如果对它祭献不好，将会瘟疫四起，民不聊生。

4. 阿目。有的地方称其为目香（雷鬼）。据说它住在目作格勒扎、灵藏戛宋踏地方的大山上。人类若触犯了它就会发怒打雷，烧毁庄稼、房屋及树林等，同时还会让人生疮。如果祭祀好了，也会给农业生产带来丰收。

5. 阿占（太阳鬼）。据说它住在概寄斯拱，概当灵木地方的大山上，它能使五谷丰登、六畜兴旺，祭祀时都要杀猪或宰牛。

6. 子卡（谷鬼）。据说住在乌磨斯拱鸟曼稳木地方，这里盛产大竹。它管谷魂，故人们叫谷魂时都要请它。

7. 木代（鬼之王）。是幼子，据说住在纯贡一干占吕共各占孔地方（传说出银子的地方），它能给人以金银财宝，这是一个官家才能供奉的鬼，它保佑官家和百姓健康长寿、祥和等。

8. 格占（虹鬼）。是女性，以上各种鬼的妹妹，住在卡门老锡格冲崩浪格巴地方，即有瀑布的地方，此鬼又称水鬼。传说她不小心掉到泥塘中，越陷越深，不能自拔，其母只好每天送饭与她，但她一天比一天往深处陷，最后只能对母亲无奈地说："妈呀！我不能出来了，以后你如果要见我，请在太阳和雨交辉的时刻来相会，我在那里织布，当天空出现彩虹时你就会看见我。它能使人患冷热病（疟疾）、耳聋等疾病，患病者请董萨打卦确定是它危害人时，患者要用猪、鸡祭献它才会好。

据传说，一切鬼的始祖彭干支伦和木占威纯老夫妻生了8个鬼后，已经衰老了，无法生育。为了继续繁衍下去，他俩把衰老的事向他俩的父母瓦襄能退拉和能星能锐木占诉说，瓦襄能退拉和能星能锐木占又把彭干支伦和木占威纯衰老的事向创造万物的神能万拉和能斑木占转告，能万拉和能斑木占及时给彭干支伦和木占威纯吃了返老还童的药（有的地方传说是借宁掌、帕林散给他们药吃），后来他们又获得了生育能力，继续生了许多"木代"鬼，这些鬼大部分分给了各民族去供奉。

1. 勒望娃松康木干（老大），是个戴铁帽子的"木代"鬼。传说他制成了许多可用的锄头、农具等。据说天神把此鬼分给汉族去供奉。

2. 弄陇省寄（老二），也是一个戴铁帽子的"木代"鬼，天神叫他去弄陇省寄（克怒人住地）那里去作"木代"鬼。

3. 木如娃腊匹（老三），是狗肚子套在头上的"木代"鬼。天神把他分给木如娃腊怀（"木如"即浪速，是景颇族的一个支系）去供奉。因此，景颇族浪速支系举行目瑙纵歌时有杀狗煮芋头吃的习俗。

4. 拱底都曼（老四），用毛皮套在头上的"木代"鬼。天神把他分给拱底都曼（坎底傣族）供奉。他的后代就是拱底那边的傣族（拱底又叫坎底或葡萄，据说那边的傣族和别处的傣族不一样）。

5. 掸当干样（老五），他是头上带金箔的"木代"鬼。天神把他分给掸当干样（傣族）去供奉，他的后代成为缅甸南部的傣族。

6. 崩拥景颇（老六），他是头戴藤篾帽子的"木代"鬼，天神把他分给崩拥景颇（历史上景颇族自称"崩拥景颇"）去供奉。因此，景颇族举行目瑙纵歌（祭木代鬼的大型活动）时都戴藤篾帽。

7. 吉里坎康（老七），他是头戴铁帽子、不穿衣服，外貌不扬的"木代"鬼，天神叫他到吉里坎康（缅甸克钦族）当"木代"鬼。

8. 猛伦锐炸（老八），他是头戴铁帽子的"木代"鬼，天神叫他到猛作锐炸（黑人居住地）当"木代"鬼。

9. 缅娃科康（老九），他是头戴金帽子、穿金衣裳和有皮带的"木代"鬼。天神把他分给缅娃科康（缅族）去供奉。

10. 米娃瓦汤娃（老十），他是头戴毡帽和系腰带的"木代"鬼，天神把他分给米娃瓦汤娃（汉族）供奉。

11. 猛林猛彭（老十一），他是头戴铁帽子的"木代"鬼，天神把他分给猛林、猛彭地方（据说一个很小的国家）的人供奉。

12. 莫批（老十二），他是头戴铁帽子的"木代"鬼，天神把他分给了莫批（译为乞丐）供奉。因为莫批原是一个穷人，后来他富了起来，想组织跳目瑙纵歌，但他没有"木代"鬼，据说他向天神诉说没有"木代"鬼而无法组织跳目瑙纵歌，后来天神知道后分给他一个"木代"鬼供奉。

13. 志胖木占（老十三），又称"斯地门曼"，她是一个脸生得很难看，眼睛又烂的女鬼。天收她的父母彭干支伦和木占威纯把她分给官家，作为官家的斯地门曼鬼供奉。在景颇族地区，这个鬼只有少数官家供奉，一般是家里供有此鬼的才算正官、大官。这个鬼不愿给一般的其他官家供奉，即便是供有此鬼的官家分家出去，若要向老家要此鬼去供奉时，必须得送牛、大铓、丝织品等才能取得。供奉斯地门曼鬼的官家要求很严，一般不能吃虎、豹咬死的野兽或家畜的肉，只能吃宰杀或猎获的。供此鬼和木代鬼的官家如果要去参加其他地区举行的祭木代鬼时，必须在家中祭祀，嘱咐斯地门曼鬼好好在家，不要外出。否则斯地门曼鬼会跟着官家外出，甚至不回家，这时原供此鬼的官家就会衰败。

14. 龙尚斯地普（老十四，寨子保护者），她是一个很美丽的姑娘，天神让她去保护寨子，景颇族一般供在官庙（龙尚）中，她也是一个地鬼，她能给人们带来人畜兴旺，五谷丰收，不受疾病灾害。

15. 英级腊（老十五），他是谷魂，谷子黄时要祭献，祭品用螃蟹及酒。

16. 荣那木占（老十六），她是个女谷魂，她后来成了老十五英级腊的妻子，并生育了许多鬼。

17. 林藏（老十七）。据说这是一个好鬼，他能使人增强记忆，并使家畜兴旺，祭时用鸡或干鱼。需要每年都祭献。

18. 阿崩腊（老十八）。据说他是恶山鬼，管理山上的打猎、下雪、冰雹等事务。对此鬼若祭献不好，上山打猎的人打不着猎，而且会互相伤人，还会下冰雹，打伤人畜，打坏庄稼等，祭时一定要用鸡或猪。

19. 阿崩思（老十九），她是一个女山鬼，后来成了阿崩腊的妻子。

20. 直铜（老二十），他是一个独眼鬼，在所有的鬼中他是最恶毒的。据说此鬼生育了许多儿女，让他的子女分别把守每个角落。所以，山上有山上的直铜，田里有田里的直铜，山岩子有山岩子直铜，山箐有山箐直铜。一旦被他咬上使人头痛、耳聋、眼睛疼痛，长期不痊愈。祭献此鬼时用猪、鸡或狗。

21. 木里子直铜（老二十一），他是直铜的弟弟，后来由于他管理山上所有的野兽，不让它们伤害人类，所以，他的威望越来越高，最后成为最大的山鬼。祭献时用猪、鸡或狗。

22. 迷朗（老二十二），他是一个专门管理土地的土地鬼。他有时在土地上，有时在家里，供在家里的每年要献两次。据说到时不祭，它就会咬人给人生病，供物用鸡。对土地鬼，只能在人生病后，请董萨打卦，说是土地鬼咬着了才能祭献，祭品是干鱼、鸡蛋等。

23. 省鬼，又称水鬼。据说他住在水井旁，他不会伤害人，最多他只会使人发冷，全寨人每年献一次。祭献时主要祈求它保护全寨人身体健康。董萨代表全寨人表示："喝了你的水后，眼睛明亮，不长大脖子，使人长得漂亮"等。祭献那一天，要求各家各户都去，祭品主要是鸡、猪。

据说，一切鬼的始祖彭干支伦和木占威纯生出了崩用景颇后，崩用景颇的儿子叫瓦干娃省共木干，他有阿娜更斯那木占、斯望肯堆、木共更胖木占等三个老婆。第三个老婆木共更胖木占生出了9个鬼，后来他们都成了景颇族的姓氏。

1. 木仁娃共扎木干，天神让他成为景颇族的木仁家。
2. 勒通娃弄乱，天神让他成为景颇族的勒通家。
3. 勒排娃腊忠，天神让他成为景颇族的勒排家。
4. 子娃度孔，天神让他成为景颇族的恩昆家。
5. 木然娃当让，天神让他成为景颇族的木然家。
6. 拥孔永典，天神让他成为景颇族的浪莪支系。
7. 卡苏卡沙，据说天神让他成为景颇族的勒期支系。
8. 盆娜弄锐，天神让他成为景颇族的载瓦支系。

9. 木格娃景娜，据说天神让他成为景颇族的波拉支系。

传说彭干支伦和木占威纯这两个鬼的始祖还有许多孙子重孙。如：

1. 助格努，莫级腊之一，属于彭干支伦和木占威纯的孙子辈。是一个谷魂，谷子黄时需要祭献，祭品主要是螃蟹及酒。

2. 助龙母扎那崩木，英级腊和荣木占的儿子，是彭干支伦和木占威纯的孙子辈，是个饿死鬼，不祭献时会使人肚子痛，一般用酒、螃蟹、饭和芭蕉叶祭献。

三、景颇族中出现众多鬼神的神话故事

在远古时候，当始祖宁贯瓦（景颇族传说中的一个英雄人物），计划"锻造天地、驱除恶魔"的时候，他把所有的人类叫到跟前。当所有的人类都到来，而且他也完成了他的"锻造天地、驱除恶魔"的计划以后，他决定给人类分配文字。在分配之前，他把所有种族的人和各类鸟兽集中在一起。然后，他分配给缅族、掸族、汉族的文字是写在纸上，而分配给景颇族的文字是写在牛皮上，其他氏族都小心翼翼地保存好始祖宁贯瓦分配给的文字，并把它带回到自己的居住地，而景颇族带着牛皮文字往回走的时候，由于路途遥远，途中所带食物全部吃光，在万般无耐的情况下，便在途中把牛皮烤吃掉了。

在文字分配完以后，宁贯瓦又一次召见了人类，缅族、掸族、汉族等民族，他们都想知道这一次被召见的原因，就及时查看他们先前所获得的文字，他们已知道这次宁贯瓦要分配财富、金子和银子。他们去的时候带上了大篮子，把宁贯瓦分给他们的金银财富背回了自己的地方，所以，这些民族后来都很富有了。而景颇族，因为烤吃了宁贯瓦分配给他们的牛皮文字，便无法知

道这一次将分配什么礼物，去的时候只带了小小的挎包，分配金银财富时他们拿到的仅只是自己挎包所能装的那部分。所以，景颇族一直富不起来。

不久以后，宁贯瓦像先前那样又一次召见了人类。缅族、掸族、汉族等民族像先前一样，再次查阅了文字记载，从中他们知道了宁贯瓦这一次召见他们为的是分配鬼神。于是他们采摘了花卉去见宁贯瓦。可是景颇族，由于没有查阅任何文字记载，当然也就不知道这一次将要分配什么。经过一番思考后，认为这一次还是像前一次一样要分配金银，便带上了大篮子去见宁贯瓦。

当每一个民族都到齐后，宁贯瓦检查了他们带来的东西，看到缅族、掸族、汉族等民族带来的是鲜花时，他就对他们说："你们每一个人，回到自己的家里，把你们带来的这些鲜花祭献给鬼神。"而对于没有带来祭鬼鲜花却带了大篮子来的景颇族，宁贯瓦给了他们鬼神，让他们带着装满鬼神的篮子回去。就这样，景颇族背着满篮的鬼神往回走。他们觉得鬼神太沉重，所以每到一个地方休息时，便从篮子中取出一个鬼神扔在身后。尽管这样，他们还是背回了许多鬼神，所以，直到今天，景颇族仍然在祭献这些鬼神。景颇族除在家祭献鬼神外，还要祭献原来扔在身后的鬼神，因为那些鬼神随处可见，在森林深处，在巨石岩上，在峡谷里，在溪流边，在丘陵地带乃至旷野里都有鬼神。

四、出现人魂的传说

一切鬼的始祖彭干支伦和木占威纯生完了所有的鬼之后，又生了一个没有五官四肢，像皮球一样圆的奇怪物体。后来天神把它剖成两半，一半取名为得罗拱（男性），一半取名为木刚拱胖（女性）。最初，这两半怪物不会动，既不像人样，也不像鬼样，后来天神动手把它雕刻成人形，天神给他们灌了气，他们会呼吸后，又在他们身上擦药，使之长大起来。后来，他们变成了带有鬼魂的人类。每个人都有精灵支配肉体，人死而灵魂继续生存，人死亡则是灵魂与肉体永久分离，人死后就变成鬼，鬼是无所不在，无所不能的。天神又把雕刻时削下来的渣子变成了乌鸦、黄鼠狼、老鼠、蛇等动物。这些动物都有灵魂，无论它们活着还是死去，它们的鬼魂不死，活着是鬼的附体，死后变成恶鬼。天神给地上动物、植物等一切附上鬼魂后，又给天上的日、月、星和地上的山、水、火、风、雷等附上鬼魂，所以景颇族认为万物有灵。有关自然现象的鬼有：日鬼、月亮鬼、星星鬼、山鬼、水鬼、火鬼、风鬼、雷鬼、地鬼、树木鬼等。有关社会现象的鬼有：家鬼、官庙鬼、神林鬼、睡觉鬼、拉事鬼、离婚鬼、人死鬼、屋脊鬼、新婚相爱鬼、会唱歌及会念董萨祭鬼咒语的鬼，使牧畜病瘦的鬼、跳目瑙纵歌舞的鬼等。有关疾病的鬼有：眼疼鬼、腰疼鬼、头疼鬼、头烂鬼、肚子疼鬼、怀孕而死的鬼等。景颇族认为，鬼魂有善恶之分，有的鬼魂最凶恶，它能祸害于人，无论何时何地你都不能随便谈论它，如"直铜鬼"就是这样的一种，它是一个最凶恶的鬼，是一个野鬼，它无处不在。因此，你走到何地都不能随便谈论它。有的鬼是好鬼，如日、月鬼等，这些鬼会保护人类，家鬼更是如此，所以人们必须敬奉他们。

第二节　鬼神崇拜

一、图腾崇拜

原始宗教观念的产生，乃是人类同自然斗争中软弱无力的产物。恩格斯指出："一切宗教都不过是支配着人们日常生活的外部力量在人们头脑中幻想的反映，在这种反映中，人间的力量采取了超人间的力量的形式。在历史的初期，首先是自然力量获得了这样的反映，而在进一步的发展中，在不同的民族那里又经历了极为不同和极为复杂的人格化。"在漫长的历史岁月里，景颇族最初经历了图腾崇拜的过程，这个过程经历的时间较短，很快进入了自然崇拜的历史时期。因此，景颇族图腾崇拜的现象很不明显，但从一些巫师董萨的传说中，还可以看到景颇族祖先曾经历过图腾崇拜的历史痕迹。传说，在卡苦嘎的初期及以前，景颇族还处在原始社会阶段。这个期间也是主要的图腾崇拜的历史时期，景颇族的一些古老传说都产生在这个时期。传说，在彭干支伦和木占威纯之前没有人类，也没有自然界的一切。他们首先生了"木代"等七兄弟和"革占"（虹）。其次生了各民族所供奉的"木代"，官家所供奉的"斯跌门曼和子胖木占"以及官庙中供奉的"斯跌"。第三，生了金子、银子、金篮子、金盘子、金瓢、迈立开江、恩梅开江、水、火、嗓子、树木、竹子、盐、智慧、蚕和丝线、鸭、鹅、羊等之母或神。第四，生了宁贯瓦使用的大刀、锤子、砧子、夹子、弩、弓、尺子等用具。

不难看出，在远古时代的景颇族社会中曾存在过图腾崇拜。在动物图腾方面，景颇族有一个流传至今的习俗，每年吃新米饭时，一般先喂狗，人后吃。传说，在远古的时候，大地上长满了稻谷，人和其他大部分动物都吃稻谷。后来由于发生了洪水泛滥，所有的稻谷都上了天。生活在大地上的各种动物饥饿难耐，这时一只狗对着天伤心地连续哭了几天，请求太阳神施舍稻谷给大地上的各种动物，在狗的感动下，太阳神给了几颗谷种，从此大地上又有了稻谷。为答谢狗的功劳，历史上景颇族禁杀狗，忌食狗肉。

二、自然崇拜

在人类鬼魂观念产生之后，从而推想到世上万物都有灵魂存在。无论日、月、风、云和山、川的作用都是神灵活动的体现。对自然界的人格化，幻想任何自然物都有一种超自然的力量在主宰，自然界中到处都有神灵的存在。景颇族最先居住的地方，山多且高大，据说有人出门时，走了一两天或两三天路程以后，他还可以在对面山上给家里传话，可见山之高，坡度之大。崇山峻岭中森林密布，老虎、豹子、野猪等各种野兽较多，同时有一些怪山怪石存在，使人浮想联翩，加上自然界直接关系到生产和生活，作物的丰收和歉收以及人生的吉凶。因此，景颇族根据各种自然现象的特点及其对于人们的关系，确定人们意识中的地位，例如星星是太阳的伴侣，闪电是雷的伙伴等。在各种天体现象中，由于风、雷、电等变化剧烈，景颇族认为它们不仅对农作物、牲畜、房屋有危害作用，而且直接危害人类，它们是世上一切动植物发生疾病的祸首。所以，景颇族自然崇拜的对象十分复杂而多样，有日神崇拜、月神崇拜、星神崇拜、地神崇拜、山神崇拜、风神崇拜、雨神崇拜、火神崇拜、山林崇拜等等。这些崇拜形式反映了农耕民族无力征服自然而祈求自然降福人间的原始意识。在自然崇拜中，对鬼林的崇拜是景颇族在自然崇拜中最重要、最神圣、最富有特色的崇拜。新中国成立前夕，景颇族虽已普遍建立社庙（龙尚），但还继续祭献鬼林（有的地区称鬼山）。几乎在每一个景颇族村寨中，都有鬼林。鬼林通常位于村寨入口处的小山包，山头古木森森，阴暗潮湿。景颇族认为山神、地神和水神等一些善鬼都居住在此。这些鬼都是种植谷物、放牧牲畜和提供水源的源泉，它们使谷物获得丰收，是村里的保护鬼，故寨民们每年都要到鬼林举行集体性祭典，通常要举行两次，时间固定在播种前和秋收后。一般鬼林下的路旁立着几根长木杆，上面挂着符咒、刀、枪、龙齿等供物。鬼林周围划为禁地，不准任何人到鬼林里放牧，不准任何人砍伐鬼林树木，在鬼林里栖身的各种动物一律不得捕杀。鬼林在景颇族村寨中显得神秘而又神圣，它被视为全体村民的守护神。

除固定的场所外，还有定期或不定期为奉献牺牲而架设的"鬼桩"，又称"社庙"，它是祭献和祭奠各种鬼的地方，也是各种鬼临时休息和享受供拜的场所。这里供奉的鬼有 20 至 60 余种，既供好鬼，也供恶鬼。既有自然精灵，也有祖先灵魂，景颇族将其统称为"公共的鬼"。

为使谷物获得丰收，景颇族每年播种前要先在"度娃"的土地上举行破土仪式，祭品都是模仿人间的生活方式，以牲畜家禽作为奉献品。主要有牛、猪、鸡、鸡蛋、鱼、狗、酒和饭等，祭献什么供品要由巫师占卜决定，占卜采用十分简单的形式，用火炙细竹竿，然后观察裂开的纹丝的横直来判断吉凶，竹纹丝如果平直是吉利，竹纹交错便是凶恶。景颇族在自然界中所崇拜的鬼神名目很多，属于天上的有太阳鬼（即"木代鬼"，系天鬼中最大者，只有山官才能祭献它），月亮鬼、星辰鬼、风鬼、云鬼、雷鬼、雨鬼、闪电鬼、虹鬼（女）、太阳太阴鬼等。各种鬼神分别掌管着人世间生产、生活的各个方面，因而当人世间要进行某项活动时，都必须寻求相应的鬼神保护。

三、鬼魂崇拜

鬼魂崇拜是景颇族原始宗教中的又一重要内容。景颇族信奉万物有灵，尤其信奉人自身的鬼魂（灵魂），认为灵魂是人的生命活力的根本，所以灵是神圣而永恒的，人的生老病死都同灵魂有关，从而在景颇族的意识中形成了鬼魂观念，生病要祭献鬼，出远门要祭献鬼，路上不小心跌一跤也要祭鬼等。认为万物皆有肉体和灵魂两个实体。在人魂中男女的魂还不相同，男人有6个魂，女人有7个魂。在男人的6个魂中，3个是"近魂"（或真魂），3个是远魂。女人的前6个魂与男人相同，只是多了一个"远魂"（或假魂），所以女人往往胆小怕事。认为活人主要是近魂起作用，而远魂则在死人身上起作用。一个人的近魂若被鬼咬着，或者3个近魂中有1~2个跑掉了，人就会生病，但巫师"董萨"可以通过打卦祭献鬼的形式把它们唤回来，病人即刻痊愈。如果3个近魂都离开了人体，人就会死亡。另外，还认为每个人只有两个真魂（"金标"），4个假魂（"阿金"）。在4个假魂中，有1个会听话，其他3个是不会听话。会听话的假魂丢了人就会病，真魂丢了人就会死。人们认为魂可以独立存在，它可附着于物质躯壳也可与之分离。景颇族还有生死轮回之说，认为人死如金蝉脱壳，人魂脱离躯壳而已。因此，景颇族当老人去世后，将老人的亡魂送到先前祖先居住过的地方，年轻人的亡魂要送到较近的老家，送魂时请董萨念沿途的村寨、山河、拐弯等等，会过九岔路即到了老家。景颇族的葬礼一般比较简单，而送魂却非常隆重，许多亲戚都要请来，特别是舅父家的人，一定要等到后才能举行送魂仪式，可想送魂的重要性。人们还认为，人死后的世界与现实世界一样，也有官、百姓、奴隶等，生前什么身份、职位，死后依然不变。因此，死后的世界里，依然有贫富尊卑之别。生前抢劫杀人作恶者，死后偿还，恶人死后不得再生。由于景颇族崇拜鬼魂，对做梦的解释是，因为人睡着后魂离躯体，外出游荡，因而才会做起梦来。一些植物也像人一样有鬼魂存在，如某家谷子被小偷偷走，则认为谷魂有被吓跑的可能，所以要叫谷魂，请它回来，否则谷子就会不经吃。历史上景颇族总认为，人世间的一切事物都在于神灵的必然命定，由此而形成宿命观，每遇生产生活中的重大事件，都要占卦测卜，鸡头卦、鸡骨卦、草卦、薄竹卜等预测凶吉的活动较为普遍。

四、祖先崇拜

祖先崇拜是在灵魂不灭观念的基础上产生、发展起来的。人们相信每个人都有灵魂。睡梦和昏迷是灵魂暂离人体，死亡则是灵魂与肉体永久分离，人死后就变成鬼。鬼是无所不在，无所不能的。因此，祖先"虽死犹生"，其灵魂仍具有强大的力量，能给生活在阳间的人们带来幸福或危害。人们对自己的祖先都是顶礼膜拜，寄以厚望，所以祖先崇拜在景颇族社会中极为盛行。认为供奉自己的祖先是最主要的，但这是由于送不走他又回来"咬"人。景颇族崇拜祖先，没有偶像，只在屋角用一竹片编成的架子或小竹笼挂起来就表示供祖了。历史上景颇族每家门前有两个鬼，后门有一个鬼，故每家至少有三个鬼。家人死后由董萨打卦决定送回老家，不能送走的则留在家中供奉，因而各家所供奉的鬼有多少不同。景颇族在崇拜祖先方面，除了专门设位供奉外，还要举行许多祖先崇拜有关的活动。当老人与世长辞，晚辈要取出银子，用刀削下一些，将银子放入死者嘴里，认为银子放在死者嘴里，可以保佑子孙吉祥如意，如果死者吐出就是表示老人将所有的财富留给子孙后代使用。之后将死者安放在特定的位置。认为死者的遗体不能随意安放，头一定要对着安放家堂鬼的地方（供祖先之处）。安放好后很快地为死者沐浴，并换上新衣服。还要把死者的手、脚大拇指合并用线捆起来，有些地区只拴脚拇指，不拴手的大拇指。认为如果死者不用线拴手、脚拇指，死者在回老家的途中，会被其他的野鬼招引走，这样，他（死者）会变成无家可归的野鬼，会给后人带来灾难。在死者还没有入殓之前，还要派专人看守，绝对不能让黑猫跨过死者身体，认为让黑猫跨过，死者还阳行走。因此，景颇族在死者没有入殓前，要在死者胸部放一把刀，这样，可以防止黑猫跨过时死者还

金斋斋舞　石锐　提供

阳行走，危害人兽。在送葬前，为了表示对死者的怀念和对生者的劝慰，晚上凡是前来吊丧的亲友都要在死者家中跳丧葬舞，它是景颇族古老的祭祀舞蹈。跳时一定要在死者家屋内或院内进行，跳起来总是通宵达旦，主人要以水酒招待前来参加跳的人。人们击起深沉的大铓锣，由四人领舞，舞蹈内容是反映景颇族先民如何艰苦创业，通过古朴豪放的舞姿，再现了死者的生平，是

对死者的悼念。一般要跳三五天不等，直到入土为止。如果是村寨中有威望的人与世长辞，送魂的当天晚上要跳最富有景颇族民族特色的送魂驱鬼"金斋斋"舞，跳"金斋斋"舞者要化装成"鬼"的模样，一般由四人或八人来跳，跳者从头到脚都绘有用黑、白、红三色相间的花纹，其形象似人非人又好似飞禽走兽，并且有雌雄区别。如果死者生前是武士，舞者手中要持着树皮做的盾牌和木棒，跳出各种各样的战斗场面，通过跳"金斋斋"舞蹈，达到驱鬼的目的。送葬前要杀牛祭献鬼，根据死者家庭经济情况，杀三四头牛，意思是让死者带走。

五、诸神崇拜

景颇族和其他兄弟民族一样，在早期阶段，曾有过迷人的神话时代，并产生了大量的神话故事。景颇族把自己无法理解和控制的自然力量，社会力量幻想为各具机能的人格化的鬼神，把鬼神价值作为索取的对象，祈求这种超人间实体的神秘力量造福于自己。所产生的神话故事是景颇族先民以艺术幻想的形式，对自然和社会形态的不自觉的反映，也是景颇族先民企图认识自然、征服自然、支配自然的产物。从整个神话故事来看，景颇族的神话有它自己的神的系统，构成了一个庞大的鬼神世界。只不过景颇族没有神的观念，只有鬼的观念。在众多神话中的神，景颇族一般不叫神，而叫鬼，如天鬼、地鬼、阴鬼、月亮鬼、阳鬼等，在这里，鬼就是神，天鬼、地鬼、阴鬼、阳鬼一般都是受人崇敬的神人。在这个古老的神话世界里，有一对代表阴阳的天鬼能万拉和能斑木占，他俩是景颇族古老传说中创造万物的男神和女神，他俩是一对夫妻，是天地形成之前的阴阳神，由于他俩的结合和作用，天地形成了，万物产生了。这对天鬼死后，由他们生

下来的瓦襄能退拉和能斑木占这对天鬼又继续创造世界。这对天
鬼，又生下了勒农拉和勒农木占，他们接着生下了尹暖拉和给冠
木占，他们接着生下了龙亚拉和龙拉木占，他们接着生下了彭干
支伦和木占威纯，他俩是人的祖先，生下了德鲁贡山和聪明勇敢
的宁贯瓦。宁贯瓦是景颇族人民心目中的古代英雄，是一个半人
半神的天鬼，他聪明勇敢，带领人民打平了天地，造出了高山，
开辟了平坝，在战天斗地、改造自然界中立下了丰功伟绩。因
此，人民拥戴他作了景颇族的第一个"山官"。已经译成汉文的
景颇族创世纪《目瑙斋瓦》① 是一部景颇族神话史诗，在神话史
诗中所讲到的诸鬼神，均为天地形成之前的阴阳鬼，由于他们的
结合和作用，天地形成了，万物产生了。在书中所提到的阴阳鬼
能万拉与能斑木占和瓦襄能退拉与能星能锐木占等，他们都是创
造世上万物的鬼神，他们的形象高大无比。从所提到的名字来
看，他们既像仙人，又像现实的人，因为他们都是有名有姓的鬼
神，他们在上古人民的刻画下，一个个都神奇异常。在景颇族的
神话传说中没有把他们的形状刻画出来，但他们都是现实中的人
与物。在史诗中，他们的才能是奇才异能，是现实中的自然力量
与社会力量的融会与夸饰。他们的环境是奇方怪地，是用抽象现
实的幻想织成的。他们的作为是奇行异事，是自然活动与社会活
动的幻化。上古人民根据其神灵观念，塑造出了神奇的人物形
象。这些人物是客观的人和物的幻化，高高地飘浮在客观的人和
物上面，较之一般浪漫的人物形象，更为虚无缥缈，远非客观的
人和物所能企望的了。他们既能生出现实的人，又能生出现实的
物，他们无所不能。但在景颇族创世纪《目瑙斋瓦》神话史诗情

---

① 《目瑙斋瓦》，德宏民族出版社，1991 年版。

节中，还没有讲到后世上帝，老天爷之类的至上神，看不到各种神灵之间明显的等级隶属关系，看不到神灵对于人的社会关系的干预和支配。景颇族创世纪《目瑙斋瓦》以及其他神话所展现的还只是自然原始宗教的神话，即对自然力的神化和崇拜。因此，景颇族还没有发展到偶像崇拜。

六、梦崇拜

由于自然界直接关系到生产和生活，作物的丰收和歉收以及人生的吉凶。因此，景颇族根据各种自然现象的特点及其对于人们的关系，确定它们在人们意识中的地位，梦崇拜也是在这样的情况下确立下来的。景颇族群众是很相信梦的，把做梦看作是一个人行动、生老病死等的预兆。在景颇族的信念中，还表露出对各类梦境以及对死后世界的解释上。认为人有 6 个魂，分别居于人的头、心脏和四肢的血管中，妇女另有一个魂是在血管之中。血管分布在人的全身。魂能将周身的血液收集拢来。人的 6 个魂都会出现在睡梦之中，这是人能够做好梦或坏梦的原因之一。梦见活着的人，这是他们的"近魂"前来同梦者相会，梦见亡故的人，这是他们的"远魂"归来和梦者相会。景颇族同许多兄弟民族一样，过去不懂得人做梦的生理原因，以为梦是灵魂暂时脱离自身身体出游，或是鬼神在人的头脑里作祟，或是祖先神灵在向人们预兆凶吉祸福等。认为：人在家中熟睡，但能梦见离身体很远的事和奇异景象，这就说明人有身体的灵魂，身体和灵魂两者既可以结合，也可以分离。当灵魂附于身体时人就清醒，灵魂离开身躯而外出游荡时人就入睡。如果人入睡后做了梦，或者做了噩梦、怪梦，就是因为灵魂在外游荡时碰到了梦中的事物，多从现实生活中对各种事物的直感出发，根据事物的外形和性质来施展联想，加以解释。大多数景颇族梦到过桥视为吉兆。传说，远古时候的宁贯瓦，他还没有当景颇族"第一个山官"之前，有一天晚上他做梦从一座金碧辉煌的龙桥走过，不久，宁贯瓦被所有的景颇族拥戴为"山官"，还娶了龙女为妻。从此，许多山官子女、董萨（巫师）等往往以梦见过桥为幸运，世袭山官子女做了这种梦后，继任山官。据说董萨做了这种梦后，也可以升任斋瓦（大巫师）念天鬼。在社会上有几种说法，第一种说法梦见好事为吉利，如：梦见太阳慢慢升起来，预兆着做梦人的病慢慢地好起来。梦见用猎枪打猎时，如果是新婚夫，预兆着他的妻子要怀儿子。第二种说法，梦见噩梦则兆凶。如：梦见被猛虎咬伤，预兆着做梦的人可能近期会得一场大病。梦见被一块大石头压住，预兆着做梦的人病魔缠身。梦见滑坡，预兆着有威望的老人归天。第三种说法，梦见坏事预兆吉利，如：梦见老人去世而痛哭一场，预兆着将有喜事来临。梦见自己的宝物丢失而悲伤，预兆着将得到一样可爱的东西。第四种说法，梦见好事预兆凶，如：梦见某家姑娘嫁出去，预兆着有人将要死亡。梦见鲜红的布在飘扬，预兆着第二天要见血，出门做事得十分小心。

　　在现实生活中，人们把做梦视为吉凶的预兆，对人们的行动也有一些影响，但做梦不是所有人都很准，一般是村里有一定威望的中老年人做的梦比较准，还有一个就是做梦分季节，认为做梦比较准的是春夏冬三个季节，秋天做的梦一般是很不准的，因为秋天落叶太多，夜间响动太大，影响做梦的准确性。景颇族一些老人认为，一个人什么梦都可以做，但千万不能做吃屎、掉大门牙、舔女人的生殖器等梦，这类梦视为最不吉利的禁梦。如果某人梦见此类的梦，要么请董萨祭献鬼，以求保佑。要么做梦的第二天清早上厕所时，边解手边说："呸，呸，不吉利的坏事快快滚开。"以示消灾。

第三节　原始宗教的形成和发展

原始宗教是人类历史上各种宗教当中最为古老的一种意识形态。它又是人类社会中的一种比较复杂的社会现象，是原始社会里人们对于自身、社会和自然界的精神活动的产物，是原始部落集团全体成员恪守的信仰，也是原始人类世界观的主要内容，早期原始人类世代谋生活动和思维方式的一个重大的文化遗产，它蕴藏着人类精神文化当中许多原生形态的事物，有哲学、艺术、史学、文学、法律、天文、历算和医学等，包含着人类最早的感受与经验，所以，原始宗教对人类社会的影响大而长远。

一、原始宗教的形成

原始宗教作为景颇族一种古老的文化传统或意识，在时间的跨度上，至少经历了数千年左右。它产生的年代离现在太遥远了，无法说出它产生的具体年代，只能从景颇族的社会历史背景来探讨景颇族原始宗教形成的过程。

根据民间传说，景颇族源于"木拽省腊崩"。据说"木拽崩"是女山，较矮，"省腊崩"是男山，较高。两座山一高一矮在一起，她不仅是景颇族的发祥地，也是各民族的发源地。位于迈立开江、恩梅开江、怒江、澜沧江、金沙江之源以北的远方，即青藏高原。由于"木拽省腊崩"周围终年积雪，非常寒冷，人无法生活下去，因而逐步南下。经怒江、澜沧江源头来到"卡苦夏"（江心坡及小江流域一带）。根据一些景颇族家谱的推算，景颇族到达江心坡及小江流域一带的时间，距今已有 1000～2000

年的历史。景颇族在到达卡苦戛的初期及以前，景颇族还处于原始社会阶段。在这一历史时期的传说中提到了三个主要人物的名字，即彭干支伦、宁贯瓦、崩拥景颇，其中，彭干支伦和宁贯瓦是景颇族创世纪中提到的两个人，他们两个都是半人半神的天鬼。传说在彭干支伦以前还没有天空和大地，更没有人类。他和其妻木占威纯结合以后，生出了自然界、鬼的世界和世界上的金银财宝以及人类，他俩是一切鬼的始祖。在景颇族创世纪《目瑙斋瓦》（德宏民族出版社，1991 年）中是这样说的：

> 远古，
> 彭干支伦的创造，
> 木占威纯的繁衍，
> 生下了旋风，
> 有了微风。
> 它们是做什么的呀？
> 潘瓦能桑遮瓦能章①说：
> "等将来有了新的天，
> 等将来有了新的地，
> 新的天不够晴朗，
> 新的地不够干硬，
> 让旋风去使天晴朗，
> 让微风去使地干硬。"
>
> 远古，

---

① 潘瓦能桑遮瓦能章：名字，意为能创造和解决一切，全知全能。

彭干支伦的创造，
木占威纯的繁衍，
生下了夜间的雾，
有了早晨的露。
它们是做什么的呀？
潘瓦能桑遮瓦能章说：
"等将来有了新的天，
等将来有了新的地，
天上飞满了灰，
地上布满了尘，
让雾洗尽天上的灰，
让露除去地上的尘。"

远古，
彭干支伦的创造，
木占威纯的繁衍，
生下了蓝蓝的一片，
有了竹笆一样的一块。
这是什么呀？
潘瓦能桑遮瓦能章说：
"这就是新的天，
这就是新的地。"

远古，
新的天有了，
新的地有了，

新的天不够晴朗，
新的地不够干硬，
让旋风在天上吹，
让微风在地上吹，
新的天晴朗了，
新的地干硬了。

远古，
新的天有了，
新的地有了，
新的天飞满了灰，
新的地布满了尘，
让雾洗尽天上的灰，
让露除去地上的尘，
天上的灰洗尽了，
地上的尘除去了。

远古，
彭干支伦的创造，
木占威纯的繁衍，
生下了沉重的巨石。
巨石是做什么的呀？
潘瓦能桑遮瓦能章说：
"把巨石放到大地上，
新的地会更坚实，
新的地会更稳固。"

远古，
彭干支伦的创造，
木占威纯的繁衍，
生下了长绳，
有了粗索。
它们是做什么的呀？
潘瓦能桑遮瓦能章说：
"这是捆巨石的绳，
这是拴巨石的索，
只有稳住了巨石，
才能稳住新的大地。"

远古，
彭干支伦的创造，
木占威纯的繁衍，
生下了勒木崩顶地方。
这是做什么的地方呀？
潘瓦能桑遮瓦能章说：
"这是将来他自己，
生活居住的地方。"

远古，
彭干支伦的创造，
木占威纯的繁衍，
生下了戛昂阿崩山，

山上有一把铁交椅。
这是做什么的地方呀?
潘瓦能桑遮瓦能章说:
"这是将来宁贯瓦,
生活居住的地方。"

远古,
彭干支伦的创造,
木占威纯的繁衍,
生下了崩乃找帕山。
这是做什么的山呀?
潘瓦能桑遮瓦能章说:
"这是将来德如贡散木干贡盘王子,
生活居住的地方。"

远古,
彭干支伦的创造,
木占威纯的繁衍,
生下了木佐崩极山。
这山是做什么的呀?
潘瓦能桑遮瓦能章说:
"这是将来的天王,
木佐毛兰生活居住的地方。

远古,
彭干支伦的创造,

木占威纯的繁衍，
生下了阿拜崩朗格巴山。
这山是做什么的呀？
潘瓦能桑遮瓦能章说：
"这是将来的天神，
木佐肯万诺木努，
生活居住的地方。"

远古，
彭干支伦的创造，
木占威纯的繁衍，
生下了木几争若歪地方。
这是做什么的地方呀？
潘瓦能桑遮瓦能章说：
"这是将来的天神，
木佐苏瓦朋农，
生活居住的地方。"

远古，
彭干支伦的创造，
木占威纯的繁衍，
生下了木佐郭勒扎地方。
这是什么地方呀？
潘瓦能桑遮瓦能章说：
"这是将来的天神，
木佐志胜热，

生活居住的地方。"

远古，
彭干支伦的创造，
木占威纯的繁衍，
生下了诗兰顶西星能兰台约丁地方。
这是什么地方呀？
潘瓦能桑遮瓦能章说：
"这是将来的太阳神，
占瓦能桑文布颇朗，
生活居住的地方。"

远古，
彭干支伦的创造，
木占威纯的繁衍，
生下了乌蒙诗贡山。
这是什么地方呀？
潘瓦能桑遮瓦能章说：
"这是将来的天神，
木奇格努直卡杜，
生活居住的地方。"

远古，
彭干支伦的创造，
木占威纯的繁衍，
生下了阿苏贡顶阿干栽类地方。

这是什么地方呀？
潘瓦能桑遮瓦能章说：
"这是将来的天神，
波干独正塔扎点能桑，
生活居住的地方。"

远古，
彭干支伦的创造，
木占威纯的繁衍，
生下了卡木劳石芽革松崩浪革巴地方。
这是什么地方呀？
潘瓦能桑遮瓦能章说：
"这是将来的彩虹神，
麻星格努麻羊格者好昆杜，
生活居住的地方。"

远古，
彭干支伦的创造，
木占威纯的繁衍，
生下了一块，
圆圆的像篾盘的地方。
这是什么地方呀？
潘瓦能桑遮瓦能章说：
"这是将来的天药，
生长的勒目文铁戛腾越地方。"

远古，

彭干支伦的创造，

木占威纯的繁衍，

生下了一对，

长着绿叶，

有着枝干的。

他们是谁呀？

潘瓦能桑遮瓦能章说：

"男的是登顶根石帮，

女的是星星退木宽，

他们生活的地方，

生长着天药。"

　　历史上景颇族的创世纪是以传说彭干支伦和宁贯瓦的故事而形成的，在整个景颇族创世纪《目瑙斋瓦》中，彭干支伦和宁贯瓦所占的份量较重。在彭干支伦和宁贯瓦时代，景颇族还处于原始社会阶段。在景颇族民间普遍流传的故事中，开天辟地的英雄宁贯瓦原是住在"阿桑龙布"（景颇语意为"石岩洞"）的地方，人们还以树皮为衣，不会种庄稼，采集野果充饥，以木棍打野兽生吃。后来有个名叫腊都（景颇语意为"老四"）的人发明了以竹片摩擦取火，才有了熟食。这一发明标志着景颇族先民开始从原始社会步入文明社会的开端。人们开始使用各种石工具，如石刀、石锅、石三脚架（用三块石头架成的灶）等。这个阶段景颇族先民正处于企图认识自然、征服自然、支配自然的时期。当时的景颇族祖先，他们接触非常庞大的自然，变化万千的世界，巨大自然力的作用，人类的生老病死、吉凶祸福等现实状况，已开始在头脑中作了"幻想的反映"。这期间的景颇族先民，他们的主要经济活动是采集和狩猎，他们对自己周围的环境以及环境所能提供的食物开始有了进一步的认识和了解。一个人从小就在大人的带领下，开始认识和熟悉什么地方适宜居住，什么地方有水源，何地有什么样的食物，什么季节有什么样的食物，哪些植物是可以吃的，哪些植物有毒而不可以吃，用什么方式获取它们等都开始有了了解。在他们生活的土地上，繁多的动植物品种及其性状，已被观察得比较精细。他们开始认识自己所需要的那些动植物外在的形态变化，但却不可能理解造成这些永恒的周期性变化的原因是什么，这就给景颇族先民不发达的意识造成了最初的幻想，而这种幻想往往又同他们生理上的直接需要交织在一起。他们凭借幻想视这些动物和人一样也具有知觉、感情或意志，进而把人所具有的所有品格和素质都逐一加在自然界的身上，把自然界人格化了。景颇族创世纪《目瑙斋瓦》和一些迷人的神话故事就是在这一时期开始产生和发展的，这也就是景颇族先民宗教意识的起点或萌芽。特别是景颇族先民对于造成自然界的千差万别、千姿百态和千变万化的内在原因，把这些想象成一种"灵魂"的存在与作用，自然界中的各种现象和事物都有自己的"灵魂"，"灵魂"同这些现象和事物共存亡，也就是说有生，有长，也有死亡的全过程。先民们又把对自身梦境的体验和生老病死等种种情况的变化也理解为是受到体内"灵魂"的驱使，而"灵魂"往往被说成是轻捷得看不见和摸不着的。先民们还把自然界人格化，而且神秘化，在他们的思想意识里出现了最早的抽象，进而将自然界中各种事物的性状和人们的谋生活动联系起来，形成了长久而密切的关系。先民们又按照它们对自己的使用价值和关系的好坏，把各自主宰自然界和动植物的"灵魂"区分成好的和坏的，善的和恶的，从而产生了对两种"灵魂"的不同态度。在"灵魂"观念的支配下，人们对自然界怀着深刻的依赖、恐惧和崇敬的心理，从而表现出屈从、虔敬、感激、祈求或禁忌等一系列的崇拜活动，并伴随有一定的贡献，祈望能从自然界那里获得他们长久需要的东西，这样就构成了原始的自然崇拜最早的内容。最先是有了一定的信念或信仰，紧接着又产生了表现或反映信仰的一定的崇拜形式或方式，即宗教信仰活动。原始人开始信仰宗教，同样标志着人类从原始社会开始步入文明社会。因为人的思维方式有了质的变化，人们开始对现实生产、生活产生了有意识的幻想，对造成自然界的千差万别，千姿百态和千变万化的状况，人们开始运用巫术、魔法、鸟语兽言等夸张手法，来表达思想内容，把种种事物和现象作出奇的夸张表述，使它带上不平凡的神奇色彩。这个时期的真人真事代表人物应该是崩拥景颇，他是景颇族的直系祖先。据传说，在崩拥景颇以前，还没有分民族，更没有分支系。从崩拥景颇开始分出了汉族、傣族、缅族等，而崩拥景颇则是景颇族（含景颇、载瓦、浪莪、勒期、波拉）。崩拥景颇以后景颇族内部开始分出景颇、载瓦、浪莪、勒期、波拉等五个支系。在崩拥景颇时代，景颇族地区已有初期农业生产。居住在坡地的景颇族开始种植旱谷，住在江头地区的景颇族开始种植稻谷。这时的景颇族完全脱离了原始社会，开始步入阶级社会，局部地区已出现支系首领。传说崩拥景颇有个儿子叫江共珠，他娶了苏么图为妻，他们生了一个儿子叫木山拥迈，娶了一个叫阿札丁先乌木占的女人为妻。据说，从木山拥迈时代开始祭献鬼神，最初的董萨（巫师）已产生，时间应该是在1000～2000年以前。

二、原始宗教的演变和发展

景颇族先民的原始信仰开辟了一条超自然的幻想天地，在景颇族创世纪里，自然界、动物、植物、人类、鬼、神乃至天地万千事物，一切的一切都属于同样的创世起源，万事万物都有着同人类一样的喜怒哀乐，都像人一样地感受、思考、谈吐和举止行动。于是，信仰中的一切鬼神与现实里的人类生活在一起，正是在这样的情况下，在景颇族早期社会中自然崇拜、图腾崇拜、祖先崇拜、鬼灵崇拜以及巫术祭祀等的出现和流行。景颇族先民从原始的灵魂观念出发，把人的属性和自然界的属性通过幻想而沟通起来，在人们的思想意识里，渐渐地造成了一条看不见，摸不着的幻想联系，这就是灵魂的幻想联系。通过这种神秘的幻想联系，想象中的自然界影响或支配着现实生活。景颇族先民从谋生活动的实际需要出发，在其不发达的意识里形成的灵魂的幻想，对于能经常向他们提供饮食的动植物，多是怀着异乎寻常的感激或屈从的心情对待它们和膜拜它们。对于自然灾祸却因无能为力而恐惧和憎恶。认为自然界的赐予和灾难全然是鬼灵的作用。人们的心灵深处只要有灵魂的幻想，就不断地渴望自然界永远向人类提供所需的食物以及一切有用的东西，祈求自然界不要给人类降临灾难，并且人们认为自然界各种事物的鬼灵是能够听到或满足人们的这种愿望的，在这种愿望的迫使下，景颇族原始宗教不断的产生和发展。在景颇族的原始宗教发展过程中，山官制度的产生和发展起了推波助澜的作用。一些山官为了巩固其统治地位，利用鬼灵的观念来禁锢人们的精神思想，从而达到长期统治的目的。传说，木山拥迈的儿子叫阿札弄雄和其妻木东陆琼生了瓦切瓦，当时景颇族还在恩梅开江、迈立开江两江流域，时间距今已有 1000 年左右。他是继宁贯瓦以后，大约又过了 6 代人才出现的景颇族各支系的祖先。到了瓦切瓦时期，景颇族地区的社会发生了较大的变化，农业生产有了进一步发展，父系氏族和家族进一步分化。传说，瓦切瓦娶了 30 个妻子，其中一个叫木共路果榜木占的妻子生了 8 个儿子，大儿子良姆干木仁日娃共札木干（后来成为李、雷等姓），二儿子良姆弄勒通娃崩弄（成为徐、板等姓），三儿子良姆腊勒排姓腊忠（成为排姓），四儿子良姆都恩孔姐都孔（成为岳姓），五儿子良姆当木然娃当然（成为尚、李、杨姓），六儿子良姆客永孔姆永典（成为岳姓），七儿子良姆卡卡苏卡沙（成为董、泡多、泡石等姓），八儿子良姆景木然井滩（在木然井当山官）。在八个儿子中，除第七个儿子卡苏卡沙后来当了百姓外，其他七个儿子都到景颇族各支系中去当山官。从此景颇族各支系中都有了自己的山官，后来各山官为了扩大地盘，掠夺财物和奴隶，彼此间开始了频繁的残杀，景颇族社会进入了军事民主主义时期。

　　景颇族地区的山官制度是在漫长的历史中产生和发展起来的。根据一些传说分析，在崩拥景颇时期，景颇族社会已产生了阶级，开始出现各支系首领（奴隶主），一些首领开始有少量的奴隶，如景颇族载瓦支系聚居区原来的首领是梅何，据说梅何当首领的时间已有五六代人，后来由于梅何家族弟兄太多，个个都想当首领，而兄弟内部发生矛盾，这时期又恰好是瓦切瓦孙子奥拉当向梅何家买了官，从此他对整个景颇族（包括景颇、载瓦、浪莪、勒期、波拉等支系在内）人民实行强权统治，还订立了许多特权制度。如在思想意识方面，规定老百姓必须参加"龙尚"的祭献活动，百姓杀 1 头牛，要向山官缴一条牛腿，若四次杀牛不缴者，就要来牵 1 头活牛。杀猪宰羊同样要缴一条猪腿或羊腿。百姓家嫁娶要送给山官 1 头牛或 1 头猪等等。应该说景颇族地区的山官制度是在瓦切瓦时期确立下来的，在奥拉当时代，山官制度进一步得到了完善，建立了各种制度。随着景颇族社会私有制和阶级的出现以及随着贵族专制的"贡龙贡萨"制的建立与阶级压迫剥削的加深，人间天堂和地狱出现了，在人们的意识形态里，平等观念已经消逝，人们都把人间的压迫剥削现象移入到幻想的神灵世界。认为日月星辰、山河树石以至火灶房屋、人畜五谷，日常用具均有灵魂，人世间的一切事物都在于鬼神的必然的命定，由此而形成宿命观，每遇生活中的重大事件，都要占卦测卜，鸡头卦、鸡骨卦、草叶卦、竹子卦等预测凶吉的活动，并进行杀牲祭鬼，祈福消灾的活动。在瓦切瓦以前，大部分景颇族已信仰原始宗教，特别是自然崇拜，灵魂崇拜，祖先崇拜已普遍，但是，杀牛宰羊祭献鬼神的现象只是局部地区。后来，随着社会的发展，经济基础的变化，其宗教观念也跟着变化，从自然宗教发展到了人为宗教，鬼神之间也进行了权力和职权的兼并，出现了高低贵贱之分，鬼神开始分家。在贵族专制的贡龙贡萨制度建立以后，景颇族社会盛行幼子继承制。天鬼"木代"代表幼子，即山官的幼子。因此，一般只有贵族山官才有祭献"木代鬼"的权利。由于"木代鬼"是山官的家鬼，又是天鬼之一，所以权力最大。景颇族祭献最大的是"木代鬼"，是跳"目瑙纵歌"时举行的仪式。山官举行"目瑙纵歌"一般是四五年一次，举行时辖区内百姓都要参加，并以村寨为单位送各种祭品，其中主要的是牛，它象征着山官的权势。在农业生产上最为隆重的祭祀活动，叫做祭"龙尚"，一般由辖区山官主祭，山官不在村寨，就不能祭，别人（一般百姓）绝不能代行山官这一职能。在景颇族地区有山官的村寨就有龙尚。它象征着山官对地方的领导权力。因此，"龙尚"汉语又称之为"官庙"。官庙除祭鬼用的临时竹制神龛外，空无一物，但里面所供的鬼一般有六七个，分别为山官家的家堂鬼、山官家的祖先，村寨头目家的祖先（有几个寨头就有几个祖先）和风鬼、男山神鬼、女山神鬼等。由于山官主祭"龙尚"，所以，全寨人必须参与祭献活动，以祈求人畜兴旺，五谷丰登。老百姓一般只能祭献山神、水神、地神等。在景颇族社会里，许多鬼是由山官组织祭献，老百姓也跟着祭献，这样景颇族地区祭鬼活动越来越频繁。据说景颇族还生活在恩梅开江、迈立开江两江流域的时候，祭鬼活动达到顶峰，需要祭献的鬼就达198种，其中有的是管自然现象的，这多半又与生产有关；有的是管理五谷牲畜的；有的是管各种疾病的；有的是管金银财宝的。每年在生产上必须祭龙尚二次，祭旱地鬼四五次（当时景颇族主要种植旱谷）；谷子进仓还得祭一次谷鬼；吃新谷也要祭一次鬼，感谢各种鬼，并祈祷明年再丰收。除了生产上的祭祀活动外，平时人生病、结婚、丧葬、进新房、出门、打仗等重大活动，都要卜卦祭鬼。另外还要为祭"木代"鬼而举行最大的祭献仪式，称为"目瑙纵歌"。因举行的原因不同而分不同的种类，主要有木代纵歌、更旺纵歌、阿纯纵歌、得鲁目瑙、不当纵歌、同六目瑙、崩拥目瑙等七种形式。每种形式都要举行3~7天的时间，总之，"目瑙纵歌"是景颇族祭鬼活动中规模最大的一种形式，通常人力、物力、财力耗费量很大。据一些老人讲，约在公元1405年前后，景颇族从恩梅开江、迈立开江流域逐步向南方迁移。在迁徙过程中，由于人力、物力、财力耗费较大，各种宗教祭祀活动减少了许多。大约在公元1790年间，大部分景颇族已到达德宏，多数已定居下来，并逐步发展经济。因此，从这一时期到新中国成立前夕，景颇族地区原始宗教祭祀活动又开始盛行起来，新中国成立前夕达到了高潮。由于当时，景颇族地区缺医少药，各种疾病流行，死亡率较高。人们在无可奈何的情况下，只能靠祈求祭鬼来解除病痛。在一般情况下，家中有人生小病，要杀两只鸡祭献，每月还要祭祀5次。在祭祀过程中，需要付给董萨（巫师）劳务费、烟、酒等，一户人家一年共需宰杀鸡16只。如有人家患了重病，则需要以猪、牛等大牲畜为祭品。景颇族杀牲祭鬼是经常性的，对牲畜、家禽的宰杀量相当大，严重地阻碍着人民的生产和生活的发展。从下列调查材料中可以了解到一些情况。如盈江县普关当一家，他家共举行过4次"目瑙纵歌"。最后一次是在1953年，耗费如下：牛25头，鸡300只，猪100头，鸡蛋3000个，干鱼1700条，盐90斤，草烟30斤，白酒4马驮，水酒15大瓮。此外，还有各种各样的酬谢费，如送给"斋瓦"（大巫师）牛1头，毡子2床，长刀1把，布1匹，缅币10元。送给剽牛手布30尺，缅币15元。给"瑙双"和"瑙巴"2人每人送1头牛，"迷推"（巫师）骡子1匹，"强仲"（协助祭司的总管）3人每人缅币20卢比，刀1把，"彭仲"（献酒人）2人每人大瓮1个，锅1口。给两个煮饭人每人送锅1口。除此而外，如柴火、竹子、木材、茅草、火药等均未列入，这些都是举行重大祭祀活动所开支的情况①。另外因个人患病而祭鬼所耗费的开支情况也惊人，如瑞丽县（现改为市）户育寨共64户人家，1952年祭鬼杀牛12头，猪30头，鸡166只，翌年祭鬼又杀牛10头，猪68头，鸡252只。潞西县（现改为市）西山弄丙寨1956年有17户人家祭鬼共18起，杀牛25头，猪75头，鸡235只，共支出2239.41元。陇川县邦瓦寨1957年

---

① 《景颇族社会历史调查》（一），云南人民出版社。

有 132 户人家祭鬼，杀牛 50 头，猪 100 多头，鸡 2720 只，外加酒和粮食花去 600 多元，总计约 4860 元。瑞丽县拉哈寨通孔家，新中国成立前的 7 年中，因母亲、兄弟和小孩先后患病，祭鬼 5 次，计杀牛 10 头，猪 22 头，鸡 100 多只①。新中国成立前夕，在景颇人的心目中，鬼多得像树叶一样，有名称的鬼就达 200 多种，可见原始宗教在这时期有了很大的发展。

随着社会的发展，景颇族的宗教信仰也有了一些变化。原来的信仰中只有鬼灵，新中国成立前夕在景颇族社会中新产生了至高无上的统治全宇宙的天神"司加瓦"。据说，它居住在一个叫"美佐能赞嘎"的天国，那里只有天神没有鬼，太阳神、风神、雷神、月亮神都是"司加瓦"的下属神，它们都是天使信徒。在大地上的鬼神中又分化出了"杀勒瓦"、"布龙"等魔鬼和被称为"算勒们"、"宁苏义穆"等的小鬼神。景颇族相信，除了人类居住的地球外还有天界、阴间等都有鬼神统治，人死后要到天界、阴间去生活。景颇族认为德行好的人死后其灵魂变成天仙到天界享福，一般人死后其灵魂变成凡神到神国居住，而作恶多端的人，如强盗、小偷死后其灵魂就变成鬼进入阴间受苦。这种天界、阴间的观念实际上是景颇族的等级制度在原始宗教观念上的反映。上述情况表明，随着社会的发展，经济基础的变化，景颇族宗教观念上发生了变化。在封建领主经济占统治地位的地区，景颇族的宗教信仰逐渐发生变化，有的地区甚至出现了只信天神"司加瓦"的现象。

19 世纪以后，基督教逐渐传入景颇族地区，西方传教士多次入境传教。1894 年，美籍牧师高曼受内地会派遣，自六库抵潞西

---

① 《云南民族民俗和宗教调查》，云南民族出版社。

县牛小乡木城坡传教。1903年内地会又派法籍牧师菲白勒木到潞西县东山乡弄丘寨传教。1914年3月7日，缅甸木巴坎教会派英籍牧师英格朗与缅籍克钦族（景颇族）牧师德毛糯到瑞丽县弄岛乡曼牛寨传教。1930年以后，天主教也相继传入德宏州的陇川地区。最初的时候，基督教与天主教并不受景颇族的欢迎，曾多次出现驱赶传教士的事件。后来西方传教士大肆宣传信教的"好处"，再加上景颇族原来的宗教信仰长期频繁的杀牲祭神灵活动，造成财物的巨大浪费，而基督教反对杀牲祭神鬼，因此，很多人接受了基督教和天主教。景颇族一旦信仰基督教便不视为是个人的事，往往以户为单位全家信仰，不少的村寨鬼神崇拜与基督教、天主教并存。

第四节　原始宗教的特点

　　景颇族的原始宗教源于景颇族的原始崇拜，发展到近代，仍然保持着自然崇拜和鬼灵崇拜的特点。原始社会中的景颇族先民，由于生产力的低下，在变化无穷的自然力面前显得无能为力，加上处于原始社会时期的先民智力还不发达，分不清自然力和人的区别，于是把支配自己的自然力加以人格化，变成超自然的神灵，创造出能万拉、能斑木占、瓦襄能退拉、能星能锐木占、彭干支伦、木占威纯、宁贯瓦等受人崇敬的天鬼、天神，他们都是传说中半人半神的天鬼，他们的出现，形成了景颇族的原始自然崇拜和各种神灵崇拜。产生于原始社会时期的原始宗教，它存在于尚不具有成文历史的原始社会中。因此，景颇族的原始宗教是自发的产生于尚不具有成文历史的原始社会中的自然崇拜为主的原始氏族的宗教。它的主要特点是：

一、景颇族的原始宗教是无文字经典民族的宗教。它实际上是一种基于万物有灵论的多鬼多神为主体的信仰与崇拜，它时常同大规模的祭祀活动结合在一起。随着人类社会生活领域的扩大，被意识到的自然界的事物愈来愈多，才逐渐将"灵"的观念推及整个自然界，把整个自然界看成是有灵的世界，进而形成了万物有灵的观念。万物有灵观念的出现，标志着灵魂观念已趋成熟，灵魂的功能日趋复杂，灵魂有其形态、性状和生活方式。人们心灵深处的灵魂不灭，按其意愿可以转移，可以附着在人体或各种事物上，对人施加种种影响，更能影响自然界。但这些都是藏在人们的心灵深处，没有任何文字记载。正因为如此，原始宗教更显得神秘，更有灵性，这就是原始宗教最突出的特点。当然景颇族在历史上没有自己的文字，无法记录教义，无法形成宝典。

二、景颇族原始宗教主要关注的是人与自然，人与鬼灵的关系问题。在整个原始宗教信仰过程中，景颇族完整地保留着自然崇拜、鬼灵崇拜、祖先崇拜、梦崇拜等内容，而且在整个信仰中灵魂不灭占了主导地位。景颇族的原始信仰与崇拜主要是从万物有灵观念发展起来的。认为人世间万物都存在着鬼魂，各种鬼魂不断干预或支配世间的事物，造成人世间的吉凶福祸。这种现实生活中起支配作用的鬼魂观念是景颇族原始信仰与崇拜的核心。景颇族祭献的鬼多达100多种，这些鬼不外乎就是自然界和人间事物幻想的化身，他们各有自己的称呼，都接受人们的祭献。一般将鬼分为天鬼、地鬼、野鬼、家鬼四类：天鬼包括日、月、星、云、风、雨、雷、电、虹等，以太阳鬼为最大。地鬼包括山、川、树、石和鸟兽等，以地鬼为最大。野鬼包括"灵速"（是个阴谋暗算掠夺别人的鬼）、"预算"（即月子鬼）、"杀瓦"

（凡一切死于刀砍、枪打等非正常死亡的人鬼）。家鬼主要是木代、昆榜（载瓦称龙木）、背楞（载瓦称轻披）和上辈人的亡魂等，家鬼以木代鬼为最大。景颇族原始宗教崇拜的是以上这些，关注的也是这些，它还没有关注到人与人的社会关系。

三、景颇族原始宗教还没有形成一定系统的宗教理论及教义思想。一切原始宗教几乎都具有不可忽视的心理幻觉，人们往往把这些幻觉转变成确信无疑的事实，形成了一种支配自己的鬼魂观念。由于景颇人的意识里只保存着万物有灵的观念，在董萨打卦时，除通常用的一些说法外，有时也用一些人们不常听见或听懂的鬼去解释，这基本上是取决于打卦的董萨如何解释，因此，人们常说"景颇人的鬼，董萨的嘴"。人们认为鬼无处不在，但除一些董萨、迷退等独具"鬼眼"的人能够看见"鬼"外，一般人是看不见鬼的。多数董萨念鬼时随意性较大，有的是临时发挥，还没有形成一套完整的宗教理论和教义。

四、景颇族原始宗教，虽然有各种各样的祭祀活动，但没有更加繁杂的仪式及其规程，在整个祭祀活动中巫术、巫语占有相当的成分和地位。在景颇族社会里，既然崇敬鬼魂，就要虔诚祭祀，以求保佑，于是产生了各种自然崇拜的原始祭祀活动。如景颇族最大的祭典"目瑙纵歌"祭、"龙尚"祭、吃新米祭等，除此而外，生产生活上的祭献活动也很多，无论婚、丧、疾病、节庆、拉事等，都要献鬼，特别是因病杀牲献鬼极为普遍，但这都只限在杀牲祭献上，还没有一套完整的规程。

五、景颇族原始宗教还没有出现宗教祭司崇拜和宗教祖先崇拜的现象。在缺医少药和人们的精神世界里还充满着鬼魂信仰的时代，对景颇族来说，"寨子里没有董萨是过不成日子的"，特别是在没有文字的时代，许多景颇族的历史传说就是靠他们保存下来的。因此，董萨在景颇族社会中居重要地位，普遍受人尊重，但宗教祭司董萨并没有成为创教始祖。祭司董萨在祭鬼祭神上具有绝对的权威，有的董萨名声较大，但去世后便结束了他的权威和名声，没有出现祭司董萨崇拜的现象，依然保持原始宗教的质朴性。

六、景颇族原始宗教是非开放性的、封闭原始口承文化。景颇族原始宗教，表面上看是在搞纯迷信活动，其实不尽其然，景颇族原始宗教作为原始文化的核心，对远古时代的景颇族先民生产生活的各个领域以及思维活动产生着广泛的影响。如《目瑙斋瓦》是景颇族举行最隆重的祭祀活动"目瑙纵歌"时大祭司"斋瓦"所念祭词咒语，表面看具有浓厚的宗教迷信色彩，但事实上它包含着景颇族社会历史文化、习俗等，再现了景颇族源远流长的文化史，描绘出了景颇族人民的繁衍史。又如《景颇族祭祀古歌》，它是祭司董萨在祭祀活动中所念祭词咒语，它是一种哲学思想、宗教文化、人生观、民族心理、伦理道德等包容性极广的复杂的文化载体，它蕴含、储藏、沉积着丰富的传统文化。但这些古歌一般都是巫师董萨所掌握，一般人是不知道的，它属于封闭性传统文化。

七、景颇族原始宗教中占卜占有一席之地。占卜产生于原始社会，是原始文化的具体反映。人们认为，人世间的一切事物都在于神灵的必然的命定，由此而形成宿命观，每遇生活中的重大事情，都要占卦测卜，薄竹卦、鸡头卦、叶子卦、鸡骨卦等预测凶吉的活动较为普遍。这些名目繁多的卜法，既有科学的一面（如景颇族的时辰卦，有原始历法的一面），更多的是迷信的成分，是景颇族原始先民精神文化的具体反映。

第三章　鬼神种类及宗教仪式场所

第一节　鬼神种类及名称

原始宗教是人类最初对世界的一种错误的颠倒的认识，是与生产力低下、人们认识水平极低的社会经济基础相适应的一种原始意识形态。原始宗教的信仰认为，世界是一个非现实的世界，它永远处于客观的自然世界之外，是现实的人生世界所投下的一片虚幻的倒影。它是在生产力低下的原始社会产生的一种极其荒诞离奇的迷信意识，虽然在人们的心灵深处对鬼神有崇拜和信仰，但它是一种虚幻，在现实生活中并不存在。在现实生活中景颇族把原始宗教看成是超越一切事物而独立永存的东西，并视作是先辈们已先检验好的人类固有的信念。因此，他们对现实生活中鬼神的存在确信无疑，对虚幻的鬼神能够说出其名称及种类，这在其他民族中是少见的。历史上，在景颇人的心目中，鬼多得像树叶一样，具体有几种鬼神说法不一样，有的董萨认为鬼神很多，数都数不清。根据多数董萨的说法，能够说出的鬼神有198种，这些鬼神有一定的名称和叫法。自然崇拜分为天鬼和地鬼：天鬼有太阳鬼，即"木代鬼"，系天鬼中最大，只有供奉此鬼的山官才能祭献，以及月亮鬼、星辰鬼、风鬼、云鬼、雷鬼、雨鬼、闪电鬼、虹鬼（系女鬼）等。地鬼又分为大地上的鬼，如山鬼、岩石鬼、洼子鬼、坝子鬼、水鬼、灶鬼等，动物鬼，如蛇鬼、豹子鬼、老熊鬼、乌鸦鬼、老鹰鬼等，植物鬼，如大树鬼、小树鬼、森林鬼、野草鬼、谷堆鬼、包谷鬼、韭菜鬼等。祖先崇拜的人鬼又分为死人鬼和活人鬼。死人鬼有家鬼和野鬼，家鬼有寨子鬼（各村寨所供奉的数量不等）、房子鬼（每户供奉有约 3~4 个鬼）和家堂鬼（此鬼由于所供俸的家族姓氏不同而不同，自始祖以下各代祖宗构成正统的家堂鬼系列，均属正常死亡者的魂）。野鬼主要指非正常死亡者的魂，有病死鬼、淹死鬼、难产鬼、烧死鬼、雷劈鬼、背时鬼（又称倒霉鬼）等。活人鬼，主要指"皮拍鬼"，一般指女人。据说此鬼是专门附在人身上，嫉妒别人是此鬼的一个特点，因嫉妒而可以使别人家破人亡，断子绝孙，村寨遭殃，瘟疫蔓延的恶鬼。村寨里若某家突然有人畜染疾或死亡，常被视为"皮拍鬼"作祟。"皮拍鬼"常被山官或村寨巫师作为残害无辜女性的手段，善良女性一旦被指认为是"皮拍鬼"，轻则被驱逐出村寨，重则被活活烧死，家庭成员尽遭鄙视。景颇族通常需要祭献的鬼主要有以下几种：

木代鬼：景颇语统称"木代南"。据说，它能给人带来金银财宝，保佑官家，百姓健康长寿。它也是天鬼之一，是家中最大的鬼。历史上"木代鬼"是山官的家鬼，又是天鬼之一。因此，权力最大，只有山官才能供。传说，木代是天神彭干支伦和木占威纯生的幼子。景颇族历史上实行幼子继承制，故诸鬼中的木代鬼为最大，必须用最大的目瑙纵歌祭祀，舞场边盖起木代房，房内四壁用花纹装饰，设有木代鬼台，木代锅圈，若干只水筒，竹台上摆有丰盛的饭菜。一般木代鬼只能由村寨世袭山官供奉，祭祀时只能由最大的斋瓦（董萨）念木代鬼，因而往往成为山官头人权力的象征。

太阳鬼：太阳鬼是仅次于木代鬼的一种较大的鬼。景颇语称"占南"，载瓦语称"被南"。在历史上此鬼只是官家才可以祭献，一般百姓不能供奉；多数是在目瑙纵歌中祭献。每年按时祭献太阳鬼能保佑人们延年益寿，六畜兴旺，五谷丰登。据说，被太阳鬼"咬"者，多半是眼睛病、头痛病等。祭献的供品主要是看所祭献这一家的财力和物力，官家祭献此鬼一般是用猪作为祭品，一般百姓家祭献此鬼的供品是用鸡蛋等。

太阴太阳鬼：传说是一个女鬼。景颇语称"占哭南"，载瓦语称"占苦南"。据说，此鬼不吃有血的食物，人畜遇流行疾病时需要祭献它。祭献时，搭一个两丈多高的祭台，台内分设30多个鬼盏，分别代表30多个鬼，祭品主要有糯米饭、鸡蛋、冷水、干鱼等。太阴太阳鬼给人的好处是人身健康，六畜兴旺。野兽不伤害人畜，不践踏庄稼，求财得财，求子得子。保佑人们延年益寿，万事如意。

风鬼：景颇族所信奉的门外鬼。景颇语称"厄崩南"，载瓦语称"来南"。传说天鬼是男的，风鬼是女的，他俩是一对夫妻，生了一个儿子深腊，后来形成三个恶鬼，肚子饿经常"咬"伤人类。因此，每年冬天和夏天各祭献一次。被这种鬼"咬"后，根据看卦的情况，可以先许着，也可当时就祭献。鬼要什么就得给什么，供品一般是干鱼、鸡、鸡蛋、猪、牛等。这种鬼不喜欢狗，所以祭献时不能献狗。祭献时由董萨去念："你要的东西你就吃吧！吃完了东西，你从哪里来就回哪里去。"祭完后供品扔掉。此鬼官家百姓全都可以祭献，一般都供在大门外。传说，此鬼有很大的力量，祭献它人就会发财。

雷鬼：属于天鬼之一。景颇语称"目南"，载瓦语称"毛南"。此种不必经常祭献，当房屋被雷击，开田时遇树枝被雷打断，人被雷打死，牲畜被雷打死，就要祭献。此鬼不必看卦，需要祭献的人只要把雷电的情况由董萨念送时说明，董萨就会根据主人所说的情况祭献，但与人的生产生活无关的雷电一般都不祭献。

云鬼：属于天鬼之一。景颇语称"斯美南"，载瓦语称"门毛南"。据说此鬼居住在天和地之间的云彩里，它管着为大地下雨的大事，此鬼不能得罪，如若得罪它，大地连续几个月甚至一年四季不下雨，使大地上的一切万物枯死。这种鬼一年要献两次（冬天夏天各一次）。祭祀时鬼要什么就给什么，一般是祭献给干鱼、鸡蛋、鸡、猪、牛，献完后供品扔掉。董萨念道："你要的东西我们给你，吃完了快快下雨。"

省腊鬼：是天鬼之一。据说天鬼是男的，风鬼是女的，他们的儿子就叫"省腊"。它有很大的力量，祭献它人就会发财。如果不祭献它，它就会"咬"人，一般每年要给它祭献两次，鬼要什么东西就给什么，多半是给干鱼、鸡蛋、鸡、猪、米，不用狗。祭献完后供品全扔掉。多数村寨把这种鬼供在寨门外。

占目瑞鬼：传说，从前一个叫占目瑞的人，被大风卷上天空后又跌落下来摔死掉，后来他的魂变成了鬼。据说，这种鬼种地时在地头窝棚中会遇着。被这种鬼"咬"着就会全身痛，请董萨卜卦得知是被占目瑞鬼"咬"，用鸡、猪、牛等祭献它。

闪电鬼：系天鬼之一。景颇语称"迷旁南"，载瓦语称"腊成南"。据说，闪电鬼是雷鬼的母亲，她脾气很不好，经常发怒，一发怒就闪电，如果她发怒时不尽快祭献她，她就叫儿子打雷。这种鬼一般不经常祭献，天空中连续几天闪电不停时才祭献，供品一般是干鱼、鸡、鸡蛋、猪、牛等。

　　月亮鬼：系天鬼之一。景颇语称"拾达南"，载瓦语称"洛么南"。据说是一个女鬼。传说，有一个美丽的姑娘，有一天和她的男友去山上砍柴，正当他俩来到一个山头时，突然来了一阵狂风，把小姑娘挂上天，又给她放下来，又挂上天，连续几次，她的男友拼命去救她，最后一次她跟男友说："我已无法下来了，如果你想见我的话，每天晚上望天空，我就在天空中。若想看清我，每月（农历）十五日晚看我吧！"人遇月亮鬼"咬"时，眼睛会疼痛难受或者眼睛会瞎掉。请董萨打卦后知道是被月亮鬼"咬"，董萨根据月亮鬼的要求祭献干鱼、鸡、鸡蛋、猪、牛等，这种鬼不喜欢狗，所以一般不献狗。

　　雷劈鬼：系天鬼之一。景颇语称"目真南"，载瓦语称"毛滚南"。传说，这种鬼是一个叫行腊的人，去山上打猎，遭遇了雷电，他很快躲到一棵大树下面，不一会儿被雷劈死了，后来他成了雷劈鬼。它是一个恶鬼，每年要祭献一二次，如不祭献它，它就会经常风雨雷电交加，使人不得安宁。供品一般是干鱼、鸡、鸡蛋、猪、牛等。据说这种鬼也很不喜欢狗，祭献时不能用狗祭献。

　　雨鬼：系天鬼之一。景颇语称"目让南"，载瓦语称"毛南"。传说，从前有一对夫妻到四面环江河的小山包上去砍柴，就在山包上砍柴时遭遇暴风雨，突然江河水暴涨，堵住了回去的路。夫妻俩连续几天几夜遭暴雨打，加上饿肚子，他俩都相继去世了。后来他俩的魂变成了雨鬼。据说雨鬼一般都是下雨时才出来"咬"人。被此鬼"咬"着，人会发高烧、头疼等。请董萨打卦得知被此鬼"咬"着，尽快祭献，供品一般有干鱼、鸡、鸡蛋等。

　　家堂鬼：景颇族信奉的家鬼，供于家堂，亦称"家堂鬼"，

景颇语称"木杀南",载瓦语称"拥南"。传说家堂鬼是一男一
女,男的叫昆立,女的叫背宁,是亲兄妹。据说因相爱发生性关
系,后来被父母用刀杀死。在处死他们时,他们说:"我俩做的
事,祖先都做了,为什么要杀死我们?我们死了以后要来咬你

家中的鬼架

们。"因此,在处死他们之后,就把他们的魂供起来。另外,按
景颇族的风俗习惯,凡人死后都要送走其魂,如送魂后又回来
"咬"其子孙,则要将其魂供奉在家中,待其子死后,要由其孙
将祖、父两代人的魂一齐送走。在一般情况下,供奉家堂鬼的仅
为上代,被送魂的人一般都是属正常死亡。供奉这种鬼时,进新
房、结婚、婴儿诞生,吃新米等都要祭献,平时一年要祭献两
次,此鬼因姓氏不同而不同,供奉、祭献的方式也不同。因家堂

鬼是新家中祭献的最主要的鬼，祭品一般是鸡、猪、牛等，祭品要大于山神鬼，如给山神鬼以猪，则给家堂鬼以牛，给山神鬼以鸡，则给家堂鬼以猪等。

病死鬼：景颇族供奉的鬼魂之一。景颇语称"木致西南"，载瓦语称"糯诗南"。据说是一个女鬼。传说从前有一个非常美丽的姑娘，得了不治之病，她自己也知道已活不长了，但她很不想死。对她的父母亲说："我最爱的父母亲啊，为什么得了这种病？我实在不想离开人世，假如我有一天病死的话，请你们把我供起来。"她死后人们就把她供奉起来，每年祭献她一次。有病时请董萨打卦，如卜出是该鬼作祟就要及时祭献。祭品主要是牛、猪、鸡等。

淹死鬼：景颇族在江河边祭献的一种鬼魂之一。景颇语称"陆西南"，载瓦语称"媚诗南"，是一个男鬼。传说，一个叫腊拥的男子，他的游泳技术很高，大江大河他都能游过。在他的短暂一生中，曾从大江大河中救过无数人。有一次突发洪水，他看见在一个大漩涡中漂着一个小孩，他跳进大漩涡中把小孩救起来，但他被漩涡吞没了，后来他变成了淹死鬼。据说他生活在大江大河的渡口或大桥下面。人们过大江大河之前必须得祭献此鬼，方能平安度过。

难产鬼：景颇族在家供奉的一种鬼魂之一。景颇语称"能当西南"，载瓦语称"朗当诗"。这种鬼全是女鬼，凡是难产而死亡的都变成了难产鬼。据说，女人难产是由于有一种摸不着的东西在拦着，所以难产。

烧死鬼：景颇族在野外供奉的一种鬼魂之一。景颇语称"南西南"，载瓦语称"聂散南"。传说，野火烧山时候，有一对夫妻住在青山绿水的半山腰上。一天晚上他俩刚睡着野火就烧过来了，把他俩活活地烧死。后来他俩都变成了野火鬼。据说这种鬼一般是夜间活动，人们在野外行走时，有时会遇到此鬼，它一般在人的火把周围忽见忽消，使人感到恐惧，甚至会把魂吓跑，人就会病。当你觉得遇着此鬼时，尽快请董萨打卦，得知此鬼作祟，请董萨用鸡、猪祭献。

背时鬼：景颇族在野外供奉的一种鬼魂之一。景颇语称"朋纳南"，载瓦语称"拔普南"。传说，从前有一个男子，平常运气都很好，唯独有一天，他实在不走运。他从自家出门，刚到另一个村寨时被该寨的狗咬伤。他带着伤往回走，走过一片小森林时，突然从路边窜出一只大老虎，活活地被老虎咬吃，以后他就变成了一个可怕的背时鬼。这种鬼平时不乱"咬"人，不必经常祭献它，供品有干鱼、鸡、鸡蛋等。

流浪鬼：景颇族信奉的鬼魂之一。景颇语称"数兰南"，载瓦语称"毛兰南"。传说是风把人卷上天后掉下来摔死，后来变成了流浪鬼，它没有固定地点随风到处转移飘泊。人们在田坎、山地的窝棚中或者在放牧的时候会遇着这种鬼。遇此鬼后要么就会肚子疼，要么就会心疼，要么就会身子痛，使人难受。当你觉得遇着此鬼时，尽快请董萨打卦，得知此鬼作祟，董萨就用鸡、猪、牛等祭献，多数是用鸡来祭献，很少用牛来祭献。

山神鬼：景颇族信奉的一种野鬼。景颇语称"直同南"。载瓦语也称"直同南"，据说是一种非常恶的野鬼。传说它是一个男鬼，是在洪水泛滥时期出现的，它原本是仙人下面的头目，因不听仙人的话，仙人把它的眼睛挖去了一只，并罚它永远不能回到舒坦的地方来，只能呆在山洼子里。因此，这种鬼又称"独眼龙鬼"。山神鬼多半是人们在田地里劳动时遇到，遇着后要尽快祭献送走，供品一般是猪、鸡、狗。有个别家族供在家里，这种山神鬼可以用牛祭献，这还得看董萨打卦的情况来决定祭献什么供品。

坝子鬼：景颇族在野外供奉的一种野鬼之一。景颇语称"阿坝南"，载瓦语称"坝南"。据说这种鬼也是比较恶的鬼，只要他肚子饿起来，他都会"咬"人。传说，从前有一个流浪者，流浪到望无边际的大平坝里，走到坝中间迷失了方向，又没有人居住，所带粮食全部吃光。这时叫天天不应，叫地地不灵，他活活地饿死在大坝子上，后来他变成了一个坝子鬼。坝子鬼不"咬"人时一般不祭献，"咬"人后必须得祭献它，供品主要有鸡、鸡蛋、干鱼等。

岩子鬼：景颇族在野外供奉的一种野鬼之一。景颇语称"龙杯南"，载瓦语称"陆飘南"。据说不能得罪此鬼，若得罪此鬼必死无疑。传说它也是一个男鬼，是在洪水泛滥时期出现的，它原本是山神鬼的好友，他们得罪了仙人，仙人罚它永远不能回到舒坦的地方来，只能呆在岩石上面。岩石鬼一般是在岩石周围才会遇上，若遇上此鬼，尽快请董萨打卦，看它需要什么样的供品，根据它所需要的供品尽快祭献送走。供品一般是猪、鸡、狗。

洼子鬼：景颇族在野外供奉的一种野鬼之一。景颇语称"腊炯南"，载瓦语称"伟孔南"。传说它也是一个男鬼，是在洪水泛滥时期出现的，它原本是山神鬼的好友，他们得罪了仙人，仙人罚它永远不能回到舒坦的地方来，只能呆在洼子里。人们在洼子放牧或者砍柴时会遇着这种鬼。遇此鬼后要么就会头疼，要么肚子疼，要么就会全身难受。

土地鬼：景颇族所供奉的一种鬼之一。景颇语称"阿嘎南"，载瓦语称"米南"。土地鬼一般有两种祭献方法，一是在家里供奉。二是在野外祭献。对于家里供奉的土地鬼，一年需要祭献两次，如果到了祭献的时间不祭献，土地鬼就会"咬"人，一般供品是鸡、鸡蛋、干鱼等。野外的土地鬼要等它"咬"人时才能祭献，供品有鸡、鸡蛋、干鱼等。

月子鬼：景颇族在野外祭献的一种野鬼之一。景颇语称"阿拴宁当"，载瓦语称"意拴南"。据说是一个女鬼。传说，月子鬼和山神鬼是一对夫妻，他们一同偷吃了仙人的仙果，仙人给他们进行了惩罚，把男的眼睛挖去了一只，并罚他永远不能回到舒坦的地方来，只能呆在山洼子里；把女的惩罚为难产而死，并变成为月子鬼。无论男女老幼，遇到此鬼会浑身肿胀、肚子痛。

蛇鬼：景颇族信奉的一种动物神灵之一。传说，蛇是一切鬼的始祖彭干支伦和木占威纯所生的动物鬼之一，所以，景颇族认为，蛇是鬼的化身，特别是大蟒蛇，人是不能看见的，如果某一个人看见了大蟒蛇，就意味着不吉利。

乌鸦鬼：景颇族信奉的一种动物神灵之一。景颇族在鸟类当中最不欢迎的是乌鸦，景颇族认为它是反的化身。传说，乌鸦也是一切鬼的始祖彭干支伦和木占威纯所生的动物鬼之一。宁静的村寨里，如果突然有乌鸦飞过，或者村里人听到乌鸦叫，就被视为不祥之兆。

老鹰鬼：景颇族信奉的一种动物神灵之一。传说，老鹰是一切鬼的始祖彭干支伦和木占威纯所生的最为凶猛的动物鬼之一。据说它生下来后和仙人在一起，后来老鹰把仙人的小孩抓了吃掉，得罪了仙人，被仙人追赶到无人烟的高寒山上或石岩上生活，叫它永远不得回平坦的地方生活。人遇老鹰鬼时，全身会像被老虎抓的一样疼痛。请董萨卜卦后得知是遇上老鹰鬼，根据老鹰鬼的需要祭献鸡、猪、羊、野兔等。

豹子鬼：景颇族信奉的一种动物神灵之一。传说，豹子鬼也是一切鬼的始祖彭干支伦和木占威纯所生的最为凶猛的动物鬼之一。据说，豹子原来是神仙身边的一个大将，后来它偷吃了神仙的野猪，神仙对它进行了惩罚，并把它赶到草丛中去。豹子鬼一般在祭献龙尚时会出现，它多半是像家狗一样在人们的周围转来转去，有时蹲在董萨旁，听董萨念送祭词。一般来说豹子"光顾"不能惊动，更不能用枪打或赶走，要让它自己离开。

老熊鬼：景颇族信奉的一种动物神灵之一。传说，老熊鬼也是一切鬼的始祖彭干支伦和木占威纯所生的一种非常凶猛的动物鬼之一。它最初是仙人下属的一个猛将，打仗很勇敢，但爱睡懒觉。有一天仙人去叫它出战，它正在酣睡，仙人大声叫它起来，它凶残地把仙人的右手咬断，仙人惩罚它，把它赶到深山老林的一个石洞里去。人们到山林里游玩时常会遇上老熊鬼，人若被此鬼"咬"上，全身像针扎的一样疼痛。

癞蛤蟆鬼：景颇族信奉的一种动物神灵之一。传说，天神叫林醒木锐木占（女）去做夜晚之魂，因夜晚夜深人静，林醒木锐木占觉得很寂寞。天神知道后，就让蛤蟆、猫头鹰、蝙蝠做它的伙伴。癞蛤蟆原来是一个美男子，他爱上了林醒木锐木占，天神知道以后狠狠地惩罚他，把他打入"地牢里"，永远不得出来，从此癞蛤蟆只能在地洞里生活。人们在癞蛤蟆生活的地皮上面睡觉会遇上癞蛤蟆鬼，一般会头痛。

猫头鹰鬼：景颇族信奉的一种动物神灵之一。传说，猫头鹰是夜晚之魂林醒木锐木占的忠实伙伴，天神让它去做林醒木锐木占的伙伴以来，一直忠心耿耿，它除陪伴林醒木锐木占以外，还帮天神看管粮食，不让老鼠偷吃。由于猫头鹰任务完成得比较好，天神让它白天好好睡觉，晚上出来陪伴人。人如果晚上需要行走时就得祭献猫头鹰鬼，祭品主要有老鼠、蛇等。

蝙蝠鬼：景颇族信奉的一种动物神灵之一。传说，天神让它夜间去陪伴林醒木锐木占，还让它夏天为林醒木锐木占驱赶蚊虫，不让蚊虫叮咬。据说，原来蝙蝠是不吃蚊虫的，后来，由于林醒木锐木占周围蚊虫实在太多了，光驱赶不行，干脆就吃蚊虫，以后蚊虫才逐步减少。当人们去到蝙蝠在的地方时常被它"咬"，被"咬"时人的全身像针扎的一样疼痛。

大象鬼：景颇族信奉的一种动物神灵之一。传说，大象原来没有现在这么大，是一个小小的动物。由于它的鼻子较特殊，无论何时还能卷曲，能搬东西，天神宁贯瓦开山辟地时让大象帮忙，大象很卖力地干活，只是身体太小了，心有余而力不从心，后来宁贯瓦把这一情况向天神汇报，天神就让大象大起来，让它成为陆地上体积最大，力量无比的动物鬼。大象鬼一般是在大森林里会遇上，遇着后要尽快祭献送走，供品主要是野草、干鱼、鸡等。

野牛鬼：景颇族信奉的一种动物神灵之一。传说，野牛是天神宁贯瓦的坐骑，宁贯瓦骑着野牛完成了开天辟地的任务后，叫野牛到了无人烟、野草较丰富的地方去生活。后来野牛告别了宁贯瓦回到了野草丛生的大森林中。野牛鬼一般不必经常祭献，遇着后才祭献，供品有野草、鸡、干鱼等。

大树鬼：景颇族供奉的一种植物神灵之一。这里的大树主要指大青树。由于大青树是属板根植物，其形状怪异，景颇族认为它就是鬼的化身。传说，从前大地上没有一棵草木时，天神就在大地上抛撒了许多草木的种子，据说先长出来的树是酸杷树，后来才长出了松树、柳树等，最后长出的是大青树。因为大青树长得特别大，大地上的一切植物与它无法比，所以，天神让它当大树王，管理所有的树木。在大青树内部还分大青树、小青树，鬼也就分为大青树鬼、小青树鬼。据说大青树鬼是一个恶鬼，人们到大青树下，常会遇上此鬼，遇着后要尽快请董萨祭献送走。供品一般是猪、鸡、狗等。

小树鬼：景颇族供奉的一种植物神灵之一。传说，从前大地上的树木只有大青树有鬼魂存在，一般小树木都没有鬼魂。后来，天神宁贯瓦完成了锻造天地和驱除恶魔任务之后，他把所有的人类都叫到跟前，分几次分配文字、金银财宝、鬼神等。分配鬼神时把所有的鬼都分给了景颇人，景颇人背着沉重的满篮鬼神往回走，背篮的人觉得很沉重，每到一个树脚下又休息一次，每休息一次，鬼跑掉一个，这些都躲到树里面去，从此每棵树上都有了鬼。树上的鬼一般不会"咬"人，只是砍树的时候会"咬"人。当人需要砍树时必须先祭献树鬼，如果不献鬼去砍树的话，一定会被鬼"咬"。

野草鬼：景颇族供奉的一种植物神灵之一。景颇语称"邦邦南"，载瓦语称"朋升南"。传说，始祖宁贯瓦遇到了龙王的女儿依若玛扎邦，他们打算结为夫妻，但是依若玛扎邦是龙女，身上有一股很浓的龙腥味，可以腥死大地上的动物。天神知道此事后，很快让沼泽地长出邦邦草，消掉龙女身上的腥味。宁贯瓦领着依若玛扎邦从邦邦草前穿过。穿过了邦邦草丛，龙女依若玛扎邦身上的腥味也就消失了。从那个时候起，直到现在，景颇人结婚时都要领新娘穿过邦邦草扎成的彩门。一般把还未穿过邦邦草门的新娘称为："有腥味的女人"——邦邦南农。要祭献野草鬼，在邦邦草扎成的彩门边上，用活鸡或活猪，在新娘将要过彩门时割断鸡和猪的脖子祭献。

韭菜鬼：景颇族供奉的一种植物神灵之一。景颇语称"高正南"，载瓦语称"户栽南"。传说，原来大地上没有这种植物，有一次宁贯瓦到天神那里要一些人可以食用的植物，天神就叫宁贯瓦带韭菜到人间栽种。宁贯瓦就把韭菜种植在自己的园子里。由于韭菜是天神给的，所以，很长一段时间人类不敢食用。后来祭献天神以后，才敢吃。由于景颇族地区的韭菜是天神给的，所以叶子特别大，香味浓。人遇上韭菜鬼会全身疼痛难忍，请董萨卜卦后尽快祭献鸡、狗、干鱼、生姜等。

包谷鬼：景颇族供奉的一种植物神灵之一。景颇语称"开努南"，载瓦语称"龙崩南"。传说，包谷原来是供天神的宠物食用的粮食。当大地发生野火烧山的时候，大地上的谷子都跑上天了，大地上原来主要用谷子做食物的动物都面临死亡，天神知道后，很快撒了一部分包谷种子下来给大地上的动物。据说，人类很长一段时间，以包谷为主食。后来狗把已上天的谷子又叫下来，人类才又以谷子为主食。包谷从天上下来那一天起就有鬼魂，如若不祭献就去栽种或收割，包谷魂会跑掉。因此，包谷播种之前和收割前要祭献鬼神。供品有鸡蛋、糯米饭、干鱼等。

谷魂：景颇族供奉的一种植物神灵之一，一般在打谷时祭献。景颇语称"满农拉"，载瓦语称"谷玻南"。传说，从前大地上长满了谷子，世上各种动物都以谷子为主食。后来大地上发生了野火烧山，大地上的谷子和一些可食植物跑上了天。人类向天神请示了多次也没有结果，大地上的一切动物都面临着饿死。在万般无奈的情况下狗向天连续哭叫了三天三夜，最后天神看在狗的面上撒下了一些谷种，大地上又有了谷子。但是一切谷子都是天神给的，它们都是鬼的化身，人若要吃谷子就得祭献天神。为了报答狗的功劳，吃新谷前先给狗吃，而后人才吃新谷。

谷难鬼：景颇族供奉的一种植物神灵之一。景颇语称"满崩南"，载瓦语称"谷崩南"。由于谷子在野火烧山时被吓着，因此，才跑上天去的。据说谷子从天上下来时带着谷魂下来，打谷子时往往会把谷魂吓跑，特别是谷子堆起来后被牛马吃掉或者被人盗劫时会把谷魂吓着，谷子就不会跟着主人回家，谷子也就不经吃了。为了谷魂不被人偷走或者不被牛马吃掉，在堆谷子时先请董萨叫谷魂，祭品主要有干鱼、糯米饭等。

挨刀鬼：景颇族在野外祭献的一种野鬼之一。景颇语称"撒瓦南"，载瓦语称"木郎南"。传说，从前有一个穷凶极恶的小偷，经常偷别人的东西，人们深恶痛绝，一天他正在野外偷他人的牛吃，被看牛的人发现，人们乱刀砍死了小偷，后来小偷死后变成了挨刀鬼。由于此鬼是生前挨刀致死的。据说致命处是头部，人遇上后头就疼痛难忍，如遇上脚，脚就疼痛。祭品有鸡、狗、邦邦草、干鱼、生姜等。鸡、狗一般都是生杀后祭献。

虹鬼：景颇族在野外祭献的一种野鬼之一。景颇语称"阿星南"，载瓦语称"孙南"。据说是一个女鬼。传说，一个美丽的姑娘，不小心掉入泥潭，越陷越深，不能出来，其母每天给她送吃的，但她一天比一天往深处陷，当快要陷死的那天对其母说："妈啊！我不能出来了，你如要见我，请到太阳和雨交加的那天，我在那里织布，你去看吧！"人遇虹鬼会患病耳聋目瞑，请董萨卜卦后，得知是遇上虹鬼，董萨根据虹鬼的需要杀鸡、猪等进行祭献。

大口舌鬼：景颇族在野外祭献的一种野鬼之一。景颇语称"木荣木杂"，载瓦语称"闲木荣"。大口舌鬼是一对男女鬼。传说，从前有一对男女，男的叫共，女的叫孔空胖，他俩有九个儿子，都是打猎能手，有一天共来了，九兄弟们错认为是鹿来了，就一枪打去，把自己父亲打死了。回家后在母亲的再三追问下，儿子们照实说出，从此母亲不停地咒骂直到把九个儿子都咒骂死，最后自己也死了。死后夫妇俩都变成了大口舌鬼，后来大口舌鬼变成了替人咒骂对方致死的工具。

小口舌鬼：景颇族在野外祭献的一种野鬼之一。景颇语称"革寨木草"，载瓦语称"困木草"，是一对男女鬼。传说，从前，有一对夫妇，男的叫肖孔胖，女的叫恩孔胖，他俩居住在弄通哦孔种和扎通哦傍哦的地方，他俩专讲别人的坏话而生活。最后死了就变成了小口舌鬼。得了一种怪病，就得请董萨卜卦，如卜出是该鬼作祟就要及时祭献送走。祭祀时虽然牛马很瘦也得送，念送时一直念送到他俩居住的弄通哦孔种和扎通哦傍哦的地方。祭品除牛、马外，还有小鸡、鸡蛋等。

藤子鬼：景颇族在野外祭献的一种野鬼之一。景颇语称"农肉南"，载瓦语称"内南"。据说，此鬼专门看管各种野藤，当人们去砍藤子时常被它"咬"，被"咬"的人常常是手痛，脚痛甚至全身酸痛。去砍藤的人，如果被藤子鬼"咬"了，但忘记了自己去砍藤一事，尽快请董萨卜卦，当得知是藤子鬼作祟，同样请董萨用干鱼、鸡、米等物念送，直至被"咬"的人全愈。藤子鬼一般不"咬"不祭献，被"咬"后才及时祭献。

取新鬼：景颇族在野外祭献的一种野鬼之一。景颇语称"木如南"，载瓦语称"批南"。传说，从前有兄弟俩，大的叫宁莲，小的叫宁农，二人都很贪心，两人不仅忌妒别人有的东西，而且兄弟之间经常互相忌妒，经常发生争吵，最后双双死去，并都成了忌妒鬼。此鬼又称取新鬼。当看到谁家的牛、马、猪、鸡等牲畜长得好，如被此鬼看见后就会去"咬"。

皮拍鬼：景颇族所供奉的活人鬼之一。景颇语称"阿皮南"，载瓦语称"皮南"。此鬼多系女人，是专门附在人身上，使其家破人亡，断子绝孙，寨子遭殃，瘟疫蔓延的恶鬼。据说，有此鬼的人家多一个魂，这种人家全寨一般只有一二户，如他们家的人向别家要东西不给的话，此鬼就会"咬"人。此鬼不仅会"咬"人，而且还会"咬"家中饲养的牛、马、猪、狗、鸡等家畜。人被"咬"时一般是肚痛、心痛、头痛等，家畜被"咬"一般是怪叫、打滚，甚至死亡等，董萨卜卦后得知是皮拍鬼所为，用猪、鸡等供品进行祭献。

蚂蚁子鬼：景颇族在野外祭献的一种野鬼之一。景颇语称"革进南"，载瓦语称"抱峨南"。传说，从前有一个老妇人去旱谷地窝棚中守望，看见麻雀、野鸡等动物在啄吃旱谷，她看了并呼了一声后就不知不觉地睡着了。老妇人正在酣睡时被一大群蚂蚁前来围咬致死，并将其尸分吃，家属不见其回家，便寻至旱谷地，见其被蚂蚁群分吃而变成了蚂蚁子鬼。后来，人们到旱谷地做活会遇上此鬼，被此鬼"咬"就会眼睛、耳朵疼痛，同时全身溃烂、长疤等，董萨用干鱼、鼠、鸡等供品进行祭献。

水神：景颇族在野外供奉的一种鬼神之一。景颇语称"阿卡南"，载瓦语称"威南"。据说水神一般不"咬"人，最多只会让人发冷，是一种较小的神。全寨人每年三四月间在水井边、水田边祭献一次。献此神时全寨人都去，意为祈求水神保佑全寨人身体健康。董萨念："喝了你的水后，眼睛明亮，不长大脖子，使人长得漂亮，聪明能干。"祭献时只能用鸡和猪，不能用狗祭献。

火神：景颇族火灾发生后念送的一种鬼神之一。景颇语称"万南"，载瓦语称"迷南"。火神分为好坏两种，一是火灾发生后被驱赶的称为火神。传说，从前有一对夫妻，男的叫勒迷坡，女的叫勒央迷，他俩生有一个小孩，全家人脾气都很暴躁。有一天小孩做错了一件小事，夫妇俩咒骂起小孩来："把你烧在炕头上"。便把小孩打死，然后把小孩放在炕头上，不一会把整个房子给烧了，夫妇俩也一起被大火烧死。从此他们全都变成了火神。祭献时，董萨在烧过的地基上，架上芭蕉叶做的水槽，在槽口挖一个洞，全寨人拿一个火柴头来，到槽口灭火。董萨用干鱼放入槽内，水从槽内倒下，看掉下的鱼头是否朝外，如有朝外火神已送走。二是用竹片摩擦生火，火着了称为好火神。由于火神不会伤害人，所以只有在吃新谷时才祭献。

寨神（社庙）：景颇族村寨作为集体供奉的一种寨神之一。景颇语称"龙尚"，载瓦语称"龙尚"。它里面供奉着景颇族60多种不同的鬼，既供好鬼，也供恶鬼，还有一些是自然精灵和祖先魂灵。景颇族统称为"拾瓦南"，即"公共的鬼"。庙是一些简陋的草棚，房前竖立"鬼桩"若干，其主要职能是主宰人畜兴旺，五谷丰收。通常每年祭献两次，祭祀日期固定在播种前和秋收后，届时以世袭山官或寨头为首，集中全寨村民，由巫师董萨主持祭祀活动，祭品有牛、猪、鸡等。

立司鬼：景颇族在野外祭献的一种野鬼之一。景颇语称"易南"，载瓦语称"约南"。据说，它能保佑庄稼不受损失。根据景颇族的解释，此鬼是从庄稼地里出来的，如不祭献此鬼各种庄稼会有减产或遭受灾害。为了各种庄稼不受损失而每年播种之前，各村各户自行请董萨祭献立司鬼，祭品有鸡、糯米饭、鸡蛋等。

芋头鬼：景颇族在地头祭献的一种植物鬼之一。景颇语称"耐农拉"，载瓦语称"美博南"。传说，自从开天辟地开始，天神赐给景颇族的第一种农作物是芋头，从此，芋头就是鬼神的化身，它成了一切农作物的"老大"。据说，它掌管着一切农作物。

因此，一切农作物的歉收和芋头鬼是有关系的，每年祭献芋头鬼才能保佑粮食丰收。一般祭献此鬼时必须同祭谷魂，祭品主要有干鱼、鸡蛋、糯米等。

第二节　鬼　　林

景颇族聚居地区大部分属于亚热带雨林，这里森林茂密，遮天覆地，植物繁多，生长有许多奇形怪状的林木，藤条缠绕，极为壮观。极目远眺，扑入人们眼帘的是绿绿的大榕树（大青树），绿的竹林，绿的水，美丽的景颇山寨掩映在绿色的森林里。树木对于聚居在山区半山区的景颇族来说，在生产和生活中具有重要的意义，村寨周围的参天古树又是抵御风暴的天然屏障，因而树木也成了人们崇拜的对象，尤其是板根植物大青树，由于它属常绿大乔木，树皮灰色，有气根，体形庞大，形状怪异，人们对它十分畏惧，相信它有鬼。酸杷树属落叶乔木，树皮灰褐色或灰白色，阔卵形或卵形，其形怪异，人们认为它就是鬼。山桂花树是落叶或叶大乔木，树干通直、圆满、分枝高。形状椭圆形，卵状椭圆形或阔披针形。铁力木树属热带树种，常绿乔木，叶对生革质，披针形或长椭圆形。油杉树属常绿乔木，树皮灰褐色，叶线形，螺旋状排列，上面中脉凸起，背面具两条灰白色的气孔带。油棕树是多年生乔木，叶片大，羽状复叶，形似伞状，小叶线状披针形，叶柄边缘长硬刺，形状奇特。大叶藤黄树属于乔木类，树皮呈褐色。小树具有明显的纵棱。重阳木树属常绿大乔木，高15～25米。掌状复叶互生，具三个小叶，小叶革质，卵形至椭圆形，先端渐尖，基部楔形，边缘具钝齿或圆锯齿。粗糠柴树属常绿乔木，高8～10米，小枝、幼叶和花序均被褐色柔毛。叶互生，长圆状卵形至卵状披针形，全缘、波状或具纯齿，在近基部有黑色脉体 2 个，有掌状脉 3 条，叶背具白粉，并散生红色腺点。多花藤黄树属常绿乔木，树高 5 ~ 17 米，叶对生，倒卵状短圆形，全缘，两面无毛，侧脉在近叶缘处结合，不达叶缘。华南石栎树属常绿乔木。高 18 ~ 25 米。叶椭圆状披针形或卵状椭圆形，全缘，为无。截头石栎树属常绿乔木，树高 30 米。叶互生，革质，长椭圆状披针形，全缘，下面叶脉带红色。栲树属常绿乔木，树高达 30 米。叶披针形至长椭圆形，无毛，下面密生红黄棕色鳞片状。这些树都生长在崇山峻岭中，一般是抬头见天是白天，弯腰望底是夜间，看上去让人十分畏惧。另外，景颇族之所以以苍天大树作为土地神灵的象征，大概是由于树木在植物中命长而高大的缘故，它们最能反映土地滋养生物的神奇力量。就这样每个村寨都有自己供奉的鬼树，而所供奉的鬼树也就自然变成本村本寨的鬼林。景颇族每年都要祭献鬼林活动，祈求它保佑人畜平安、庄稼丰收。人们认为，树有树鬼，村寨附近的林木不许任何人砍伐。如果某一个人上山砍树或者砍柴回来生了病，那会认为是得罪了树鬼，病人家属必须请董萨打卦，看得罪了什么树鬼，董萨说是得罪了某个地方的某种树，就到那棵树下祭献树鬼。

第三节　社　　庙

社庙景颇语称"龙尚"，意为祈年。汉语称"官庙"，又因它是属于集体祭献，所以它统称为"社庙"。社庙里供奉着与人们生产、生活关系密切的自然鬼。按照斋瓦、董萨的说法，供奉在社庙里的一部分鬼能给人衣食住行，幸福吉祥，人们需要感激它们。供奉的一部分鬼是恶鬼，它们有一定的破坏力。据说这部分鬼能给人们带来灾难。因此，人们每年需要按时祭献二三次，祈求它以消灾免难。供奉的另一部分是历史上的英雄人物及官家的鬼。另外，大部分地区寨子里各大姓的大鬼也供奉在社庙里。因此，社庙里供奉的鬼除山官家的鬼外，还供奉有本民族中较大的鬼。据董萨们说，社庙中所供奉着的鬼，多数是对全村社的人和家畜起保护作用的，所以，景颇族又把官庙中所供奉的鬼，一般通称为"拾娃南"，意为"公共的鬼"。社庙一般设在村头或

龙尚祭房　　穆勒弄　摄

村寨尾，搭起一个无四壁的草棚，四周竖有鬼桩，用以拴牛杀牲。另外设有供奉用的竹架，在社庙的柱子上，都悬挂牛头骨、猪头骨和装鸡的竹笼等祭品。在祭献社庙前，除了要搭好社庙棚

外，同时还要请董萨，绘制好图腾画像的两根"龙尚当"，即鬼桩。两根"鬼桩"一般是一高一矮，高的称"公桩"，矮的称"母桩"。在祭社庙前，一定要把场地四周打扫干净，用火将树叶烧光，以表示祈求田地不长杂草。因为社庙已形成了全村寨共同祭献的中心，除要祭献天、地、太阳、山林、水等鬼外，还要祭献山官的祖先及村寨的创造者或是本民族的英雄人物。

根据董萨们的说法，社庙里供奉着约60多种鬼。这些鬼中又分为好鬼、恶鬼、山官家鬼、民族英雄人物鬼、祖先鬼等。

一、在社庙中供奉着的"好鬼"

1. 省腊鬼（天鬼）。据董萨说，省腊鬼掌管着大地上的一切农作物，如果不好好祭献它，粮食不会丰收，供奉它的目的是为了五谷丰收。

2. 阿占鬼（太阳鬼）。它是掌管人们的吃穿，供奉它人们的吃穿就会有保障。

3. 子卡鬼（谷魂鬼）。它是专管谷魂，长期供奉并祭

龙　尚

献它，谷魂就不会跑，谷子会长得好，粮食会获大丰收。

4. 灵藏鬼（智谋鬼）。据说，它专门管着人的智慧，经常供奉并祭献它，能增强人的智能，做什么事情都会成功，它还能使六畜兴旺。

5. 子嘎鬼（韭菜鬼）。据传说，它是天神让它到人间帮助人们保护庄稼的。因此，它能保护庄稼不让别人偷窃，人们很相信它，除社庙里供奉之外，许多人家也自愿供奉在家里，并各自祭献它。

6. 乃模木沙（鬼王）。据说，它是鬼中之王，是天神赐予的王位，所以，天上地上的鬼都怕它。在人间它是专门赶走其他鬼的鬼，人们需要驱除恶鬼时要借助于它。

7. 斯滴（地鬼）。据说，它是天神派下来帮助人们的。因此，经常供奉并祭献它，可以人畜兴旺，五谷丰收，使人免受疾病、灾害之苦。

二、在社庙中供奉着的"恶鬼"

1. 阿目（雷鬼）。这是一个恶鬼，如若不供奉并祭献它，会打雷击毁房屋，烧毁庄稼等。因此，要供奉在社庙里，并经常祭献它。

2. 崩培（风鬼）。这也是一个恶鬼之一，经常供奉并祭献它，能使人畜兴旺，五谷丰收。如果不供奉不祭献它，它就会吹倒大树、房屋等。

3. 阿崩腊鬼（山凹鬼）。它掌管着狩猎和下雪。如果人们不供奉不祭献它，它就不让人们上山打猎，或者人们到山上时突然下雪，使人无法返回。

4. 阿崩丽鬼（女鬼）。据说，她和阿崩腊鬼是一对夫妻。

5. 格占鬼（虹鬼）。它是一个女鬼，也是一个恶鬼之一。人们如果不供奉不祭献它，它就会施放瘴气，恶性疟疾传染等。

6. 灵速鬼（阴阳鬼）。据说，它最初是一条蛇，后来天神让它变为变色龙。由于它有十八变本领，逐步变为阴谋暗算，掠夺别人的鬼。它去偷别人的东西时，会变为一条狗或者变为一只猫。

7. 布康鬼（哑巴鬼）。传说，哑巴鬼原来是一个美男子，在天神身边做侍从，天神的妃子看上了他。后来天神知道了此事，罚他为哑巴，并驱逐出神宫。到人间后专门"咬"人的眼睛。如果不供奉它，它"咬"的人更多。因此，每年要祭献一至两次，人方能平安。

8. 直洞鬼（独眼鬼）。它是一个居住在山上的独眼睛的恶鬼，在所有鬼中它是最恶的。因此，人们十分害怕它，所以就把它供奉在社庙里。

9. 阿松鬼（月子鬼）。它会使妇女在分娩时难产而死亡。据说，这个鬼没有一点好处，对人危害很大。由于人们害怕它，也就把它供奉在社庙里。

三、在社庙中供奉着的山官家鬼

1. 祭献社庙是以山官为首，因此，在社庙里供奉的鬼，一般有跟官家关系密切的鬼，如官家的木代鬼，多数官家供奉在自家外，有部分官家供奉在社庙里（这种现象较少）。

2. 大部分山官家，在第一个建立村寨的山官去世后，把他的魂供奉在社庙里，让世代山官和全村老百姓经常祭献它。

3. 乌干娃，据说，他是排姓山官的建立者，从他以后排姓家的后代逐步强盛起来，山官一代接一代沿袭下来。他在一次瘟疫中全家死亡，没有留下后代，就因为这样它死后在阴间不得做官。到贡陇时代，排姓官家的势力扩大以后，为了显示势力的强大，山官贡陇派把它奉为大鬼，并把它供奉在社庙里。后来其他姓的山官和老百姓也供奉并祭献它。在举行目瑙纵歌盛会时也要祭献它。

4. 乌干用，据说，他是乌干娃的第 6 个弟弟。乌干娃病死后，他接替了乌干娃当了山官。到了他当山官时，社会有了很大发展，人民安居乐业，这些都是他治理有方的结果，人民十分拥戴他。他去世后，也把他当做先辈，并把他的魂供奉在社庙里。

5. 载奔娃，据说，他也是属于排家官种。他是到一个崇山峻岭的地方去当山官，那个地方生产、生活都很艰苦。长期以来，这个地区死气沉沉，人们都是愁眉苦脸。他当了山官以后，做了很多努力，改变了一些落后面貌，人民十分拥戴他。他去世后，在景颇族社会中产生了"贡龙"和"贡萨"两种不同的社会制度，两种社会制度在一定程度上形成了对立局面。"贡龙"派把乌干娃奉为大鬼后，"贡萨"派也把载奔娃奉为最大的鬼，并把它供奉在社庙里。"贡萨"派举行目瑙纵歌盛会时也祭献它。在"贡龙"和"贡萨"时代，乌干娃和载奔娃不能在一起供奉，更不能在一起祭献，后来"贡龙"和"贡萨"两派和好后才供在一起。

6. 三木松，是官种排家的鬼。传说，从前恩孔翁麻干家和崩底卡家打仗，勒帮保滚都帮助恩孔家打仗，恩孔家胜利，为庆祝胜利举行"目瑙纵歌"。当剽牛时，勒帮保滚都去吸牛血喝，恩孔家不高兴就当面斥责，勒帮保滚都很气愤，就马上去投奔崩底卡家。在此之前，勒帮保滚都又串通了勒排家姑娘罗孔扎昆而且已怀孕。这个姑娘又是个很会教唆的人，姑娘知道勒帮保滚都是个很穷的人，无力买牛来给自己献家鬼，加之当时在景颇人中流传着用当官者的头来祭献鬼是最好的祭品的说法，罗孔扎昆便唆使勒帮保滚都去砍一个官种的头来为她家祭鬼，勒帮保滚都果真去找人头了，原想去杀巩相利，但巩相利家人多，奴隶也有十几个，他无法进去，然后转入三木松官家，三木松是个年纪很大的老头，勒帮保滚都便杀死了他，把他的头割去，用三木松的头献了排家的鬼，然后三木松的鬼就送不走，只好由排家供奉起来。由于社庙是在山官的具体组织下进行祭献，所以，三木松鬼也就理所当然的供奉在社庙里并祭献它。

7. 不朗弄，是勒排腊忍家供奉的鬼。传说，潞西勒排腊忍（山官）与陇川"六缅"山官在瑞丽争百姓而发生战争，腊忍失败，在逃跑过程中，其妻流产了，生下一个白色的血团（未成形孩子），被称做"不朗弄"，即孩子的魂，腊忍官家就把他供起来，即成了腊忍家的鬼。不朗弄鬼原系勒排腊忍官家专有的，后来百姓梅普和真通家也开始供奉，其原因是腊忍官家在村尾寨头时给了寨头或百姓娶了官家女儿之后取得的。如真通家被委派为寨头，山官除给了象征权力的刀、矛外，还把不朗弄鬼的象征物给了真通家供奉。勒排腊忍家说，供此鬼可以得到它的保护，其他的官不会来欺负。真通家绝嗣后，世袭山官早都同样用刀、矛及不朗弄鬼的象征物委郭路当寨头。梅普家崩用因娶了官家女儿"南三"为妻，此鬼即随着女儿南三到了梅普崩用家，曾请董萨念过鬼把它送回官家，但送去后又回来，因此，梅普崩用家只好把它供奉起来。

8. 勒英娃，这是山官木然家的祖先鬼，凡是木然家在的村寨或者木然家嫁来的姑娘所在村子都要供奉在社庙里，并祭献它。

四、在社庙里还供奉着一些古代英雄的魂

直门弄，传说，他是一位南迁英雄。据说，景颇族还居住在康藏高原时，直门弄先撵白马鹿，一直南下，然后向太阳出来的地方追去，便找到了美丽富饶的地方。以后景颇族就迁徙到这个地方居住。他死了以后，人们就把他的魂供奉起来。

第四节　祭木代场所

木代鬼是景颇族家中供奉的最大的鬼（只有山官家才能供此鬼）。由于木代鬼是山官的家鬼，又是天鬼之一，因此，木代鬼权力最大。景颇族最大最隆重的"目瑙纵歌"就是为祭献木代鬼而举行的仪式。举行"目瑙纵歌"主要以祭献木代鬼为中心，故又称"木代纵歌"。历史上"目瑙纵歌"一般由当地山官来组织举行，多数是 4~5 年举行一次，一次 3~6 天，它象征着山官的权势，所以举行"目瑙纵歌"时，山官所管辖区内百姓都要参加，人数多则几万人，少则几千人，需要较大的场子才能容纳下前来参加的人们。在举行"目瑙纵歌"前，先选择好"目瑙纵歌"场地。选择场地是一件非常复杂的过程，场地不仅要求平坦，而且要合乎鬼神的意。因此，第一步先看场地，场地要求平坦宽阔、有水源等。看场地不管什么人都可以看，但不能作出最终决定，看好后必须向斋瓦、董萨等汇报。看场地的人最少提供 3~4 个场地给斋瓦、董萨选择。第二步，斋瓦、董萨根据提供的几个场地中选择一个，尔后打卦该场地是否符合鬼神的意。打卦的方式有几种，一是用一种薄薄的绿竹放进一堆柴火中，火的热量使竹子爆裂，裂口边沿便会竖起一根根毛茸茸的纤维丝。斋

瓦、董萨根据这些纤维丝预兆吉凶。二是用一种特殊的叶子（名叫泼舍），其叶脉不呈交织状，而是一条条相互平行，叶状似大蕉叶，一条条相互平行的叶脉以一个精确的角度汇集到主脉上。顺着脉络，叶子很容易被撕成薄薄的碎条，然后任意将这些碎条缠结起来。叶结和叶条连成一串，每一个叶结和每一段叶条都附有一定的唯有董萨才知道它的象征意义，董萨通过掐算叶子可以知道吉凶。三是一种叫"说色"的打卦方式。取 33 根薄小的竹片，任意夹在一只手掌的五个指头之间，使小竹片分成四组，然后从每一组中抽出一片放在一边，接着还要重复三次同样的动作，剩余的竹片便可知道吉凶。第三步，斋瓦、董萨根据打卦吉凶情况和"基本符合鬼神之意"的场地提供给山官最终抉择。第四步，山官根据斋瓦、董萨提供的场地，召集斋瓦、董萨、头人参加会议，山官根据大家的意见和建议最终确定下。

一旦场地定下来，山官即刻命令周围村寨百姓前来平整场地。新中国成立前多数场地是属于泥地，新中国成立后场地有所不同，大部分都是水泥地。平整好场地以后，中间用篱笆围好一块圆形的场地，正中间要竖四大块"目瑙示栋"神牌和祭祀太阳神的祭台。一般场子的南北两头留有进出的门，南门外要盖许多草棚，让前来参加的人歇息，留一间做木代房，在靠木代房东西的墙边，用树枝另围成一小间。墙上要吊供奉乌干娃和载奔娃的竹祭台，地上用竹子竖一个小台，台上铺上新鲜的芭蕉叶，上面放上一条小板凳，凳边放上若干艾蒿叶，竹台边的竹篮里放上一碗清水和若干姜片，旁边烧起一塘篝火。

第四章　祭　　祀

第一节　祭祀习俗的产生和发展

　　原始人的生活是如此深刻地依赖于他们谋生的环境和土地，这些都是由十分低下的生产力状况决定的。虽然原始人比早期的猿人在许多方面有了很大进步，但是在严酷的大自然面前，在充满了敌意和危机四伏的环境当中，人们保存自己谋取食物的手段与能力，毕竟是非常低下和异常软弱的。他们对于自身的生理特征和自然界变化的强大力量是无从理解的，也是很难抗拒的。自然界的变化无常，导致原始人们在思想上、情绪上以至心理上相应地产生了喜怒哀乐的种种反应。原始人们既深刻地依赖着自然界，无时不需要它，又深刻地感受着自然界力量的威慑，无时不惧怕它。这种矛盾心理的产生与发展，是人同自然的关系在人们意识上的反映，也是人们意识中产生祭献神灵的根源。原始人们产生这种祭献鬼神的主要原因是，在人类知识尚未打开的原始社会，人们对于周围的自然现象很不理解，总感觉在他们的周围有种种势力使他们不能驾驭，由此产生害怕的心理。特别是对那些与人类生存直接相关的东西，如提供给人类食物的山川、河水、野兽等，都要想办法同它们修好，希望获得帮助。随着原始人们谋生的手段不断改进或增强，生活的空间逐步扩大，被人们意识到的客观世界各种事物也愈来愈多，有鬼神的观念才逐渐涉及到整个自然界，各种鬼灵才满布在天上、地下和水中，几乎每一样事物都存在着鬼灵，人们意识中出现了对自然属性直接崇拜的有灵观念。由于景颇族的祖先大多数人相信自然界中的万物都有鬼魂，各种鬼魂与农作物生产的丰歉，以及人们的健康与否联系在一起，因而在景颇人的观念中，人的祸福都和鬼魂息息相关。人们为了酬谢善鬼，祈禳恶鬼，要定期或不定期举行祭祀活动，以换取各种鬼神的欢心。祭鬼活动已成为人们精神上的寄托，祈求鬼魂的祭祀活动，在人们思想中居于非常突出的地位。人们对鬼魂的崇拜，几乎渗透在社会生产生活的各个方面，它紧紧地控制着人们的精神生活。人们以户或以村寨为单位的各种祭祀，随时都在进行，主要在于人畜患病、生产活动、婚丧生育、丢失牛马、庆贺新居以及人际纠纷等方面。一般都要请董萨打卦，看一看所求之事因何鬼作祟，需要何物方可禳解。祭祀一般在村寨静地举行，或在家中宅旁立有鬼桩的地方进行。届时总要杀牲、念鬼。祭南鬼一般由强壮（祭鬼时的总管）或董萨操办。

景颇族祭鬼的主要祭品是牲畜，一般的祭品包括水、酒、米饭、蔬菜、干鱼、禽蛋、鸡鸭、黄牛、水牛、狗、羊、猪等。不同的时候使用不同的祭品，不同的鬼使用不同的牲畜。祭大鬼要用牛、猪，祭献小鬼一般只须用鸡或鸡蛋，有的仅给干鱼、干老鼠之类。如果要祭献木代鬼一定要用牛祭献，要杀一头至数头，集中祭一次木代鬼，即"目瑙纵歌"祭，要杀牛数10头，甚至数百头，这主要看主办者山官、头人的经济状况来决定祭献多少牛，经济状况好的多祭献几头，经济状况差的少祭献几头。祭献地鬼一般只给几对干鱼、糯米饭、水酒等之类。祭献死于非命的野鬼和恶鬼，则用狗、小鸡、水酒等。假如有疯子去世了，董萨念送他的魂时，祭品还包括疯子本人的衣服，一般是将他的衣服从身上脱下来，系在羊身上，再在羊背上绑上一些钩子朝不同方向弯的藤钩，然后把羊赶往密林深处，使羊无法折转回来，让它作为献给恶鬼的祭品。意思是我们供奉你、祭献你，请你永远不要再来咬人致疯了。如果羊又转回村里，这就被视为不祥之兆，用几头羊重新祭献，必要时把死者的衣物也要供到祭坛上，但祭献结束以后便可以取下来埋进地里。祭献地鬼的祭品是不能吃的，而是将用做祭品的牲畜煮熟，待祭献结束后，全部埋于地下，并加以仔细保护，以免有人从上面走过。根据董萨打卦的情况来看，有时候会出现鬼神所索取的祭品远远超过祭献人所能献出的祭品，出现这样情况时，祭献的人就得将一个小包系在一个竹圈上，再把竹圈挂到屋里的鬼龛上，以此来表示这个人向鬼神允诺的祭品数，一旦有能力，他就会重新补上祭品。

　　至于景颇族为什么要杀牲献鬼，在景颇族中广泛流传着这样一个故事：很古以前，景颇族的祖先就栽种了各种治疗的草药。当人一生病吃了自制的草药就好了。由于自制的草药药效较好，许多疑难病症都可以治好，因此，早期的景颇族祖先只崇拜鬼神，但不祭献鬼神。而家畜、野兽、鱼虫等各种动物，没有草药，一生病就死。后来各种动物向人们提出："为什么人生病会好，而我们动物不会好呢？"人回答："阿公阿祖栽种了各种药，生病了吃药就会好。"不久，一只鸡生病了，它就去啄食人栽种的草药，病很快就好了。接着牛又生病了，牛去吃了人种的草药杆子，牛的病也治好了。之后，猪又生病了，猪又去啃了人种的药根，病很快治好了。这时，种草药的人发现了，但草药只剩下一点细根了，种草药的人只好把它挖回家来藏在坑头上，不料又被生病的老鼠发现了，又偷吃了一些，最后剩下的一小点，人们把剩下的一点草药藏到河边，又被生病的鱼发现，并偷吃完了。从此，人生病了无药可医治，在万般无奈的情况下去问牛、猪、鸡、鱼、老鼠等动物说："人种的草药全被你们吃完了，现在人生病无药吃了，怎么办?"各种动物说："草药是吃了，没有办法了，只得用生命去祭鬼抵草药吃好了。"从此以后人就开始杀牲祭鬼了。

由于景颇族认为世间的一切事物都是由各种鬼神支配的。因此，人们的生、老、病、死，庄稼的丰歉，牲畜的兴衰，各种生活、生产活动，无不与神灵发生联系。人们为了祈求鬼神的保佑，进行频繁地祭祀活动。祭祀活动在一定程度上依赖于经济状况，当经济发展较快时原始宗教祭祀活动更频繁。一些较大规模的祭祀活动还集中表现山官的权势，财富和荣耀，像祭祀"木代"鬼的"目瑙纵歌"大型宗教活动就是其中之一。景颇族地区的山官制度建立以后，使各种鬼神的祭祀活动有了很大的发展，无论婚、丧、疾病、节庆、拉事等都要祭献鬼，特别是因病杀牲祭献鬼神极为普遍。新中国成立前，景颇族地区各种疾病十分流行，死亡率很高。由于没有医药卫生设备，也没有中草药医术，得了病只得请"懂萨"念鬼，杀牲祭祀鬼神，正因为如此，不少人家常常因病连续杀牲献鬼，弄得家破人亡。

景颇族长期以来主要从事农业生产活动，各种鬼魂的性能和来历都同农业生活有关。因此，对于众多鬼魂采取全村寨集体性或者以户为单位频繁的杀牲祭祀，以祈求福佑和禳灾，这就是景颇族原始宗教活动的最主要形式。这种形式是景颇族历史上沿袭下来的习俗，在景颇族现实生活中根深蒂固，不可能在短时期内完全消失。但随着社会的发展变化，特别是新中国成立以后，景颇族群众的宗教祭祀活动发生了很大的变化。首先，减少了杀牲祭祀的做法，在经济、文化较发达或受外来文化影响较大的地方，开始弃鬼信仰基督教。其次，因废止了山官制度，以村寨为单位每年祭献"社庙"的活动在一些地区都已放弃不见了。一些村寨的集体祭祀多转成了对境内山鬼、水鬼等地域性鬼魂的祭祀。据认为它们直接关系到全寨生产、生活的祸福与凶吉。第三，随着社会的发展，以祭祀最大的天鬼"木代鬼"而举行的"目瑙纵歌"仪式，已经大量减少了其浓厚的宗教内容和色彩，增加和突出了民族文化活动的成份，逐渐成为全体景颇族和邻近各民族盛大的文娱歌舞和商贸活动的节日。第四，新中国成立以后，随着社会的发展进步，景颇族地区的原始宗教从整体上看是处在急速的衰落之中，各类巫师逐年老死而减少，特别是大巫师亡故后，后继无人，目前各地只有一些一般的巫师为群众占卜、祭鬼或送魂，主持一般的宗教仪式。由于种种原因，在景颇族地区，年轻人当董萨（巫师）的几乎没有了，再也不会出现原始宗教最高一级的大巫师斋瓦。一般来讲，景颇族的历史变迁，礼仪风俗，对鬼的世界中的各种等级以及鬼如何主宰人的吉凶祸福只有他们知道。在原始宗教祭祀活动中，只有他们能够在最重大的问题上，沟通人与鬼之间的关系。所以，人们把大巫师斋瓦看成是鬼魂对人们生活支配的体现者，人们要通过他，向鬼魂祈福消灾。由于历史上的种种原因，新中国成立前，景颇族文化长期处于落后与封闭状态。景颇族的历史文化以及本民族的迁徙路线等，主要是靠斋瓦董萨一代代地口耳相传保留下来。许多斋瓦董萨传授的一些很有价值的传说故事等宝贵的口头文学资料，为研究民族历史、民族学、民俗学、宗教学等提供了大量的材料。一般斋瓦董萨的祭祀词，也是研究古代景颇语的最好的语言活化石。不言而喻，斋瓦董萨就是景颇族最早的文化人。斋瓦董萨在景颇族文化遗产中所占的位置是举足轻重的。因此，斋瓦董萨文化如何传承，已成为当前景颇族社会中大家所关注的问题。第五，随着社会的发展，经济基础的变化，引起了景颇族宗教观念上的变化。在封建领主经济占统治地位的地区，景颇族的宗教信仰逐渐发生变化。19世纪以后，基督教逐渐传入景颇族地区，不少地区和村寨开始出现原始宗教和基督教两种信仰并存的情况。最初的时候，基督教与天主教并不受景颇族的欢迎，曾多次出现驱赶传教士的事件。在一些地区的群众特别是巫师一类背地里骂基督教是"信洋教"，"忘祖宗"。基督教者说对方"落后"等，不同宗教信仰之间出现了矛盾。后来传教士们大肆宣传信教的"好处"，再加上景颇族原来的宗教信仰长期频繁的杀牲祭神灵活动，造成财物的巨大浪费，而基督教反对杀牲祭鬼神。因此，很多人接受了基督教和天主教。据1950年不完全统计，德宏景颇族地区教堂有30余座，信徒6 000余人，教牧人员达10多人。进入80年代以后，景颇族中信仰基督教的人迅速增加。据1993年统计，德宏景颇族地区基督教信徒有20 470人，教堂152所，活动点103场所，牧师7人，传道员30人，长老15人，职士107人。可以看出基督教有进一步取代景颇族原始宗教的趋势。在宗教信仰上变迁速度的加快，同有关政策的放宽、落实，农村生产体制的重大改革也有联系，特别是随着社会的发展变化，人民群众对脱贫致富的愿望日益迫切，通过两种教的比较，人们感到基督教比原始宗教更能适应现代社会生活发展变化的需要，多数群众都倾向于信仰基督教。但是，由于原始宗教在景颇族的现实生活中根深蒂固。因此，可以看出原始宗教不太可能在不远的将来在景颇族社会中完全消失。这主要在于信仰原始宗教和崇拜，始终包含着景颇族许多传统的历史文化之因素。事实上丢了原始宗教信仰，也就失去了本民族的传统文化。

第二节　祭祀习俗的种类、形式、特点

由于各种鬼神对于农业生产以及人们的生老病死所起的作用不同。因此，在原始宗教祭祀中，其地位也就不相同。有关自然界的鬼神，在祭祀活动中的份量日益突出，成为祭祀活动中的重要组成部分，特别是滋育着农作物生长成熟的土地，更是景颇族人民必须祭献的对象。随着景颇族地区宗教祭祀活动的发展，除去要定期祭祀它们外，还专为天、地、太阳、山林、水等鬼神建起龙尚，每年要祭献一二次。可以说景颇族原始宗教祭祀仪式种

鬼架　　穆勒弄摄

类繁多。在祭祀活动中，所祭献的鬼归纳起来有三类。一是与农业生产有关的鬼。二是与疾病及社会生活有关的鬼。三是能造福于人，消灾免难降吉神的鬼和已故英雄人物的英魂等。

　　景颇族原始宗教祭祀形式繁多，主要有招魂祭、恶鬼祭、农业祭、剽牛祭、新房祭、生葬祭、舞蹈祭、结婚祭、吃新米祭、砍树祭、出门祭、出征祭、看风水祭、挖井祭等多种形式。在招魂祭中包含着被吓跑的魂叫回来和把别人不好的魂叫回去。在恶鬼祭中主要是祭献被认为是最恶的野鬼，如直洞鬼（山鬼）、阿松鬼（月子鬼）、庆速鬼等。农业祭的范围较广，播种前举行的祭祀，收割后举行的祭谷堆和为运谷进仓而举行的叫

董萨正在插"革配乌俄缩吨"　穆勒弄　摄

谷魂等一系列仪式。剽牛祭主要是举行大型祭祀活动时进行的一种仪式。新房祭包括选房基祭祀、建房祭祀、进新房祭等仪式。丧葬祭包括婴儿生下后举行的祭家堂鬼仪式，婴儿出生后的第七天内，举行具有浓郁的民族特色的"卡布布"祭祀活动，人去世

后举行的多种祭祀活动等。舞蹈祭不仅丰富多彩，而且独具一格。主要有"目瑙纵歌"舞祭，人去世后举行的"格崩"舞祭、送葬前在户外举行的"弄董戈"舞祭，在送葬时为德高望重的老人举行的"金斋斋"送魂驱鬼舞祭等。结婚祭包括在准备提前举行的提亲祭，姑娘出嫁前举行出嫁祭，新娘到新郎家门前举行的接风祭，举行正式婚礼时进行的"过草桥"祭等。吃新米祭包含着播种祭、插秧祭、堆谷祭、叫谷魂祭等。砍树祭包括进林区祭、树根祭等。出门祭包含着看出门卦、远行祭、返回家祭等。出征祭包括征讨恶霸祭、远征祭、凯旋祭等。看风水祭包括看风水前的祭祀、风水地祭等。挖井祭包括水源祭、开挖祭等。祭祀活动涉及到方方面面，如与人们日常生活息息相关的，大规模武装行动、社会道德方面等。

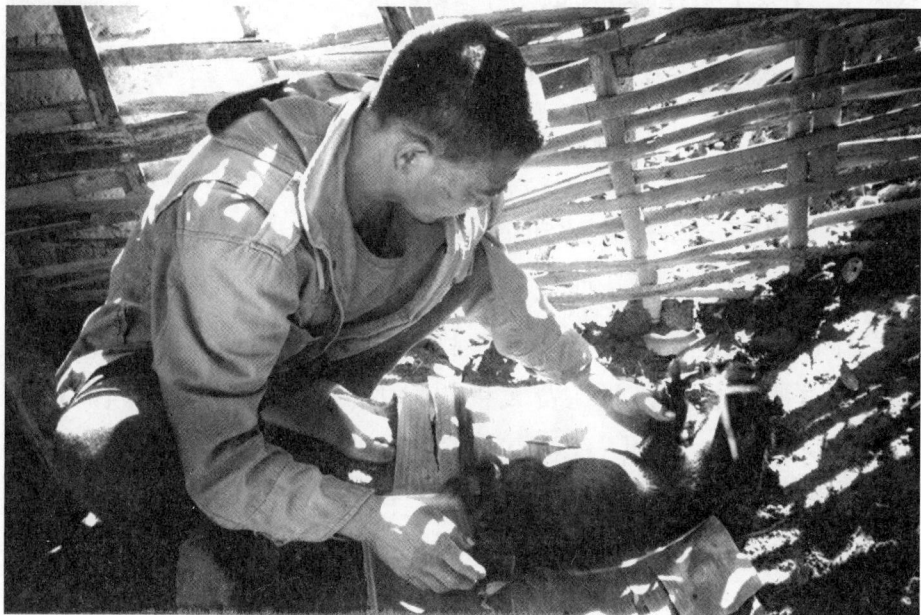

祭献秋收时节祭品 穆勒弄 摄

　　景颇族祭祀活动是相当频繁的，它不仅形式多样，而且独具特色。

祭献秋收时节祭品　穆勒弄　摄

　　1. 祭祀活动分为集体和个体两种形式。大型祭祀活动以山官或者村寨的名义举行，如祭祀"木代"鬼，象征着山官在景颇族社会中的特权，它显示了山官在政治、经济上的地位。这是因为举行这样大的祭祀，要耗费大量的财力、物力、人力，因而每隔五六年才能举行一次。这样在景颇族地区就形成了哪个山官举行"目瑙纵歌"的次数越多，规模越大，山官的威望也就越高。新中国成立前夕，有一些山官为了在辖区内提高个人的威信，但又不愿负担经费支出，就把负担转到群众头上，由山官辖区各个村寨分担。也有的山官因负担不起，而长期无法进行等。祭献"龙尚"主要以村寨为单位进行。一般是村寨头人组织全村人参加，由较有名的大巫师董萨主持祭献。财物和祭品由各户分担。小型祭祀活动以家庭为单位进行。主要是祭献已亡故的祖先，或家中某人生病便请董萨祭献。

董萨捆扎祭献新鬼的"国龙"　穆勒弄　摄

2. 以农业生产为主的祭祀活动。纵观景颇族地区祭祀鬼神活动，多与人们的生产生活有关。一些自然鬼神，在祭祀中的地位日益突出，成为整个祭祀活动中的重要自然鬼神，特别是滋育着农作物生长成熟的土地，更是人们必须祭祀的主要对象。为了不得罪自然界鬼神，还专为天、地、太阳、山林和水等自然界鬼神建起了居住的房屋"龙尚"。它是奉献和祭奠各种鬼神的地方，也是各种鬼神临时或长期休息和享受供拜的场所。

3. 祭品都是模仿人的生活方式，以牲畜家禽作为奉献的牺牲。牺牲主要有牛、猪、鸡、鸡蛋、干鱼、狗、酒和羊、老鼠等，除此而外，还有米饭、糯米饭、糯米巴、米、包谷等。供品主要以熟食为主，少量有一些生肉。供品熟食的制作方法和人吃的熟食制作方法是一样的，所以，供品大部分人可以吃，只有少数的特殊供品人不能吃。

祭献"目甫鬼"的供品"该助"　穆勒弄　摄

4. 祭鬼时一般都有用木头或竹子做成的鬼桩、祭台、装牺牲的笼子、剽牛祭桩（乌当）以及鬼门模型等。这些鬼桩、鬼台多数是制作简单，但"目瑙示栋"鬼牌制作考究，竖立起来，显得非常雄伟壮观，它集中代表了景颇族传统文化。

5. 董萨是祭献天鬼神的主人。在一般情况下，祭献什么样的鬼神以及奉献什么牺牲要由巫师董萨占卜决定。老百姓一般来说，董萨说的话是确信无疑的。通常情况下，老百姓听董萨的话，董萨叫干什么就干什么。大小祭祀活动都要由不同级别的董萨主持祭献。大祭祀活动由大董萨主持祭献，小祭祀活动由小董萨主持祭献，所要祭献地点，祭献的时间长短都要由董萨决定。因此，景颇族认为，"村寨里没有董萨是过不成日子的。"这句话说明了董萨在祭祀活动中的地位和作用。

盆　东　　　　穆勒弄　摄

6. 祭祀的形式多以杀牲祭鬼为主。一般董萨先占卜，卜定要祭祀的鬼神、祭品或数量。山官举行"目瑙纵歌"一般是四五年一次，它象征着山官的权势。举行时，辖区内百姓都要参加，并需以村寨为单位送各种祭品，其中主要的是牛。每次要杀牛十几头至几十头，耗用稻谷几千斤至上万斤，浪费大量的人力、物力和财力。平常人们得了病，要杀一二只鸡，每月还要祭祀四五次，另外还需付给董萨招待费、烟、酒等，这只是生小病的耗费，如果有人患了重病，祭献鬼神则需要以猪、牛等大牲畜为祭品。频繁的祭鬼杀牲，给群众带来的是严重的财富浪费，直接破坏经济发展。

第三节　农业生产祭

在人类知识尚未开发的原始社会里，人们对于周围的自然现象很不理解，总感觉到在他们的周围有种种无法看到摸到的势力使他们不能驾驭，由此产生害怕的心理，特别是对那些与人类生存直接相关的东西，如提供食物的土地、野兽等，都要想办法同它们处好，希望获得帮助。尤其像景颇族这样新中国成立前还处在锄耕和刀耕火种农业耕作阶段的民族，他们认为各种自然现象及其变化都受一种鬼神所支配。这种超物质而存在的神灵或者说是一种鬼神，不仅关系农作物的成长，也直接影

董萨制作"拥普昆看"　　穆勒弄　摄

响人们生活的本身。景颇族正是根据各种自然力作用于农作物以及人们生活的特点和结果，确定了以社庙为中心的农业生产祭祀活动。由于各种自然神灵对于农业生产所起的作用不同，因此，在祭祀活动中，其地位也就不同，所祭献的规模、形式都不一样。

一、龙尚祭

龙尚是景颇族聚居村寨祭祀活动的中心，其中有辖区内各姓供的大鬼和山官家的祖先，有的还供地鬼。祭龙尚是为祈求全村寨人畜两旺、五谷丰登，它关系到全体人民的生产和生活，所以大家都重视，每年需按时祭献。每年祭献龙尚前，要装修社庙（鬼房），重新绘制立于社庙两侧的木牌。在木牌上绘有与农业、畜牧业有关的一些象征性图案，如小米、高粱、谷穗、田、犁、耙、小鱼、螃蟹、牛、猪、狗、鸡、南瓜、黄瓜、辣椒、包谷、大蒜、葵花、芋头花、韭菜花等动植物图案。

编龙尚鬼架　　穆勒弄　摄

早期是用红土、锅烟和木炭，绘成红黑两色。到近代能从市场上获得各色染料，如各色油柴、涂料，多半用红、黄、绿色及黑绘成各色图案。这种图案代表的含义是：人不生病，庄稼生长好，牛马兴旺，生活好。历史上绘画此牌多由世袭山官，请董萨绘制，绘制好后山官通常给董萨送上一二筒酒作酬谢。具体祭祀的时间及祭鬼所用的祭品均由董萨打卦决定，所需费用由全寨人

龙尚供品　　　　穆勒弄　摄

筹措。一般有每年祭两次的，也有祭三次的，大同小异。

　　第一次祭献，时间在阳历的一二月间。具体祭祀的日子及祭

龙尚祭品　　　　穆勒弄　摄

鬼所用的祭品均由董萨打卦决定。历史上祭祀龙尚一般由山官请董萨来组织举行，祭献时山官也参加。仪式开始，由董萨先祭地鬼，祭词中念道："丢了旧年，换了新年，过了春节，砍了柴，织筒裙，盖了新房，人已经累了，但是肚子告诉我们不种粮食是不行的，身体告诉我们不做衣服也是不行的。小伙子听见布谷鸟叫了，小姑娘听见田鸡叫了，凹子里的青蛙在叫。看着河里是石头，看着河头是云雾，下种的时间到了，人们着急了，我们要到这里砍地下种，请土地鬼不要见怪于我们，并保护全寨砍地顺

龙尚祭台　　　穆勒弄　摄

利，人不要被树打伤，庄稼出苗整齐，长得肥壮，不受灾害。粮食成熟时不要让野兽和鸟来吃，要让它全数归给主人。"董萨一般念三次，早上9点钟念到11点钟，中午休息，下午从3点开

始念，念到 5 点钟，第二天早上 9 点钟还要念一次。念时一般都是不停地念。多数情况下，第一次念完后，在强壮的指挥下，开始宰杀牺牲，主要有水牛一头（小水牛），黄牛三四头，猪一二头，鸡无数只等。在祭献仪式上主要杀小水牛，宰杀前董萨在牛的周围念几声后让屠夫宰杀。在牛尚未断气之前凡是参加活动的男女老少，冲到牛身旁，有的抓尾巴，有的抓牛毛。一些妇女把所抓到的牛毛往自己的包里装，意思是所抓的牛毛都是来年的金银财宝，抓的越多，来年的金银财宝就越多。这个仪式结束后开始宰杀黄牛、猪、鸡等祭品，这些祭品董萨第二次念完后，人可

董萨正在祭献　　　穆勒弄　摄

以享用了。参加祭献的人，在龙尚周围过夜，大人小孩听董萨讲故事，听勒来调等。第二天早上，在龙尚周围择一块土地，历史

上由山官首先举行象征性的破土播种的仪式。新中国成立后，改为选一些青年到划给"纳破"①耕作的那块地上砍草伐树，举行破土播种的仪式，老人们在董萨的具体主持下继续作些祭献鬼活动。祭祀完毕，全村寨停止劳动（忌工）四天时间，在这四天里连米也不能舂，以免震动地鬼，四天后各户均可自行开荒种地。

董萨在树龙尚祭中的鸡笼　　穆勒弄　摄

第二次祭祀龙尚是在烧地之前，仍由董萨打卦决定烧地日期，由谁点火，以及供何种祭品等。董萨一面念鬼，一面在纳破的土地上举行播种仪式。通常在举行播种仪式的土地上搭一祭棚，其仪式由董萨主持，由两对男女青年按传统的原始播种仪式进行播种。播种时女子在前，手持竹制的小锄打洞点种，男子在后用扫帚平土，祈求丰收。第二次祭献时，祈祷的主要内容是：火要燃烧得好，在地里越烧越旺，不要烧到地界以外的森林，也不要烧着人和房子，不要薰昏了人的眼睛，打猎时不要打着人，保护粮食丰收等。举行完祭龙尚仪式后，各家各户才能

---

① 纳破：指专管农业祭祀的人。

从点火者地里引火去烧自己的地。烧地仪式完后，停止劳动四天。第五天后全村寨又到田地上为纳破盖窝棚，各家各户开始祭献地鬼、野鬼，祈求下种后秧苗出得好，生长得好，谷子多出，野兽、雀鸟不要来吃等。祭祀完毕，在纳破地上举行象征性下种仪式，以后便正式下种。有的人家为求得丰收，秧苗出至四五寸时，自行再祭一次，内容与

龙尚祭的鸡笼　　　穆勒弄　摄

前面基本相同，不同的是以户为单位。如果因天灾，出苗不好，虫害严重等，看情况增祭一二次。

　　第三次祭龙尚是在谷子成熟的时候举行。这次祭祀活动较比第一二次更为隆重。历史上，祭龙尚之前，由山官出面聘请有名望的董萨来主持祭献，因为这次所祭献的鬼是全村寨的保护者，这次祭祀的好坏直接关系到全村寨人的昌盛。因此，要求祭鬼的董萨必须认真，在一定程度上他也得到群众的尊重。这次祭献活动的主要目的是庆贺丰收，祈求所祭献的诸鬼们，保佑来年取得更大丰收。要求全村寨的人都要参加，并且每家每户都要带米、

董萨们集体打卦　　　　穆勒弄　摄

酒（含水酒）以及牺牲品。这次祭献一般都要宰杀大量的牛、猪、鸡等。祭献那一天全寨人都要到龙尚棚聚餐，在吃饭前山官发表贺词，然后才能进餐。

每年祭献三次龙尚（社庙）所用的牺牲有牛（水牛、黄牛）、猪、鸡、干鱼、糯米、鸡蛋、酒（白酒、水酒）等，但每年具体使用什么样的祭品全由主持祭献的董萨打卦决定，所使用祭品，有的是深埋在地下，完全由鬼去享用，有的则祭祀完后由人享用。祭祀龙尚时所用的各种费用，由"纳破"组织全村寨人筹集，通常是出义务工，统称"斯瓦戛缩"。由于龙尚祭祀关系到全寨人畜兴旺和生产发展，每家每户都必须出义务工。有的景颇族地区，规定新入户必须要祭过龙尚才能成为本寨的正式成员，并享受其保护。

二、地母祭

景颇族习惯在农作物播种之前祭献地母。景颇族认为地母掌管着一切土地，凡是在地上生活的动物和种在地上的植物都与地

龙尚祭献处　　　　穆勒弄　摄

母有直接的关系，祭祀地母事关禾苗茁壮成长，消除农作物遭受自然灾害。因此，历史上景颇族地区很重视祭献地母，在一些村寨还专设祭祀地母的祭司"嘎堵"①。通常由"嘎堵"负责以埋猪的形式献给地母一头肥猪，以求得地母保佑农作物生长，并获得丰收。在举行埋猪仪式之前，"嘎堵"念："地母呀，地母，你是土地之母，我们在你的地上种庄稼，希望你保佑农作物生长，你千万不要伤害农作物，你需要的猪，我们献给你。"历史上有的村寨每三年以山官或者头人寨长的名义，用一头牛祭献地母。通常把牛杀死后，洗净五脏，然后埋在山官或者头人寨长所

———————————

① 嘎堵：地官的意思，这里指祭司地官。

龙尚鬼架　　　　　穆勒弄　摄

居住的地方，作为已祭献土地的象征。祭献地母的祭品一般人不能享用，要么埋在地下，要么丢掉。历史上景颇族地区多数人家，祭献了地母以后才开始播种。

三、播种祭

景颇族习惯在农作物播种季节，要在鬼的土地上举行播种仪式。播种祭不同于龙尚祭那样集体性祭祀活动，一般是各家各户自行祭祀。通常在举行播种仪式的土地上搭一简易祭棚，其仪式由董萨主持。播种祭品一般是猪、鸡、干鱼、糯米、鸡蛋等。主持播种祭的董萨念："天鬼，地鬼，一切鬼，一切农作物都是在你们土地上播种的，请你们允许我们播种，请你们给我们保护……"。董萨念完之后，由两对男女青年按传统的原始播种仪式进行播种。举行这种传统的播种仪式时女子在前，手持竹制的小锄头打洞点种，男子在后用扫帚平土，祈求丰收。举行过上述仪式后就开始播种。

董萨制作祭品"赛奴"　　　　穆勒弄　摄

四、灵速鬼祭（农业祭）

祭灵速鬼是景颇族在播种之前举行的又一种农业生产宗教祭祀活动。据说，灵速鬼是专管田地和农业生产的鬼之一。它的头衔是"守田守地的官"，它能决定田地里的庄稼成长的好坏，有时也给人制造麻烦，降给人疾病，对它祭献的好坏同样是关系到农作物的收成，人的健康状况等。在农业生产过程中，农作物如发生病虫害，由主人自己或请董萨均可，但多数人家还是请董萨祭献。祭祀时先用一对干鱼或干老鼠，放在临时搭建的简易架子上，董萨向灵速鬼许愿，请求这个"守田守地的官"，使庄稼长得好，结实饱满，并说明现在用干鱼、干老鼠祭献你，到秋收时一定要杀鸡、杀猪再祭献你。董萨念："守田守地的官，灵速，

董萨制作供品　　　穆勒弄 摄

我们准备在你守的田地上播种农作物，请你好好帮我们看管，不要让各种害虫来咬庄稼。现在我们用干鱼、干老鼠先祭献你，到秋收时我们一定用鸡、猪祭献你，我们说话算数，请你一定保护好庄稼不受侵害。"一般来说，凡许了愿的，不论收获多少，即使收成不好也得按原许下的诺言去办，来年才会有更大的收成。

五、雷鬼祭

雷鬼是景颇族所祭献的恶鬼之一。据说，它有一定的破坏力，会打雷击毁房屋，烧毁庄稼等。据说它脾气还很坏，经常会发怒，需要定期为它祭献。当雷击灾祸发生后，在董萨的具体指导下，在雷击发生的地点立起一根 0.2 米粗，长约 3 米的大青树干，在树根上面用竹篾捆上野茅草和用竹篾编制的竹筐，而后董萨开始杀牲祭祀。董萨右手拿一捆野茅草，左手拿一筒水开始念："你这个恶鬼，你想吃什么我们给你吃，请你不要发怒，请你好好在天空中休息。"念完把水倒入董萨的嘴里，对着天空喷出去，连续喷两三次，然后把手里的野茅草抛向天空，祭祀结束。通常用的祭品有 1 头大猪，3 只大鸡，1 对干鱼，2 包糯米饭，2 团线，2 个背箩等。

六、祭太阳鬼

景颇族在谷物正式收割之前举行的一种较大的宗教祭祀活动。祭献太阳鬼的主要目的是在谷物收割期间，不让它下雨或天阴，所有谷物都能顺利收割完毕。举行祭太阳鬼在历史上一般由山官或村寨头人牵头、全村寨男女老少都参加。通常山官或村寨头人出面聘请董萨，由董萨具体主持祭献。祭品有活雄猪 1 头，

太阳鬼祭台　　　　穆勒弄　摄

公鸡 1 只，树鼠 1 只，米 1 碗，姜 4 块等，搭一个简易祭台，把祭品都摆放在祭台上面，要求祭台上照射太阳光（意思是让太阳看见祭品），祭此鬼多半是白天进行。董萨对着太阳念："太阳，

太阳，你是我们万物的依靠，没有你，我们无法生存。现在我们要准备收割谷物了，请你不要让雨下下来，不要让天阴下来。"念完后开始宰杀全村寨人吃的牛、猪，参加的人多是杀一二头牛，四五头猪不等，并且要准备丰盛的水酒、米酒等，费用一般由全村寨每户酌情负担。

七、祭天鬼

景颇族较大集体祭祀活动之一，有时一年举行两三次，有时数年举行一次。祭献的目的是祈祷它给予人们财力，给予人们无穷的力量。据说，它经常"咬"人，它"咬"人的具体表现是财产会损失，无法积累财富等。被"咬"后先请董萨卜卦后得知是天鬼，可以先许着，也可当时就献。鬼要什么就给什么，一般是给干鱼、鸡、猪、牛等祭品。祭献时由村寨山官或者头人去请大董萨念："你要的东西，你就吃吧！吃完了从哪里来的就回哪里去。"祭献完毕，供品就地扔掉。据说，天鬼有很大的力量，祭了天鬼人就会发财。祭献天鬼山官、头人、平民百姓都可以组织举行。

八、祭风鬼

据说，天鬼是男的，风鬼是女的，他俩是一对夫妻，风鬼也是和天鬼一样有很大的力量，如果人们只祭献天鬼，不祭献风鬼，那么风鬼会不高兴，祭了风鬼人就会发财。景颇族祭风鬼一般在每年春播期间祭献一次，秋收祭献一次，共两次。祭献地点多半选在田间地头。祭献的主要目的在于农作物不受侵害，招宝进财。祭献时一般风鬼要什么就给什么，祭品小鸡1对，干鱼2对，米2包等。祭献时由董萨念："你要的东西，我们给你，你

董萨念祭词　　　　穆勒弄　摄

就吃吧！吃完了从哪里来的就回哪里去。"祭完，供品就地扔掉。

九、祭水鬼

据说，水鬼也是一种恶鬼之一，它是一个能够影响太阳和月亮的鬼。如果人不祭献它，它就会暴发洪水，损坏庄稼，让人颗粒无收。另外，它能使人患心血管系统疾病。因此，每年春播前祭献一次。祭献时用木片削成太阳与月亮模样，以篾绳悬于木弓两端，固定在直刺天空的大竹竿顶。董萨念："这个恶鬼，从哪里来你就回哪里去，请不要来破坏我们的庄稼。你想吃的东西，我们给你，吃完后快快走，走得远远的。"祭祷后用小猪、干鱼、瘪谷、鸡蛋、生姜等物作供品埋于竹竿附近，人一般不吃供品。

十、祭火鬼

火鬼也是一种恶鬼之一，它是专门烧毁房屋、农作物的恶鬼，最恶毒的是它专烧谷仓和谷堆。祭献它的主要目的是让它不要来烧房物、庄稼。如某地发生火灾后，及时请董萨驱赶火鬼。董萨在火灾废墟置一芭蕉杆制的水槽，槽口下端挖一土坑，全村寨每家每户都拿一个火柴头来，到槽口灭火。董萨念咒："这不好的火，发起来的坏火，请到太阳洞里去藏，到月亮洞里去藏，还有一点火星，请拿到水里藏。"而后把一条干鱼放入水槽里，让干鱼随水冲下。如干鱼落坑后头朝外，表示火灾鬼已走。如鱼头朝内，则表示未走，要继续念鬼，并边念边冲干鱼，直至鱼头朝外为止。最后由一男人扮成火鬼，拖一根火柴头向寨外跑，后面紧跟一位手执木刀，木矛的勇士，穷追猛杀。全村人又喊又叫，把火柴头火泼熄打灭并扔入箐洞烂泥塘。尔后由董萨另以竹片摩擦起火，这是新火好火，每家每户皆取火种回家。

十一、祭雨鬼

据说，雨鬼有两种，一种是专门管下雨的，一种是被雨鬼下瀑雨而死变成的雨鬼。这里的雨鬼祭主要就是第一种。具体祭献，景颇族地区发生旱灾时，村村寨寨的村民们在董萨的具体指导下杀牲祭祀。部分青年男子在一些老人的指导下先在地上挖一底宽口窄，深约133厘米的洞，并用一木棒横放在其中。洞口用笋叶盖好，再在笋叶上剪一洞，以妇女的腰箍（一种藤或篾制成的妇女装饰品），通过笋叶洞插入洞内，并把一端系于洞内木棒上。然后由一人在洞口使劲往上拉动腰箍，这时洞内会发出水声响。历史上，景颇族的祖先很相信这种模拟巫术会使老天降雨。祭品有小猪1

头，小鸡3只，干鱼2条，糯米饭2包，线团2个等。

十二、祭那泼

景颇族有"那泼祭"，这也是景颇族的祖先世世代代传下的一种原始耕种祭祀活动。传说，古时的景颇族只知道撵麂子打豹子为生，有一个青年女子，名叫麻锐（景颇语，意为"女老三"），在山鬼纳相的女儿木半的帮助下，由非人间的山鬼处将金谷种偷回人间，从此人间便有了稻谷耕种。山鬼知道金谷种被人间偷走后，决意破坏人间的谷物生长，山鬼先变为一种可怕的草，吸收稻田里的养分。山鬼的女儿木半知道此事后，便去教麻锐放火烧稻田。山鬼又变为鱼要把水喝干，山鬼女儿木半又让麻锐把鱼拿来煎吃了。山鬼又变为野兽来吃谷子，山鬼女儿木半再叫麻锐在寨前路上修一座鬼门，并把弓箭和长刀挂在鬼门上镇邪。山鬼无法，只得将自己的女儿变成了木桩，上面刻有各种鬼符和谷子纹样，而金谷也被变成了现今风俗的谷子，只不过保留下金黄色谷壳。从此以后，景颇族每到春播季节，都要举行那泼祭仪式。通常是在董萨的主持下，男女老少烧地、泼水、河里摸鱼、装饰鬼门，并在烧好的地里插一个刻有鬼符和谷子纹样的"木半"木桩。董萨开始念："木半，你是恶鬼中的好鬼，是我们人类的救命恩人。请你今后继续保护好农作物，我们将不断祭献你。给你吃的东西你就吃吧！给你的东西你拿吧！"祭品多半是猪、鸡、干鱼、茅草等。祭献完，人们开始唱歌、跳舞来祭献山鬼的女儿木半姑娘。最后凡是参加祭献的人吃一顿饭，大家吃鱼喝酒，非常热闹。

十三、祭新谷

每年谷物正式收割前举行的一种原始宗教祭典之一。按照景颇族古老的习俗，尝新谷时，各家各户要先割下一些新谷，背回家后，一部分供在自家的鬼台前，请董萨来祭祀家堂鬼，祭品有新谷春的粑粑、水酒、干鱼、干田鼠等，祈求人畜平安兴旺，免除灾难。董萨念："诸鬼诸神，在你们的帮助和保护下，我们获得了粮食大丰收。希望你们继续保护农作物生长，来年有更大的收成。"祭祀完后，全村寨的人邀约起来背着自己种的新谷到山官或头人家尝新米，每户选一位老年妇女背新谷。通常担任背新谷的老年妇女身着节日盛装，以玉米、豆类、高粱及鲜花插在用来盛稻谷的竹篮四周，接着装入稻谷，并用硕大的青叶覆盖在稻谷上面背到山官或头人家里。先由老年妇女用锅炒，炒后由姑娘用手碓春，并把春好的米簸好，一切准备就绪，由大董萨主持祭典，感谢诸神鬼赏赐的丰收。董萨念完，当场抛丢用青叶子包好的小包新米饭和菜供诸神诸鬼分享。祭祀时全村男女老幼都来参加，故每个参加者仅能分到一小包米饭。一般在山官或寨头家举行完统一的吃新米仪式后，群众才能各自回家操办自家的吃新米节。在吃新米前，主人要首先给狗和水牛吃新米饭团，然后人才能尝新米饭。在吃新米时为什么要先给狗尝新？传说一，从前野火烧山的时候，景颇族种的谷子，因为谷魂受惊飞上天去了，所以地上长不出谷子来，凡是以谷子为主要食物的人类及动物饿死了许多。这时有一只狗就日日夜夜望着天空哭叫，最后，狗把谷魂叫回来了，从此，景颇族聚居地区又长出了谷子。因此，人们为了感激狗的功劳，在尝新谷的那天，先给狗尝新米饭。传说二，从前，谷子是没有壳的，就像现在的大米一样，一收下来就可以煮吃，吃起来又香又甜。那时，人们一天到晚就只是吃，不知道饱足。因此，触怒了谷神，谷神飞回天上去了。这样一来，人们就再也吃不到谷子了。于是，人们集拢来商量去请谷神。开始，派了几个人去请，没请来。叫牛和马去请，也没有请来。叫猪去请，也没有请来。叫菜去请，也没有请来。最后只好叫狗去请，这一次总算把谷神请回来了。在谷神临来的时候，太阳神给它穿上了一套金黄色的衣服，所以现在的谷子才有壳。从此以后，人们每年吃新米的时候，首先要给狗吃，就是因为谷神是狗请回来的。至于水牛，人们先给它尝新的目的是谷物的种植都是通过它的帮助下才能完成的，所以，人们为了感激它的功劳，在尝新之前先给它尝新谷。

做完以上这些事，人们备好酒、肉等饭菜后，邀请亲友一起享用新谷。大家围坐在火塘四周，吃肉喝酒，聆听老人讲述本民族、家族或家庭的历史和发生的重大事件。新中国成立后，景颇族吃新谷的习俗已成为庆祝粮食丰收及亲友增进团结的一种新的节日，借此机会商议各寨事务的好机会，深受景颇族人民的欢迎。

十四、祭谷堆

由于景颇族长期以来主要从事农业生产活动，各种鬼魂的性能和来历都同农业生活有关。因此，对于鬼魂采取杀牲的方式祭祀。景颇族一般在正式打谷前要祭祀谷堆。据说，谷堆有魂，假如说不祭献谷堆魂，谷堆就随着魂跑掉，认为谷堆是由魂来保护的，为了酬谢各种鬼魂对农作物（谷堆）的保护，使谷子免遭风雨侵蚀和野兽践踏，谷子不仅可以收得多，而且谷粒饱满，人吃了有力气。所以在正式打谷前要祭祀谷堆，酬谢各种鬼对谷堆的保护。祭前先请董萨卜卦，谷堆鬼需要什么样的牺牲品，一般用一只狗、三四只鸡来祭献，牺牲都摆放好以后，董萨开始念："守谷堆的诸鬼，请你们快快来，把谷堆守好，不要让野兽、飞鸟来吃谷子，不要让暴雨山洪或者野火来侵毁谷物，千万不要吓跑谷魂。凡是被各种禽兽吃去的谷子，风刮走或者洪水冲走的谷子，以及牲畜践踏掉的谷子的魂，请你们统统把它叫回来，并把它们保护好。你们要的东西我们给你们吃，但你们一定要守好谷堆。"董萨念完抛撒祭品，祭献完毕。

十五、祭谷魂

谷魂祭又称"叫谷魂"。景颇族的一些古老传说中不仅认为谷物也有灵魂，更有其祖先和来历。在景颇族民间传说"太阳神的谷子"的故事中讲道："从前，人间没有谷子，人们便到太阳神那里去要。太阳神在人们的再三要求下，给了人们很多很多的谷种"。这就是景颇族传说中谷子的来历。在传说故事"谷子的故事"中讲道："原来，谷子是没有壳的，就像现在的大米一样，一收下来就可以煮吃，吃起来又香又甜。正因为这样人们一天到晚就只是吃，不知道饱足，因此，触怒了谷神，谷神飞回天上去了"。这些传说故事都是讲谷魂的来历。据研究，谷魂的观念流行于许多农耕民族当中，以为确保谷魂不轻易离开谷物，对于谷物的丰收、耐吃以及人畜兴旺是至关重要的事。根据传统故事，景颇族认为谷子是有魂的，人们打谷子时，往往会把谷魂吓跑掉，人们如果不叫谷魂，它就不能跟着谷子回家，没有谷魂的谷子是不经吃的。所以，景颇族每年收割完谷子时，常在打谷场上举行叫谷魂的仪式。有时因谷子在田地里被野兽或者牛马吃以及被人盗走也要举行叫谷魂仪式。由于谷魂具有人看不见它，而它能看得见人的本领，人做不到的它能做到。因此，举行叫谷魂仪式时要在地上（一般是在打谷场上），铺一块用各色毛线织成，并缀有鬼花（这种花纹专供祭鬼用，妇女的裙子及男人的挂包上都不能用）的祭祀毯，上面摆两包糯米饭，每包饭上放置两个熟鸡蛋，还有两个竹筒，里边放有糯米粉，并在火上烤熟，还摆上一对大老鼠干等作祭品。董萨开始叫谷魂："山坡上，洼子里，栽种的各种粮食作物，所有栽种的庄稼啊！所有的谷子、豆子、小米、芋头、花生啊……所有栽种的东西啊，你们到哪里去了？快快回主人家，去把主人家的囤篓装满，把主人家的谷仓装满。山坡上的庄稼啊，洼子里的庄稼啊！水边，树边的庄稼啊，请你们都来主人家，走吧！走吧！啊！路上不要耽搁，不要拐弯，不要在桥上停留，不要走错了路，谷子啊！小米啊！快快去把主人家的囤篓装满，快快把主人的谷仓装满，走吧！走吧！"①董萨念毕，凡是参加祭献活动的人进餐后才正式打谷、扬场。打下的谷子——装在背篓里背回家，董萨跟在背篓的背后，边走边撒些米粉之类的东西，接着念道："谷魂、人魂都不要走散走远了，跟着回到家里来。"背谷子的人每到一个岔路口时董萨又念："谷魂，人魂你们不要去别处，走这条路才是回家的路！"背谷子的人进入村寨又念："寨子里人多、狗咬、鸡叫，你们都不要怕，那是我们养的，你们好好躺在背篓里。"谷子背回到家中，把新谷倒入仓囤里，董萨将祭酒倒在谷仓里的谷堆上面，接着念："公谷魂、母谷魂，谷子的老祖宗，你们都安下心来住下吧，守着这堆谷子，另处莫去了。"景颇族认为经过这样的祭祀仪式后，被吓跑了的谷魂会悉数回来。

往昔，景颇族每当启仓囤吃新谷或者来年播种之际，还请董萨到家中祭祀谷魂。祭品一样是鸡蛋、鸡、糯米饭等，祭品在仓囤前摆好以后，董萨开始念："谷魂啊，谷魂！现在是出仓门的

---

①　见《云南民族民俗和宗教调查》，第207页。

时候了，不管取吃多少，下种多少，谷子不要减少，明年收得更多。"按照景颇人的习俗，粮仓里的谷物平时都是由家庭主妇管理，开仓取用新粮也是由她们去做。开仓取新粮也很讲究吉日，一般都是以纳吉去凶。因此，届时禁忌较多，通常情况下，开仓由老妇人去做，无老妇的家庭，请一位有名望的老妇人开仓。忌讳有月经在身的妇女开仓入门，否则会冲犯谷魂。禁止空腹进仓取粮，必须食饱而进仓取粮。开仓取粮时不可大声喧哗，动作要轻捷，以免惊跑谷魂，粮食不耐吃。

十六、砍树祭

由于树木在植物中命长而高大，它们最能反映土地滋养生物的神奇力量，所以人们对它都很畏惧，相信它有鬼。所有树木的鬼神称为树鬼，叫"森南"。在砍树之前，请董萨打卦是否能砍，树鬼要什么样的牺牲，根据打卦的情况进行祭献。一般是到所要砍的树脚下祭献，在树脚下用树叶或草垫起来，祭品摆放在上面，祭树鬼的供品通常是干鼠、鸡、干鱼等。一切准备就绪，董萨开始念："山鬼、地鬼、树鬼你们听着，我们要砍树了。砍下来的树要做木料，用木料建盖漂亮的房子。你们不要乱咬砍树的人，你们需要吃什么我们给你们吃，请你们乖乖地在着。"董萨念完，砍树的人开始在所要砍的树上砍三下，表示已祭献过各种鬼神。

十七、砍旱地祭

近代，景颇族还停留在刀耕火种和锄耕农业耕作阶段，人们认为各种自然现象及其变化都受一种神灵的支配，这种超物质而存在的神灵，不仅关系到农作物的成长，也直接影响人们生产生活的本身。因此，砍旱地前，除了龙尚祭外，还要单独祭献旱地鬼。在通常情况下先看好所要砍的旱地位置，基本确定下来后，请董萨打卦选吉日。主人家准备好各种祭品，一般是准备牛、猪、鸡等牺牲。由于砍旱地是以户为单位进行，祭品根据主人家的经济状况来决定，大部分采用鸡、鸡蛋、猪、干鱼等。祭品宰杀好后，摆放在所砍的地头上，董萨开始念，念的内容基本和祭第一次龙尚时的祭词是一样的。董萨念："男人听见布谷鸟叫了，女人听见田鸡叫了，凹子里的青蛙在叫，看着河里是石头，看着林头是云雾，这些都告诉我们下种的时间到了，人们着急了，某××家要到这里砍地下种，请土地鬼不要见怪于我们，并保护某××家砍地顺利，人不要被树打伤，庄稼出苗整齐，长得肥壮，不受灾害，粮食成熟时不要让野兽和鸟来吃，要让它全数归给主人。土地鬼、树鬼、草鬼你们听着，你们想吃的东西我们给你们，我们要开始砍地了。"念完让主人在草地上用刀砍三下，祭献结束。

十八、剽牛祭

景颇族举行较大的祭祀活动，均须杀牛祭鬼。特别是举行龙尚祭、目瑙纵歌等大型祭献活动时宰杀四五头黄牛、水牛。景颇族杀牛方式一般用铁矛剽刺，亦有用长刀劈颈者，但剽刺之前，先由巫师用一种祭祀用的大铁刀，亦名"鬼刀"，在牛颈上轻划一下，然后由助手用长刀断其头。若系个人杀牛祭鬼，一般在本宅举行。剽牛时，先在拴牛桩顶捆1束茅草，然后才能拴牛。牛拴好后，董萨一边用手指往牛头上洒清水，一边念道："牛啊，你听着，我们不是无故杀你，这是祖宗定下的规矩，你回到你阿公阿祖那里比在这里更好，你把皮、肉、骨、血留下，这样你会跑得更快。"董萨念完即将铁矛授给剽牛手,剽牛手手持长矛运气,猛刺牛心。牛倒地后,以清水洗净长矛头上的渍便动手开第一刀,其他人也一齐动手剥皮、割头。接着,董萨将牛头捆绑在鬼桩(即拴牛桩)上,待牛肉煮熟后,剽牛手把牛全身各部位都割下一点,用芭蕉叶包成 12 包,拿回家供奉家堂鬼。若是集体杀牛祭鬼,主持祭献仪式的人由山官或寨头充当,通常在鬼林、社庙、目瑙示栋下举行,杀牛方式与个人杀牛祭鬼一致,所杀的牛肉一般是全村寨人分享。在历史上人们认为,能够经常杀牛祭鬼是一种荣耀。现在,剽牛祭鬼的现象已不存在了。

第四节　社会生活祭

由于绝大多数的鬼是加害于人、畜的,它们贪婪和反复无常,总是不断地想吃人间的祭品。每当人、畜患病,或者遭受不幸之事,家中成员就要请董萨反复打卦,算出是何种鬼神作祟,要向它们祭献什么牺牲以及供品需要多少等,完全遵照作祟的鬼的意旨即"打卦"得来的意旨进行祭献。正因为如此,在现实生活中的活动就很多,无论是婚、丧、疾病、节庆等,都要献鬼,特别是因病杀牲献鬼极为普遍。

一、招魂祭

招魂,即叫魂。一些董萨认为,人有多个灵魂,男人有 6 个魂,女人有 7 个魂。这些魂都会出现在睡梦之中,这是人能够做好梦或坏梦的原因。梦见活着的人,这是他们的"近魂"前来同梦者相见,梦见死亡的人,这是他们的"远魂"归来和梦者相会。男人的 6 个魂分别属于人的头、心脏和四肢的血管中,妇女的 7 个魂中，有一个魂是在奶管中的。血管分布在人的全身，魂能将周身的血液收集起来。如果一个人的三个"真魂"都离开了人体，人就要死亡，而死去的人，其三个"远魂"会在人间活动。如果三个"真魂"中被鬼咬走了一两个，人就会生病。董萨还认为，人病了通过占卜祭鬼，是可以把它们叫转来。但叫魂不是随便乱叫的，要根据病人身上哪个部位病痛不适，依照人体血管系统的部位来叫，如肺上的病就从肺上叫，返来的魂就能从肺部进入，病人可望痊愈。出现以下几种情况便举行叫魂仪式。

举行叫魂仪式　　　穆勒弄　摄

1. 某人由于贫血或其他疾病导致精神不振，四肢酸软状态时，主人家便请董萨打卦，董萨即认为这是病人因受惊而失掉了魂的缘故。因此，要使人康复，就得把魂叫回来。

2. 某人从树上、坡上、房屋顶上、牛背上、夜间从床上摔下时，需要及时请董萨打卦叫魂。因为这样摔下来很有可能惊失了魂。如果不及时叫魂，这个人可能就会惊失了魂而生病。

3. 某人在晚上梦见老虎、野猪、野人，并梦见这些猛兽扑过来，而被吓着，从而惊失了魂，这时也得举行叫魂仪式。

4. 某人在江河或者在洪水中被水淹着，但没有死，得救后需要及时举行叫魂仪式。如果不及时叫魂，这个人的魂很可能被水冲走掉，人会慢慢因受惊而病死。

5. 某人家的小孩不注意被旁边的人，大声呼叫而被吓着，也要进行叫魂。如果不叫魂，小孩的魂很可能被惊失了，小孩就会生病而去世。

6. 某人因精神失常而出现思维混乱，言行怪诞、情绪淡漠或者干脆出走等情况时，家人请董萨打卦，根据打卦的"结果"进行叫魂。

举行叫魂的方式有以下几种：

1. 某人家觉得家中有人需要招魂，便请董萨打卦确定丢魂之地，然后将鸡蛋放在糯米饭里，用叶子包好，由董萨带着"丢魂的人"到丢魂处，董萨将祭品叶子包放在丢魂处。董萨开始念："某某人因年少不知世俗的深浅，得罪了地鬼、石头鬼、树鬼、藤子鬼等。我们尊敬的好鬼哟，我们向你们求请赔礼啰！请你们接受我们的真心，请享用这上好的祭品，请你们给某某松绑，可怜可怜某某的爹妈吧……。"紧接着董萨又针对丢魂的地方念："某某人，你的魂莫乱跑啦，我们已向这里的鬼求请赔礼了，它们已松绑放你回来，你爹你妈叫你回来。从现在开始，你不要在砍山处、犁地处、背水处、找柴处、放牛处、朋友处贪玩啰！那些地方都不是你的吃住处，那是鬼在的地方。你快快沿着某某山、某某河、某某路回来。我们知道在野外寒冷，你会冻着，蚊

虫多，会叮咬你，红头老鹰会啄你，老虎、豹子、老熊、野狼等
会来咬你，请你回来吧，快回家吧！你爸爸妈妈在等着你回来。"
念完抛撒祭品，并说："所有的鬼你们想吃就吃吧，不够吃我们
会给你们吃够的。"祭献完毕，便带着"丢魂的人"回家，回到
家门口时董萨又说："某某的父母，你们的孩子回来了，请你们
快快迎接，今后不要让他（她）乱跑了。"董萨念完，父母接着
说："快回来，我们一直等着你。"整个叫魂仪式结束，主人家请
董萨吃一顿饭。

　　2. 在家中举行叫魂仪式，这种形式的叫魂方式是，先请董萨
打卦是否可在家中举行叫魂，如果行了，董萨将鸡蛋放在糯米碗
中，把"丢魂的人"叫在身边，开始念："某某人，我已打过竹
子卦、叶子卦，知道你在某地方的某个角落游荡，请你不要到处

饭前祭献"尊高"　　　　　穆勒弄　摄

乱跑。你在外面很危险，在外面有蚊虫叮咬，风吹雨打，老虎豹子会来咬你。你在外面游荡不会有吃的、穿的，你快回家来吧，我们在家里等你回来。我们已准备好了吃的穿的，你回来就给你吃给你穿。你的爸爸、你的妈妈在等着你回来。请你沿着某座山、某条河、某座桥、某条路回来，回来吧，回来吧……"。念完接着针对鬼念："你们这帮可恶的死鬼，莫要敬酒不吃，吃罚酒，快快把某某乖乖地送回来，不然，我要用法术惩治你们，我说到做到，到时给你难看。"念完用糯米碗中的鸡蛋，在"丢魂人"的身上摩擦，就说："你的魂已回来了，请不要再跑出去。"接着把鸡蛋放入锅中煮，熟后先给董萨看鸡蛋卦，魂是否真的回来。如果回来了，把鸡蛋掰开后董萨吃两口，然后交给"丢魂的人"吃。

3. 如有小孩被认为是"丢了魂"，便请德高望众的老妇人（不属于巫师，在景颇族原始宗教中一般没有女巫师）来主持叫魂，这是一种比较特殊的叫魂方式。具体叫魂时，拿一个背箩，放在房门外，在背箩上面放上一个簸箕，簸箕上摆放糯米、鸡蛋。老妇人把魂被丢的人叫在身边，开始叫魂："快快回来，某某人，你们家的大人小孩都在等你回来。你出走后全家人吃不下，睡不香。我知道你是从某某地方，某某地点出走的，请你从哪里出来，就从哪里回来。如果你记不得回家的路，我告诉你，你的家是从某某山脚、某某河边、某某条路回来就到家了。你的父母说，你在外面很危险，老虎、豹子、蚊虫以及各种野兽都会来咬你，它们会吃你的肉，快回来吧！快回来吧！"叫完，老妇人拿鸡蛋在"失魂人"的身上到处摩擦，然后边摩擦边说："快回来吧！这里才是你的家，这里才是你生活居住的地方。从今天起你就别到处乱跑了，你就乖乖地在着。"说完老妇人背起背箩，拿起簸箕，拉着"失魂人"的手，从房门外进"失魂人"家的门，家人站在房门内两旁，老妇人边进门边说："我们回来了。"家人说："赶快回来，我们一直在等着你回来。"老妇人一直拉着"失魂人"到家人准备好的丰盛饭桌上坐下，老妇人拿一点糯米饭，一个熟鸡蛋让"失魂人"吃，表示魂已叫回并附于"失魂人"的身上，整个叫魂仪式结束。

4. 以祭献家堂鬼为主的叫魂仪式。董萨认为，某某人失魂的原因是触犯了家堂鬼，要使"失魂人"的病恢复健康，就得祭献家堂鬼，把魂叫回来。通常的做法是用两盘糯米饭，两个鸡蛋，供奉在家中供家堂鬼处。一切准备就绪，董萨开始叫魂："竹子卦打过了，叶子卦打过了，知道你的魂在野外游荡，你现在走到哪里了？你在外面游荡很苦又危险，你会冷着，冻着的，蚊子会咬你的，红头老鹰会吃掉你的，强的要欺你，吃你的肉，快回来吧！快回来吧！"念完董萨接着就会给游魂指路，从失魂的地方起，把回家路上的一些特征——指点，要失魂顺着正路走，不要到别处。如某个地方有岔路，不能走错。并说："某个地方有桥，你要过桥，某个地方有树，但你不能在那里休息……"。念到接近家门口时，董萨又以自问自答形式代表魂和家人对话：

魂：家门口有某某草，我过不来呀！

家人：那种草不要怕，可以用你脚上的汗喂给它吃就可以走过了。

魂：家门口沟深水黑，人影都照在里边，我怕呀！

家人：那沟是猪打滚的地方，是鸡洗嘴的地方，不用怕，跨过来就是了。

魂：地上有谷壳戳脚呀！

家人：那是家里舂米舂出来的谷壳，你不要怕，你绕着过来就是了。

　　魂：楼梯很高，下边很深，怕它不稳，掉到下边去。

　　家人：楼梯是草绳捆住的。

　　魂：草绳不结实，它会断的呀！

　　家人：它是用草绳、麻绳、藤蔑捆住的，藤篾是最牢的，不会断，你放心地上吧。

　　魂：门的两边有两个鬼堵着，进不去呀！

　　家人：那不是鬼，是门坊，只要你用手抓住，用手上的汗水喂它就可以进家了。

　　……

　　经过自问自答，一步一步地把失魂引到供有饭和鸡蛋的地方，然后让病人把饭和鸡蛋吃掉，表示魂已叫回，附于病人身上，叫魂过程结束①

二、灵速祭（疾病祭）

　　在现实生活中常常导致人们生病的鬼很多，灵速鬼是其中一个。当家中有人生病，家人请董萨打卦被确认为是灵速鬼"咬"的，在卦中说明此鬼需要什么之后，病人家属立刻准备祭品，一切准备就绪后便请董萨进行祭献。祭献地点多半设在院场外的小竹林或小树林里，祭品摆放在临时搭建的架子上面，董萨站在架子旁开始念："灵速鬼呀，你是地方和田地的管家，现在某某人被你看上，他的魂被你捉住，现在他（她）生病，躺下了，他（她）无法爬起来。我们用竹子、叶子打卦得知，需要请你来帮助扶起，我们恳求你饶恕他（她）吧！现在我们用一头猪，两只

---

　　① 见《云南民族民俗和宗教调查》，第209页。

鸡来酬献你，这头猪是主人家从大森林里背回来养大的，两只鸡是经过千辛万苦，从天和地最接近、最狭窄处找来的。它们已生了蛋，又孵出了小鸡，某某家已把鸡养大，已经会叫了，到你喜欢的时候了。断了的矛头要靠你接起，这个人的病靠你去找药给他吃，把病治好，请你放了他（她）吧！请你去找回药把某某治好吧！只要把某某人的病治好，以后还要继续祭献你。"念完董萨用手抓起几样祭品四周抛撒，并说："吃吧！吃饱后快快治好病。"祭献仪式结束。

三、直同鬼祭

直同鬼又称"山神鬼"，是一种非常恶的野鬼。据说，在现实生活中它常常来"咬"人，使人生病，它多半在田间地头"咬"人。人们一般到田间地头去劳动得了病，基本上被认为是直同鬼"咬"着。用什么牺牲祭献，全由董萨打卦决定。临时祭献时，准备母猪一头，母鸡一只，姜少许，死老鼠一只作为祭品。祭献这种鬼多半是到野外祭献，砍一些树枝树叶铺在地上，然后把祭品摆好，董萨念鬼时通常是先软后硬。先念："某某人不知道你在此，冒犯了你。你是这块田间地头的主人，某某人被你看上，魂被你捉去了，现在他生病，要请你帮助扶起，请你饶恕他吧！我们用猪、鸡来祭献你，请你放了他吧！只要你放过他，以后我们还要祭献你。"又接着念硬的："你这个可恶的山鬼，不要敬酒不吃，吃罚酒，快把某某放掉，不然，我要用法术惩治你的，你不信就实看。"念完就把祭品抛撒掉，并说："你这个永远吃不饱的恶鬼，你就吃吧！吃饱后快快滚开，越快越好。"祭献完毕。

祭献野鬼"直同鬼"的供品　　　穆勒弄　摄

四、建房祭

建盖新房，景颇族是非常重视的，前后要举行四次祭祀活动。他们认为，房屋是活着的人和死去的人共同的住所，从景颇族房屋结构特点及形状就可以说明问题。他们的住房都要两头开门，一头为正门，一头为后门，又称鬼门，外人绝对不能出入，属于禁忌之一，它是专为鬼魂出入而设的。建盖新房的祭祀仪式是：

第一次祭祀。为了能够顺利砍伐好盖房屋所需的木料和竹子以及茅草而举行的祭献活动，目的是请求各种鬼神，保佑竹木不要生虫。祭献地点多半是在原来的老房子门前，祭品有鸡、鸡蛋、糯米饭、肉等。据认为非献不可，所以要建盖新房的主人非常重视

野鬼"直同鬼"供处　　　　　　　穆勒弄　摄

　　祭献，有的人家用重金请董萨祭祀。通常是祭品准备就绪，董萨开始念："房鬼、地鬼、树鬼、草鬼、石头鬼……一切鬼，我们准备在你们的地方，建盖新的房屋，砍新的木料、割新的茅草，挖新的地基等等，可能会惊动你们，所以先告知予你们，请你们莫怪我们，我们已告知你们。你们需要什么我们给你们吃，不够吃我们还会祭献你们。请你们一定保佑我们木料、竹子、茅草不要被虫咬。"念毕，董萨用手抓起祭品对着野外抛撒，并说："你们吃吧！你们走吧！"第二次祭祀是在拆旧房时，请供奉在家中的家堂鬼暂时迁出。目的是拆旧房时，不要惊动家堂鬼，建盖新房顺利。在祭献前，在旧房前不远处搭建一个简易房，在简易房右上角架一个架子，这个架子上面是家堂鬼居住的地方，一旦家堂鬼

董萨卜薄竹卦　　　　穆勒弄　摄

迁过来，任何人不能去碰撞，也不能抚摸。另外，准备鸡、猪、老鼠和干鱼等祭品。董萨先在旧房家堂鬼所在地念："某某家的阿公阿祖，你们的子孙准备在原地盖一个又新又美的新房，所以，暂时先搬到不远处住几天，当新房盖好后再搬迁回来住，请你们不要怪罪我们！请你现在跟着我们到专门给你们盖好的房子住几天。"接着董萨走到将要去住的简易房里，对着专给家堂鬼加设的架子下面念："某某家的阿公阿祖，请你们跟着我来，我指给你们新的住处，你们看着我前面，那就是你们的新住处。这里光线好，好住，请你们安心住下吧！"念毕把祭品摆放在专给家堂鬼加设的架子上面，祭献完毕。

五、新房祭

景颇族在新房落成后，要祭新房。第一次祭献是在新房落成

祭献家鬼　　　　穆勒弄　摄

后，把暂迁出去的家堂鬼请回新房居住。一般是准备好糯米饭 2 碗，每碗饭上搁 1 个剥壳熟鸡蛋，水酒 2 小竹筒。一切准备就绪便请董萨前来祭献，董萨念："某某房主家的阿公阿祖，你的子孙经过努力，现已建盖好崭新的房子，这个新房宽敞、明亮，比原来的旧房好几倍。现在请你们回到新的房子居住，在新房里我们专门给你们设置了新的住处，很舒适，我们想你们一定会高兴，请你们跟着我们到新房居住，请你们保佑主人家和睦，二老健康，三代吉祥，四季平安，五谷丰登，六畜兴旺。"念完后，把熟鸡蛋捏碎扔向四周，进房后董萨拿糯米抛撒四周，口里说："吉祥如意，五谷丰登。"随后主人家请寨中男性长者从简易房中取来火种，身背装有竹筒酒的筒帕和长刀，手拿火种走在前面，到新房时点燃新房火塘。董萨则一边在火塘里埋祭品干鱼，一面

进新房仪式 穆勒弄 摄

祈求，随后又坐在供家堂鬼处门边。主人家给董萨准备好一些祭品，如盐2斤，熟鸡蛋5个，酒2碗，茶叶1包，糯米饭2团，还有猪肉、牛肉、生姜等，并放在竹筛子里，竹筛子的左边还要放长刀、筒帕、铜炮枪，右边放2件女式衣服。将要祭献时，董萨端起一竹筒清水，边喷洒水边念："嘟、嘟、嘟、唑、唑、唑，所有的鬼都听着，所有参加盖新房的人魂都听着，某某家的新房

宰杀供品　　　　穆勒弄　摄

已经盖起来啦，这是大家帮忙的结果，盖新房不容易呀，天鬼地鬼让山里长出茅草、竹子和大树……砍树人惊动了树鬼，割草、砍竹惊动了山鬼，背水、泼水惊动了水鬼，搬石挖地惊动了地鬼……请你们都原谅吧！土是挖不完的，石头是搬不尽的，草割了还会生长，树砍了还会长，竹子砍了会发得更多。某某盖好的新房，就是你们赐给的恩惠，所以某某用肉、盐、菜、蛋、饭、酒

举行祭新房仪式　　　　穆勒弄　摄

来祭献，请你们保佑他家老幼安康，儿孙满堂……"。念完，董萨把捏碎的蛋、菜、饭、盐等祭品撒向新房四周。最后，董萨大声问房主人和前来参加贺新房的说："你们的魂回来了吗？"众人齐声答道："回来罗"。第二次祭献是进新房过后一个月左右举行，主要目的是祈求家堂鬼保佑主人和房屋平安。祭献时董萨要为新房祝福，祭词从房梁、房脊开始，柱子、生活用品，乃至水筒如何摆放等都有体现。在祭祀前，主人家准备好 3 只鸡、小猪 1 头，牛肉 20 斤，鸡蛋 5 个，白酒 20 斤，水酒 1 罐，煮好糯米饭等等。一切准备妥当，便请董萨前来祭献。这一次祭献董萨一般坐在房屋右则摆放家堂鬼的旁边，所有的祭品都摆放在家堂鬼

董萨为新房念祝词　　　　　　穆勒弄　摄

架上面，董萨面对家堂鬼开始念："嘻、嘻、嘻，嗷、嗷、嗷，管房物的家堂鬼啊！房梁是你的，房脊和柱子也是你的，请你管好这些东西，千万别让讨厌的虫子来咬，不要让可恶的野火烧房子，不要让罪恶的洪水冲垮房子。住在这个房子的人是你的子孙后代，请你一定要保佑他们一家和睦，二老健康，三代吉祥，四季平安，五谷丰登，六畜兴旺……"。念毕，董萨把捏碎的蛋、茶、饭、盐等祭品撒向房屋四周，并说："某某用肉、盐、菜、蛋、饭、酒等来祭献你们，你们吃吧！吃饱了请你们保佑他家老幼安康，儿孙满堂……"。至此，整个新房祭献活动结束。

六、结婚祭

景颇族的婚姻礼俗，与景颇族历史上形成的宗教信仰、民族

进新房唱"勒来"调子　　　　　穆勒弄　摄

心理，以及其他风俗习惯有着紧密的联系。整个婚礼过程十分复杂，举行每个婚礼仪式都要进行一系列的祭礼活动，大致可分为以下几种祭祀仪式：

1. 娶媳妇祭祀。男方如果决定要娶某寨某家的姑娘，便请董萨打卦，请一位本寨的人当"媒人"，在女方寨子里还请一位作女方"媒人"。按照景颇族古老的婚俗，先请女方"媒人"设法从姑娘身上偷一件东西，不论是草烟或者是裙子上的一根毛线，或是她的一根头发，把这一东西拿去请董萨打卦，看这个姑娘是否可以娶，如果打卦没有出现不吉祥的卦，就开始祭献家堂鬼，主人家准备好水酒、干鱼、鸡蛋、鸡等祭品，摆放在供家堂鬼的地方，董萨开始念："某某家（系主人）的阿公阿祖，你的子孙要准备娶某寨某人家的姑娘做媳妇，无论她是哪家的女儿，无论

董萨卜卦　　　　穆勒弄 摄

她姓什么，名什么，她来到你家后，为您传宗接代，她的后代，仍是你的子孙后代，你要保佑他们一家和睦，二老健康，三代吉祥，四季平安，五谷丰登，六畜兴旺。"念完，董萨转身给主人家说："好了，我已经告诉你们的阿公阿祖，他们很高兴，叫你们快快娶回来。"接着董萨给主人家打卦决定娶媳妇日期。

2. 姑娘出嫁祭。按照景颇族的习俗，一旦姑娘被男方订好婚，姑娘家便准备猪、鸡、烧酒、水酒以及其他物品等作为宴客之用，当然，男方家主要承担大部分。姑娘出嫁的头一天晚上，请村寨的亲朋好友和姑娘的舅舅家前来参加出嫁仪式。以此同时，姑娘家便请董萨祭献家堂鬼，在专设家堂鬼的架子上面，摆放一些干鱼、鸡蛋、鸡、水酒等祭品，在客人还没有进餐之前先

娶亲仪式　　　　穆勒弄　摄

祭献家堂鬼，董萨坐在家堂鬼旁念："呜、呜、呜，丝、丝、丝，某某家的阿公阿祖，你的孙女已经长大成人了，今天她要准备嫁给某寨某人家的儿孙做媳妇，她的公婆都是好人家，她的男人也是好人。这么好的事情世上难找，这么好的一对让人仰慕。阿公阿祖啊，你要保佑她一路平安，让她给某某家多生贵子……。"念完，亲朋好友开始进餐。第二天，迎亲队伍将要出发之前，还要进行一系列的祭献活动。

　　3. 洗身祭。历史上景颇族青年男女在婚前的恋爱仍是很自由的，但是，大家都必须遵守一些严格的原则：同胞兄弟姐妹，同姓兄弟姐妹，姨表兄弟姐妹，同姓之内的男女青年，以及有关不能缔结婚姻的姓氏的青年男女，不能在一起谈情说爱，更不能发生性关系。除这一原则外，同胞兄弟可以在一起与一群姑娘玩，同胞姐妹也可以与一群男子玩。在这种习俗影响下，青年男女在婚前，凡是在谈情说爱中互相爱慕者之间往往会发生性关系，从而产生一些"野孩子"。按照景颇族的习俗，女方在谈情说爱中与男方发生关系而生了"野孩子"，男方在女方怀孕期间或已经生了小孩之后，给女方杀牛祭鬼。祭祀的要求是通过"指腹认亲"和"抱子认亲"而实现的。所谓"指腹认亲"，就是怀孕之后即请男方杀牛祭鬼。"抱子认

嫁　妆　　　穆勒弄　摄

亲"是在生了小孩以后再抱着小孩去认父亲，叫后者祭鬼，这种祭献方式统称为"洗身祭"。历史上由于山官制度的存在，"洗身祭"有一些规则，如果是百姓串了百姓的姑娘，有了身孕或者有了小孩，杀一头牛，一头猪，鸡若干只，祭献鬼即算了事。在现实生活中同一男子与同一女子又生了第二个小孩，仍然须上述照办。倘若百姓男子串上官家、官种的女儿并使姑娘怀孕或者生"野孩子"，那么这个男子家要用两头牛、两头猪，鸡若干只来祭献鬼。官家、官种的男子串上了百姓的姑娘，同样按上述规则办理。祭献那天，女方家请舅舅家前来坐镇，村里的男女老少以及远方的亲友前来，祭品一般是从男方家拿过来，有的人家在女方

所在村子中购买。一切准备妥当便请董萨来念鬼，这个董萨一般都是级别较高者担当，要求就是用牛能够祭献鬼的董萨。祭献的对象通常是女方家的家堂鬼、女方家所在村的寨门鬼等（有的地方，由于地区差异所祭献的鬼也不一样）。这种祭献也属于规模较大的祭祀活动，董萨事先要准备好祭词、内容，问清楚男方的家史、姓、姓名，所祭献的鬼等。一些官家、官种家中供奉的是鬼中最大的木代鬼，必须要认真严肃对待，千万不能得罪此鬼。由于祭献鬼需要杀牛，所以要立乌当（即鬼桩，又称牛头桩）。把宰杀的牛拴在乌当上，猪拴在乌当两边，鸡是用花笼装好后放在一旁，一切准备好后，董萨开始念："哦，哦，哦……，某某家的阿公阿祖，你的孙女某某与某某家的子孙某某人，因年少不识数，发生了令人难堪的事情，得罪了你们。现在事情也发生了，尊敬的好鬼哟，我们向你们求情赔礼啰，请接受我们的真心，请享用这上好的祭品。请你们看在双方父母的面上，请你们原谅他俩吧！某某家（女方）的阿公阿祖哟，你们的孙女不久的将来，要为某某家添新人，他们也属于你们的子孙后代，你们得好好保佑他们，让你们的新成员健康成长，百病不生。"董萨念完便对两个当事人说："好了，我已向鬼求情，他们已答应你俩可以结成夫妻。"祭祀完毕，男方宴请女方的亲朋好友。男方给女方杀牛祭鬼后，决定要娶她为妻，在决定结婚日期之后，同样举行婚礼仪式。

4. 过草桥祭。是景颇族结婚仪式中不可缺少的祭祀习俗，而且也是景颇族最重要的结婚礼仪之一。这个祭祀习俗的由来，据说，来自创世英雄宁贯瓦和龙王的女儿结婚的传说。从前，宁贯瓦遇到了龙王的女儿侬若玛扎邦，他们俩一见钟情。宁贯瓦向龙王提出要娶他的女儿侬若玛扎邦为妻，龙王也答应了宁贯瓦的请求，他俩很快就订下了结婚的日子，因侬若玛扎邦是一个龙女，

娶亲祭献　　　　　穆勒弄　摄

身上有一股龙腥味，除了宁贯瓦以外人世间的任何人都无法接近龙女。所以，结婚那天，宁贯瓦烧了山一样高的几堆草来除腥味，但腥味依然还在。宁贯瓦上天问太阳神。太阳神告诉他："你开辟的大地上有一种棒升草（又称邦邦草），可以除去龙女身上的腥味。"宁贯瓦回到人间，按照太阳神的嘱咐，找来了棒升草，铺在地面上，草上面放一块木板，领着龙女侬若玛扎邦从棒升草桥上穿过，龙女侬若玛扎邦身上的腥味全部清除了。从那个时候起，直到现在，景颇族结婚时都要领新娘过草桥，并形成了一种习俗。

过草桥，即在新郎家门前，为结婚仪式而临时搭起的独木桥。草桥一般长2~3米，宽约15~20厘米，并在桥的两边栽上

新娘过草桥　　　　　西山乡提供

大叶棒升草。历史上棒升草栽法也有讲究：左边栽放三丛，右边栽放一丛，草丛中都立有小木桩，桩上都拴有牺牲品，每一个木桩都代表一个鬼。第一个木桩是"木容鬼"，拴有两只鸡。第二个木桩是"家外鬼"，拴公猪一头。第三个木桩是"魂鬼"，拴一头猪（公母不分）。第四个木桩是"官家的鬼"，拴母猪一头。如是官家的草桥，要设有6个桩，祭6个鬼，每一个木桩前都要有一个董萨祭鬼。按照规矩董萨先念木容鬼，董萨念："嗜……你这个可恶的死鬼，会制造舆论伤害人的恶鬼，快快走开，你莫要敬酒不吃，吃罚酒，我再说一遍快快走开，不然我要用法术惩治你啰……"。念完，第二桩的董萨接着念："嘟……嘟……嘟，野外的一切鬼，你们听着，你们要的东西，你们拿去吃吧！吃完

举行新娘过草桥仪式　　　　　西山乡提供

以后，从哪里来的就回哪里去，请你们不要来捣乱我们的好吉日。"念完，紧接着第三桩的董萨念："嘟……嘟……嘟，某某新娘，你的魂莫乱跑啦，你不要在你原来的背水处、找柴处、朋友处……贪玩啰，现在那里不是你的住处啰，你快沿着某某山、某某河、某某路跟着你的新郎过来。在野外很冷，你会冻着。另外，在野外，蚊虫会叮你，红头老鹰会啄你，虎豹熊狼会咬你……，快跟着新郎回来，回到新的家吧！"。董萨念完后，开始宰杀牲牲品，并将牲畜血溅于草蓬上，紧接着新娘要由新郎的弟弟或侄子牵右手过草桥。按照景颇族传统习俗，新娘过草桥也有讲究，如新娘婚前已有身孕，则不能走桥上，只能由桥边而过，然后再登上正房楼梯入屋。正房楼梯一般是为了举行婚礼而新制的，在楼梯上要新增有 1~2 块雕有 2~4 个乳状形的台阶，表示新婚后早生贵子。当新娘来到正房竹楼楼梯门坎外，在那里等候的婆婆，会把手镯或银颈圈戴在新娘身上，表示承认儿媳。尔后，婆婆将新娘引入公婆住的火塘间。这时，外人不得入内笑闹。这个仪式结束后，大家开始喜宴。傍晚，新娘由几位陪娘的陪伴下去井边背水，紧接着新娘在水井边的附近要沐浴一次，回家并煮糯米饭，饭熟后，由别人将饭捏成男性生殖器的样子，用芭蕉叶包好后，请新郎、新娘在客房附近吃这包糯米饭，由新郎向新娘嘴中送去。这时，新娘作出害羞状迅速快步逃至新郎父母的火塘。至此，全部婚仪就结束了。

七、丧葬祭

传说，人类本来是不会死的，只是人类后来欺骗了掌握着人类生命线的行善仙女——太阳神。受了欺骗的太阳神决定让所有长了白头发的老人死去。但是，一直对人类不怀好意的变色龙篡改了太阳神的原话，致使人类不论老幼都有可能面临死神的来访，这是景颇族最早对死亡的解释。按照景颇族古老的习俗，每当家中老人久病不愈，人们一定要请董萨来，为老人杀牲祭鬼，以求早日康复。董萨给病人祭献鬼，仍不见好转，并且往病危的方向发展，这时子女及其亲属为他（她）准备棺木，还给老人预备牛、猪、鸡、烧酒、米酒以及其他物品等，老人去世时用来祭献和宴客。

宁静的景颇山里，如果突然响起有节奏的铜炮枪声，便知道寨中有人去世了。根据枪声的次数便知道男还是女。景颇族村寨住户分散，交通、通信不够发达，便产生了以枪声报丧的习俗。白天什么时候断气，什么时候打枪，但夜里死亡的则要等到鸡叫以后才打枪。死者是男的打单数，是女的打双数。死者家的亲戚朋友前来奔丧的时候，走到死者寨子边先鸣枪三响，意思是告诉死者家里的亲戚已到，做好接客准备，这时死者家门口专门组织的鸣枪队也鸣枪表示，听到了，可以来了。队伍到达死者家门口时，又一个一个地挨着放枪，鸣枪队亦然，一般各放三枪即告结束。老人与世长辞，在董萨未到之前，晚辈要取出银子，用刀削下一些末，将银末放入死者嘴里。有的地方给死者含玉，有的地方给死者含银根和银元。据说，这样做可以保佑子孙吉祥如意，如死者吃不进就表示老人愿意将财富留给后人。还有一种解释，

丧葬中的"龙宗"　　　　　　穆勒弄　摄

据说在死者嘴里塞上一块银元，其他魂要过河时，好交渡河费。这个事完成后，还要举行"龙宗"仪式，意思是让死者的魂一路走好。完毕，将尸体安放在鬼门边，死者遗体绝不能随意安放，

头要对着安放家堂鬼的地方。按照景颇族的习俗，在制作棺木时，还要在屋外专门竖一根上端束有竹枝作幡的"幡竿"，由两个男子持长矛，在屋内外四周挥舞，每舞一周都要向竹幡作刺击样。这个仪式结束，家属很快为死者沐浴，并更换新衣，景颇族葬服一般没有纽扣。更换好新衣后，还要为死者拴线。拴线的方法是将死者的手、脚大拇指并列捆起，有些地区仅拴脚拇指，不拴手的大拇指。据说，如果对死者不用线拴手、脚拇指，死者在回老家的途中，会被其他野鬼引走，变成无家可归的野鬼，这样，会给后人带来不幸和灾难。因此，给死者沐浴、更衣、拴手、脚拇指后，就可将死者装棺入殓了。在死者没有入殓前，要派数十人专门看守，绝对不能让黑猫跨过死者的身体。景颇族认为，如让黑猫跨过，死者会还阳行走，还会危害活人。因此，景颇族在死者没有入殓前，要在死者胸前放一把神剑（专门用来祭神、祭鬼的剑）。据说，这样做可以防止黑猫跨过时死者还阳。有些人家，要在死者身上放黄炮刺，以防黑猫跨过死者。有的地方死者入殓后，在棺材上放一把神剑，再用黄炮刺覆盖上，以防黑猫跨过已入殓的棺材。景颇族忌讳黑猫跨过死尸的主要原因是如有黑猫跨过，则被认为是凶兆，其后果将是村寨里还要继续死人，即使不是这样，据说，死者的魂也将要变成一种十分可怕的，名叫"崩了夏拉"的恶鬼。由于景颇族信仰原始宗教的缘故，如果死者是属于枪杀、刀砍、上吊、投河、火烧、久病不愈、野兽咬死以及孕妇难产死亡等非正常死亡，多用火葬。死于村寨外的，绝对不能将尸体抬回村寨。景颇族认为在村寨外死亡的死尸抬回来，将是给人们带来灾难。

景颇族对老人辞世的葬礼非常重视，过去都必须杀牛祭祀。什么时候送葬、停灵时间，都要选择好吉日。景颇族一般习惯取

丧葬中的礼蓝　　穆勒弄　摄

双日，可停灵二日、四日、六日，甚至更长的双日。前来吊唁死
者的亲友，来时一般都带有不同的丧礼，有的送现金、酒、谷子
等。如果死者是近亲，是"丈人种"家人，必须带着猪、鸡，抬
着铁长矛等物来吊唁。如果是"姑爷种"家的人，要送酒、糯米
饭，还要牵着一二头牛，供祭祀时用。在丧葬祭祀活动中，历史
上不论什么人家，都要杀几头牛让死者带走，特别是对待长寿老
人，即使家境很穷，借牛也要祭献，不杀牛是不行的。过去，景
颇族普通的人家最少要剽杀二三头大水牛，多的可到十余头。在
守丧期间，要跳"戈本歌""弄董歌""金斋斋"等丧葬舞。按
照景颇族的习俗，送完葬以后，还要举行规模较大的送魂祭祀活

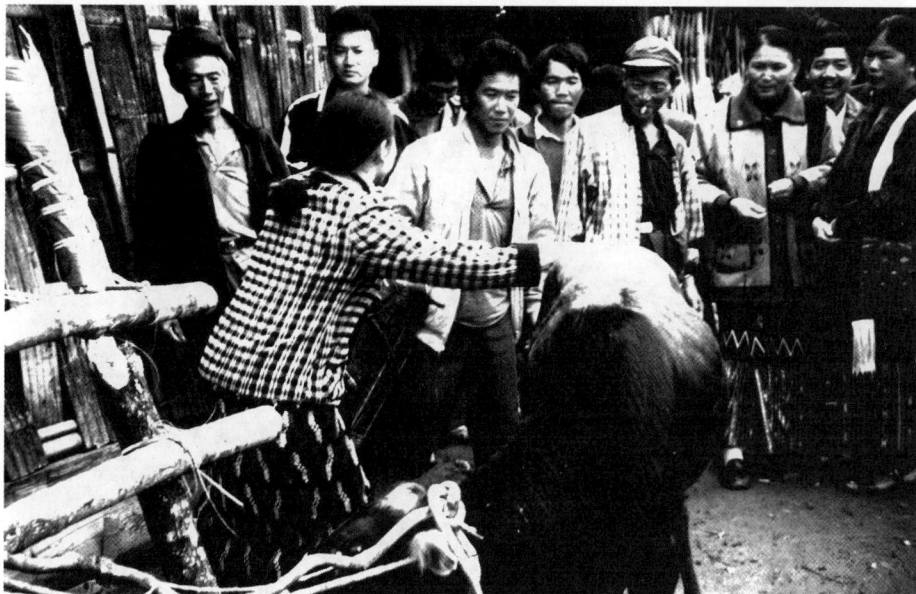

在杀牛之前妇女们在牛身上"收财富"　　穆勒弄　摄

动。这种送魂祭祀仪式送完葬后一次进行，也可以分两次进行。
送葬和送魂之间可相隔几个月或者更长的时间。主要看各家的经
济条件而定，因为在送魂祭祀仪式中，要花费更多的钱财，多数
人家要分开举行。人们认为，送葬仅仅是送走了人的躯体，人的
灵魂还没有送走，所以，人们非常重视送魂祭祀活动。一般死者
家属一定要请董萨为死者举行送魂祭祀仪式，但是具体在什么时
候举行，都要经董萨打卦决定，同时也要由董萨打卦决定将死者
的亡魂送到什么地方，有的魂要念送到老家，有的要念送到父母
亡魂所在的地方。举行送魂祭祀仪式时，要在家堂鬼旁设灵堂，
在墓地要举行建坟仪式。要在死者的坟墓上搭一座高丈余的圆锥
形草棚，作为死者的房屋。在草棚顶端竖立起一个用火炭、红土
或用猪、牛血绘成的木人像，作为死者的形象。另外，在坟墓四

舅家人示刀砍牛　　　穆勒弄　摄

周，根据死者所有子女数而树立同数量的竹竿，竿顶上悬挂布质或木质的各种符号，用符号代表死者的性别、年龄及其事迹。拴若干条线，作为生者与死者断绝关系的象征。生者与死者断绝关系的实际意义，就是使死者的灵魂不再回来。鬼魂回来，将会给人带来不幸。

在人们的意识里，人都会病死，但老年人病死和青年人病死是有区别的。老年人病死是回老家的时候到了，必须把他（她）的魂送回老家去。年轻人病死是因为他（她）的魂被恶鬼捉去了。但不论是怎样死的，都得念送他（她）的魂。由于人死的原

舅家人用斧子杀牛　　穆勒弄　摄

因不同，念送魂的地方也不一样。

　　1. 念送自然死亡的老年人亡魂。人们认为人老病死，是先走的人（先去世的人）在叫他（她）回去，所以他（她）的亡魂一定要念送遥远的老家。长寿的老年人一般念送远一些，年纪不大的就念送近一些。大部分是沿着景颇族南迁的路线往北念送。据说，老年人的亡魂是要念送到九岔路的，九岔路是阴间和阳间

杀"乌都"（丧葬祭品）牛　　　穆勒弄　摄

的交界处，这里是一道关口，只要念送过这个关，老年人的亡魂就可以回到老家。念送时按照各个姓氏家族的南迁路线，将死者的亡魂念送到祖先居住过的地方。通常先念死者的父亲、祖父、曾祖父等名字，并告诉他们说："你家某某今天死了，请你们把他领走。"紧接着，歌颂死者生前功绩，劝亲友不必过分悲伤。董萨念道："太阳会落山，月亮会落坡，树老会枯死，牛老会缩角。老人啊，你活在世上时教我们种谷点豆，教我们捻线织布。我们将牢牢记住你的恩德，子孙万代称颂你，你的名字像金子一样发光。你没有做完的事，我们接着去做。你放放心心地去吧，背上你的筒帕，快上路吧。北方老家天气很冷，你莫忘记带酒筒和披毯。"这是对老人自然死亡者的祭词，年轻病亡者的祭词和

送葬队伍　　穆勒弄　摄

老年人的祭词有一些区别。董萨念："某某，你染病死了，原来都没有想到，最后才晓得是拿你的命的鬼来了，你的魂已被捉走了，不要怨这怨那了。现在把你送回阿公阿祖在的地方，你要什么，给你什么，给你的东西你带走吧！我们把你的魂送到目的地后，还要请你的祖宗三代来接你。"念送完毕，接着举行剽牛仪式，一般先由董萨念，后由强壮（又称总管，专门负责祭祀牺牲的切割及分配）剽牛，牛倒地后用火将毛烧光，剖开肚腹，用几个竹筒接住鲜血，主要分给前来丧葬活动的老年人喝，一般年轻人不能吃。据说年轻人喝了这种血，会被鬼缠住。把牛的各个部位切割成三条肉，包成三小包，包肉的叶子要反面，主要是给死者作早、中、晚餐，其余的肉也按一定规则分割成一小条，分成

妇女们制作"克罗"　　穆勒弄　摄

三小条一份，用竹扦串起来，分给前来参加丧葬活动的老年人或周围村寨的老年人，一般每人给三串，这三串肉，景颇族称为"门注"。还剩下的部分肉，依然按部位搭配，分割成若干份，凡是来参加丧葬活动的男女老少每人获得一小份。经过分配后的肉，可以在主人家火塘上烧吃，也可以拿回家吃。

2. 念送短命魂。景颇族称为"麦死木"，又称"杀瓦"。凡是属于他杀、自杀、雷击死、溺死、暴病死等方面死的人魂。这些人的魂不能念送到祖宗住过的地方，只能念送到麦死木（野鬼）的祖宗勒要和南丁死的山洼子里。念送这些人的魂，通常在远离村寨，非常僻静而且灌木丛生的地方。送魂之前，死者家人在董萨的具体指点下，先在灌木丛中辟出一条小路，在路的顶端

董萨们制作"藏么定"　　穆勒弄　摄

用"志真"（一种带刺的小灌木）编织一个简易房屋，内部设施基本上模仿人间房屋，中间有一门，这扇门用竹片捆扎后吊在简易房梁上，并把吊门的绳子牵到董萨念祷词的地方。在吊门附近竖立一根从家中带来的春米棒，春棒上头劈开，放上一粒烧焦了的"革长"（类似大巴豆的野生植物籽）。祭献的人将要返回的路上，还要制作一种成"〈"形状的"木戛"（意思是挡住不洁净的鬼）和用千张纸树枝做的"木齿筒"搭台（祭祀台）。祭献时，董萨蹲在简易房前，通常先念短命鬼的来历后开始念送道："某某，你不幸，被'杀瓦鬼'咬死，这是我们没有想到。今天我们要送你走，你走后我们还要清洗村寨。洗村寨要用清水，清水从哪里来呢？清水在天边，请大土蜂去取，大土蜂取的水在半

丧葬祭品　　　　　穆勒弄　摄

路泼洒了。再请螃蟹去取才能取得到。我们有清水了，可以清洗寨子了。像你这样突然死去的不止你一个人，是开天辟地以来就有的。你就跟着'峨昌腊将'（被杀瓦鬼'咬死'的人）去吧。安安心心地去吧！远远地去吧！你带着这条狗（念送时宰杀的狗，如果死者是男性就用母狗，是女性的就用公狗）去做你的妻子（或丈夫）吧！你不必再想人间了，走吧！走吧！你要去的地方到处是泥沼，经常地震。那里没有树木竹子，只有没有的半空草。那里的蚊子有鸡大，那里的蚂蟥有水牛腿粗，那里的毛虫像老虎，但你不要怕，放心地去吧！"

念送完这一段即刻杀狗，用狗的鲜血放入饭中搅拌，要求每颗饭都要沾上狗血，用反叶子包成九包狗血饭，放在简易房前。

董萨继续念送："某某，你吃吧！吃饱了就牵着你的妻子（或丈夫）走，过一座山、两座山……九座山，十座山，到'志真告孔'（九凹山刺箐）去吧！你去吃人们吐出来用脚踩过的口水，去吃人间不吃的山洪水。你远远地去吧！我们要关门了，是好人的魂就退回门内来，是短命鬼的魂就去吧！"紧接着董萨用力割断吊门绳子，让吊门掉下关起，董萨指着旁边的舂米棒念："只要舂

献鬼草棚　穆勒弄 摄

米棒在，你就永远不得回，你就远远地去吧！"尔后董萨用"志真"枝、"拾叶"枝、竹枝捆在一起蘸水，洒向所有参加送魂仪式者的身上，以示驱除一切恶鬼。送魂仪式结束，参加送魂的人要跨过事先准备好的"木戛"，表示隔去恶鬼。所有的人过完，董萨走到用千张纸树枝做的"木齿筒"旁，把带去的小鸡从头顶往后丢，看丢去的鸡头与董萨归向情况，如果鸡头对着董萨说明魂还没有送走，需要再作念送，重新再扔一只鸡，一直到鸡头和

送魂　　石锐　提供

董萨方向相反，才算送走，人们可以安心回家。

3. 念送难产魂。景颇语称"能档息"，载瓦语称"朗档西"。主要指妇女在孕娠期间或分娩时死亡的魂，她们的魂也不能念送到祖先住过的地方，只能念送到寨子边专门埋葬"能档息"的山凹子里。念送"能档息"的魂，一般不祭献。按照传统习俗，难产而死者的尸体一般是火化，火化之前，董萨手拿一只鸡开始念送："某某，你被'夜莫'鬼捉去了，请你带上一只鸡到'夜莫'鬼那里去吧！那里用稗子烧酒喝，那里用沙子煮饭吃，用洪水喝水，用拱拱拉草（类似芦苇）盖房子……，请你安安心心地去吧！"念毕，董萨把手中的鸡割断脖子抛向将要点火的柴堆，接着点火焚尸，尸骨就地埋葬。

4. 念送幼童亡魂。念送幼童亡魂的地方不同于正常死亡者，也不同于非正常死亡者。他们的亡魂要念送到开花结果的酸果树脚下，因为人们习惯把幼童的死尸埋葬在酸果树脚，他（她）的魂到此为止。董萨念："某某，你是某某家的宝贝，现在你已经死了，就如树上的果子落地了。你活在世上的时间不多，还没有见到过该见到的东西，你死得好快，请你不要哭，更不必悲伤。现在我们送你到这里在了，以后你一定会重新开花，重新结果的，你放心地去吧!"一般送葬幼童亡魂是在夜深人静的时候进行，去回都不能让别人知道。

送魂指路　　石锐　提供

丧葬祭是一个十分复杂的过程，每一个较重要的细节都要进行祭祀，并且不能多，不能少，都按一定程序进行。作为丧葬祭的主持者和组织者董萨，念送亡魂时必须十分认真，念送时走哪条路，回来时也要走哪条路。去时所念的地点、地名，回来时必须念去时所念的地点、地名。据说，如果念时中间有遗漏，念的

坟墓　　石锐　提供

路线出现错乱，董萨会把自己的魂隔在半路上，由于魂迷路，不会自己回家，董萨就会有生病或死亡的危险。因此，董萨念送亡魂时，绝不能马虎了事，必须认真对待。念送亡魂不是所有的董萨都能念，是由专职董萨（西早）来念。念送亡魂的董萨（西早）有一定的风险，在董萨中有很多人不愿作西早，但又不能缺少，所以，一般是通过协商，在众多董萨中选择没有后代的来当西早。在现实生活中，老百姓也认为董萨（西早）有一定的风险性，所以应该得到更加优厚的报酬。

念送亡魂之后的很长一段时间里，死者的家属及其亲友平安无事，则认为亡魂已送走了，不必再继续念送亡魂。如果是已念送后一段时间内，家人或亲属生病或者发生意外的事情，被认为

坟墓　　石锐　提供

是亡魂还没有送走，回来"咬"人。这时，死者的家属请董萨打卦，看是否是亡魂回来"咬"人了。如果董萨打卦确定是亡魂没有送走，主人家只有再请董萨念送一次亡魂，念送时祭献什么祭品，主要看死者是病死或者被刀枪杀死，根据死者的实际情况来定祭品以及念送方式。如果出现念送几次还是没有送走的，多数人家只好把它请"回来"供奉在家堂鬼处。

　　人们把正常死亡者的墓地选在向阳高坡，通常选背着山顶向着斜坡，对面有较高山峰的地方，实行土葬。选墓地时常以投鸡蛋的方式进行，拿一个生鸡蛋扔向所看中的地方，以蛋破处选为墓地。对非正常死亡者主要是进行火化，火化完毕，将骨灰拣起来，在棺材里仍按人形摆好，盖上毯子或者被子，最后罩上棺盖埋入墓坑，人们认为对非正常死亡者只有这样做，才能逢凶化吉。

八、出门祭

景颇族对出门特别是出远门很重视。要看出门是否吉利，一是出门的头一天晚上，杀一只鸡吃，把鸡头、鸡翅膀、鸡脚等单独取下来，放在一个碗里，请一位董萨或者寨中会看鸡卦的老人吃饭，吃饭时把装有鸡头、鸡脚的碗拿给董萨或老者，老者在一旁把鸡头、鸡翅膀、鸡脚的皮和肉剥开，看鸡骨头是否有挡路的标志，如果没有视为吉利，有挡路标志，而且很严重，要么改期出门，要么进行祭献。二是出门头一天晚上注意做梦，梦见天空晴空万里时，出门非常吉利。如果梦见山体滑坡、大树倒下、大桥坍塌等现象时，视为不吉利。出门人要请董萨进行小型祭献活动，董萨祭献以后说可以出门了，出门人方能出行。祭祀前准备好小猪1头，小鸡4只，干鱼2条，糯米饭2包等，一切准备就绪，董萨开始念："嘟、嘟、嘟、唑、唑、唑，尊敬的好鬼哟！我们向你们求请赔礼啰，请接受我们的真心，请你们享用这上好的祭品，请你们吃饱后，从哪里来就回哪里去，请你们莫挡着某某人的去路。请你们放开他走，让他快去快回。"念完，董萨向四周抛撒祭品，接着念："某某已用上好的供品祭献你们，你们不要不知足，吃饱就快快滚开，你们这帮可恶的野鬼，莫要敬酒不吃，吃罚酒。"念毕，董萨转身对出门人说："好了，可以上路了"。这时出门人才可以动身去将要去的地方。

九、出征祭

历史上，景颇族社会中曾盛行吃新米的习俗。每当在吃新米的时候，主人家邀请自己的亲友前来尝新，大家围坐在火塘边，听老人讲家族史，景颇人称"吃新谷讲旧话"。如果本家族有仇尚未报，要取出记事的木刻告诉子孙或亲友，老人会动情地（有时会流着眼泪）诉说血仇未报的情况，并告诫后代，等待时机，进行报血仇。人们认为，只有这样做，才符合平等的原则，即以牙还牙，理所当然的事。早期的复仇，只有明显的血族复仇性质。复仇时举行较大的出征仪式，届时由董萨主持举行杀牛祭祀活动，打卦占卜决定出征日期和领头人。如果复仇是属于全村寨性或者地区性的，在出征前，由所辖山官或头人牵头举行"得兽目瑙纵歌"活动，主要目的是动员群众，鼓舞士气以及向鬼神报告出于什么原因，需要和哪个山官或地区作战等。一般是需要宰杀牛、猪、鸡等牺牲准备好，通常是把这些牺牲拴在目瑙示栋旁。请董萨中最大的斋瓦来主持祭祀，斋瓦念："嘟、嘟、嘟、唑、唑、唑，尊敬的木代鬼，请您听着，为了给被某某人杀死的祖先报仇，为了夺回被霸占去的土地、牛羊马，为了不受某某人的欺负，我们准备去战斗，甚至把我们仇人杀死。我们恳请木代鬼及一切鬼帮助我们去战胜敌人，请你们保佑我们取得胜利。假如我们凯旋归来时，一定杀牛、杀猪、杀鸡来祭献你们。"董萨念完后，由瑙双和瑙巴的率领下，大家跳出征舞。另一部分由屠夫来宰杀牺牲品，将所宰杀的牛，连毛带皮切成小块，称"门注"，分送给村内外的亲朋好友，意思是请他们助一臂之力。主人家还将带毛牛肉插在竹签上，用刀刻上刀痕以表示出征的日期等。凡是接到带毛牛肉"门注"的亲朋好友，都会准时参加复仇活动。如果出征时间紧迫，还要加火炭、鸡毛、辣椒等实物信。

随着社会的发展变化，早期的复仇活动，逐渐转变为"拉事"行动。"拉事"景颇族称"鄂吉特",载瓦语称"拿决"。意为"武装抢牛",是景颇族历史上形成的一种解决债务、婚姻、人命等纠纷的传统方式。"拉事"的对象除当事者本人外,还涉及其亲属或邻居。"拉事"的起因一般是乙方长期拖欠甲方财物,甲方邀集亲朋好友强行拉走乙方的牛马财物,促使乙方前来协商,双方通过"讲事"的形式,解决赔偿问题。历史上要进行一场"拉事"活动,必须要经过山官或头人的同意和支持。在出发前,主人家还请董萨打卦卜选一个专门的"拉事"突击手,带头冲向敌寨。景颇族地区的"拉事"行动,一般都采取突然袭击的办法,如果没有遇到对方的强烈抵抗时,胜利的一方将"拉事"得来的牛尾巴割下,并插在路上,而后胜利方鸣枪示威。当被抢者村寨的人赶来时,路上发现牛尾巴后,就已明白是发生了"拉事"。"拉事"发生后,通常是双方都请各自的山官或头人出面评理。如果评理双方都能接受,从火塘中各取一根燃烧着的柴火,由山官请董萨念鬼后,用竹筒水将火泼熄,以示了却此事。

十、看风水祭

景颇族认为风水的好坏直接关系到一个家族或一个村寨的祸福盛衰。因此,无论是选择村寨,或者是找住宅地基,甚至是选坟地都十分重视看风水,同时把看风水看成是比较严肃的,一般看风水之前不让妇女小孩知道将要看风水一事。一旦被妇女小孩先知道看风水的事,据认为是管理风水的鬼不高兴,所看的风水不灵验,甚至会招来横祸。通常是在尚未看风水之前祭祀鬼,祭献时一般不让更多的人知道祭献的鬼是风水鬼,多半是采取秘密祭献。主人家把供品准备好,请好董萨,一切准备就绪后,董萨先打卦,确定所要去看风水的方向。一般是打卦前董萨先问主人家喜欢什么方向，根据主人家的意思，开始打卦，如果打卦出来的方向和主人家指定的方向一致的话，带着一些祭品直接去。如果打卦的方向和主人家指定的方向不一致，则再打卦，如此反复几次。景颇族选宅基一般选在山梁两边稍微平坦的地方，不选山梁正中央，看宅基风水的标准也是以这个为基础，远景主要看宅基周围四面环山，山清水秀。重点要看所选定的宅基是否有一座山、一条河、一棵树直戳宅基，如果没有以上这些问题，才算是选好了宅基，人居住在这样的宅基，才能吉祥如意，六畜兴旺。如果有一座山直戳宅基或是别的问题，被认为是不吉利，另选宅基。一旦选好宅基，董萨就在选好的宅基上面搭建一个简易的祭台。祭品有猪1头，小鸡2只，干鱼2条，糯米饭2包，米1碗等，把祭品放在祭台上面，一切准备就绪，董萨开始念："嘟、嘟、嘟，唑、唑、唑，这里的所有鬼都听着，现在我们告诉你们，某某家人看重了这块地，打算在这里建盖房子，繁衍子孙后代。我们已看了风水，觉得这是一块很不错的地方。将来砍树会惊动树鬼，割草、砍竹会惊动山鬼，背水、泼水会惊动水鬼，抬石挖地会惊动地鬼。请你们都原谅吧！我们知道土是挖不完的，石头是搬不尽的，水是背不光的。树木砍了还会生长，草割了还会长出，竹子砍了会发得更多。请天鬼不要怪主人，地鬼不要吓主人，阿公阿祖不要吵主人。请你们保佑主人家，将来房梁上不要站小雀，谷仓不要进老鼠，牛身不要长虱子，马不得马瘟，主人家不要作恶梦。请你们保佑主人家，出门人清洁平安，在家者无灾无病。媳妇快生儿子，老人长命百岁。仓中堆满粮食，厩里养满牲畜。尊敬的天鬼、地鬼哟，我们向你们求情啰，请你们接受我们的一片真心，请享用这上好的祭品。"念完，董萨把所有的祭品抛向四周后说："你们吃吧！吃饱了，从哪里来就回哪里去。"祭祀完毕，主人家就在祭鬼的地方煮饭，招待前来参加祭献的董萨和帮忙的人。

十一、挖井祭

挖新井，在景颇族生活中是一件大事，要严肃认真地对待。早期的景颇族不习惯挖水井，选择居住点多半选在有水源的地方，喜欢喝泉水，不喜欢喝井水。景颇族南迁以后，居住点发生了变化，原来主要居住在高山上或河谷地带，一般都是靠近水源的地方，南迁后所居住的地方和原来的不一样了。多半居住在半坝半山的地方，一部分地区没有水源，只有靠挖水井来解决吃水问题。开挖水井前必须请董萨打卦，打卦的目的是看要开挖的地方，是否有水，管水井的鬼是什么鬼，什么时候开挖比较合适等。井水挖出来后一般全村寨的人和牲畜多多少少都要喝井水，井水的好坏直接关系到全村寨人畜兴旺、生产丰收和岁岁平安清洁。因此，举行挖井祭祀仪式多出于村寨的整体意识而格外地受全寨成员的高度重视。念鬼的董萨必须认真负责，从事念鬼的董萨也得到村寨人的尊重，人们多半给予物质报酬。历史上有山官的村寨，由山官来主持祭祀。董萨先卜卦选择吉日，一旦祭献时间确定下来，全村寨人按户背着鸡、鸡蛋、干鱼、干老鼠、酒、米等祭品来参加祭献。在董萨的指点下，将要开挖的地方搭一个简易的祭台，把人们带来的祭品全部放在祭台上面。一切准备就绪，董萨坐在祭台右侧，开始念鬼："嘟、嘟、嘟、唑、唑、唑，天鬼、地鬼、水鬼，一切鬼，水井是在你们的土地上开挖的，请你们允许我们开挖。守水井的诸鬼，请你们快快来，把水井守好，不要让暴雨山洪或者山体滑坡来侵毁水井，请你们一定要让井水一年四季保持清澈透明，千万不要让水井干枯，请你们一定保护好。你们要的东西我们给你们吃，但你们一定要守好、管好水井。"董萨念完，用手抓一部分祭品抛撒四周，祭祀完毕。董萨请山官在已选定开挖的地方挖一锄，以表示开工。接着全村寨的青年男子轮流开挖，直到挖出水来。一部分人在挖井水的旁边空地烧火煮饭，凡是前来参加祭祀活动的男女老少吃一顿饭。当井水挖出来以后，用竹筒把水打出来，先给董萨喝，董萨接到竹筒水后，抿一口水，而后向四周喷洒水，并念道："嘟、嘟、嘟、唑、唑、唑，天鬼、地鬼、水鬼，所有的鬼都听着，又清又甜的水已挖出来了，这是你们帮忙的结果。挖地惊动了地鬼和山鬼，打水惊动了水鬼，请你们都原谅吧！尊敬的水鬼，请你让井水不断地流出来，让全村寨人都有水喝。"念完，董萨把竹筒水递给山官或头人先喝，山官或头人把水传给凡是前来参加祭献的男女老少，祭祀活动告结束。

人们认为，只要水井形成，便会有水鬼。据说，水鬼不咬人，最多使人发冷。每年都需要祭献一次，通常每年三四月份在水井边、田边进行祭献。祭祀时全村寨人都得去，意思是祈求水鬼保佑全村寨人身体健康。每次都请董萨祭献，董萨念："嘟、嘟、嘟，唑、唑、唑，尊敬的水鬼，喝了你的水后，眼睛明亮，不长大脖子，使人长得更加漂亮。"祭品主要有鸡、鸡蛋、猪、干鱼、干老鼠等。

十二、背水祭

人们认为泉水、井水都有水神。据说水神不会"咬"人，至多使人发冷，但每年新年时需祭献一次。景颇族计算新年一般也是用农历，称"过年"，即春节。根据传统习俗，景颇族在腊月间，谷子收割完，板田犁完后，开始准备过年时吃的东西，家家户户舂糯米粑粑、饵丝等。把舂好的饵丝，晒得半干后，用菜刀切成片或丝，主要是用来做菜吃。农历初一早上背水时，拿一点去祭献水神，把饵丝放入泉水或井水里，意思是先给水神吃，尔后人才吃。据说，景颇族举行背水祭的年代久远，传说是宁贯瓦时代就开始这样做，一直流传至今。历史上多数人家大年三十晚上就请董萨祭献水神。景颇族地方一般是几户人家甚至是全寨人共用一泉水或者一井水，凡是共用泉水或井水的人家，以户为单位，携带鸡、鸡蛋、干鱼、老鼠干和酒等祭品，集中到某一家（通常是以户轮流主祭）或者直接去泉水或井水边，在井水边搭起一个简易祭台，一切祭品全摆放好后，大年三十晚上七点钟开始祭献，董萨念："嘟、嘟、嘟，唑、唑、唑，水神啊，水神，你是我们的命根子，没有水我们就活不下去。水神啊，水神，我们喝了你的水后，大人小孩眼睛明亮，不长大脖子，使人长得漂亮。以后喝了你的水，全寨子的人更加健康长寿，人人都长得聪明能干。请水神来吃吧！吃饱后保佑全寨人平安健康。"念完，董萨向四周抛撒祭品，祭献完毕。第二天早上，即大年初一早上，鸡第一次叫的时候去背水，称为"背新水"。到井边打水时，在井水里先放几丝饵丝进去，接着打水，并说："我来背水了，请水神不要怪罪我们。"初一用的水，喝的水全都是新水。

十三、祭背时鬼和口舌鬼

人们认为，在现实生活中，"背时鬼"与"口舌鬼"是两种常使人"倒霉"、"运气不好"的坏鬼。凡是村寨事多，家庭不和睦，人畜多病，生产、生活不顺利，均认为是背时鬼和口舌鬼在作祟，需要及时祭献，以求好运。据说，背时鬼和口舌鬼是非正常死亡者的亡魂变成的，他们都是一些饿死或者被人用乱刀、乱棍弄死而变成背时鬼和口舌鬼，因而饿起来经常"咬"人，具体表现为村寨里疾病流行。牛马丢失，人与人之间争吵，闹得全村寨不得安宁。祭献的形式，一是由村寨头人组织全村人集体祭祀，主要是在村里出现疾病流行，村里产生不和睦时，集体来祭祀。二是牛马或者比较贵重的东西丢失，由被丢失的人家主祭。祭献之前，一般是先请董萨打卦，确定在什么地方得罪了背时鬼和口舌鬼，卦定好祭祀时间及祭品等。如村里某家人丢失了牛，主人家及时请董萨打卦，董萨打卦方法有几种：一是用薄竹打卦，二是用叶子打卦。主要是打卦确定得罪了什么地方的背时鬼，它需要什么样的祭品等。祭献之前，在董萨的具体指导下，主人家找两棵青竹，用一根青竹削成篾丝，另一根青竹破成四片，根部相连，做成祭台，祭祀前插在主人家园子旁边。此外，用篾丝编成一个方形竹网和两个小鸡笼，再将四个小竹筒分别捆在祭台的东南西北四个角上，东西两只装酒，南北两只盛水。又把已准备好的祭品1对干老鼠，1对小鸡，糯米饭两包等放在祭台上面，一切准备就绪，董萨坐在祭台右边念："嘟、嘟、嘟、咝、咝、咝，东南方向的背时鬼，西北方向的背时鬼，你们都听着，某某人家不是故意得罪你们的，你们不要把某某人家的牛牵走。若你们找不着喝酒吃饭的地方，今天晚上某某人家用水酒和糯米饭来祭献你们。嘟、嘟、嘟、咝、咝、咝，东南方向的背时鬼，西北方向的背时鬼，请你们好请好来，快请快来，请你们吃饱喝足后，把牛牵回来，以后他们不敢得罪你们罗！"董萨念完，用手拿一些祭品向四周抛撒，并把祭台丢掉，祭献完毕。再如村寨里人与人之间，若经常发生争吵时，由村寨中的头人牵头祭献口舌鬼。祭献前，寨中头人先请董萨打卦得罪了什么样的口舌鬼，口舌鬼需要什么样的祭品，祭献时间等。祭献的方式，祭台的制作与祭献背时鬼的做法是一样的，但祭品不一样，因为口舌鬼还分为大口舌鬼和小口舌鬼，同时还分为男女口舌鬼，所以祭献口舌鬼的祭品比较复杂，一般是大口舌鬼喜欢鸡、狗、干老鼠等，小口舌鬼喜欢小鸡、鸡蛋、糯米等。如果董萨卜出是大口舌鬼作祟，那么只能按照大口舌鬼的需要祭献祭品。通常是1条狗、1对鸡、1对干老鼠、糯米饭等摆放在祭台上面，董萨开始念："嘟、嘟、嘟，唑、唑、唑，大口舌鬼你听着，某某村寨的冲撞着你，他们不是故意得罪你的，你不要把气撒在全村寨人的身上，让村寨不得安宁，你若找不着狗吃，找不着鸡吃，现在他们给你吃狗、吃鸡、吃糯米饭等。请你吃饱后，快快走开，再不要来搅乱村寨的人，让全村寨的人和和睦睦地生活下去。嘟、嘟、嘟，唑、唑、唑，好了，请你吃饱喝足，快快离开，越快越好，你需要什么我们会祭献你的。"董萨念完，撤下祭台连同祭品丢掉。

第五节　舞蹈祭

景颇族舞蹈祭仪式较多，而且具有浓厚的民族特色和地方特色。舞蹈祭在整个景颇族的祭祀活动中占有相当大的位置，这在其他民族的祭祀活动中是很少见的。景颇族舞蹈祭不仅内容丰富，而且具有独特的艺术形态。舞蹈祭的大部分内容和形式是表现古代狩猎、军事等祭祀内容，如"目瑙纵歌"舞、"布滚歌"舞、"金斋斋"舞等都属于祭祀性舞蹈，这种舞蹈又分为纯祭祀性的舞蹈、生产劳动性舞蹈，狩猎和军事性舞蹈三种，这些祭祀性舞蹈典型地再现了景颇族先民们的狩猎、军事、祭祀、农事等生活情景，如"布滚歌"舞，这是在丧葬活动中跳的一种丧葬舞，跳时男子手持火枪，女子手持木棍，围着死人家房屋边唱边跳，在"蹦拉"、"蹦塌"（皆为领舞者）领舞下，伴随着低沉的大铓声不断变化动作。包含在"布滚歌"舞里的"龙洞歌"舞是表示军事和狩猎性的祭祀舞蹈，跳时男子持长刀、火枪，女子持扇子或芭蕉叶，在领舞者的带领下，参加跳丧葬舞的人同声呼喊着"啊热！"男舞者时而对空鸣枪，时而挥舞长刀，女舞者不断舞动扇子。铓鼓齐鸣，呼声震天，好似狩猎归来，又像战斗胜利之后，勇士凯旋而归，人们在欢呼雀跃地庆贺。舞步自始至终只跳一种，看似稍显单一，但人们激情奔放，舞步回旋曲折，如长蛇蠕动，似蛟龙腾飞，令人仿佛看见了原始人类的狩猎和军事情景。村寨中有德高望重的老人死后在坟地跳的"金斋斋"丧葬舞，也有表现景颇族先民狩猎和军事生活情景的舞蹈，由数对青年男子裸身纹满转黑白条纹，系着草裙，扮成雌雄飞禽，手持长矛，呐喊狂奔，勇猛击杀，驱邪撵鬼。舞队时而鸣枪，时而舞刀，时而呼喊，边跳边击木鼓、敲铓锣，作回旋搜索前进动作。"目瑙纵歌"是景颇族大型祭祀歌舞，分为官家跳和百姓跳两种。官家跳的称之为"木代纵歌"，如果说官家死了男人，在官家供有木代鬼的小房子里，由7个老年男子跳6天。如果说官家死了女人，则由8个老年男子跳7天。众人通常在屋外跳，称之为"龙洞拓"。跳这种舞时，一般在主人家门外的平地上立着刻有各种花纹的4块木牌，中间立一大鬼桩，在化妆成一雌一雄飞禽类的领舞者带领下，男人手持长刀、铁矛，女人持扇子，在鬼桩两边排列，陆续回旋前进。这些都再现了景颇族祖先狩猎，军事、农事劳动的生活情形。其场面之壮观，声势之浩大，是其他舞蹈所不可比拟的。所有舞蹈祭的宗旨都是在祈求鬼魂保佑，祈求五谷丰收，人畜兴旺，战斗胜利，狩猎有获等。大部分舞蹈祭还明显地保留着图腾舞蹈的痕迹，多数舞蹈祭属于原始形态。在图腾的约束下，人们须舍弃不同需求、不同欲望，不同规则等等。

一、目瑙纵歌舞祭

景颇族最隆重的祭祀活动要属"目瑙纵歌"，它是景颇族最大的盛典，具有悠久的历史和广泛的群众性。"目瑙纵歌"又称"目瑙"、"纵歌"，"目瑙"是景颇语，"纵歌"是载瓦语，意为"大伙跳舞"，是区域性较大的祭祀活动，以祭祀最大的天鬼"木代"而举行的隆重仪式，同时也是自古以来景颇族盛大的传统节日。这个数万人汇在一起跳的大型舞蹈，包括多种舞蹈形式，排列成阵，舞步有序，节奏鲜明，表现了群舞的高度水平。大凡出征凯旋，庆贺丰收等重要活动时，人们都要跳"目瑙纵歌"。按其内容又可分为不同的类型，它不仅具有悠久的历史传统和广泛的群众性，而且集中表现了景颇族的宗教信仰、道德观念和文化艺术特点，是研究景颇族社会历史，以及民族学、民俗学的最好的历史材料。"目瑙纵歌"是景颇民族精神的具体表现，也是凝聚景颇族的一条精神纽带。

关于"目瑙纵歌"始于何时，尚无文献可查，有的研究者认为，其产生时间可追溯至原始社会时期，并可从民间传说中找到一些佐证。关于"目瑙纵歌"的来历，传说颇多，但皆大同小异，且与太阳和鸟有关。传说一，从前，只有太阳的子女会跳目瑙纵歌。有一次，太阳神派使者邀请地球上的万事万物去参加他们的目瑙纵歌盛会，地球上的万事万物便派遣鸟类赴会。太阳宫的目瑙纵歌结束后，鸟类告别太阳神飞回地球。在途中，它们在原始森林中憩息时，看到树上结满熟透的各种果子，鸟儿一时高

兴，便跳起在太阳宫里跳过的目瑙纵歌舞。宁贯瓦是景颇族神通广大的英雄，他听到鸟类举行目瑙纵歌的消息，赶忙前去观赏，被鸟类的目瑙纵歌所陶醉，于是向鸟儿请求学跳舞。鸟儿欣然同意，并教给他目瑙纵歌舞。这样，天上的目瑙纵歌舞被人类学会了。不久，宁贯瓦在木拽省腊崩的日月祖宗山脚下，用手指划出平坦宽阔的禅信央坎作为目瑙纵歌场地，并举

瑙双　　　陆杰　摄

行了人间第一次目瑙纵歌盛会。传说二，从前，景颇族居住在遥远而美丽的地方，过着美好幸福的生活。后来，天上下来了一个吃人饮血的魔鬼，他专靠吃婴儿过日子。如不得吃婴儿肉饮婴儿

血，他就要施展魔法，呼风唤雨，淹没田园，人类便将陷入灾难。由于人类无法忍受恶魔的暴虐，有一天一个叫子盼的男子，带领父老兄弟向南迁徙，来到了迈立开江和恩梅开江两岸，重建家园。恶魔得知全村的人已逃走的消息后，便追赶到迈立开江和恩梅开江岸边，张开血盆大口把子盼的儿子吃掉了。人们再也忍受不了，子盼决心带领群众与恶魔决一死战，为儿子报仇。太阳神知道此事后深受感

瑙双

动，用自己的火焰为子盼打出了一把威力无穷的宝刀。讨伐恶魔的战斗开始了，群众手持长刀向恶魔冲去，恶魔的头终于被子盼的宝刀砍下来了。人们欣喜若狂，载歌载舞欢庆胜利。后来，人们每年都要举行歌舞纪念祖先除邪恶的胜利，这种歌舞逐渐变成目瑙纵歌。

瑙双　　陆杰 摄

举行目瑙纵歌的时间，每到农历正月十五十六两日，村村寨寨的景颇族都要欢聚在一起，纵情歌舞，感谢太阳神赐予人间幸福吉祥，祈祷人丁兴旺，五谷丰登。目瑙纵歌场上，数不清的人，排成多路队列，有瑙双、瑙巴领舞，遵循一定路线，或环绕，或穿插，进退有序，毫不紊乱。

瑙双系举行目瑙纵歌时头戴鸟冠，身穿龙袍的祭祀领舞者，通常由4人担任，其中又分为武官2人，文官2人。跳目瑙纵歌时，通常由4人领舞。他们所戴的鸟冠以篾编成鸟头型，用犀鸟头喙或者用大雁头喙作帽檐，四周缀有野猪獠牙，后面插孔雀翎或雉鸡翎。所穿龙袍用红、绿绸缎缝制，前后均刺绣双龙。常常佩戴银鞘银柄长刀。领舞者之所以要戴鸟冠有各种各样的传说，但主要与鸟有关。传说一，因为鸟类把目瑙纵歌从天上带到人间，并传授给了人类，功不可没，故以此纪念。传说二，景颇族最初居住在子丕子黑一带，有一天，一个叫勒排都先的人追一只白马鹿，一直南下，在途中曾多次迷失方向，进退两难，幸好有候鸟引路向太阳出的地方追，最后追到了一个非常美丽的地方。后来景颇族南迁到了这个地方，并定居下来，故以此报恩。

开始跳目瑙纵歌时，均先由瑙双、瑙巴、祭司和助手等组成的祭祀舞队带领群众舞队入场，排成两列纵队，瑙双手持刀矛，瑙巴以及其他祭司与助手端着各种祭品，跟着后面的队伍，男的多持长刀，女的则多拿扇子和手绢作道具，按一定路线围着目瑙示栋（祭坛）跳舞。

瑙巴。副领舞者或另外开辟舞场者之意，也属领舞者之一。跳目瑙纵歌时，当群众舞队跟随祭祀舞队祭过目瑙示栋后，便由瑙巴领头脱离祭祀舞队，并分成左右两支舞队。景颇族以偶数为吉，故亦设两个瑙巴。在景颇族的传说中的鸟类"鸟目瑙"里，瑙巴常常由孔雀担任；瑙双常常由犀鸟担任。

目瑙示栋。目瑙纵歌盛会舞场中央竖立的雌雄祭坛，是景颇族人民心目中最神圣又崇敬的吉祥物。在传统的目瑙纵歌盛会里，人们要围着"目瑙示栋"尽情跳起"目瑙纵歌"舞蹈。一般由竖4块，横2块，共6块厚实的长方形木板加底座组成，均用红、黑、白三色绘有不规则的螺旋形几何纹样，分为雌牌和雄牌。中间最高的两块为阴阳雌雄桩，左桩顶端绘有太阳，右桩顶端绘月亮，意为人类离不开太阳和月亮。下面均画螺旋式的舞蹈图案，是表示祖先迁徙路线。再下是犀鸟和孔雀领舞的传说图案。两侧稍矮的两块是祖宗男女桩，顶端均绘祖先发祥地——木

瑙巴　　陆杰 摄

雄伟的目瑙纵歌舞场　　石瑞芳 摄

谷嘟茹

拽省腊崩，左桩下面画着棱形式宝石图案，右桩下面画着波纹或迁徙路线图案，再下均是象征人类繁衍的蕨叶花，象征各民族团结友好的南瓜籽，象征消灾避邪的牛头，象征繁衍生命的乳房等。横的两块，上面一块绘有天地图案，下面一块绘着禽畜、五谷图案，表示五谷丰登、六畜兴旺。阴阳雌雄桩之间有刀和剑相连接，表示景颇族人民的勇敢精神，说明景颇族人民在生产、生活中离不开长刀和剑。目瑙示栋的雌雄桩和图案随着时间推移和世代的变革以及目瑙纵歌种类、内容的不同而有所不同。有的目瑙示栋反竖一根六边形的木桩，有的竖两块横两块，有的竖六块横两块，有的竖四块横四块，还斜插四块。主要材料有木、竹、布、钢混结构和铁等，其色彩有黑、白两种颜色。常常在示栋正中置一巨型木鼓，二侧悬两面大镲。祖宗男女桩旁栽有芭蕉树和甘蔗蓬。芭蕉树硕果累累，它象征着丰收，甘蔗象征生活甜美幸福。有的还在目瑙示栋两侧建有高竹台，以迎请木代鬼落坐。历史上，在尚未竖立目瑙示栋之前，通常各村寨的董萨都在念他们带来的村寨鬼，形成祭祀高潮。一般祭祀天鬼的活动共需 3 天时间，祭毕将

薄竹卦之前，先举行的"米空我"仪式　　石瑞芳摄

目瑙示栋（祭坛）竖立起来，顿时，使整个目瑙纵歌舞场上增辉添彩，显得非常雄伟壮观。

关于景颇族跳目瑙纵歌舞时，竖立目瑙示栋的来历，有一个

动人的传说。从前，景颇族的祖先创世英雄宁贯瓦长大后，想娶天鬼木代的女儿为妻，他上天来到天鬼木代家求亲，木代鬼不答应，对宁贯瓦说："我们都是近亲兄弟，女儿不能嫁给你。"宁贯瓦回来后，带着人敲锣打鼓到迈立开江和恩梅开江边去找妻子。有一天，他们的锣鼓声惊动了江中的龙王。龙王叫女儿布仁扎仙出来观察动静，当龙女一出江，宁贯瓦就看上了龙女，龙女也爱上了宁贯瓦，两人成了家，生了儿子景瓦共宗。儿子长大，宁贯瓦也成名后，他再次上天找天鬼木代为自己的儿子求亲，天鬼木代看在宁贯瓦的份上，只好把小女儿纯瓦木准给他做儿媳。当女儿出嫁时，天鬼木代不要宁贯瓦的彩礼，而且还给了景瓦共宗一包树种籽，并再三嘱咐，叫他回去后把树种籽好好播种好，树长大后可以做目瑙示栋和长鼓的材料，人类就可以举行目瑙纵歌盛会，到时，丈人家要去参加目瑙纵歌盛会。从此，每当景颇人在举行目瑙纵歌时，都要竖立目瑙示栋。

景颇族的目瑙纵歌活动，因举行的原因和目的不同可分为15种类型。

1. 由家中供奉木代鬼的山官家组织举行的"木代目瑙纵歌"。举行的目的是以祈求消灾免难，五谷丰登，人财两旺，这是一次以祭祀木代鬼为特征的目瑙纵歌。

2. 重大节庆或迎宾时举行的"克拢目瑙纵歌"。举行的目的是迎接贵客从远方的来访，一般是其地位较高的贵客到来才举行目瑙纵歌。

3. 出征前举行的"达如目瑙纵歌"。举行的目的是动员群众的誓师大会。历史上举行此目瑙纵歌要向鬼报告为何要出征、去何地与谁作战，祈求鬼魂护卫出征胜利。如若出师不利，为了重振旗鼓也要举行"达如目瑙纵歌"。

瑙双瑙巴

4. 祝寿时举行的"柱罢丽目瑙"。举行的目的是为山官、头人或有较高威望的董萨寿辰时举行的一种祝寿性的活动。这种目瑙纵歌一般规模较小，多半是在小范围内举行。

5. 和谈、和解时举行的"腾陆腾然目瑙纵歌"。举行的目的是为了缓和紧张气氛，为和平谈判创造良好的条件。敌对双方经过战争后，双方为了和解，消除双方的仇恨和隔阂，建立新的友好关系，从而举行这样的目瑙纵歌。

董萨正在打叶子卦　石瑞芳　摄

6. 集会时举行的"共润目瑙纵歌"。举行的目的是为了搞好相邻山官辖区之间的团结互助，或者为了对付共同的敌人，为了庆祝缔结联盟而举行"共润目瑙纵歌"。

7. 进新房时举行的"听肯目瑙纵歌"。历史上山官进新房时，像过节一样，辖区内男女老少穿上新衣，女人们背着礼篮，礼篮里背着米酒罐和水酒竹筒，男人们敲打着象脚鼓、铓锣，热热闹闹，欢欢喜喜前来相助庆贺。山官便组织辖区内群众举行盛大的"听肯目瑙纵歌"。

8. 起义时举行的"共荣目瑙纵歌"。由于忍受不了山官的暴虐，起义推翻山官统治，辖区内由某个人组织起义，通过他组织发动兵力，规模最大的可发动全辖区的青壮年男子，其次发动全村寨的，规模小的则约集亲友近邻，举行群众性的"共荣目瑙纵歌"。

破篾子编鸡笼　　　石瑞芳　摄

　　9. 发生冲突时，冲突一方为消灭敌人，给敌人制造假象的"闹算目瑙纵歌"。这种一般都是规模较小，在小范围内举行。

　　10. 为繁衍子孙和求财兴旺举行的"索目瑙纵歌"。

　　11. 山官弟兄分家或要出走远方时，为送别而举行的"其然目瑙纵歌"。

　　12. 山官或头人的子女结婚时，举行"农恳然目瑙纵歌"，显示山官或头人的势力和地位。

　　13. 由于某种瘟疫流行时，为了宣传动员预防瘟疫而举行的"南着目瑙纵歌"。

14. 在举行目瑙纵歌前，动员和组织群众平整舞场时举行的"闹拉图目瑙纵歌"。

15. 如果死者是官家、或有较高社会地位的人，家中供奉"木代鬼"（天鬼），在丧葬活动中要举行盛大的"夕目瑙纵歌"。要设立专门场地，这种场面极为壮观，远近村寨的男女老少均来参加，人数可达数千。

景颇族的目瑙纵歌盛会既是景颇族最大的祭祀活动，又是群众性歌舞盛会。一般分为准备阶段、正式阶段、结束阶段等三个过程。

天神祭台　石瑞芳　摄

1. 准备阶段。历史上举行目瑙纵歌盛会，由于因人、因地、因事不同而选择场地也不同，场地多半是不固定的，固定场地是新中国成立以后的事。景颇族选择舞场极为重视，不仅要选好舞场的宽旷，而且还要看场地是否有吉凶，由董萨反复多次打卦显示有吉方可定为舞场，如若反复几次打卦显凶，说明地点不好，就得另选场地。选择好舞场后，选建盖好供奉木代鬼的房屋，旁边另用树枝围一小间房，地上用竹子搭一小竹台，台上铺上新鲜芭蕉叶。由迷退（最高一级董萨，能作所谓人与鬼之间的中间人，鬼魂附在其身上，就能为人鬼之间传话，此种人为数极少）以蒿叶薰沐后念喷水和喷姜汁咒，待木代鬼附体后便开始发旨。这时有人在其身边手

董萨祭献"太阳神"和"月亮神"　　　石瑞芳 摄

持水筒不断给他添水喝。有人向鬼提出问题，这次目瑙纵歌应如何安排，要杀多少牛、猪、鸡，哪种鬼应如何祭祀，并向其汇报请示有关此次目瑙纵歌的筹备情况及各种问题。如遇有天灾人祸，山官代表人民群众要求鬼告诉消灾免难的办法，祈求诸鬼保佑人们平安无事。由供奉木代鬼的山官组织举行的目瑙纵歌时，迷退每天都要这样做一两次，他还要代表鬼检查祭祀的态度是否真诚。紧接着，开始分类祭鬼，首先祭洼子水鬼、大水鬼和山鬼。先祭祀这几种鬼的原因是，举行目瑙纵歌期间，来往人员较多，大家都要煮饭，到洼子里打水，有的还要到山上拾柴禾，容易触犯这两个鬼，它能使人生病，须先祭献。洼子鬼的主要祭

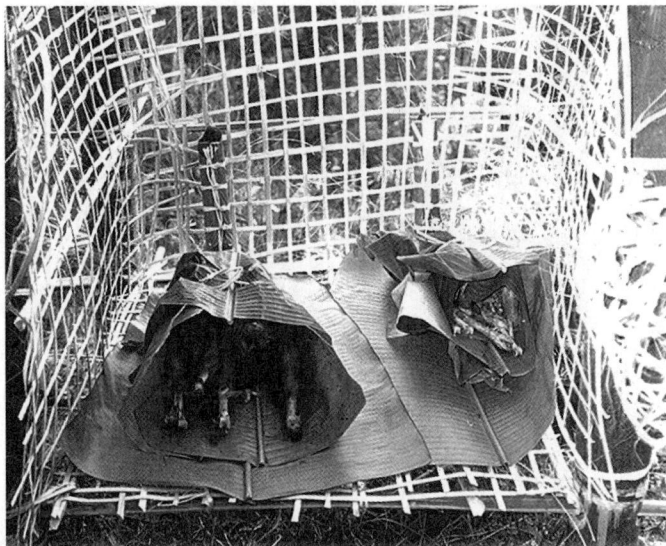

祭献"太阳神"和"月亮神"的供品　　石瑞芳　摄

品是 1 只鸡，大水鬼的是公鸡、母鸡各 1 只，山鬼用公鸡 1 只。其次是祭祀地鬼，杀瓦鬼（血腥鬼），木里子桐鬼等诸鬼。举行目瑙纵歌期间，大家要地方跳舞，地上不断有人住宿或行走，也容易触犯地鬼。对它的祭祀也要安排在前面。地鬼祭献后，可保护人们在目瑙纵歌期间不会生病，使目瑙纵歌盛会能顺利进行。主要祭品是干鱼 6 对，3 对埋入土中，3 对摆在地面，另供糯米饭一包，水酒两筒。祭杀瓦鬼（血腥鬼），举行目瑙纵歌盛会，按习惯男子个个都带有刀枪，如不小心容易触犯杀瓦鬼，在舞场会出现乱砍乱杀的事件发生，对杀瓦鬼要好好祭献它。主要祭品是狗 1 条，小鸡 1 只、长刀 1 把，火枪 1 支、大铓 1 面、花毡 1 块、棉毯 1 床，将狗和鸡杀死抛入山洼，其他祭品则收回。祭献杀瓦碑（杀瓦鬼之母），其祭品除与祭杀瓦鬼相同外，再增加大铓 6 面，龙袍 1 件，雄猪 1 头。最后祭献木里子桐鬼（最大的山神鬼），它主要是管制山上的各种野兽和保护人的安全。主要祭品是 1 头牛，1 头猪。祭献好此鬼，舞场才会有好秩序，柴水不愁，安全、人人健康。

祭祀架

董萨正在准备供品　石瑞芳　摄

第二批要祭献色甲鬼、祖字鬼、雷鬼、风鬼等共 30 多种鬼神。祭献色甲鬼和祖字鬼的主要祭品是牛，色甲鬼杀 3 头牛，祖宗鬼要杀 1 头。雷鬼、风鬼的主要祭品是母猪 1

头、龙袍1件、花毡1块。各种鬼神基本祭献完毕，由主祭司斋瓦和几位地位最高的大董萨担任瑙双，手持天平、大锤、扇子、钩子、锅圈、风箱、刀矛等，由副祭司董萨担任瑙巴，手持酒筒，为木代鬼做饭菜的"强壮"，给木代鬼献酒的"彭壮"、总管等一些执事人员尾随其后，进入木代鬼房巡视。此后，他们到舞场东边站住。这时，参加目瑙纵歌盛会的群众开始燃放鞭炮、鸣枪表示欢迎，他们便进入舞场，走到刚竖起的目瑙示栋旁坐下，由3位董萨念"木宋鬼"（即口舌或是非鬼）。据说，此类鬼有30余种，它们可以使人生病、吵嘴斗殴、酿成流血事件。念完后，他们要通过设在木宋鬼棚之间的独桥——以清除附体的不吉之鬼。然后转至木代鬼房前，大祭司斋瓦在门口讲几句吉利话，大意是人们诚心祭木代鬼，请木代鬼体察下情，赐福消灾，保佑万民。这时，其他人离去，斋瓦则入木代房继续念木代鬼。除了敬献祭品外，还要念出接木代鬼时所经路线的地名，一直念到木代鬼的住地为止。还要向木代鬼说明人间举行目瑙纵歌的盛况，并请木代鬼参加盛会，接受人间祭献的供品。木代鬼同大祭司斋瓦一同返回人间，前半段路线不变，来到人间后，因木代

目瑙纵歌祭仪结束后，董萨举行叫魂仪式
石瑞芳　摄

鬼来参加目瑙纵歌盛会带来了许多金银财宝，怕遭抢劫，故后半段改变路线来到举行目瑙纵歌场地。把木代鬼请到木代房后，斋瓦要念木代鬼的历史，从开天辟地时开始，一般要念一天以上的时间。据说，有十八九种不同的念法，但总的情况是一致的。最后斋瓦请木代鬼保佑寨子的人，过上幸福富裕的生活。在祭祀木代鬼的同时，目瑙纵歌场地附近竖满了鬼桩，这时各村寨的董萨都在念他们带来的村寨鬼，到处一片祭鬼声，形成祭祀的高潮。

祭献土地神的祭台　　石瑞芳　摄

2. 正式阶段。目瑙纵歌盛会通常历时1～2日。当祭祀完木代鬼后，约在上午10时许，由两个瑙双（领舞者），一个饰木代鬼的儿子，头戴插有羽毛的藤篾帽，系腰带，穿长袍。另一个饰木代鬼的女儿，头缠包头，穿统裙，上衣缀满银饰，挂项链，戴银手套圈，手中持扇，进入木代鬼房，在鬼桩前跳祭祀舞。仪式结束后，紧跟在后面有4人，其中有2人脱去上衣，卷起裤脚，作出手执刀矛，又劈又刺状，另有两个巫师念咒，据说是驱鬼开路，祈祷舞场平安无事。巫师又头带黄巾进入舞场，在

商议目瑙纵歌事宜

董萨给瑙双瑙巴戴"谷嘟茹"

舞场中心及周围撒姜片，转了一圈撒完姜片后，将黄巾挂在太阳神的祭台上。接着，祭祀性的开跳仪式开始，头戴藤篾帽，身穿长袍的两个瑙双，各率一队群众舞队入舞场，后面紧跟着的两人

象脚鼓队迎接瑙双瑙巴　石瑞芳　摄

持象征性的铁矛和用芭蕉叶裹着的酒筒，其他的男人持长刀，女人持扇子或手帕、树枝跟着跳进舞场内。舞场一开场，常常是铓鼓齐鸣，还有一位乐师走上太阳神的祭台吹奏形似唢呐的"洞巴"，群众则随着铓声起舞，酣歌畅舞，满眼见到的就是男子手中的长刀上下舞动，银光闪闪；女人衣服上，筒帕上的银泡光泽夺目，铮铮作响，配以节奏鲜明的大鼓，铓锣声，十分壮观。目瑙纵歌场上，数不清的人，排成多路队列，有人领舞，遵循一定路线，或环绕，或穿插，进退有序，毫不紊乱。舞步也有许多花

瑙双瑙巴步入舞场　石瑞芳　　摄

样，基本舞步为两腿向左右边崴边前进。但若鼓声一变，舞步即
变为两步、退一步，或进三步退两步。舞者跳得那么认真、专
注，完全沉缅于一种自我陶醉的状态中，以致观者也受到感染，
不由自主地加入到纵歌行列中来，开跳仪式后期，人们就不断地
加入纵歌队伍，而且越来越多。跳疲倦了的人就自动退出休息，
休息好的人又加入纵歌队伍。场中的纵歌一般规定时间不到是不
停止的。斋瓦（巫师）边跳舞边念鬼，迷退（巫师）则须每日
附体1~2次鬼魂，向木代鬼请示汇报，并代发圣旨。这时，还
必须举行传统的象征性的买牛活动，买牛需要金银，故在木代鬼
台旁备有风箱、锤子、扇子及天平等工具。举行这种仪式时，指
定两人装扮成为买牛者，两人从勒扎那里把牛买回来，拴在"贡

旁样"，并请两人看守，而牛却走失了，又安排两人去找。他们
俩到处去问："是否看见牛?"被问的人答道："不见，你们到贡
扎去找。"找牛的人在途中如遇上商人便讨钱，见肉也拿，所得
钱或物全归找牛者。

在此过程中，有人在舞场里堆起一堆堆沙子，找牛者即认为是发现了牛粪。再往前走，到舞场入口处，这里放着两个竹槽，一槽为清水，另一槽是浑水。找牛者先用浑水洗脸，然后再用清水洗。洗完脸后，就说牛已找到。一个人用绳子拖着一个象征牛的大东瓜，另一个人则用小棍敲打，谓之赶牛，他们赶着"牛"闯入舞场附近各寨的临时住地，将东瓜从睡着的人身上

瑙双瑙巴

拖过，滚过人头称上坡，滚过下身叫下洼子。这个过程中同样见吃的就拿，遇着有钱人就讨。绕完各村寨临时住地，此仪式才告终。参加跳舞的人兴致高昂，一经踏进舞场就连跳数小时，整个跳舞时间可以持续几个小时而不散。

景颇族目瑙纵歌舞场

3. 结束阶段。巫师（斋瓦、董萨、迷退）和所有一切执事人员都进场去跳，所有的藤蔑帽和长袍都全部穿戴上。在斋瓦等巫师和执事人员走完格借的步伐以后，群众才进场参加跳舞。之后巫师斋瓦领着一部分人，一直沿着舞场边缘转。瑙双等又领着其余的人在场中跳。最后，斋瓦所领的队伍也合过来，共同组成十多路纵队，面向目瑙示栋，共同来往横跳若干次，又前进后退若干次。这时整个目瑙纵歌结束，全体人员经木代房的舞场门退出。在舞场门口等候着的一位老妈妈，快速用竹制的瓢，做舀金银财宝的动作。最后，再祭木宋鬼，立一根高竹竿，上挂一只竹篮；内装稀饭和一只杀死的鸡，由斋瓦主祭。紧接着，杀一头牛，举行关鬼仪式，董萨带着一个人，各持一片尖端砍开似夹子的竹片，边念边走，边走边用竹片敲打，从木代房走到舞场，又由舞场走回木代房。巫师斋瓦念祭，念的主要内容是：此次举行

前来祝贺的队伍　　　石瑞芳 摄

目瑙纵歌请来的全部鬼们，我们该给你们的祭品已全部给了，请你们一定要保佑木代的子孙。现在你们该回去了，下次举行目瑙纵歌盛会时再请你们来参加。念毕，斋瓦将悬在竹竿上的竹篮绳割断，表示从此与所祭献的所有鬼割断联系。最后封闭舞场后门，凡是参加祭祀的斋瓦、董萨、迷退等从前门走出舞场回各自的家。如果是属个人举办的目瑙纵歌盛会，则主祭司斋瓦或董萨当日不能直接回家，只能寄宿别人家。有些地区不立高竹竿，但准备数十个长 30 厘米左右的竹筒，将祭献各种鬼的鸡肉剁碎拌入稀饭，每个竹筒装一点，当斋瓦念完鬼时，从木代房出来的祭祀的人便各取一筒，在归途中丢入山洼，再自行回家。

目瑙斋瓦。即《历史的歌》，是一种专门歌唱历史的曲调名称。景颇族每逢举行目瑙纵歌盛会时，请一位最有声望的巫师斋瓦念诵《目瑙斋瓦》。它从开天辟地念起，以优美的神话形式，叙述了景颇族人民从远古到现代的发展演变过程，在曲折生动的故事中，留下了历史前进的脚印。据说，有 20 多种不同的念法，念的时间长短，一是看巫师斋瓦的能力。二是看各家山官的历史发展是否复杂。《目瑙斋瓦》在景颇族人民及其生活中具有十分

目瑙纵歌乐队　　　石瑞芳　摄

开幕仪式上的铜炮枪队　　　石瑞芳　摄

目瑙纵歌结束时瑙双瑙巴退场　　石瑞芳　摄

重要的意义，对其他形式的景颇族口头文学，也产生了深刻的影响。目瑙斋瓦在景颇族民间流传颇广，由于支系、语言、方言不同、地区不同、巫师素质不同，往往存在一些差异，但基本上则是相同的。念的人一般只有五六个，任何一个地方举行目瑙纵歌盛会，都要请上述五六人去念，流传的内容大致相同。1975 年，李向前采访过盈江县卡场乡乌帕村 78 岁的大斋瓦——贡退干（汉名沙万福），将其念诵的《目瑙斋瓦》记录成册，于 1981 年由云南民族出版社用景颇文编辑出版。1991 年，李向前、石锐、尚晨宏将其译为汉文，于 1992 年由德宏民族出版社编辑出版发行，在国内外景颇族及其他兄弟民族中产生了强烈反响。《目瑙斋瓦》由序歌和大地的形成、平整天地、洪水、宁贯瓦娶亲、目

瑙的来历，大地上的生活等 6 章组成。下面选两首目瑙纵歌来历
的祭诵词：

1. 天上的目瑙纵歌舞

　　　　远古，
　　　　有了新的天，
　　　　有了新的地，
　　　　谁先竖目瑙桩，
　　　　谁先跳目瑙舞？
　　　　太阳出来的地方先竖目瑙桩，
　　　　月亮升起的地方先跳目瑙舞。

　　　　太阳出来的地方，
　　　　竖起了目瑙桩，
　　　　月亮升起的地方，
　　　　围起了目瑙场。

　　　　谁来当主持，
　　　　谁来当总管？
　　　　占瓦能桑说：
　　　　我来当主持，
　　　　我来当总管。

　　　　谁来当董萨，
　　　　谁来念祭词？
　　　　占瓦能章说：
　　　　我来当董萨，

我来念祭词。

谁来当斋瓦，
谁来吟颂词？
颇干杜真塔说：
我来当斋瓦，
我来吟颂词。

谁来当领舞，
谁来当先导？
木左知声然说：
我来当领舞，
我来当先导。

谁来帮领舞，
谁来助先导？
木左瓦毛浪说：
我来帮领舞，
我来助先导。

谁来管屠宰，
谁来管祭坛？
木左肯万诺木努说：
我来管屠宰，
我来管祭坛。

谁来管祭酒，
谁来当监督？
木夺直卡说：
我来管祭酒，
我来当监督。

目瑙桩竖好了，
目瑙场整好了，
该有的都有了，
该做的都做了，
天上的目瑙舞，
就要开始了。

潘格来遮能代，
问目瑙主管说：
"你们跳目瑙，
你们献什么神，
你们祭什么祖？"

主管回答说：
"天上的目瑙舞，
我们献金神，
我们祭银神。"

金神献过了，
银神祭过了，

天上的目瑙，
在宽广的太阳宫，
隆重地进行着。

前面是领舞，
后面是舞队，
跳的热闹地跳着，
唱的高声地唱着，
天上的目瑙舞，
跳得多热闹，
唱得多欢乐。

目瑙舞跳过后，
主持目瑙的富有了，
主管目瑙的如意了。

2. 鸟类的目瑙纵歌

远古，
鸟类参加了天上的目瑙，
返回大地时，
来到康星央枯地方，
那里有一棵黄果树，
上面结满了熟透的黄果。
百鸟看见了，
它们是多么高兴。

支尼年鸟说：
"这么好吃的黄果，
让我们围起来，
悄悄吃掉吧"。

石介鸟说：
"这么好的黄果，
不能光我们吃掉，
应该请来所有的鸟类，
共同把黄果分享。"

胜独鸟说：
"这么好看的黄果，
就这样吃掉，
实在太可惜，
我们不如学着太阳官，
请来所有的鸟类，
举行一次目瑙，
再欢欢乐乐地吃黄果"。

所有的鸟，
都同意了胜独鸟的建议，
请来了所有的鸟类，
在黄果树上，
就要举行鸟类的目瑙了。

谁来当主持，
谁来做总管？
胜独鸟说：
我来当主持，
我来做总管。

谁来当斋瓦，
谁来吟颂词？
鹦哥鸟说：
我来当斋瓦，
我来吟颂词。
直至今天，
鹦哥鸟的声音，
仍然是哦……哦格岛日①。

谁来当董萨，
谁来念祭词？
章脑鸟说：
"我来当董萨，
我来念祭词。"
直到今天，
章脑鸟的声音，
仍然是章脑、章脑②。

---

① 哦……哦格岛日：象声词，即吟唱词的声音。
② 章脑、章脑：象声词，念祭词的声音。

谁来管屠宰，

谁来管祭坛？

登科鸟说：

"我来管屠宰，

我来管祭坛。"

直到今天，

登科鸟的声音，

仍然是科科、科科①。

谁来当领舞，

谁来当先导？

犀鸟说：

"我来当领舞，

我来当先导。"

犀鸟头太大，

别的鸟不跟着它，

犀鸟的声音太粗重，

别的鸟不愿听。

犀鸟当不成领舞，

犀鸟当不成先导，

它又请求主持说：

"就算做不成领舞，

_____

① 科科、科科：象声词，指剁肉的声音。

就算当不成先导，
也在我的头上，
做一个纪念的记号①。
按犀鸟的要求，
犀鸟的样子，
被做成了领舞的头饰。

谁又来当领舞，
谁又来当先导？
孔雀说：
"我来当领舞，
我来当先导。"

谁来帮领舞，
谁来助先导？
勒农省瓦鸟和苏梅银鸟说：
我们来帮领舞，
我们来助先导。

谁来平目瑙场，
谁来整目瑙场？
支边别鸟说：
"我来平目瑙场，
我来整目瑙场。"

① 记号：直到今天，瑙双的头罩是用犀鸟的嘴做装饰，是纪念它而做的。

谁来管酒，

谁来斟酒？

凰仙鸟说：

"我来管酒，

我来斟酒。

直到今天，

凰仙鸟的声音，

仍然是相相、仙仙①。

谁来当监督，

谁来管分工？

真灵鸟说：

"我来当监督，

我来管分工"。

直到今天，

真灵鸟的声音，

仍然是顶顶、顶顶②。

谁来管分，

谁来管发？

松拾木丽拾鸟说：

"我来管分，

---

① 相相、仙仙：斟酒声。

② 顶顶、顶顶：快快之意。

我来管发"。
直到今天，
松拾木丽拾鸟的声音，
仍然是松拾木丽拾①。

谁来烧火，
谁来煮饭？
恩直支锐鸟说：
"我来烧火，
我来煮饭。"
直到今天，
恩直锐鸟的声音，
仍然是老地木、老地木②。

谁去背水，
谁去打水？
空什乌公鸟说：
"我去背水，
我去打水。"
直到今天，
空什乌公鸟的声音，
仍然是恩空、恩空③。

---

① 松拾木丽拾：三四十之意。
② 老地木：快做吧，快做吧之意。
③ 恩空、恩空：指背水喘气声音。

谁来泡酒，

谁来捣酒？

盆牙种鸟说：

"我来泡酒，

我来捣酒。"

直到今天，

盆牙种鸟的声音，

仍然是布布、布布①。

谁来舂碓，

谁来簸米？

恩梅曼突鸟说：

"我来舂碓，

我来簸米"。

直到今天，

恩梅曼突鸟的声音，

仍然是叶洒鲁，叶洒鲁②。

谁来扫目瑙场，

谁来收目瑙场？

坡总松鸟说：

"我来扫目瑙场，

我来收目瑙场"。

---

① 布布、布布：指捣酒的声音。

② 叶洒鲁、叶洒鲁：舂米的号子声。

谁来送垃圾，
谁来倒垃圾？
乌快鸟说：
"我来送垃圾，
我来倒垃圾。"

该有的都有了，
该做的都做了，
用树干做目瑙桩，
用树枝做横档，
用树梢做舞场，
所有的鸟都跳起来了，
所有的鸟都唱起来了，
它们是多高兴，
它们是多欢乐。

就在这个时候，
苏瓦木都和能匡斋瓦贡东都卡，
来到了黄果树下，
看到了鸟类的目瑙舞。
他们便大声问：
"树上的是做什么呀？"

树上的鸟回答说：
"我们到天上参加目瑙，

来到这里看到满树的黄果，
我们心里高兴，
就学着天上的太阳神，
跳起了目瑙舞。"

苏瓦木都又问：
"树上跳目瑙，
主持是谁呀？"
树上回答说：
"主持是胜独鸟"。
胜独鸟又问：
"树下的是谁呀？"
树下的回答说：
"听着吧，
树上的叫胜独鸟，
树下的叫苏瓦木都，
名字相称了，
名字相配了。"

树下又问道：
"树上的目瑙斋瓦是谁呀？"
树上回答说：
"树上的目瑙斋瓦，
是能哦吴然。"
树上又问道：
"树下的谁呀？"

树下回答说：

"听着吧，

上面的斋瓦叫能哦吴然，

下面的斋瓦叫贡东都卡，

名字相称了，

名字相配了，

树下的人们，

也能跳目瑙了"。

3. 大地上的目瑙

远古，

苏瓦木都和干占肯努，

在黄果树下，

看到了鸟类的目瑙，

便学着鸟类的样子，

也要举办目瑙。

苏瓦木都和干占肯努，

他们举办的目瑙，

选在正月中旬，①

吟颂词的斋瓦有了，

念祭词的懂萨来了。

管祭坛的肯庄有了，

泡酒的盆伦来了。

---

① 　正月中：在农历正月十五，直到今天，景颇族的目瑙选在这个日子。

春碓的有了，
簸米的来了。

目瑙桩竖起了，
目瑙档支好了，
舞场整好了，
祭坛设好了，
长长的木鼓敲响了，
圆圆的大铓敲响了。
苏瓦木都和干占肯努，
他们举办的目瑙，
隆重又热闹。

跳完目瑙舞后，
苏瓦木都和干占肯努，
白米吃不完了，
红米堆成山了，
鸡猪数不清了，
牛马满山坡了。
金银门开了，
繁衍路通了。

远古，
德如曾利和木干真梯，
看到苏瓦木都和干占肯努，
举办的目瑙，

学着他们的样子，
也要举办目瑙。

德如曾利和木干真梯，
他们举办的目瑙，
也选在正月中旬。
吟颂词的斋瓦有了，
念祭词的董萨来了。
管祭坛的肯庄有了，
泡酒的盆伦来了，
春米的有了，
簸米的来了。

目瑙桩竖起了，
目瑙档支好了。
舞场整好了，
祭坛设好了。
长长的木鼓敲响了，
圆圆的大铓敲响了。
德如曾利和木干真梯，
他们举办的目瑙，
隆重又热闹。

跳完目瑙舞后，
德如曾利和木占真梯，
白米吃不完了，

红米堆成山了，
鸡猪数不清了，
牛马满山坡了，
金银门开了，
繁衍路通了。

远古，
木托贡央和登萨勒刚，
看到德如曾利和木占真梯，
举办的目瑙，
学着他们的样子，
也要举办目瑙。

木托贡央和登萨勒刚，
他们举办的目瑙，
也选在正月中旬，
吟颂词的斋瓦有了，
念祭词的董萨来了，
管祭坛的肯庄有了，
泡酒的盆伦来了。
管祭坛的肯庄有了，
舂碓的有了，
簸米的来了。

目瑙桩竖起了，
目瑙档支好了，

舞场整好了，
祭坛设好了，
长长的木鼓敲响了，
圆圆的大铓敲响了，
木托贡火和登萨勒干，
他们举办的目瑙纵歌，
隆重又热闹。

跳完目瑙，
木托贡央和登萨勒刚，
白米吃不完了，
红米堆成山了，
鸡猪数不清了，
牛马满山坡了，
金银门开了，
繁衍路通了。

远古，
瓦切瓦星贡木干和木贡格旁木占，
看到木托贡央和登萨勒刚，
举办的目瑙，
学着他们的样子，
也要举办目瑙。
瓦切瓦星贡木干和木贡格旁木占，
他们举办的目瑙，
也定在正月中旬。

吟颂词的斋瓦有了，
念祭词的董萨来了，
管祭坛的肯庄有了，
泡酒的盆伦来了。
春碓的有了，
簸米的来了。

目瑙桩竖起了，
目瑙档支好了。
舞场整好了，
祭坛设好了，
长长的木鼓敲响了，
圆圆的大铓敲响了，
瓦切瓦星贡木干和木贡格旁木占，
他们举办的目瑙，
隆重又热闹。

跳完目瑙舞后，
瓦切瓦星贡木干和木贡格旁木占，
白米吃不完了，
红米堆成山了。
鸡猪数不清了，
牛马满山坡了。
金银门开了，
繁衍路通了。

二、布滚歌舞祭

按景颇族古老的习俗，凡老人去世，在送葬前，为了表示对死者的怀念和对生者的劝慰，每天晚上，凡是前来吊丧的亲友，都要在死者家中跳"布滚"舞，以此来祭献死者的亡魂。跳的天数以死者家属的经济情况而定，有钱人家可跳 2～4 天，经济较困难人家也得跳两晚上。跳"布滚"舞祭的目的也是希望以后家中清洁平安，"布滚歌"舞是景颇族丧葬祭祀舞蹈中的一种形式。跳"布滚"舞一定要在死者的屋内跳，或者屋外院子内跳，决不能在其它地方跳。人不死时，这种舞禁止跳，无事跳这种舞被视为不吉利。跳起这种舞来总是通宵达旦，主人家通常准备大量的水酒、白酒招待跳"布滚"舞的亲朋好友。

"布滚歌"舞是景颇族古老的祭祀舞蹈，是丧葬活动中不可缺少的。跳时，人们要击起声音深沉的大铓锣，由"蹦拉""蹦塌"（皆为领舞者）的领舞下，众人手握一根削制的竹片（以竹片或长刀）在屋内或者院场中起舞。据说，此舞有两套，共60多个动作，这些动作有先有后，哪个动作跳几圈，在什么地方变换都有规定，不能随便跳。第一套是纪念死者生前克服重重困难磨刀、砍草、烧地、平地、点谷、狩猎等的情形，通过古朴豪放的舞姿，把人们又带到了很久以前的日子里。第二套是纪念死者生前克服重重困难收割粮食、舂米等反映劳动生产、生活的景象，通过舞蹈动作再现了死者的生平，表示对死者的悼念和崇敬。跳时一般只跳第一套，如果两套都要跳的话，则时间应抓得很紧，不能天亮了还跳不完。人死后人们为什么要跳丧葬舞呢？很早很早以前，景颇人是不会跳丧葬舞的。据说，那时的景颇人，人死了，有的人哭，有的人怕，不知道如何处理丧事。天神知道后，便派天鬼"蒙毛龙"下来人间帮助景颇族处理丧事。他来到景颇山，没有人死，恰好遇到一条四脚蛇挡道，天鬼"蒙毛龙"用一个簸箕罩住了这条四脚蛇，被罩住的四脚蛇在簸箕内跳动，好像要冲出来伤人似的，这时天鬼"蒙毛龙"率领大家敲起大铓，围着簸箕跳舞，不一会儿簸箕里的四脚蛇死了。从此以后景颇人学会了"簸箕舞"，人死了就跳这种舞蹈来表示对死者的哀思。通过舞蹈动作再现了死者的生平，表示对死者的悼念和崇敬。

跳"布滚"舞时，董萨在一旁念："某某人啊！你先走了，不要悲伤，不要难过。万物都会死的，星星也会落下，大海也会干枯，更不用说老虎豹子，大树小草，麂子马鹿都要死的。人也这样啊，你的祖父祖母都死掉了，今天你也跟着他们去了。你放放心心走吧，不要牵挂儿孙。你留下的猪鸡牛马有人看管，你种过的土地有人耕种，你住过的房子后代还要居住。你只管背着你的背箩，带着你的长刀，沿着祖先来的路回去吧！你不要回头，前面有三条路，左边有深箐，不能走。右边有悬崖，不要走。中间那条路，尽管放心走吧！平常不要来，请你继续走，越远越好。你的子孙会经常祭献你的，你要保佑他们谷子满仓，牛羊满山，猪鸡满厩，儿孙满堂……"[1] 董萨坚持念到跳"布滚"舞结束才能休息。在念的同时，跳"布滚"舞的人，在屋内围成舞圈，伴着铓锣节拍，步伐整齐，节奏明快，气氛肃穆，跳舞的人们边唱丧葬歌边跳。唱词一般是："老公公啊！你活在世上的时候，你教儿孙们做活，你活在世上的时候，像大青树一样长青，

---

① 见雷宏安：《民族调查研究》，专刊第二集，第 102 页。

你处处为别人着想，你做过的好事数不完，人们记着你，子孙后代传颂你，你的名字像金子闪光。我们永远记住你，放心走吧！不要牵挂儿女。你留下的猪、鸡、牛、马，会有人照看，你种过的土地会有人耕种，你住过的房子后人会居住。你只管背着你的背篓，带上你的长刀，沿着祖先来的道路回去吧！你不要回头，前面有三条路，左边有深沟，不能走，右边有悬岩陡壁，不能去。中间那条路平平坦坦，你去吧！子孙后代会称颂你的，你的名字像金子一样发光，你没有做完的事我们接着做。"① 虽然所唱的是丧葬歌，但所表达的感情更多的是对死者的怀念之情，颂扬死者生前的功绩，但却没有流露出过分的悲伤情绪。所唱的丧葬歌与董萨的念词内容基本一致，只是表达方式不一样。丧葬歌有两种唱法，可由二人交替对唱，也可由一人领唱，众齐声合唱，听起来很有气派，边舞边唱，往往直到公鸡报晓时才终止。

三、弄董歌舞祭

跳完"布滚"丧葬舞后，如果要送葬，天亮后，人们紧接着又要在屋外跳一种称为"弄董歌"的祭祀舞蹈。开始前，专门念送死人魂回老家的董萨（西早）坐在将要跳"弄董歌"舞场的旁边念唱祭祀歌："嘟、嘟、嘟，唑、唑、唑，某某的父亲某某、祖父某某、曾祖父某某，你们的后代某某今天死了，请你们赶快把他领走，不要让他到处乱串，更不要让他迷路，领他回老家去……某某，你的父亲某某，祖父某某，曾祖父某某已叫你回去了。今天我们送你回老家去，请你沿着老家的路走，路不要走

---

① 见周兴渤：《景颇族文化》，吉林教育出版社，1991年5月。

错，一定要跟着你的父亲、祖父、曾祖父走，他们会告诉你怎么走，你安心地走吧！太阳会落西山，月亮会落坡，树老会枯死，牛老会缩角。老人啊！活在世上时教我们种谷点豆，教我们捻线织布。我们牢牢记住你的恩德，子孙万代称颂你，你的名字像金子一样发光。你没有做完的事，我们接着去做。你放放心心去吧！背上你的筒帕，快上路吧！北方老家天气很冷，你莫忘记带酒筒和披毯……。"董萨念完，人们先对空鸣三枪，由两个手持长矛的人领舞。通常在长矛上系有铜铃，动作与"布滚歌"舞祭相同，只不过是铓锣敲得更紧，动作更急速，但有时铓锣声变缓慢，动作随之变得缓慢。姿式粗犷有力，动作幅度较大，时而旋转，跨步、屈体、跳跃等。目的是表示为死者开路，驱除阻挡在道路上的鬼魂。这种舞一直跳到送葬队伍出发。

四、金斋斋舞祭

按照景颇族的习俗，在送魂祭祀中，如果是村寨中有威望的人，人们要跳最富有景颇民族特色的"金斋斋"送魂驱鬼舞。它是德高望重的老人死后在坟地跳的一种小型男性集体舞，这种舞蹈是景颇族原始艺术在祭祀活动中的表现。这种送魂驱鬼舞只能在人死后送魂的当天晚上天刚刚黑时跳，平常不能跳这种舞。跳"金斋斋"舞时由数对青年男子裸身绘满黑白条纹，系着草裙，扮成雌雄飞禽，手持长矛等鬼的模样，一般是4人或者8人来跳。在跳"金斋斋"舞之前，前来参加送魂的人，要在送魂的路上先观看另一种饶有风趣的"恩朵格强"丧葬舞，参加跳舞的人，有的手持长刀，有的人手持树枝，边歌边舞，他们时而高声呼叫，时而对空鸣枪，舞姿强悍有力，刀光火影相互映照，整个"恩朵格强"舞的气氛非常热烈。人们正当观看"恩朵格强"舞的时候，突然从另一方的草丛中跳出 8 个裸身彪汉，下身仅系有用树叶做成的短裙。他们整个身体，从头到脚都绘有黑、红、白三色相间的花纹，其扮相好似飞禽走兽，而且有雌雄的区别。他们跳进舞场后，气氛更加活跃，参加送魂人的注意力都集中到他们的身上，这时实际上已经开始跳起了"金斋斋"祭祀舞。"金斋斋"舞一般是成双成对，其中两对"金斋斋"舞者还会故意跳出各种各样有趣的舞姿，来吸引众人发笑，让人们感觉到此时自己好像已置身于另外的世界。在跳的过程中，更有意思的是跳舞的人会突然跳出舞场，来到人们的面前，跳出风趣的舞蹈动作，向人们表示要索取钱物。凡是被索取者，如果你表示出不肯给钱，跳"金斋斋"的总是要缠着你不放，而且还会跳出许多动作，说明你小气，引起人们大笑。一般说来，舞者在跳"金斋斋"时讨钱，大家都是愿意给的，而且多数人事先已准备好钱物。"金斋斋"舞蹈动作主要是展现死者的生平，如死者生前是武士，那么，跳"金斋斋"舞者手中要持着树皮做的盾牌和木棒，跳出各种各样的战斗姿态，通过跳"金斋斋"舞蹈，达到送魂的目的，一般跳"金斋斋"舞的时间都不太长，表示性的跳一下就结束了。

第六节 重大的祭祀耗费

往昔，景颇族地区由于缺医少药，各种疾病流行，死亡率较高，给人带来了一种恐惧感，从而在人们心灵深处产生了鬼魂观念，在这一观念的支配下，人们感觉到鬼魂布满了天上、地下和水中，几乎每一样东西里都存在着鬼魂，从而表现出屈从、虔敬、感激、祈求或禁忌等一系列的崇拜祭祀活动。特别是人得了疾病后，只能靠祈求祭鬼来解除病痛。如有人生小病，要杀 3～4 只鸡，加上鸡蛋、糯米、酒、烟等祭品，又如有人生重病，则要以猪、牛等大牲畜为祭品进行多次祭献，这种现象在景颇族社会中是经常性的，而且对牲畜、家禽的宰杀量相当大，因而造成严重的经济负担。

一、与农业生产有关的祭祀耗费

景颇族长期以来主要从事农业生产活动，使整个农业生产过程存在极为繁多的宗教活动，在农业生产的每个阶段都举行其特有的宗教祭祀。在农业生产宗教祭祀活动中耗费最大的祭祀是"龙尚"祭，一年举行 2～3 次规模较大的祭祀，祭旱地鬼 4～5 次，谷子进仓还得祭 1 次谷魂，吃新谷也得祭 1 次鬼，感谢诸鬼，并祈祷明年再丰收。主要费用如下：

例 1：1956 年盈江邦瓦祭龙尚费用和分担情况：①

1. 山官单独出小猪 1 头，水酒 1 罐，米 3～5 升。

2. 全寨平均负担 1 头牛、2 头猪（根据当时牛、猪实际价进行分担）。

3. 夏都（土地官，即主持祭地鬼的官）单独出鸡 1 只，酒 1 罐。

4. 苏温（村寨头人）单独出 1 只鸡、酒 1 罐，出 2～3 升米。

5. 波勐（村寨次头人）和相当于苏温的家族长（能参与村寨内部事务的人家），每户出 1 只鸡，约有 25 户。

6. 群众每户鸡蛋 1～2 个，出干鱼和草烟、盐巴等，自己吃的米自带。

---

① 　见《云南民族民俗和宗教调查》，云南民族出版社，1985 年版。

7. 杀牛后，山官家得一条腿，董萨、强壮（祭鬼时的管家）每人得一包肉，牛骨头由出酒人家分吃。牛肉、鸡、猪肉等全寨男子在龙尚共餐。

例 2：1956 年盈江乌帕寨祭献龙尚费用和分担情况：[①]

第一次，砍旱地前，每户出 1 个鸡蛋和 1 对小干鱼。

第二次，下种前，祭品与第一次相同。

第三次，全寨杀牛 2 头，猪 3 头，鸡 25 只，用酒 1 大罐，祭献时全寨男人共餐。

负担分为四种，一种是家庭经济情况比较好的每户出缅币 2 文；二种是家庭经济情况较好的每户出 1 文半；三种是家庭比较困难的每户出 1 文；四种是特殊困难户免出。

例 3：1984 年 3 月盈江县铜壁关乡金竹寨祭龙尚费用情况：

一次播种祭，参加的男女老少约 200 人左右，祭祀时间两天两夜，主要费用如下：

黄牛 1 头 1000 元，小水牛 1 头 1200 元，猪 1 头 600 元，鸡 25 只 150 元，鸡蛋 120 只 60 元，烧酒 260 公斤 650 元，水酒 500 斤 500 元，米 240 斤 360 元，盐巴 30 斤 9 元，辣子 20 斤 60 元，青菜 56 斤 84 元，姜、葱、蒜、芫荽等 30 斤 80 元，野菜 5 背箩约 100 元，请董萨费（董萨从缅甸请来）300 元，共计 3953 元。

二、与疾病及社会生活有关的祭祀

景颇族认为，人的各种疾病的产生是鬼魂在作祟，从而进一步加强了人们对各种自然力和死去先人的恐惧和崇拜观念。人得

---

① 见《云南民族民俗和宗教调查》，云南民族出版社，1985 年版。

了病只得请董萨念鬼，不少人家常常因病连续杀牲献鬼，弄得家破人亡。

例1：1956年盈江县卡场乡吾帕寨阿阳么瓦举行送魂仪式，耗费如下：[①]

杀牛4头（缅币650元），杀猪4头（缅币160元），杀鸡30只（缅币120元），米40箩（约2400斤）（缅币320元），买酒（缅币200元），大烟20两（缅币200元），买盐巴、辣椒（缅币49元）。

在祭献期间，送给董萨及亲戚的牛、毡子、统裙、银项圈、手镯、刀、矛等合计缅币510元，以上各项共计缅币2209元，折合人民币3000元左右。

例2：陇川县邦瓦寨1957年有132户人家祭献鬼，杀牛50头，杀猪100多头，杀鸡2722只，耗费4260元，加上酒和粮食耗费600元，总计4860元。[②]

例3：据1993年6月在盈江县卡场乡腾拉广村调查，该村武麻腊家，1986年，由于儿子病逝，接着自己也得了病，紧接着女儿也得了病，认定是鬼在作祟，为了祭献鬼，在10年间，杀水牛1头，黄牛2头，杀猪16头，杀鸡100只，杀狗3条，山羊1只，鸦片3两，用米800斤，购酒300元，总计约5000元。

三、目瑙纵歌祭祀耗费

景颇族目瑙纵歌是区域性较大规模的祭祀活动，以祭祀最大的天鬼"木代鬼"而举行的隆重仪式，同时也是景颇族盛大的传

---

① 见《云南民族民俗和宗教调查》，云南民族出版社，1985年版。
② 见周兴渤：《景颇族文化》，吉林教育出版社，1991年版。

统节日。它不仅具有悠久的历史传统和广泛的群众性，而且集中表现了景颇族的宗教信仰、道德观念和文化艺术特点。历史上，山官在景颇族社会中是特权阶层，只有少数官家才能供奉木代鬼。官家在经济条件许可时，每隔四五年举办一次目瑙纵歌祭。由于举行目瑙纵歌祭祀，对财物耗费颇大，所以举办的次数多，规模大，官家的政治经济地位就越高。董萨在为其念木代鬼时，每次都要追述其祖先及自身祭木代鬼的次数与盛况。到了近代，随着山官势力的衰退，无力举行目瑙纵歌祭祀，但有些山官为取得荣誉而举行目瑙纵歌祭，把负担转嫁给群众，即要所辖村寨提供牛、酒等祭祀物资。随着社会的发展，一些非官百姓人家，由于经济富裕，便追求社会地位，有意举行目瑙纵歌祭，但自己没有供奉木代鬼，只好给山官送 1～2 头牛，借来木代鬼，然后举办目瑙纵歌祭。

例1：盈江县盏西乡景颇族吴腊用老汉在 1900～1957 年的 57 年中，共参加 12 次目瑙纵歌祭祀，其中官家举办 2 次，集体举办 2 次，百姓举办 8 次。在百姓举办的 8 次中，商人普戛当家举办 4 次，董萨家举办 1 次，普通百姓举办 3 次[1]。

例2：由百姓等级富裕人家举办的目瑙纵歌祭典耗费情况[2]：

盈江县景颇族老牌商人普戛当记得他家举办 4 次目瑙纵歌祭祀，第四次是在 1953 年春举办的目瑙纵歌祭祀，主要支出如下：

1. 杀牛 25 头，杀猪 100 头，杀鸡 300 只，干鱼 1700 条，米 110 箩（约 3230 斤），盐 30 砣（约 30 斤），水酒 15 大瓮，烧酒 4 驮，另用缅币 1800 元。

---

[1] 见《德宏宗教》，德宏民族出版社，1992 年版，第 68 页。
[2] 见《德宏宗教》，德宏民族出版社，1992 年版，第 68 页。

2. 酬谢董萨牛 1 头，毡子 2 床，长刀 1 把，布 1 件，缅币 10 元。

3. 酬谢"木代强壮"（剽牛者和木代鬼的厨师）2 人，布 2 件，缅币 15 元。

4. 酬谢瑙双 2 人，牛 2 头。

5. 酬谢董萨 2 人，布 2 匹，缅币 15 元。

6. 酬谢"强壮"（专门负责切肉分配者）3 人，长刀 3 把，缅币 20 元。

7. 酬谢煮饭者 2 人，铁锅 2 口。

8. 酬谢"彭壮"（给木代鬼献酒者）2 人，大瓮 2 个。

9. 酬谢"颇恩"（指挥者）4 人，长刀 4 把。

10. 酬谢"迷退"（能使木代鬼附体者）1 人，骡子 1 匹。

11. 酬谢董萨（卜卦者），布 1 件。

例3：集体组织举办的目瑙纵歌祭祀耗费情况

1957 年 5 月 5 日～11 日，在莲山县（今盈江县）支丹山由社会各界出资举办的目瑙纵歌祭祀，参加人数约 3500 人，其主要费用如下：[1]

鸡蛋 520 个，干鱼 3520 条，烧酒 2000 瓶，水酒 120 瓮，米 9000 斤，盐巴 150 斤，辣椒 44 斤，姜 22 公斤，鞭炮 30 封，火药 60 斤，铜炮 70000 个，鸦片 2.4 斤，柴 15 辇，茅草 390 背，包饭菜叶 395 背，火柴 20 包。

历史上，目瑙纵歌祭是较大区域性的祭祀活动，以祭祀最大的天鬼"木代"而举行的隆重仪式。随着社会的发展变化，目瑙纵歌的活动已经大大减少了其浓厚的宗教内容的色彩，增加了民

---

① 见《德宏宗教》，德宏民族出版社，1992 年版，第 69 页。

族节日内容，整个活动突出了民族文化、娱乐、经贸、民族团结等成分，逐渐成为全体景颇族和邻近各民族盛大的文娱歌舞和商贸活动节日。1983 年，德宏州人民代表大会根据景颇族群众的要求，决定将目瑙纵歌定为法定民族传统节日，在每年正月十五日举行，节期 2 日。

第五章　巫术及巫师

第一节　巫　　术

　　在景颇族的原始宗教祭祀活动中，巫术是主要内容之一。巫术是用反常怪异的特殊方法和手段，诅咒并嫁祸于所恨的仇人。由于景颇族长期受原始宗教的影响，人们相信某些人具有巫术本领。据说，这种人有两个灵魂，而普通人一般只有一个。因此，这种人可以在体内留下一个灵魂保持躯体继续活动，而将另一个灵魂派出去伤害他人。最具代表性的是活人鬼，景颇族称"阿皮"，傣族称"皮拍鬼"。活人鬼多指女人，据认为她们有两个灵魂，长期附在人身上，这个鬼魂可以使人家破人亡，断子绝孙，村寨遭殃，瘟疫蔓延等。据说，有"阿皮"的人，看见自己喜欢的东西，无论是人还是家禽家畜，只要是想要，她就派出另一个灵魂去"咬"死或者"咬"伤。因此，在现实生活中，若某家突然有人畜染疾而死亡，则被认为是"阿皮"作祟。凡被说成是"阿皮"的人家，世世代代都被当作"阿皮"。历史上，"阿皮"常被统治阶级或乡村恶势力作为残害无辜女性的手段，善良女性一旦被指为"阿皮"，姑娘嫁不出去，男子娶不到媳妇。这种人家不但受歧视，还不能同其他人家往来，如果对此不满，轻则被驱逐出寨，或是被辱骂殴打，重则被打死、杀死，甚至将全家老小都杀死或烧死，说是不留根。由此人为地造成了许许多多人间悲剧。景颇族有一个《阿皮奇遇》的传说故事：从前，有一个聪明善良，且长得非常帅的一个小伙子，但他到了 20 多岁还是个光棍。因为别人说他是个阿皮，姑娘们都不愿嫁给他。他非常伤心，他常常自问，为什么别人把我说成是阿皮，连姑娘也娶不上。由于在本村无法找姑娘后，他到别的村寨求婚去了。

　　他走了几天的路，来到了一个村寨。不久他爱上了一个美丽的姑娘，他自己去姑娘家提亲，但他有阿皮的情况，姑娘家早已知道了，他还没有开口说就被拒绝。过后姑娘家想想，姑娘不嫁给他，害怕他"咬"他们，就把女儿嫁给了他。他俩结婚后，妻子很会关心丈夫，丈夫也很会体贴妻子，生活得很好。由于男的过去很难找到老婆，现在讨得了这么好的妻子，心里非常高兴，他常到岳父岳母家去做活，算是对两老的报答，但他万万没有想到，他最爱的妻子要害他。有一天，夫妻俩打算一起回娘家砍旱地，路上有一条大河，要渡船才能过去。渡河时妻子像往常一样，帮丈夫背着长刀筒帕，到达岸边时丈夫扶着妻子先上岸，他哪里知道妻子会下毒手，正当他转身的瞬间，妻子抽出长刀砍断船的绳子，用力一推，船卷进了激流，紧接着她把丈夫的长刀筒帕丢进大河，头也不回地朝娘家跑去。妻子回到娘家后，她高兴地告诉父母说："阿爹阿妈，我已按你们的意思把阿皮鬼丈夫推进了大河，他不会回来了。"父母听了女儿这样说，高兴地对女儿说："现在我们全家就算摆脱了阿皮鬼，再也不必怕他了。"

　　时过不久，村里人知道妻子怀有丈夫的骨肉，大家认为她也是阿皮，便把她撵出了村子，她只好到村外的山洞隐居去了。从此后，她过着野人般的生活。这个时候，她才真正感受到自己对丈夫太偏见了。现在村里人认为自己也是阿皮鬼，可是并不觉得自己身上有什么与众不同的地方，自己怎么不会去"咬"人呢，看来根本没有什么阿皮鬼，全都是人们编造出来的。

再说丈夫被恶毒的妻子推进激流后，在河上漂流了十多天，随着河水漂到大海。在大海里捕鱼的人们，看见河里漂来一只小船，大家过去看，见船上有个死去的小伙子躺着。捕鱼的人们想，运回家去是个麻烦，就按照海上捕鱼人的规矩，把他再推下海底，算是埋葬了。过后不久，海面上突然波涛滚滚，这样大的浪涛从来没有过。人们再想，可能活不成了，他们闭起眼睛等死。突然浪涛中有人问："你们为什么把我的船拿走，又为什么把我推下海底呢？从实招来。"捕鱼人知道是那个小伙子的鬼魂来作怪了，他们把过程一五一十地讲出来。小伙子听后说："我以为你们是害我，原来是那个妖婆派来加害我的。既然你们也不知道那个妖婆，说明你们不是有意推我下海底。你们不必害怕，我不是鬼魂，那一天你们把我当成死人推下海底后，龙王救了我，还教我许多法术。"说完他卷起波涛回龙宫去了。原来，龙王的几个儿子那一天恰好休息，他们无事到处去游逛时，见海底躺着个人。他们过去一看，这个人还有气，便抬回龙宫，龙王看了后把他救活。他醒来后，龙王问了他的身世，对他的遭遇十分同情，答应帮他报仇。

他在龙宫生活了五年时间，有一天龙王无意中看见他闷闷不乐，独自发呆，龙王便对他说："你不习惯龙宫的生活，还想着人间，你就到人间去吧！"他非常高兴，并准备回人间。临走时，龙王送给他十驮财宝、十匹白马，并对他说："你的仇我早就帮你报了。劝你不要再有报仇之心，现在她已经非常后悔当初做的事，你与她和好吧！请一定记住我的话。"虽然听龙王说已替他报了仇，但心里总忘不掉妻子害他时的情景，他恨不得把她砍成三段。回到人间第二天，他准备去找他的妻子算账。他来到原来他被害的河边，遇见一个披披肩的中年妇女，他走过去准备跟她问路时，那妇女转过脸来看他，原来她就是他的妻子，他举起长刀就要砍，当长刀快落下时，龙王的劝告在耳边响起，他把长刀慢慢放下，这时龙王用鼻风把妇女吹后退了数步，把两人分隔开。妻子泪如雨下，望着比她年轻一半的丈夫，想到丈夫是不会原谅她了。就将小孩送到丈夫怀里，翻身跳进了大河。这时，他的耳朵边又响起了龙王的劝告，他不再犹豫，放下儿子，跳进大河救出了妻子。妻子醒过来后，见自己躺在丈夫怀中，深深感到自己不配做他的妻子，便推开他又要跳河，他紧紧抓住妻子说："别伤心了，只要你不再对我有偏见，我俩还是夫妻，请你相信我。"妻子含着泪水说："不，我有杀夫之罪，你能活着回来，我万般高兴，但我的罪是那样的大，你能原谅，天地也不能容我呀。"说完跪在丈夫面前，请丈夫发落。丈夫看妻子确有悔改之心，抱住她诉说了五年来的经历。两人边说边哭，整整哭了一夜。从此，夫妻俩相爱如初，过着幸福美满的生活。

这是一个传说故事，但传说中折射出被诬为"阿皮"的人所遭受的生活情景。新中国成立后，特别是"文革"期间，景颇族地区进行了一系列的破四旧活动，诬蔑他人为"阿皮"的情况减少，但是在人们意识中根深蒂固，"阿皮"在人们的意识中还不同程度地残存着，不仅存在于景颇族中，在其他民族，如傣族和部分汉族中依然存在，只不过名称不同而已。有的称"扑死鬼"，有的称"阿枇鬼"、"放歹"等。在社会飞速发展的今天，在景颇族聚居地区，暗中仍然流行着所谓"阿皮"。为了证实某人是阿皮，让该人做出一些反常的言行来，如乱跑胡讲，形似发疯。这时，董萨用背箩罩住这类人的头，或用被盖蒙住这个人的脸。

据说，被蒙住的人有时也会说出自己奇异的见遇，有的甚至说出自己想"咬"人畜的话，这样的人就是所谓的"阿皮"了。景颇族地区为什么会出现所谓"阿皮""咬"人现象呢？最初，人们在原始宗教意识的支配下，把骤然发生的灾祸归咎于患有精神病的人，并认为，凡是上辈人或死去的先人当中有"阿皮"者，其子孙后代同样是"咬人的阿皮"，这样，社会上的所谓"阿皮"就愈来愈多了。由于"阿皮"是在原始宗教意识的影响下产生和发展起来的，所以在景颇族地区无论是信鬼神或者是信基督教者，都不同程度地相信"阿皮"的存在，人们议论"阿皮"时，总是谈虎色变。新中国成立后在景颇族地区基本消除了用火烧死或公开驱逐"阿皮"的情况，但公开辱骂撕打之事仍时有发生。据云南省历史研究所《研究集刊》1983 年第二期《德宏某些地区的"阿皮"还在害人》一文载："盈江县卡场公社的一个大队有 12 名女青年已达婚龄，因其家庭历史上被诬为'阿皮'，有的已年过 30 岁，但无人娶，有的感到在家乡无望，只好离开村寨，远走他乡。"另据 1985 年中共盈江县委统战部宗教科统计："盏西普关大寨景颇族共 41 户，其中'阿皮'就有 11 户，占总户数 26.83%，马鹿塘共 6 户，其中'阿皮'有 3 户，占总户数 50%。卡场 19 个景颇族寨，每寨都有'阿皮'户，其中乌帕 4 个景颇族寨，有'阿皮'13 户，丁林寨有 7 户'阿皮'占该寨总户数 16.7%。但随着科学技术的发展与传播，景颇族群众大多数在天灾人祸、伤残患病时首先能正确对待，寻医找药，逐渐认识到'阿皮'根本不存在，它是迫害无辜女性的陋俗。"

除此之外，有一些所谓的"董萨（巫师）"会施展巫术。据说，他们可以使人患病或者致人于死亡，在景颇族社会中有这样的传说，但这种人很少很少，一般只是暗地说某某人会施展妖术，让人生畏。在人们的心目中这样的人很不受欢迎，人们称他们为"邪恶的妖人"，因而避而远之。在通常情况下，真正的董萨不会施展妖术使人患病或者致人于死亡，而是通过祭献鬼神的形式来驱除妖魔鬼怪。许多董萨自认为有巫术本领，但只不过是形式而已，绝没有致人于死地的法术。虽然如此，在现实生活中产生过一些所谓的"巫术"。

1. 迷退退。景颇族以祭祀最大的天鬼木代鬼时充当鬼和人之间对话的过程，通常是由一个半神半鬼半人的巫师做迷退。"迷退"一词在景颇语里译为最先知道天下一切事情发生的全过程。要预知天下事的发生，是通过董萨跳神来实现的。因此，凡是做迷退退的董萨都称为"迷退"，后来"迷退"一词引伸为"巫师"、"大巫师"、"大师"等。在一些重大祭祀活动中如目瑙纵歌祭祀都要举行迷退退仪式。在大型祭祀活动开始之前，迷退头上披一块黄巾，赤脚进入围好的小房间，拿部分艾蒿置于火塘，借艾蒿烟熏蒸全身，然后上台坐在小凳上，并用部分艾蒿覆盖脚部，部分艾蒿抹手及脸，再切若干片生姜，紧捏手中，口中开始不出声气地念："嘟、嘟、嘟，唑、唑、唑，尊敬的木代鬼、雷神阿木、乌干娃、载本娃……，我向你们请示，人们在某某地方举行盛大的目瑙纵歌祭祀，是否可以？地点好不好，你们各自需要什么样的祭品，牛要几头，猪要几头？……"念完把手中的姜片抛向四方，又切几片姜放入口中嚼后用嘴四处喷洒，如此反反复复数次，口中不断念。念到一定时，专门给迷退送水的人，用竹筒给迷退饮水，大多数迷退都能够饮大量的水，因此，送水的人有时由 2～3 人轮流送。饮了大量水后，迷退面向四周喷水，紧接着开始变化各种姿势，时而双手交叉，时而盘腿，时而挥手等坐立不安的状况。不久，迷退伸手伸脚打哈欠，全身发抖，便大声说："所有的人听着，木作扎腊鬼、雷神阿木鬼要向大家说话，请大家认真听着。"据说，这时鬼神已附迷退的身上，于是鬼神就"借用"迷退的口开始说："人间所有的人，今天你们通过祭祀目瑙纵歌的形式来祭献我们，我们很高兴，特别是木代高兴极了。它叫我代他向你们表示感谢！同时向你们提出几点目瑙纵歌祭祀的有关事宜：一是木代要求，斋瓦1人，董萨6人，迷退1人，强壮6人。二是木代要求10头牛，20头猪，6只羊，150只鸡，600个鸡蛋等。三是对各种鬼神分别祭献，对每一种鬼神都要认真对待，不得怠慢。四是目瑙示栋正面要对着太阳升起的地方。五是第一天主要祭祀各种鬼神，第二天开始让来参加目瑙纵歌祭祀的人跳舞，让大家高兴而来，高兴而回。在跳舞之前要鸣放铜炮枪，让木代高兴。最后，请你们记住我的名字，我叫雷神阿木。"说完，送水的人拿着竹筒水给迷退饮水，意思是给鬼神添水，进一步探问鬼神的具体意见。问完后，在碗中倒上几碗水，由迷退把水洒向四方，以表示给来的鬼神敬水送行。这时迷退开始苏醒，迷退退仪式也就结束了。

在举行目瑙纵歌祭祀期间，每天都要举行一次迷退退仪式，通常是先举行迷退退仪式，而后举行其他仪式。第一次举行迷退退仪式，主要是向鬼神探门，本次举行目瑙纵歌祭祀应如何安排，各位鬼神应如何祭祀，要杀多少猪、牛和鸡等。第二三次举行迷退退仪式，主要是问明天所祭献的供品鬼神是否满意，是否需要重祭等等。通过迷退退把人的要求和愿望告诉鬼，鬼又把对人的要求由迷退退转告给人。

2. 迷退上刀山。景颇族原始宗教祭祀活动由董萨迷退（巫师），将要预言某一件事的产生和发展而施展的一种巫术过程。由于景颇族信仰原始宗教，人们都相信董萨迷退能作所谓人与鬼之间的中间人。据说，当他施展巫术后，鬼魂便附在其身上，这时他犹如神仙，能作常人无法做的事情。迷退上刀山便是董萨迷退在祭祀活动中施展的一种巫术形式，具体做法是：上刀山前，准备好20多把刀，分别找20多个磨刀手，把刀子磨得无比锋利，能够砍断头发。用两根长约10米的竹子，做成梯子式，把20多把刀子捆绑在上面，并使锋利面朝上，把梯子架成一个简易桥，这就称"刀山"。刀的上面铺上一层薄薄的芭蕉叶，用的芭蕉叶通常是现砍现用，一般不用旧叶子。一切准备好后，迷退在人们的簇拥下，赤脚进入为他搭好的简易房子，头上披上一块黄巾，拿一些艾蒿置于火塘，借艾蒿烟熏蒸全身，并移动座位，紧接着又拿一部分艾蒿覆盖脚部，用艾蒿抹手及脸，再切若干片生姜，把姜片捏在手中，开始不出声气地的念鬼，念到一定时将姜片抛向四方，紧接着又切几片姜在口内嚼后喷向四处，如此反反复复又念又喷，这时有几个专门为迷退送水的人，用竹筒打好水送进来，迷退一筒水一筒水地饮，饮到让人不可思议时，开始喷水，紧接着开始变化各种姿势，时而双手交叉，时而盘腿而坐，时而挥挥手等坐立不安状态。不久，迷退伸手伸脚打哈欠，全身发抖，犹如疯子一般，这时迷退便说鬼神已附其身，最后在众目睽睽之下，赤脚在刀桥上面走来走去，看的人心惊胆战，但迷退本人一点事都没有，他所走过的刀桥上面一点印子都没有留下，就连芭蕉叶也没有一点痕迹，让人有一种特别的神秘感。迷退从刀桥上面赤脚下来后，落坐在专门为他制作的小凳子上面，就像讲故事一样，开始预言，他所预言的范围很广，如未来某时候爆发战争，某某人当某地方的领神，某时候灾难来临等等。他所预言的基本上是未来。因此，他预言的时候，人们都认真听，每个细节都要听，并且记下来。据说，迷退举行上刀山仪式不是经常性的，几十年中举行一次。迷退举行上刀山的仪式，主要是"借用"鬼神的话来做预言。迷退为什么通过上刀山的形式来做预言呢？这是因为他通过上刀山这种很神秘的巫术形式，来说明他所预言的东西不仅神秘，而且是准确可靠的。

3. 迷退下火海。景颇族原始宗教活动中迷退为了探明某种鬼神导致人们生病、火灾、瘟疫流行等而施展巫术的过程，也是迷退在祭祀活动中施展的一种巫术形式。由于人们相信万物都有鬼魂，各种鬼魂与农作物生产的丰歉和自然灾害以及人们的健康与否联系在一起，因而在景颇人的观念中，人的祸福都和鬼魂息息相关。有时某个地方，长期处于天灾人祸，认定就是鬼魂在作祟，集中大董萨小董萨进行祭献，虽然耗费了大量的牺牲品，但也不见好转时，迷退会有意识无意识的要求下火海，这时人们都知道迷退将要说出何种鬼魂在作祟。人们在一些董萨的具体指导下，很快搭建一个迷退退的简易房，准备好柴火，选好为迷退打水的 4~6 个青年男子。当一切准备就绪后，迷退走进新搭建的简易房，坐到一个刚刚为他制作的一个小独凳上。这时周围村寨的人们都集中到迷退在的简易房四周，静静地听着迷退将要预言些什么，说出何种鬼魂在作祟等等。迷退开始用一根小竹管子吹上几口气，然后把小管子扔朝一边，紧接着不作声气地念鬼，念到一定时辰，突然，迷退一下子进入一种全身剧烈颤抖的状态。两只手在不停地发抖，两只脚在不停地跺着。迷退他一边念一边像疯子一样扯自己的头发，好像痛苦不堪。接着，他用双手在自己的头上方和脸面前做出各种狂乱的手势，这时送水的人一个接一个地送给他喝水，当他喝进惊人的水后，四处喷水，猛然间，他嘴里发出一种短促而粗野的狂叫，他的脸部随着越来越剧烈的狂乱，全身上下开始抽搐，好像变形似的。这时他的狂叫声也开始渐渐从小生气变成狂怒起来，说明鬼神已附其身。这时人们在简易屋外面已为他燃起一堆熊熊烈火，迷退嘴里不停地念着鬼，并赤脚跳进烈火中翻滚，翻几翻后，又跳出来，又跳进去，又跳出来，如此反复几次，当这一惊人场面出现之时，在场的人的确是心惊肉跳。因为这些动作一般的人难于做到，所以迷退下火海也带有一定的神秘色彩。跳过下火海之后，迷退回到原来的座位坐定。不久，迷退开始伸手伸脚打哈欠，全身上下发抖，于是鬼神就"借用"迷退的口慢慢地说起话来："我是背时鬼，我居住在东北角的某一个地方。我不知道是什么原因，人们把我忘记了。很长一段时间不祭献我，我已饿得不行了，所以我出来走动走动，让这些地方瘟疫流行，要让人和牲畜死一部分。如果你们不想死人死牲畜的话，那你们就快快祭献我，我一定不会再出来。请记住祭献时，给我 1 对干老鼠，1 对小鸡，我喜欢这样的东西。"说完后，为迷退送水的人一个接一个地给迷退喝水，人们继续探问鬼神的意见。一般是迷退代表鬼神向人们表达意见之后，在旁的人都可以提问，怎样才能祭献得更好，怎样才能消灾免难之法等等，迷退会一一回答。如果在旁的人没有什么问题要问的话，便在迷退碗里加上水，迷退将水洒向四方，意思是给来的鬼神解渴，鬼神脱离迷退的身上回去了，迷退又清醒过来，并对旁边的人说："刚才我做了什么事，说了些什么话？"在旁的人便一一告知，然后，迷退仪式结束。

4. 还神。景颇族原始宗教活动中迷退作人和鬼的中介人的一种神秘过程，也是景颇族宗教祭司在宗教活动中施展巫术的一种形式。原始宗教祭司迷退为了要预言未来即将发生的某件事或者举行盛大的目瑙纵歌祭祀时，通过施展上刀山、下火海等巫术形式，待鬼神附在其身后，作人和鬼的中介人。通过他把人的愿望告诉给鬼神，鬼神又把对人的要求由他转告给人。如举行目瑙纵歌祭祀时，应如何安排各位鬼神应如何祭献，要杀多少牛、猪、鸡、羊等。另外，如人们遇有天灾人祸时，人们就通过迷退向各种鬼神问明，得罪了何种鬼神，要求鬼神告诉消灾免难的办法，祈求诸鬼神保佑人们平安无事。

5. "舐炽铁"。是景颇语，译为"邪术"。是景颇族原始巫术中较古老的一种神秘而极其残忍的妖术。人们认为景颇族社会中确有极少数耍弄妖术致人于死地的邪巫师存在，但这种邪术师一般不公开，他们都隐居在某一个地方从事农业生产劳作，他们不是原始宗教职业师，邪术师一般是男性。据说，这种人有两个灵魂，而普通人一般只有一个。这种人可以在体内留下一个灵魂保持躯体继续活动，而将另一个灵魂派出去危害他人。这种邪术手段十分残忍或淫秽，所以俗称"邪术"。他们一般不承认自己是邪术师，别人更不能指责他们是邪术师，如果这样的话，会惹怒邪术师，他有可能会施展妖术致你于死地。据说，邪术师表面上是看不出来的，人们认为某个人是邪术师，主要是从现实生活中与被默认为是邪术师的人相处当中，根据所发生的一些怪事来判定是邪术师，如跟被认为是邪术师的人相处时，偶尔与他发生争执，过后不久，突然发生怪病，眼睛失明，脖子变歪，精神失常等现象时，被确认为对方是邪术师，但只能默认，不能指认。据说，这种人最善于残害漂亮姑娘。如某个男人看上某个漂亮姑娘，但被姑娘拒绝，这个男子就怀恨在心，一心想报复姑娘，于是就找邪术师施展妖术来致姑娘于死地，该女子就会发精神病或者患上其他莫名其妙的病，有时还会被邪术师整死等。当然对这些邪术师也可以进行复仇，但是要找有正义感，且法术高强的董萨（巫师）来实施复仇。复仇时一定要举行祭祀活动，由董萨先打卦，看看得罪了何方人士，而后再看是何方邪术师所为。为表明打卦的准确性，通常是反反复复地进行四五次方能确定。一旦被确定是某方邪术师在作恶，董萨就开始"对症下药"进行复仇，但是不能声张，只能秘密进行。据说，在进行复仇时，若一旦被邪术师知道后，他会采取防备措施，这样的话，再高明的董萨（巫师）也很难惩治他，有时搞不好反被他"咬"一口。董萨念咒施法术时，必须明确地提到邪术师的名字，而且还要提到邪术师祖宗几代的名字和简史，列举出邪术师的种种罪恶，要求各种鬼神对他进行惩处。人们相信正义必将战胜邪恶，基于这样的精神寄托，有时进行复仇祭祀活动后，病人也会不知不觉地好起来，在现实生活中也有这样的情况。

6. 杀仇人魂。民间通过宗教祭祀，宗教祭司在祭品上施展妖术致人于死地的一种很毒的邪术。如果某一家人有仇未报时，在吃新谷的日子里，亲友相聚，围着火塘，家中老人会取出记事的木刻告诉子孙或亲友，诉说家中血仇未报的情况，并告诫后代，等待时机，进行报仇。这个时候，凡是来参加吃新谷的亲友都会想办法出主意。人们会选择多种复仇手段：一是找一些能说会道的家族成员直接跟仇家"讲事"。二是如果说"讲事"没有起多大作用的话，组织家族成员进行"拉事"，即发动战争来解决。三是请宗教祭司在祭品上施展妖术致仇人于死地。四是埋伏在仇人路过的地方，一旦仇人路过时便将仇人杀死。无论采取什么样的手段，复仇时一般都要举行祭祀活动。通常由"董萨"主持，杀牛宰羊进行祭祀，打卦占卜决定复仇日期和带头人。主人家为了更快地除掉自己的仇人，便请董萨念咒施法术，进行"杀仇人魂"活动。在祭祀前，人们在董萨的指导下，用草先制作两个仇人的塑像，紧接着杀1条狗或者1头羊，并把部分躯体放入塑像内，这就是仇人的人魂。先在通往仇人住地的路两旁插上长长的竹竿，在竹竿上分别把仇人塑像捆绑上去。一切准备就绪，董萨开始念："嘟、嘟、嘟，唑、唑、唑，尊敬的天上鬼、地上鬼，一切鬼你们都听着，前面是某某人家的仇人，这个仇人对某某人家犯下了滔天罪行，他欺人太甚，他是一千个该死，一万个该死。请天上的鬼，地上的鬼，你们把某某人家的仇人'咬'死，让他永远不要活在世上……。"念完后，董萨叫众人朝着仇人塑像投矛、开枪，又念咒。据说，这种念咒是用法力召来各路魔鬼，让魔鬼们直接去"咬"死仇人。祭祀仪式结束后，凡是前来参加血仇活动的男人，每一个人抓起插在路边的竹竿，朝着仇人的方向掷去。

7. 蛊。是巫术中一种以毒虫作祟害人的民间迷信手段，也是民间最恐怖的巫术之一。这种邪术是通过一种毒虫危害他人。主要有金蚕蛊、疳蛊、癫蛊、肿蛊、泥鳅蛊等，其中金蚕蛊最凶恶。据说，此虫是一种无形的虫灵，它能替人做事，最勤于卫生，大凡室内很干净的人家便认为是养金蚕的人家。金蚕可使外人中毒后胸腹肿胀，七窍流血身亡。放蛊的邪术曾在旧社会危害社会，威胁民间正义者，实际上是黑巫术中巫医滥施迷信与毒物的野蛮手段。据说，蛊这种邪术，不是景颇族自己创造发明的，而是从另一民族中学习过来的。

巫术是景颇族在极端恶劣的自然条件下，为实现自己愿望而形成的原始宗教信仰之一。它的主要特点是企图用人力控制自然，以满足求食及其他方面的需要，而且控制方法乃是直接去办，即用符咒仪式迫使自然力和自然服从自己的意志。巫术的作用，处于不断变化之中，在不同的历史时期有着不同的作用。景颇族原始巫术的愿望，一般都是善良愿望，而且还是具有群体愿望的集中表现。但是后世巫术所表达的愿望则不同，它含有非善良愿望，如"舐炽铁"、杀仇人魂、放蛊等都是非善良愿望。

第二节　占卜术

在景颇族的原始宗教祭祀活动中，占卜术是一项主要内容之一。在远古时代，人们还完全不知道自己身体的构造，并且受梦中景象的影响，于是产生了各种鬼魂观念。生活在远古时代的人们大多数相信万物都有鬼魂，各种鬼魂与农业生产的丰歉，以及人们的健康与否联系在一起，因而在人们的观念中，人的祸福都和鬼魂息息相关，人们持着小心提防的心情，对即将发生或正在进行的事件，总是渴望着探知其结果究竟如何，而对于不幸的自然灾祸的降临，则是惴惴不安地去探求原因，以便能按照鬼魂的意旨行事，竭力满足它们的要求，避免灾难。因此，占卜术就成了人们了解难以莫测的鬼魂意旨的唯一办法，沟通人们的内心世界同鬼魂世界的一种手段，是人们预卜未来吉凶的重要信仰。在景颇族社会中早就出现了专业的宗教职业巫师董萨，占卜看卦是这些巫师的重要巫术部分，但是占卜看卦除董萨外，民间也颇为流行，许多年长者均可进行。凡属婚姻、丧葬、疾病、播种、狩猎、出行、商贸活动、冤家械斗、盖房等大小事宜都进行卜卦，而且非常认真和耐心。如遇重大的事件，如祭献最大的鬼"木代"时必须请大董萨占卜。每次占卜看卦，都要将欲了解的各类事情的好或者坏，是或者不是，可以或者不可以等等，通常是先假设出几条来逐一卜之。如某某人患病是何种鬼作祟，则要将全部鬼的名称逐一占卜，是或者不是。卜中了还得再向该鬼卜问是属何方鬼，需用何种牺牲以及数量多少等。如果所卜的结果不满意或者说不放心，有时还采用其他的占卜方式，继续反复多次地卜算或验证，董萨认为占卜的结果多数是一致，才能定下来。占卜术的方法和标志，各地虽然不尽相同，但都有相对的传统标准。占卜不仅为原始宗教祭祀制确定了对象，而且确定了祭祀鬼魂的规格，祭品的多少，并把时间与空间观念结合起来，构成了完整的祭仪。占卜在景颇族原始宗教里有着不可忽视的作用和地位，是景颇族先民信仰原始宗教的一个重要方面，也是研究和了解景颇族原始宗教形成以及发展规律的一个重要方面。景颇人占卜的种类和方式多种多样，大多数是简便易行的，每种占卜都有自己的特点，下面介绍几种常见的类型。

一、薄竹卦

利用一种内壁较薄的特殊细竹，在火塘烘烤爆裂以竹丝指向来定吉凶的方法。景颇族地区生长着一种内壁较薄的特殊细竹，景颇人称"薄布"，学名"大薄竹"。这种竹子被董萨们指定为卦卜专用。因此，现实生产生活中很少使用，但是在原始宗教祭祀活动中使用率较高，正因为这样，每家每户都种有这种薄竹，且每家每户都备有 10 根左右的薄竹，以备急用，这足以说明薄竹在原始宗教祭祀活动中的重要性。砍下来的薄竹一般不能让妇女跨过。据说，如果被妇女跨过则不灵，所以，砍好的薄竹往往是放在人不能跨过的高处。烘烤时也十分讲究，柴火一般用梨树枝，别的树皮或者木柴不能用。烘烤的火塘，须找一个比较干净地方燃起火堆，不能随便在煮饭吃的地方或者其他火塘烘烤。

某某人家遇到人畜疾病、天灾人祸、东西无故丢失等出现时，要请董萨打卦，看得罪了何方鬼神，主人家事先给董萨准备好烟、酒、肉等物，作为酬劳。打卦时通常不用祭品，占卜时，董萨先问主人家的情况，而后根据求卦者欲卜的内容，先念鬼：
"嘟、嘟、嘟，唑、唑、唑，某某家的阿公阿祖，不知何故，家
里经常有人生病，请你们保佑子孙他们家家和睦，四季平安，五
谷丰登，六畜兴旺。请你们告诉我，你们的子孙到底得罪什么地
方的鬼神，我会如实转告你们的子孙，并让他们祭献鬼神。嘟、
嘟、嘟，唑、唑、唑，某某人不识数，得罪了鬼神，但我们不知
道得罪了何方鬼神？尊敬的好鬼哟，我们想向你们求情赔礼，请
你们告诉我，我会转告这家人，你们需要什么样的祭品让他们祭
献你们。嘟、嘟、嘟，唑、唑、唑，你们这帮可恶的鬼，你们把
某某人的魂带跑，也不告诉我们，你们是何方鬼神，你们莫要敬
酒不吃，吃罚酒，快快把你们的名字报上来，并把你们的所在地
一并报上来，不然我要用法术惩治你们啰。"董萨边念边把 1 米
长的薄竹放到事先烧好的火塘边烘烤，当听到一声"崩"的破竹
声，竹子破裂开几个口子，董萨立即观察裂口处竖起的细竹丝。
董萨根据裂口的多少、大小、长短以及竹丝的多少，把它分为天
鬼、地鬼、家堂鬼三大区域，而后观察竹丝立起的正、斜、方
位、多少、交叉、平行等状况进行判断吉凶。如果破竹丝直立，
不斜不歪，这就说明求卦者没有什么问题，只需祭献家堂鬼就可
以了。如果破竹丝交叉难辨，整个破竹丝都是歪歪斜斜，这就预
示着凶。紧接着董萨根据破竹丝的形状开始解释内容，这时求卦
者全家及其亲戚全部拢过来听董萨讲解。董萨按顺序解释，说得
罪了地鬼之一某某鬼，它想要一头牛，一头猪，三只鸡等牺牲
品，要求在某月某日前祭献等。当然，有时董萨之间，解释方法
也不一样，有时对同一件事物，有的董萨说一样，有的董萨又说
另一样，甚至会出现有的董萨说吉利，但有的董萨又认为是凶。
因此，卦卜时还得连卜三次，以其中的两次较为相同为准。一旦

确定下来，求卦者就得按董萨的意思去祭献，不然鬼神会不高兴，会带来更大的灾难。董萨还说出由大董萨或小董萨祭献。

据董萨认为，薄竹卦可以卜出：

1. 瘟疫流行。

2. 病人或牲畜病是被何种鬼"咬"着。

3. 有无财物进家。

4. 何时建房、进新房较吉利。

5. 丢失的东西是否能找回来。

6. 出远门是否吉利。

7. 征讨敌人是否取得胜利。

8. 讲事能否成功。

9. 小伙子何时娶媳妇较好。

10. 家庭是否和睦。

11. 有无子女。

12. 寿命长短。

13. 老人生死。

14. 村内村外是否有火情等一系列问题。

薄竹卦由什么人进行打卦有严格的规定，凡是取得董萨名称的无论是小董萨或大董萨都可以打卦，但一般的群众不能打卦，这是必须要明确的。据董萨认为，大人小孩不分什么人去打卦，鬼神会不高兴的，所要问卜的问题都不会灵验的，到头来问题会越来越严重。

二、叶子卦

是用一种特殊的叶子进行占卜的方法。这种叶子景颇语称"泼舍"，学名"仙茅"，是一种草本植物，叶子扁长，长约 0.3

米。叶边有细绒毛，叶脉平行。据一些董萨认为，在几种占卜当中"薄竹"和"叶子"卦是比较灵的。传说，从前，景颇族用来占卜的器物是宝石。据说，用宝石占卜比较显灵。因此，人们就把宝石当成圣物，妥善保管，以防摔碎。后来有个猎人上山打猎，这个猎人打着一只野猪，猎人拔下野猪一颗牙拿在手上，便去请董萨打卦是否能吃。董萨拿出随身携带的宝石，放在左手边上，嘴里念念有词地占卜，最后卜算结果告诉猎人说："你打着的野猪，不是野猪，它是一个鬼神，你不能吃它。"猎人听了董萨的这一句话，很不高兴，把野猪牙拿在手上对董萨说："我把野猪牙都拔下来了，这还不得吃吗？我看你打卦实在不准。"说完，猎人一怒之下就把董萨的宝石抢过来，并把它摔碎，扬长而去。被猎人摔碎的宝石碎片飞到了"泼舍"（仙茅）叶和"薄竹"杆上。猎人离开董萨回到原来他打着野猪的地方一看，自己打着的野猪不见了，这下他才认识到董萨说的话是正确的，他又转回来向董萨认错。但此时董萨的宝石已被他摔碎了，便问董萨怎么办？董萨指着被摔碎的宝石碎片说："这些碎片都跑到'泼舍'叶和'薄竹'杆上去了，今后只能用'泼舍'叶和'薄竹'来打卦了。"从此景颇人就用宝石打卦改为"泼舍"叶和"薄竹"打卦。

"泼舍"（仙茅叶），一般生长在亚热带森林里，需要时还得专门去山林中找。通常情况下，打卦前，求卦者自己或者请董萨去山林找"泼舍"。据董萨认为，"泼舍"卦用新鲜的叶子比较灵，所以多数人家需要打卦时，临时找"泼舍"，当然也有人家平常备着"泼舍"干叶子，打卦时事先用水浸泡一下，再使用。打卦时，董萨顺着"泼舍"叶纵向茎脉撕成六条，并把叶柄处相连起来，把六条茎叶绕于左手上。董萨边念边问，紧接着手不停地把六条中的任意两条结成一个疙瘩，然后接着放开所结的疙瘩，并仔细观察经过打结以后出现弯曲线条。如果觉得不满意所出现的结果，又重新在六条中任意再选两条结成一个疙瘩，放开后再观察结果。据董萨说，这六条叶丝代表着天上、地下，东、南、西、北六大方向的鬼神，董萨根据这六大方位的指向来判定吉凶。多数董萨认为，用"泼舍"叶打卦，可以卦出：

1. 病人被何种鬼"咬"。

2. 出远门是否吉利。

3. 出去打猎是否能猎获。

4. 做生意是否获利。

5. 出门办事是否成功。

6. 何时播种农作物为宜。

7. 何时建房为好。

8. 何时进新房好。

9. 村中是否有火情。

10. 牛马猪狗被何方鬼神牵走，是否能找回。

11. 出门是否会迷路。

12. 魂丢在何地，能否叫回。

13. 求亲是否顺利。

14. 何时举行婚礼为好。

15. 判断孕妇生育子女的性别。

16. 出去打仗是否获胜。

17. 村寨内是否和睦。

18. 丢失的东西能否找回。

19. 有无财物进家。

20. 老人寿命长短。

　　叶子卦没有规定一定要由什么人打卦，但通常情况下，由一个叫"诺问董萨"（巫师中最低一级）来打卦。有时诺问董萨不在的情况下，可以由村寨中的男性长者打卦。一些年轻人学着董萨或者长者学打叶子卦，有些年轻人就是从学打叶子卦开始走向董萨的道路。

三、鸡　卦

　　鸡卦是景颇族原始宗教中带有丰富文化内容的常用卦法之一，运用率之高，在其他卦法之上。主要有鸡头卦、鸡舌卦、鸡翅膀卦、鸡脚骨卦、鸡后脑壳卦、鸡心卦、鸡下巴骨卦、鸡眼卦、鸡嘴卦、鸡鼻子叉卦、鸡肝卦、鸡血卦等。当要看鸡卦时，先选择鸡。看鸡卦的鸡，通常是刚要会叫的小公鸡和刚要会下蛋的小母鸡，董萨们认为这样的鸡是最好的，看的卦最准。当然，按照景颇人的习俗，只要杀鸡吃，无论是老鸡或者小鸡一般都看卦，看看村寨里是否有火情，有没有疾病流行，是否有人去世、是否有喜事等等。由于景颇族杀鸡卜卦的习俗，因而杀鸡时将鸡头、鸡翅膀、鸡腿、鸡脚、鸡血、鸡肝等单独取出来。鸡的这些部位都不能随意乱砍、乱丢，煮鸡时将这些部位放入锅的中间，以便鸡肉煮熟时把它们能够找出来，并将它们放在一个碗里，除看鸡卦的人以外，谁也不能乱动，更不能吃。景颇族一般禁止小孩吃看鸡卦的这些部位。看鸡卦没有具体规定非要由董萨看，或者非要由长者看，除小孩和妇女之外，只要看卦有水准的，无论是长者或者年轻人都可以看。当然，董萨在场的情况下，无论是长者或者年轻人都把看卦的事交给董萨，这也是一种对董萨的尊敬。看卦时一般都是按照鸡的各部位分类看。

　　1. 鸡头卦。把煮熟的鸡头小心翼翼地破开，并把鸡肉、鸡脑

董萨在卜卦　　穆勒弄　摄

等全部弃掉，将鸡头盖骨单独取出，拿到火光或者阳光下观看，主要看头盖骨的呈亮情况。判断吉凶的标准是头盖骨呈亮为吉。如果某个人将要出远门或者去办难度较大的某一件事，头盖骨呈亮，没有出现什么横线，就认为是吉，否则是凶。头盖骨呈暗为凶。如头盖骨中出现火堆型、烟雾型预示着村寨里将要发生火灾。如头盖骨中出现暗色，并带有人模样的黑点，预示着村寨中将有人死亡。

2. 鸡眼卦。将煮熟的鸡眼完整地取出来，两只眼珠子拿在一起，在火光或阳光下看两眼间的薄层隔膜透明为吉，有黑斑为凶。在景颇族中看鸡眼卦的情况不多，只是局部地区的人看这种卦。

董萨们祭献家鬼前先看鸡卦　　　穆勒弄　摄

3. 鸡舌卦。将煮熟的鸡嘴里取出由三根软骨连成的鸡舌骨架，主要是看其架呈什么形状来判断吉凶。据一些董萨认为，在所有鸡卦中较准确的属鸡盖骨卦和鸡舌卦两种，所以，景颇族对鸡盖骨卦和鸡舌卦非常重视，哪怕不看其他部位的卦，也非得看这两个卦。鸡舌卦的具体看法是，三根软骨均呈平滑、自然形状，尖向内稍倾为大吉大利。这时村寨中相安无事，出门办事一切顺利。如鸡舌左右两根尖部向外倾，两根尖部不在一条线上，而且中根尖部向内稍倾为次吉。这时出门办事，要么顺利，要么不顺利。如果鸡舌中根尖部往里卷成圈或者两尖不平滑为凶，预示着村寨里将有人死亡或者将发生意外，如火灾、拉事、偷盗、疾病流行等。如果是鸡舌中根尖部往外卷成圈或者两尖架不平滑也为凶，预示着外村寨将有人死亡或者将发生其他不吉利的事情。另外，鸡舌左根稍长，视为吉利，右根稍长，视为不吉利，左右两根持平为不凶不吉。

4. 鸡翅膀卦。将煮熟的两只鸡翅膀取出来，把所有的肉皮全部剥开，留下鸡翅膀骨架，拿到火光或阳光下观看，一般是鸡翅膀骨架呈透明的为吉利，呈暗为凶。具体看法，把两只剥光皮肉的鸡翅膀骨架拼在一起对着火光或阳光看，如果两只骨架都呈透明，说明这段时间大吉大利，无论你出门办事或者在家中做事都一帆风顺。如果两只骨架中其中一个骨架有一些污点，看这些污点的形状：污点像火烟，预示着将要发生火灾；污点像"×"，预示着此路不通，出门办事不吉利；污点像点点滴滴，预示着将流行瘟疫或其他疾病；污点像乌鸦，预示着村寨里将有人死亡。为了辩明将要发生的方向，最后看是右翅膀还是左翅膀有污点。根据翅膀的左右来判断方向，看右方向吉利还是左方向吉利，就知道那个方向有事，那个方向无事。如果两个鸡翅膀都有污点或者呈暗，预示着灾难即将到来，全村寨都要提高警惕。据一些董萨说，鸡翅膀可以卦出能否获得金银财宝。如果在两只鸡翅膀中有金子一样的闪光点，预示着近期有财运，做生意会发大财。除此之外，鸡翅膀还可以卦出能否高升，官位有多大等。

5. 鸡脚骨卦。杀鸡煮熟后，取出两只鸡脚，并把鸡脚中所有的肉皮全部剥开，一般只留下鸡骨架。看卦的人把两只鸡脚骨架捏在一起，拿到火光或者阳光下观看。看的主要内容是牛马走失情况、远行道路通否等。在杀鸡之前，有意要看牛马走失、远行道路是否通畅情况时，杀鸡时标明左脚右脚，以便判断方向。占卜牛马走失时，一是看牛是否是自己走失。如果是属于牛自己走失，那么在鸡脚骨中会显示出朦胧的一条曲线，曲线的终点有一个点，最后确定曲线点的方向，便是牛所在的方向。二是看牛是不是被人偷走。如果确定属于被人偷走，那么在鸡脚骨中会显示出两个黑点，一个点表示牛，一个点表示偷牛的人。三是看牛是否还活着或者被杀。如果牛还活着在鸡脚骨中会显示出朦胧的一条曲线，终点显示出两个黑点，说明牛还活着。如果在鸡脚骨中显示出带有血丝的点点，说明牛被杀死。四是看牛是否还有可能找得回来。如果两只鸡脚骨中都显示出黑朦胧的状态，牛就没有希望再找回来了。如果两只鸡脚骨中都显示出亮点，且有一些闪光点，说明牛还有希望找回来。

6. 鸡嘴上唇卦。杀鸡煮熟后，取出鸡头，将鸡嘴上唇骨架取下来，并把唇骨架的肉全部剥开，剩下骨架。通常情况下，骨架有四个角，有早开晚闭的特点。根据这一现象来判定，一是规格是否顺畅，二是道路是否畅通。某一个人准备出去做生意，出发前先杀一只鸡吃，在吃鸡前先看卦。首先先看鸡嘴上唇骨架。如果骨架呈透明，并带有粉红色，骨架四个角都开着，说明出去做生意将会发大财。反之，如果骨架呈现昏暗，并带有黑斑点，骨架四个角都关闭，说明出去做生意将是死路一条。出远门，如果骨架呈透明，四个角都开着，四个角都没有出现断缺现象，说明道路通畅，出门顺利。如果骨架呈黑色，还带有黑斑点，四个角都关闭，四个角中其中某一个角有断缺现象，预示着亲友或者家人出门将会遇难。四个角中如果有两个或三个角有断缺现象，预示着外人出门将会遇难。

7. 鸡下巴骨卦。杀鸡煮熟后，取出鸡头，将鸡下巴骨取下来，并把鸡下巴骨叉的所有鸡肉全部剥光，而后拿到火光或者阳光下观看。卜卦的内容主要是谈判能否取得成功，近期是否有酒喝，有肉吃，打猎有无收获等。据一些董萨说，有时在骨叉上会反映出所要看的全部内容，有时只会反映出其中某一样问题，有时什么都没有反映。如卜卦谈判是否取得成功，主要是观察鸡骨叉两边呈亮或者暗来判定凶吉。一般情况下呈亮为谈判会取得成功；呈暗且布满黑斑为凶多吉少，说明谈判不会取得成功。

8. 鸡大腿卦。将煮熟的两只鸡大腿取出来，并把鸡大腿的肉全部剥光，两只鸡大腿拿到火光或阳光下观看。卜卦的内容主要是找媳妇是否成功，某某媳妇怀孕生男还是生女，如卜卦是否找到漂亮的媳妇，主要看两只鸡大腿骨的呈色情况，两只鸡大腿的骨架呈透亮，并且两只腿骨上显示出朦胧的一条彩色线路，线路终点有彩虹色的点，这是十分吉利的，媳妇一定会找到，而且是非常漂亮的媳妇。媳妇所在的方向如何辨别，鸡大腿骨中一般都有针眼孔，在针眼孔上面，插上竹签，根据竹签指向，判定媳妇所在方位。去找的时候，通常是按照彩色线路的指向和竹签的指向，顺着去找一定会找到满意的媳妇。如果鸡大腿骨架呈暗色，而且带有一些黑斑点，预示着无法找到合适的媳妇。

9. 鸡血卦。杀鸡时将鸡血用碗接起来，并妥善保管，不让猫、狗跨过。看时有两种看法，一种看法是，鸡血用碗接起来后，摆上一个钟头左右，碗里的血基本上凝固起来后，看其血质是否纯，有无光泽度，血纯，有光泽度，视为吉利。如果鸡血不纯，没有光泽度，血色带有乌黑，血凸凹不平，视为不吉利。一种看法是，将鸡血单独在锅里煮，熟后捞起来，放在砧板上切成四块，观看其血色，重点看是否有斑点，无血乌，无斑点，视为吉利。如果鸡血中带有斑点，而且斑点很明显，并带有一定象征意义的斑块，被认为是不吉利。

10. 鸡肝卦。某某人因病久治不愈，又不知道得罪了何方鬼神，这时董萨会用鸡肝问卜。杀鸡前把活鸡装在鸡笼里，并把它摆放在病人身旁，接着董萨念鬼，恭请卦祖显灵，肝示凶吉。念完，董萨把装有鸡的笼子在病人身旁晃动一下，便宰杀鸡，将鸡肝完整地取出，并仔细观察鸡肝的形状。如果肝面平展，红润、肝上无斑点，被认为是吉利，病人不需要大祭献，病就会慢慢地好起来。如果鸡肝颜色乌黑，肝面凸凹不平，有许多蜂窝洞，说明病情很严重，有可能是被恶鬼"咬"着。在不知道何种鬼"咬"的情况下，需要进一步探明，就用薄竹卦或者叶子卦探明到底是什么恶鬼"咬"着，一旦确定是某某鬼所为，根据该鬼所要的东西（牺牲品）进行祭献。

四、鸡蛋卦

鸡蛋占卜主要卜问魂丢失的方向，叫魂后魂拢不拢身、婚姻情况、病人凶吉、选择墓地等问题。占卜时有生、熟两种看法。

1. 生看。第一种看法是把生鸡蛋洗干净，放在碗中，碗里再放入一些水，看鸡蛋在水中漂浮的情况，或者看两个鸡蛋相互碰撞情况等来判定凶吉，如卜问婚姻问题，主人家先捡好两个下蛋时间不长的生蛋，而后请董萨问卜。董萨从主人家手中拿两个鸡蛋，左右手各拿一个鸡蛋，一般是以左手为男，右手为女，并用嘴说明，接着就念："某某家夫妻俩现在有点问题，但不知道为何这样？希望两只鸡蛋能够显灵……。"董萨念完，将两个生蛋放入水碗中，紧接着观察两个鸡蛋是否会碰在一起。通常情况下，两个鸡蛋相互靠拢为吉，分离则凶。

第二种看法是选择墓地。景颇族选择墓地，一般是选在较高的山坡上，背着山顶向着斜坡；有的在山顶上选一块较平缓的山坡；也有的选在山顶上。大概范围选好后，用生鸡蛋占卜是否可作墓地。选墓人（一般是老者）用左手拿一个生鸡蛋向着所看中的地方用力丢去，鸡蛋破了，说明墓地选好了，即在鸡蛋破的地方挖坟墓。如果鸡不破，说明该地方不吉利，不宜作坟墓，另选墓地。

2. 熟看。是把生鸡蛋煮熟剥壳，观看蛋黄与蛋白上有无斑痕，以及斑痕的形状，如叫人魂，某某人出门在外，不小心摔倒在地上或者从高空跌落下来，以后变成精神不振，四肢酸软状态时（有可能是由于贫血或者其他疾病导致），主人家会请董萨打卦，董萨便用两个生鸡蛋在病人身上边念鬼边摩擦，念完把两个生鸡蛋放入锅里煮熟，取出来后分别放入装有饭的两个碗里，并摆放于鬼房（供家堂鬼处），紧接着董萨又念鬼，恭请卦祖显灵。念完剥开两个熟鸡蛋壳，第一步观看鸡蛋煮后回落的情况，仔细看回落后缺口的部分在头上、中间、则面等情况。第二步看蛋白上有无斑痕，特别要注意看有无针眼，有针眼预示着病人的病很严重了。第三步看蛋黄内部有无裂缝，有无其他颜色。第四步两个熟鸡蛋对照看是否一致。如果回落后的缺口部分在鸡蛋最尖的一处，而且缺口部分比较平整、无裂缝、蛋黄与蛋白上无斑点、无蜂窝洞。两个熟鸡蛋的情况基本一致，视为吉利，否则反之。

五、宅基卦

景颇族很注重村寨宅居环境的选择，认为选好宅居，才能吉祥如意、六畜兴旺，地基通常选在山梁两边稍微平坦通风向阳的地方，一般不在山梁正中有风口的地方盖房。选择宅居时，多数景颇族地区采用薄竹卦、叶子卦、鸡头卦等占卜形式来卜问吉凶，但盈江县有些地区则用以米、梦、甜白酒、水试地等占卜形式来卜问吉凶。现主要介绍以下四种占卜形式。①

1. 以米试地。在最初选好的地基上，挖一个深 5 寸，长 7 寸的土槽，再把一截两头带节的竹子破成两半，一半放在挖好的土槽里，家里有几口人，在竹片里放几颗大米。大米的两头，用火炭划好界线，然后把另一片竹片盖上去，用土埋好。等到第二天太阳出来时，再去扒开看，如果大米一点没动，一点没少，说明地基选对了，适合于盖房子。在此建盖房子，将来有饭吃，日子过得好。如果大米移动了，说明该地基很不好。据认为，埋在地里的大米丢了，丢一粒米就会丢一条命，丢两粒米会死两个人。通常情况下遇到这种现象，就得另选地基。

2. 以梦试地。这种卦法有两种：一种是宅基地基本看好后，晚上背着毯子到已看好的地里去睡。如果梦见大海、日出、泉流等，被认为是吉祥，该地基可作宅基。如果梦见山体滑坡、星星坠落、太阳落山等被视为不吉利，需要重新选地基。二是在看好的地里取一把土回来，放在枕头下面，晚上睡觉梦见日出、大海、泉流等被视为吉利，可作宅基。如果梦见塌山、洪水、日落等就另选宅基地。

3. 以甜白酒试地。就是把甜白酒用芭蕉叶包上两包，在选好的地基两端各埋一包，三五天后挖出，尝尝味，如果甜白酒味还比原来甜，视为大吉大利，此地基很适合建盖房屋，居住在此地基会使家庭和睦，五谷丰收。如果甜白酒味没有变化，和原来的味道一个样，则视为次吉，此地盖房子也可以，不盖也可以。如果米酒味发生变化，如变酸、变苦等现象时，视为不吉利，此地不宜建盖房子。如果埋在地里的甜白酒被蚂蚁或者其他虫吃过，

---

① 石锐：《云南少数民族生活志》，云南民族出版社，1992 年版。

则视为此地基极为不吉利，再选离远一点的。

4. 以水试地。就是在最初选好的地基上，挖一个小竖坑，晚上把一截长 10 ～ 15 厘米，粗 2 ～ 3 厘米的新鲜竹筒装满清水放进坑里，竹筒上端用叶子盖好，用土埋好。第二天清晨去看，如果竹筒里的水还是满满的，说明这个地方水土养人，可作宅基地。如果竹筒里的水少了，而且无故少了许多，要另选地基。

六、时辰卦

景颇族载瓦语称"养吾"，汉语称"孔明牌"，它是一种用兽骨或方块木片制成，随身携带以观看运气好坏的牌子。牌上画着有规律性的 25 个格子，格里按不同的方向分布着代表不同意思的 35 个黑点，每个空格和黑点都代表着一定的时间和地点。这些格子和空格的具体意义：一是黑点代表着人或者其他事务。二是空格表示"无"，这个时候出门办事或打猎不会有任何收获。三是一个黑点表示"单"的意思，另外还表示颜色是黑色，同时还表示阳性、男人等。意思是这个时候出门办事，对自己是十分有利的，因有阳刚之气助你。四是两个黑点表示"双"的意思，表示灰色，同时还表示阴性、女人。这个时候出门办事，对自己有一些障碍，收获较小。五是四个黑点表示多点事务的意思，表示五颜六色、欢聚、团结一心、欢庆胜利等。这个时间将会有双喜临门。六是"×"表示遭遇、斗争、矛盾、流血、危害等，此时将会遇上矛盾和冲突。

看时辰卦的主要方法，从左向右看，从下往上看。这种时辰卦一般只限于观看白天五个时辰的"运气"好坏，每个时辰大约两个小时。据说，时辰卦可以看出以下几种：

1. 出去打猎有无收获。

2. 丢失的财物能否找回。

3. 孕妇生男或者生女。

4. 需要找的人能否找到。

5. 能否找到媳妇。

6. 病人的病情是否有好转。

7. 出门是否有饭吃等。

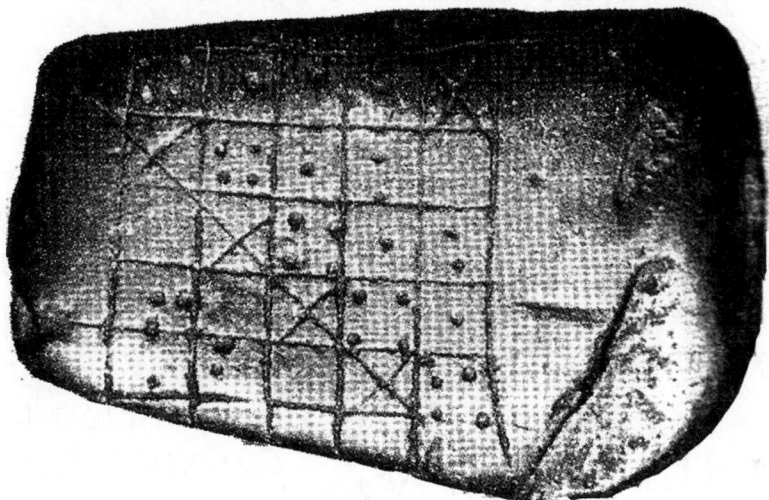

法器　石锐　提供

七、卜辞等号

又称"景颇族牛皮文字"。它是在时辰卦的基础上产生和发展起来的一种带有特殊意义的卜辞符号。由于景颇族的这种卜辞符号主要刻在鱼甲或兽骨上，所以景颇族的这种符号与中国古代殷商时期的甲骨文有些相似。古代殷商人将占卜的时间、原因、应验等刻在龟甲或兽骨上。古代的景颇族先民也把将占卜的时间、原因、应验等刻画在牛皮上或者兽骨上。因此，景颇族的牛皮文字是景颇族巫师董萨用来占卜打卦的卜辞符号。其内容主要有时间、阴阳、事物的属性、颜色、凶吉、因果、方向、数字等等，并把每天划分为 10 个"钦"（时辰），白天 5 个"钦"，夜间 5 个"钦"。每天白天和夜间都有吉辰和凶时。现将景颇族卜辞符号列表说明如下：①

文字 符号	景颇语 名　称	译　意	说　明
▢	革　慢 $ka^{31} man^{31}$	"空"的意思。表示颜色时，则是清澈透明、白色等。	此时出门办事或打猎不会有任何收获。
●	呆 $t\ ai^{33}$	即"单"的意思。表示颜色是黑色，还表示阳性、男人。	此时出门办事，对自己是十分有利的，因有阳刚之气助你。
●　●	租 $tsum^{33}$	即"双"的意思。表示灰色，同时还表示阴性、女人。	此时出门办事，对自己有一些障碍。

---

① 祁德川：《云南少数民族文字概要》，云南民族出版社。

文字符号	景颇语名　称	译　意	说　明
⠿	木宋 mǎ³¹sum³³	即"三"的意思。表示红色、强大、胜利、成功、发财等。	凡事在此时去办都会取得成功。
⠿	木利 mǎ³¹li³¹	即"四"的意思。表示五颜六色、欢聚、团结一心、欢庆胜利等。	此时将会有双喜临门。
⠿	木拿 mǎ³¹ŋa³³	即"五"的意思。表示辉煌、灿烂等。	此时无论做何事将会有辉煌灿烂的前程。
✕	格办 kǎ³¹pan³³	表示遭遇、斗争、矛盾、血、危险等。	此时将会遇上矛盾和冲突。

文字 符号	景颇语 名　称	译　意	说　明
	占 tʃan³³	即"太阳"的意思。表示白天、光明、美好、和平、纯洁等。	此时无论做何事，都有着光明的前程。
	石大 ʃǎ³³ tą³³	即"月亮"的意思。表示夜晚、寂静等。	此时任何事情都像夜深人静一样平静。
	木寄 mǎ³¹kjit³¹	即"拴紧"的意思。表示不能忘，要牢记等。	要时刻回想过去发生的事情。
	格顺 kǎ³¹ʃun³¹	表示经常、不断等。	不管有事无事都要经常联系。
	卡 khaʔ³¹	即"水"的意思。表示洪水、水灾等。	此时将要发生水灾或者某人将要落水。
	崩 pum³¹	即"山"的意思。	

文字符号	景颇语名称	译意	说明
	拿 ŋa⁵⁵	即"鱼"的意思。	
	宋捌 sum⁵⁵ pʒaʔ⁵⁵	即"毛虫"的意思。表示凶恶、凶事。	此时将要遇上不吉利的事。多指丧事、横祸。
	阿腊 a³¹la³¹	即"雄性"的意思。	
	阿玉 a³¹ji˙³¹	即"雌性"的意思。	
	克百 khě³¹pe³¹	即"死亡"的意思。表示死、阵亡、病故等。	此时将要有人病故或者某战争中有人阵亡。
	巫当 wu³¹taŋ³³	即"鬼桩"的意思，表示祭祀鬼神。	此时需要祭献某种鬼神。

八、梦　卦

景颇人在万物有灵的古老观念支配下，比较相信梦魂的存在和作用。大多数景颇人认为梦是神秘的，夜间做梦总认为是祖先的亡魂或活人的远魂作出的对将要发生事情的一种预示或预兆，所以景颇人对晚上做的梦特别重视，被认为是一种预兆，人们对梦的解释，仍然遵循着大多数兄弟民族所使用的"顺释法"和"反释法"两种形式。

1. 顺释法。根据所梦见的不吉物的形状，赋予某种特殊的意义，并直接加以解释。用顺释法解释的梦有以下几种：

（1）梦见太阳升起，村寨里将有小男孩出生，或者做梦的人将会升官发财。

（2）梦见太阳落山，但还没有完全落完，预示着村寨里有人病危，这个人可能是一位德高望重的老人。

（3）梦见太阳全落，村寨里将会死一位老人。

（4）梦见天狗吃太阳，做梦的人将会大病一次。

（5）梦见太阳被云彩遮住，预示着多种意思：一是做梦的人眼睛有毛病。二是做梦的人，有可能被他人诬告或陷害。三是做梦的人，可能被别人说三道四，使得他抬不起头来。

（6）梦见太阳无故坠落，预示着某个领袖人物将去世。

（7）梦见月亮升起，村寨里将有小女孩出生。

（8）梦见月亮下落，村寨里将会有一位老妇人去世。

（9）梦见天狗吃月亮，村寨里将会有女人或者小孩病危。

（10）梦见月亮被云彩遮住，村寨里有小孩无故瞎眼睛。

（11）梦见星星坠落，如果坠落在自己身边不远的地方，预示着自己的小孩会死去。如果坠落在自己较远，村寨以内的话，预示着村寨中某家小孩去世。如果坠落在自己村寨以外的地方，预示着别的村寨里有小孩去世，但这个小孩与做梦的人有一定的亲戚关系。

（12）梦见天空雾云密布，将会发生战争或者说做梦的人与他人打斗。

（13）梦见天空晴空万里时，日子越过越好。

（14）梦见天空云彩飘动，预示着生产、生活不安定。

（15）梦见彩虹。

（16）梦见大风吹起，人与人之间有可能发生矛盾，甚至发生战争。

（17）梦见吹大风，而且越吹越大，打仗时无法战胜对方。

（18）梦见大树被狂风吹倒，做梦的人自己或者自己的亲属被别人砍死或打死。

（19）梦见狂风暴雨后，山体塌方，寨中瘟疫流行，将会死去许多人。

（20）梦见山洪暴发，将会流行大瘟疫，同时会死去许多人。

（21）梦见涨大水，路、桥被淹没，无法过去，预示着自己的生命危在旦夕。

（22）梦见天空雾云密布，闪电交加时，预示着将要发生矛盾，甚至会发生战争。如果梦见闪电突变为晴空万里，矛盾很快被化解。如果天空云雷不停，而且噩梦惊醒前仍然继续着，这时将发生长时间的战争。

（23）梦见发生战争，做梦的一方放火烧对方，看见对方逃跑，做梦的这一方一定会取胜。另外，去山上拿大土蜂，如果去拿的人梦见放火烧某种动物，且看见被烧的动物跑了，大土蜂一定能拿到手。

（24）梦见到清水中去洗澡，做梦的人这一年身体都会健康。梦见到洪水中去洗澡，做梦的人这一年将会有大病。

（25）梦见用清水洗头，头疼很快就好了。如果用浑水洗头，头疼将加重。

（26）梦见大蟒盘睡着，预示着有人病重。梦见大蟒吃东西，预示着有人被杀死。

（27）梦见乌鸦大叫，预示着村寨里将举行送葬仪式。

（28）梦见黄鼠狼横过路上，出门办事不吉利。

（29）梦见捉住麻雀，做生意将会发大财。

（30）梦见捉住一条鱼，可能自己的媳妇怀孕了。

（31）梦见喜鹊跳来跳去地叫个不停，村寨里将要举行结婚典礼。

（32）梦见草场上的牛马被自己赶在一起，预示着农牧业将很快发展。

（33）梦见自己放的牛突然走失，预示着亲友家的子女会死亡。

（34）梦见红马在房屋周围狂奔，预示着失火会烧房子。

（35）梦见老虎无故跑进房屋，预示着某家人全部死光。

（36）梦见春姜吃，村寨里有人生小孩。

（37）梦见敲锣打鼓，如果鼓声锣声很响亮，出门办事很顺利。如果鼓声锣声不响亮，出门办事不顺利。

（38）姑娘梦见爬山，自己将很快嫁出去。

（39）姑娘梦见下山坡，自己将被人强暴。

（40）梦见某人拉屎、拉尿，家人或自己会砍伤、跌伤。

（41）梦见上山种地，寨子里近期有人结婚或进新房，自己将前往参加吃喝。

（42）梦见掉牙齿，如果掉的是大板牙，预示村寨中德高望众的老人去世，掉的是大板牙以外的，死的人可能是年轻人。

（43）梦见吃屎、喝尿，预示着做梦的人将会死。

2. 反释法。就是根据一些所梦见的吉祥物或者不吉祥物的形状，赋予某种相反的特殊意义，并直接加以解释。用反释法解释的梦有以下几种：

（1）梦见妇女穿的红裙子，预示着家人或者自己会被砍伤、跌伤。

（2）男人梦见女人生殖器，做梦的人会被砍伤、跌伤。

（3）梦见某人晒红衣服或者红裙子，预示着流血牺牲。

（4）梦见吃肉喝酒，村寨里有人病逝，将举办丧事。

（5）梦见某人讨媳妇，村寨里有人死亡、将举办丧事。

（6）梦见盖新房，近期村寨里将要死人，做梦的人也将去帮忙埋葬死人。

（7）梦见拣到钱财，自家人会死。

（8）梦见不是砍烧旱地时节而砍烧旱地，亲戚家有人死亡，自己会帮忙找坟墓。

（9）梦见麂子在自己的左边叫唤，会发生刀伤或者枪伤。

（10）梦见棺材，预示好事不断，近期得吃得喝。

（11）梦见死人，如果是阴雨天，天会晴；如果是晴天，会下大雨。

（12）梦见自己开怀大笑，自己可能遇到伤心的事情，如失去自己亲人而大哭。

（13）梦见有人大哭，预示着有喜事来临。

景颇族较为流行的看法，认为人在自己的家中或者出门在外熟睡，能梦见到离自己身体很远的事物和奇异景象，从而确定人有身体和灵魂。人们还认为，人的身体和灵魂二者既可以相互结合，也可以相互分离。当灵魂附于身体时人就会清醒，灵魂离开身躯而外出游荡时人就会入睡。人入睡后做梦，甚至做噩梦，就是因为附在身体的灵魂在外游荡时碰到了梦中的怪事。景颇族大多数人认为梦是神秘的，是祖先的亡魂或活人的冤魄作出的对将要发生事情的一种预示。因此，人们认定所做的梦是真的。当然做梦也得看季节和时间。据认为秋天是落叶季节，这时所做的梦都不准。从做梦的时间上来看，凌晨 2 ~ 5 点这个时候鸡还没有叫，这个时候所做的梦比较准，其他时间所做的梦都不准。

九、活鸡卦

根据活鸡的反常现象来断定吉凶。

1. 活鸡上屋顶，极为不吉利。预示着被活鸡上屋顶的这家人，面临许多灾难。

（1）这家人有可能大病一场。

（2）有人会死亡。

（3）这个家会被火烧光。

2. 活母鸡学公鸡叫，不吉利。预示着这个寨子附近将发生地震、流行瘟疫、发生火灾等灾害发生。养鸡的主人家会死人。

3. 凌晨公鸡叫不吉利。预示着将会发生火灾。鸡叫得远，远处发生火灾，鸡叫得近，近处发生火灾。

4. 活鸡无故成群结队在鸡圈里唱歌跳舞，极为不吉利。预示着社会会动荡不安，人类会遭受苦难。

十、鸟　卦

大部分景颇族生活在鸟语花香的地方，对各种鸟有一定的了解。无论在家还是出门，很注意听鸟的叫声，观察鸟的反常举动。

1. 睡在床上听见新年后的第一次"真贵"鸟叫声，不吉利，预示着这一年会经常得病在床上。坐着听见新年后的第一次"真贵"鸟叫，大吉大利，预示着这一年坐享其成。当正在跑步时听到新年后的第一次真贵鸟叫，预示着这一年都将奔忙。

2. 行走在路上，鸟屎无故撒着身上，不吉利，预示着自己的亲人病重或者病死。

3. 听见"朗张"鸟在自家房屋四周乱叫或者自己去到哪里跟到哪里叫时，很不吉利，自己或者家中有人要得重病。

4. 出门办事或走访亲友时，乌鸦无故跟着叫唤，不吉利，预示着家中有人病死。

5. "滚竹"（白头）鸟跟着人叫，不吉利，预示着家里有人要出事。

6. 听见猫头鹰一往常态叫成"格若若"声，预示着这一年粮食将大获丰收，生活富有。如果猫头鹰叫成"唉唉"声，当年粮食会大减产，会饿肚子，如果猫头鹰叫成"格格格、格格格"的急促声音，不吉利，家中无故会死人。

7. "崩珠诺"鸟一往常态叫成叽叽喳喳的急促声，不吉利，家中有人会出意外。

8. 在田间地头劳动时，"宾翁"鸟或"谷对"鸟靠近人叫，大吉大利，预示着今年粮食大丰收。

十一、黄鼠狼卦

景颇族是一个非常喜爱动物的民族，但对黄鼠狼例外，黄鼠狼对景颇族来说是不吉祥物。无论在家或者出门在外都不能看见黄鼠狼，因为人们把黄鼠狼看成是鬼的化身。出门时路上看见黄鼠狼横过路，不吉利，要么出门人会出事，要么在家的人会出事。黄鼠狼无故在房子周围乱窜，预示着这家里会死人。

十二、蛇　卦

在景颇人的观念中，蛇也是鬼的化身。出门看见蛇横过行路，不吉利，预示着出门办事不顺利。在野外无故看见大蟒蛇，预示着看见蟒蛇的人自己或者亲属会病死。

十三、蜜蜂卦

景颇族认为蜜蜂是一种传递信息的小动物。人在家里或者在野外劳动时，如果小蜜蜂不停地在耳边"嗡、嗡、嗡"地叫，一定会有喜客来访。

十四、月亮卦

又称"看日子"。历史上景颇族的历法不发达，一般把月份分为月初、月中、月尾三大部分，月亮卦也只能根据这个划分来算卦。月亮卦是在所有的占卜活动中最复杂的一种，要举行不同寻常的占卜仪式，这主要是来源于一个古老的传说故事。传说，月亮上住着一对老夫妻和他们的两个女儿。他们都是仙人，天下人间的所有事情，他们没有不知道的。有一次，人间流行大瘟疫，人、牲畜都快要死光了。活下来的人们非常着急，不知得罪了什么鬼神。这时住在月亮上的仙人知道是怎么回事，派两个女儿下人间消除瘟疫，从此人间又恢复了往常。人们非常感激她们，舍不得让她们回去，但两个仙人坚持要回去，返回时给人间留下话，人间有事可以随时请她们下来帮忙。以后人们只要有疑

难问题的时候就请她们下来。请她们下来很讲究时间和地点。据
说，每年农历八九月的十五、十六、十七日夜晚是她们下来的时
间。地点一般是选择在山里砍柴处或者村里房屋边的舂米处念请
她们，她们比较容易下来。但是如果地点选择在洼地有水处念请
她们，会造成阴天不停下大雨。当准备请她们下来时，先确定好
时间，选择好地点后，在选好的地上铺上一块草席或被单，通常
由一位德高望众的老妇人主持念请月亮仙，凡是愿意参加的人都
可以加入，并坐在草席或被单四周。老妇人将铜钱放在手中，合
掌开始念请月亮仙下人间。如果铜钱在手中有了跳动，说明已把
月亮仙请了下来。如果铜钱还没有跳动，说明尚未请下来。主持
念请的老妇人改变念请方式，采用哄的方式请月亮仙下来玩耍。
月亮仙一旦请下来了，接着将铜钱放入一个事先准备好的小竹筒
内，用红腰布带蒙住筒口扎好，左右各留出一段腰布，以便用手
扶筒，这时候小竹筒在草席或被单上魔术般地自己跳动起来，它
要谁来扶它，它就跳向谁的跟前，若它不愿某人扶它，它就左右
摇晃不止，看上去很神。人们利用左右摇晃的情况来判定吉凶。
据说，它能卜出瘟疫、地震、洪灾、火灾、寿诞、婚姻、生育、
生产、财气、丢魂、盖房择向、发生战争等天下大事。举行念请
仪式的地方，不能有蒜、姜等东西，因为月亮仙最忌讳的是这些
味道。据说，凡是有蒜、姜味道的地方念请月亮仙，竹筒不听使
唤，卜卦也不灵。卜卦完毕，月亮仙自行返回月亮，竹筒在原地
不动。

十五、"说色"卦

又称"竹签卦"，相当于汉民族的抽签。卜卦前削好33根薄
小的竹片，将这33根竹片任意夹在一只手掌的五个指头之间，

在变化过程中，自然使小竹片分成四组，然后从每一组中抽出一片放在一边，紧接着还要重复抽同样三次，最后根据剩余的竹片尖头指向和剩余的双数单数情况来判定吉凶。据董萨说，"说色"卦可以看出：

1. 出远门是否顺利。
2. 寨子有无火灾。
3. 病人生死。
4. 天阴天晴。
5. 能否找着漂亮媳妇。
6. 生男生女情况。
7. 能否进财。
8. 讲事成败。

第三节　宗教器物

景颇族在频繁的原始宗教祭祀活动中，以自己独特的智慧和审美观念，创造了许多神奇的原始宗教器物。这些宗教器物不但保留着图腾痕迹，而且从总体上看，它属于原始形态。在众多的宗教器物中，各种器物的使用都有规定，不能随意乱用，如吾当只能祭献鬼神剽牛的时候才能竖立，平常不能竖吾当。又如盔冠只能是举行目瑙纵歌盛典时，瑙双瑙巴可以戴，平常任何人都不能随意乱戴。景颇族在祭祀活动中所使用的原始宗教器物较多，现主要介绍以下几种常用的宗教器物。

一、吾　当

是杀牛献鬼用的拴牛桩，又称"鬼桩"。这种拴牛桩因地区

不同而形成三种
风格各异的形
状。一种是它的
形状似斜放的十
字交叉的木架
桩，桩顶捆上一
束茅草。一种是
先用两棵大小、
长度一样的木桩
栽插在地上，上
面形成"×"字
形，再用同样大

鬼　桩

小的木桩模样捆绑高处形成三角形。有的地方在三角形上面再直
栽插一根竹子，竹顶上面捆一束茅草。一种是用三个木桩直栽插
成一排，中间的一棵稍微高，在桩顶捆上一束茅草或者芭蕉叶子。

二、目瑙示栋

景颇族目瑙纵歌盛会舞场中央竖立的示栋。历史上一般由竖4
块，横2块，共6块厚实的长方形木板加底座组成，中间最高的两
块为阴阳雌雄桩，左桩顶端绘太阳，右桩顶端绘月亮、下面均画
螺旋式的舞蹈图案，再下是犀鸟和孔雀领舞的传说图案。两侧稍
矮的两块是祖宗男女桩，顶端均绘着景颇族发祥地木拽省腊崩。
左桩下面画着棱形宝石图案，以表示经济繁荣。右桩下面画着波
纹式景颇族迁徙路线图案。再下面均是象征人类繁衍的蕨叶花，
象征各民族团结友好的南瓜籽，象征消灾避邪的牛头，象征生殖
繁衍的乳房等。目瑙示栋是景颇族人民心目中最神圣崇敬的标志。

三、盔 冠

景颇族举行目瑙纵歌盛会时领舞者所戴鸟冠，景颇语称"谷得人"。盔冠用藤篾编织而成。冠前嵌有木刻犀鸟嘴，两侧嵌数颗野猪獠牙，顶处直插孔雀和犀鸟羽毛。传说，鸟类从太阳国返回大地，举行了第一次鸟类目瑙纵歌，并推选美丽的孔雀和犀鸟做"瑙双"、"瑙巴"（均属领舞者）。景颇族的祖先从鸟类那里学会了跳目瑙纵歌。因此，举行目瑙纵歌时领舞的瑙双和瑙巴都要戴盔冠。

四、大 铓

景颇族举行目瑙纵歌盛典或者丧葬仪式时所用的主要打击乐器之一。景颇语称"十康包"，载瓦语称"温么"。大铓呈圆形，直径为 36 厘米不等，由纯铜铸成，圆周长为十拃（约 113 厘米），故又称"十拃大铓"。大铓在景颇族的心目中象征着财富和女性。娶亲时男方把大铓作为聘礼送给女方家。按景颇族的习俗大铓在一般情况下不能随便乱敲，也不能无故挪动，要妥善保管好。

五、洞 巴

景颇族举行目瑙纵歌盛典时使用的管乐器。因多在举行目瑙纵歌时使用的较多，故称之为"目瑙洞巴"。洞巴由牛角、木管、稻杆振音器等部件组成，长约 33 厘米，似汉族的唢呐，但又不完全像唢呐，管身正面有五音孔，背面一孔。举行目瑙纵歌时，由一人立于太阳鬼台上，面对东方吹奏，音色优美，是一种独特的景颇族乐器之一。

洞　巴　沙明宝　提供

六、南肯日

景颇语，译为"鬼架子"。是景颇族祭祀鬼神时奉献牺牲陈设的架子，也是鬼接受供品的处所。一般用木、竹和草制作，大者高达60～70厘米，小的10～20厘米。根据所祭献的种类而设立于不同的地方，如祭献水鬼，将鬼桩立于水源处，上置祭品。由于景颇族祭奉的鬼有多种多样，所以，所立鬼架子也有多种多样。

七、神　剑

景颇族在祭献鬼神或者驱鬼时所使用的剑，意为"火塘架上的长刀"。其刀柄和刀叶皆以生铁打制而成，长约10厘米，重约3斤。由于神剑长年置于火塘架上，神剑犹如火炭，故有不能用的长刀之称。在现实生活中，神剑又作为财富的象征，嫁女时，女方家以其为回礼送给男方家。

八、甘　桶

意为"鬼门"。历史上景颇族住房中专为"家鬼"所设之门，位于房屋后部，在正门的反方向。景颇族的房屋前部分是过厅，过厅后部是通往居室的前门，供人出入。房屋后部是"鬼门"，供"家鬼"出入，客人和外族人绝对禁止出入鬼门，否则会给主人家带来不幸。

九、门　注

意为"牛毛肉"，相当于汉族的"鸡毛信"。景颇族在某地方将要举行或者已举行大型祭祀活动的信号。按照景颇族的习俗，在出征前或者械斗前，要杀牲畜祭献鬼神。为了向周围人通报出于什么原因，需要跟某某山官打仗或与某某人械斗，请求鬼神帮助杀死敌人，保佑胜利。祭献完毕，要向各村各户或联盟部落分发带皮毛的肉，肉越小，事情越大，号召的人越多。一般来说，凡是接到肉的人，都会认为自己是服从鬼神的支派。必须携带武器到场，不得违反。

十、神　刀

景颇族目瑙纵歌盛会舞场中央竖立的祭坛上使用的大刀。它是一种巨型大刀，其刀柄和刀叶皆以生铁打制而成，长约20厘米，重约12斤。通常是由公刀和母刀组成，公刀尖有弧形，母刀尖像剑头。神刀一般是长年置于目瑙示栋上面，一旦装上目瑙示栋上面后，任何人不能随意去取下来。神刀在一定程度上代表着景颇族人民，是景颇族人民的象征。

十一、鬼　裙

景颇族在祭献鬼神时使用的一种特殊的供品。鬼裙以棉毛织成，长 198 厘米，宽 99 厘米，统裙状，以红、黑两色为基调点缀黄、紫、蓝、白等色的"鬼花"。传说：天神前来享受祭品

鬼　裙　　石木苗　摄

时常携带其妻前来，故祭献天神时，须置鬼裙于祭台上，作为送给天神之妻的礼物。

第四节　董萨（巫师）

董萨是景颇族社会中的原始宗教问卜者和宗教祭司，他们是集早期巫、艺、医、匠、教育、军事、科技（原始科技）等为一身的景颇族高级知识分子，是景颇族文化的主要继承者和传播者。

一、董萨的产生和发展

早期，由于社会历史发展的局限，景颇族信仰万物有灵，认为人死之后灵魂仍在，而且认为日月山水，鸟兽虫鱼，巨石怪树，世上万物也有灵魂，景颇族把这些灵魂统称为"鬼"。在景

颇人看来，因为人有善恶、大小之分，所以鬼也分善鬼、恶鬼、大鬼、小鬼。为了祈求善鬼的保佑，驱赶恶鬼的危害，人们便用杀牲的方法来献鬼。人们对变化无常的自然界的看法和崇拜，多是集中通过对各种鬼魂的信奉与祭祀来表现出来。在早期，祭献鬼神是景颇族社会中一项重要的生活内容。由于对鬼神崇拜，景颇族在现实生产、生活中，无论战争、节日、春播、秋收、婚丧、疾病等都要视其情况祭祀不同的鬼，甚至做了梦、摔了跤，一举手、一投足，人们只要觉得有不吉利的征兆，也都要祭献鬼神。在景颇族社会里，为适应上述原始宗教观念及其祭祀活动的需要，早已产生了从事原始宗教祭祀活动的祭师——董萨。

　　关于董萨的产生，景颇族有一个生动的传说："原来景颇人生病从不用牺牲来祭献，而且用草药治病。后来草药被牛偷吃掉。有一天村里的人生病了，但没有任何办法医治病人。这时有一个沿袭祖传卜卦师路过此处，经此人卜卦祭献后，病人很快痊愈了。从此，这个人的名声也就传开，以后只要有人生病都会请他去卜卦念祭，久而久之，就成了董萨。"至于董萨具体产生于何年何月，没有确切的材料可以论证，但一些董萨都认为：自开天辟地以来就有了董萨。也有的董萨认为：董萨是阿公阿祖创造的。不难看出董萨产生的时间较早。多数董萨认为，董萨产生于景颇族山官产生以前。自从产生董萨以后，他们就是专门从事祭祀各种鬼神的宗教师，他们既是鬼灵对人们现实生活的支配者，又是帮助人间向鬼灵祈福消灾的中间人。在景颇族社会里，能做董萨的人，大多聪明伶俐、能说会道。多数是靠自己跟父辈学习，也有的靠自己的观察记忆理解，从别人的祭祀活动中学过来的。开始先从事一些简单的祭祀，如念鸡，以后再念猪，最后念牛。随着景颇族地区原始宗教的盛行，也造就了一大批原始宗教祭司——董萨。据一些董萨介绍说，原始宗教鼎盛时期，每一个景颇族聚居的村寨都有一两个以上的董萨，没有董萨的村寨几乎没有。在景颇族所信仰的原始宗教中，做董萨的通常是男性。他们一边做董萨，一边参加生产劳动，从不脱产。

二、董萨的职责和分工

景颇族原始宗教产生于早期的自然崇拜。随着人类社会生活领域的扩大，人们被意识到的自然界的事物愈来愈多，才逐渐将灵魂观念推及到整个自然界，把整个自然界看成是有灵魂的世界，进而形成了万物有灵的观念。在景颇族社会里，万物有灵观念的出现，标志着鬼魂观念已趋向成熟，鬼魂的功能扩大，并且日趋复杂。人们已想象到鬼魂有其形态、形状、名称和生活方式，特别是在景颇族的原始宗教信仰系统中，众多的鬼魂已经有分类和具有大小、主次之别，各种等级的观念已经渗入到鬼魂世界，这就相应地决定了董萨们的宗教职能的分工，即什么样的鬼应由什么样的董萨来念祭，别的董萨一般不能代替念祭，从而造就了有级别的董萨。董萨的身份和等级，按其对景颇族历史知识、社会经历和能力的大小而有大、中、小的区别，如级别最大，地位最高的董萨叫"斋瓦"。他们是景颇族中为数不多的最大的占卜者和祭师，其主要职能是主持和念祭天鬼和木代鬼这类最大的鬼。他们是早期景颇中的高级知识分子。由于他们能较完全记忆本民族的历史、文化和神话传说等。因此，他们在景颇族社会中，享有较高的威望。正因为如此，历史上他们又是山官的重要政治助手，故其宗教威望和社会地位是在所有董萨中最高的。能念祭色底卜鬼（地鬼）的大董萨叫"戛董萨"。由于地鬼主宰着庄稼六畜，关系着人民的生产和生活。戛董萨的主要职能又是念祭主宰人畜、庄稼命运的地鬼。因此，对戛董萨的要求很严格，他们必须要做到不抢人、不偷人、不吃死的牛、猪肉等，这样才能符合念祭色底卜鬼的要求。念祭后保证五谷丰登、人畜两旺。能够念祭风、雷等大鬼的董萨叫"拾谪董萨"。他们对本民族的历史传说，也要有一定程度的熟悉才能胜任。他们的主要职能是念祭除木代鬼、地鬼以外的官家大鬼。专门为死人念鬼送魂的董萨叫"西早"，意即"死人的官"，是在人死后，专门为死者念送鬼魂的人。能作所谓人与鬼之间的中间人，叫作"迷退斋瓦"。他们的主要职能是专事鬼魂附体后借其口讲鬼话，他们为数很少。只能念以鸡、干鱼、老鼠等鬼的董萨，称为"小董萨"。他们一般不能念祭杀牛、猪的大鬼。专门负责打卦的董萨叫"冒庇董萨"。他们的主要职能是占卜，实际上他们是原始宗教活动的"先行官"，诸如祭仪之前欲了解应祭什么鬼，祭品的种类或数量以及祭日的选择等，都靠他们卜定。他们家中多有专设的火塘，还有一些薄竹和叶子，供占卜使用。他们一般不会念鬼，只会占卜。在各种祭祀活动中，协助各种董萨作管理祭品和祭场陈设、分肉等工作的叫"强壮"。他们熟悉祭仪中各种习惯和规定。根据祭仪的需要又分若干职能。"肯萨"总负责屠宰各种牺牲品，由"鲁章"或者"棒龙"协助宰杀。"朋龙"负责水酒之类的管理。"勃然"负责制作埋鬼筒、装鬼筒的工作。

　　各种董萨和强壮，多数没有脱离生产劳动，没有宗教祭祀活动时，他们都是生产劳动者。每当被人们请来举行宗教祭祀活动时，除了享受群众的酒饭招待外，一般都有收取报酬的习惯，报酬的多少是根据董萨的级别和主人家的经济情况来定。

　　三、董萨等级

　　1. 斋瓦。在景颇族所有原始宗教董萨（巫师）中地位最高的祭司，即在盛大的目瑙纵歌祭祀中能念颂斋瓦木代祭词者。他对本民族的历史、神话传说、诗歌等传统文化懂得最多，可以说是景颇族的"口头百科全书"，被景颇族看作是能与天界通话的圣人。斋瓦人数不多，一个县一般只有一二个。据认为只有斋瓦才有资格念官家才能供奉的木代鬼，把木代鬼从天上请来祭祀，祈求财宝，消灾免难。祭毕再把木代鬼送回去。官家请斋瓦念一次木代鬼须酬谢一二头牛，若干匹绸缎、毡子等物。斋瓦在景颇族社会中不属于贵族，但他是神权的代表者，其社会地位在百姓之上，是历史上景颇族世袭贵族统治人民的有力支柱。

2. 戛董萨。景颇族原始宗教活动中专门念祭天鬼（木代鬼除外）、地鬼的祭司。戛董萨地位仅次于斋瓦，他也是景颇族古代文化的保存者和传播者。戛董萨一般人数较多，每个景颇族村寨都有一个。有资格念祭以猪、牛作牺牲的鬼。在祭祀木代鬼时，戛董萨常被斋瓦选为助手。斋瓦在念木代鬼时往往不停地念二三十个小时。累了可以由助手戛董萨代念一部分，有的戛董萨几年后往往会晋升为斋瓦。戛董萨帮群众念祭一次鬼，可得一条牛腿或猪腿。

3. 大董萨。景颇族原始宗教活动中专门念祭风鬼、雷鬼等的祭司。其地位仅次于斋瓦，和戛董萨的地位相同，但两者分工不同。他们也是景颇族古代传统文化的保存者和传播者。大董萨一般人数较多，每个景颇族村寨都有一二个。有资格念祭以猪、牛作牺牲的鬼。其中有部分人往往被斋瓦选为助手，当斋瓦念木代鬼时协助念一部分，他们帮群众念祭一次鬼，可得牺牲的牛腿或猪腿一条。

4. 迷退。又称"迷退斋瓦"。景颇族在原始宗教大型祭祀活动中充当人和鬼的中介人，其地位仅次于斋瓦。据说，鬼魂附在其身上，通过他把人的愿望告诉鬼，鬼又把对人的要求由他转告给人。迷退是一个半鬼半人的巫师。据认为，能当迷退的人都会巫术。平时则忌杀生，不吃牛、羊肉和鲜鱼等带腥的食物。在景颇族地区能充当迷退者为极少数，所以，迷退一般都带有一定的神秘色彩。

5. 小董萨。景颇族原始宗教活动中专门念祭山鬼、水鬼等小鬼的祭司，其地位在大董萨之下。小董萨一般只能念祭以鸡、干鱼、干老鼠等为祭品的小鬼。据说，倘若自己梦见过桥，飞越江河水等，认为鬼授意其可充任大董萨之职，协助大董萨念风鬼、雷鬼等以祭牛、猪为牺牲品的大鬼。他们对本民族的历史传说，也有一定程度的熟悉。他们替群众念祭鬼后，可得牺牲的一条大腿为报酬。

6. 冒庇董萨。景颇族原始宗教活动中专门问卜鬼神的占卜师。一般来说冒庇董萨不会念祭鬼，他们只负责卦问祭献鬼之前，欲了解应祭什么鬼、祭品的种类或者数量以及祭日的选择等，均靠他们卜定。景颇族有个谚语："景颇山的鬼，董萨的嘴。"是说："冒庇董萨，世上有没有鬼，是他们说了算。"

7. 西早。景颇族原始宗教祭祀活动中专门为死者送魂的祭司，其地位仅次于大董萨。按景颇族的丧葬习俗要把死者的灵魂沿着景颇族先民迁徙的路线送回祖先原来居住过的地方。念送是要沿着祖先迁徙的路线走，要求所念的路线要往返一致，不能把路线、地名弄颠倒，如有差错、遗漏等情况，念的人自己的魂也被隔离在野外，不能回家，给自己带来灾难，甚至死亡。因此，在董萨中很多人不愿作西早，有一定的风险，一般他们所得到的报酬比较优厚，替群众祭送一次魂，可得一头牛或者一头肥猪。

8. 强壮。景颇族在各种原始宗教祭祀活动中，协助董萨作管理祭品和祭场陈设、分肉等工作者，又称"总管"。根据祭祀活动的大小、分为大强壮、小强壮等。在大型祭祀活动中有 5～10 人的大小强壮。强壮的地位与其所跟董萨的大小不同而不相同，如掌管斋瓦所祭的供品，其地位比一般念小鬼的小董萨大。

四、董萨在社会中的作用

在景颇族的原始宗教祭祀活动中，董萨始终起着重要的作用。他们向来被认为是鬼魂世界和现实生活的沟通者，负有传递二者信息的使命。人们崇拜鬼魂、祭祀鬼，主要是通过董萨打卦、念鬼和杀牲祭祀来体现，所以过去不少景颇族群众认为："寨子里如果没有董萨，就过不成日子。"可见董萨的重要性。人们把董萨看成是鬼魂对人们生产生活支配的体现者，人们要通过董萨，向鬼魂祈福消灾。因此，在景颇族社会里，董萨的地位都比较高，普遍受到人们的尊敬。在山官制度下，山官在他所管辖的地区内，处理内外事务时，董萨通常都被邀请参加，许多事情的决断，如"神判"就是借助董萨的巫术。正因为如此，董萨就自然而然地成为世袭山官制度的有力支柱。应该看到，鬼是没有的，然而景颇族原始宗教的祭祀活动中所反映出来的许多传统文化，是民族传统文化的一个重要组成部分。景颇族有丰富的历史传统文化和文化遗产。历史上，这些优秀的文化遗产主要是靠董萨一代代口耳相传保留下来的。从另一个角度来看，董萨的职能便是继承、保存这一笔巨大的传统文化财富。因此，在现实生活中，衡量一个董萨的等级，在很大程度上是看其掌握本民族历史传统和文化遗产的水平如何。一般来说，景颇族的历史变迁，民风民俗，道德规范，文学艺术与董萨们在祭祀活动中念唱的内容有密切的关系。景颇族的创世史诗《目瑙斋瓦》，就是祭献最大天鬼"木代"时大斋瓦念唱的主要内容之一。景颇族创世史诗《目瑙斋瓦》通过丰富神奇的想象，美丽动人的传说，生动具体的描绘，深刻地反映了景颇族人民对自己祖先的追念，对民族起源的解释，对各种自然现象的认识，总结了景颇族人民在与大自然作斗争中积累起来的经验教训。记述了景颇族社会生活特有的风俗习惯。景颇族创世史诗虽然是历代景颇族人民智慧的结晶，但对它的保存、传承、丰富、发展，却不能不归功于历代的斋瓦们。他们靠着惊人的记忆，把上万行诗句牢牢地记在脑中，并且随着社会的发展，时代的前进，不断加以丰富，一代一代地流传下来。创世史诗《目瑙斋瓦》不仅是景颇族社会的百科全书，而且是景颇族文学中的母体文学。斋瓦、董萨们所掌握除了史诗外，还熟悉掌握景颇族的各种神话传说、民间故事、历史典故、歌谣谚语。一个大斋瓦，往往又是一个本民族的大知识分子，在群众中享有很高的荣誉和威信。其他各级的董萨们，也在他们的唱念中，不同程度地保存着本民族丰富的文化财富。

五、董萨的衰落

早期的景颇族地区生产力很低，人们无力抗拒自然灾害，加之文化十分落后，毫无科学知识，从而认为生产、生活等方面发生的事情，都是鬼在作祟，是各种各样的鬼魂支配着人们的祸福。认为万物有灵，因而产生信鬼的迷信思想。人们在生产生活中，想办一件事情都要先祭献鬼，祈求鬼保佑人畜平安，粮食丰收，万事如意。在这样的情形下产生了许多从事原始宗教祭祀活动的祭司——董萨。由于各方面都依赖他们，所以，他们在人民群众中很自然地产生了一定的威信。在社会上董萨很受人们敬重，这是因为人们在生产生活中一举一动都少不了董萨。据50

年代的调查，多数景颇族村寨平均 7~10 户中就有一个董萨。新中国成立后，随着景颇族地区经济、文化、教育、科技、医疗卫生等各项事业的发展，人们的衣食住行得到了改善，人生病了得到很好的医治。过去人们非常重视的原始宗教祭祀活动逐步减少，从整体上看是处在急速的衰落之中。特别是"文革"时期，用破"四旧""横扫牛鬼蛇神"等手段来取缔迷信活动，使许多有名望的董萨被无故批斗，有的董萨被批斗致死，有的董萨跑往缅甸，有的董萨改行不再从事原始宗教祭祀活动。各类董萨逐年老死而减少，特别是大董萨斋瓦亡故后，后继无人，目前各地只有一些一般的董萨为群众占卜、祭鬼或念送魂，主持一般的宗教仪式。

第五节　名董萨

一、贡推干（1900~1979 年），汉名沙万福，又名沙文甫，男，景颇族，盈江县卡场乡吾帕寨人，景颇族原始宗教大斋瓦。

他出身于景颇族普通的农民家庭，少儿时代就格外爱听前辈们讲景颇族民间故事和吟唱叙事长诗。青年时期师从大斋瓦，刻苦学习景颇族史诗、叙事长诗等的吟唱技巧。他有非凡的记忆力，年近 30 岁时，已能把洋洋数万行的长诗《目瑙斋瓦》完整地背诵出来，能讲述上千个神话传说和民间故事。中年时期即通晓景颇族历史，熟悉景颇族宗教礼仪，对景颇族民间故事、神话传说、叙事长诗以及对各种吟唱形式颇有研究，被公认为中缅边境一带的景颇族大斋瓦。盈江一带举行景颇族最大的祭祀目瑙纵歌，均由他担任主祭师并吟唱景颇族史诗《目瑙斋瓦》。1949 年缅甸克钦邦主席省瓦诺邀请贡推干赴缅甸密支那，参加并主持景颇族目瑙纵歌大祭祀。在这次盛典中充分发挥了他的才智，人们赞誉他的歌"比天上的星星还多，比地上的树叶还多，一年四季唱不尽，千箩万箩装不完。"

由于他在群众中有较高的威望，新中国成立前当过村寨头人，伪保长等。1950 年初，曾与景颇族商人普夏当、傣族土司思鸿升一起去小平原欢迎解放军。1951 年，中共保山地委和专署邀请他到保山参观学习。1951 年 5 月，盈江县勐典乡人民政府成立，他被任命为副乡长。1954 年和 1957 年，先后两次与普夏当、早幡共同举行景颇族目瑙纵歌盛典，热烈欢迎解放军进驻支丹山。1955 年调盈江县政协工作，专门从事景颇族文学的搜集整理工作。他先后整理景颇族史诗、叙事长诗和民间故事等资料手稿几十本。这期间，他与别人合作翻译整理了不少作品，发表于国内各种报刊。此外，他向中国科学院民族研究所和历史研究所派来的景颇族历史调查队、云南省景颇族文学调查队等口述了大量资料，为研究景颇族历史、政治、经济、文学艺术、风俗习惯、原始宗教等提供了颇有价值的材料，其中一部分已编入《景颇族社会历史调查资料》。在工作中，他还亲手培养了一批景颇族歌手，对民族传统文化的保护起到了积极的作用。"文革"期间，他遭到批斗，由他搜集整理和创作的数十本资料手稿也被付之一炬。值得可喜的是，1975 年德宏团结报社记者李向前同志将他念诵的景颇族创世史诗《目瑙斋瓦》记录整理成文，1981 年由云南民族出版社用景颇文出版发行，1992 年又由德宏民族出版社用汉文出版发行，对保存本民族的历史和文化作出了贡献。1979 年 6 月 3 日，贡推干因患恶性疟疾病死于卡场乡吾帕寨家中，终年 93 岁。

二、普夏当（1881~1985），男，景颇族，盈江县卡场乡草坝寨人。本姓木然（杨），"普戛"是景颇语做生意或商人之意，"当"景颇语排行老五之意，三个字连起来是做生意的老五。因长期与缅甸克钦邦主席省瓦诺联合经商，来往于中、缅、泰地区，声势和影响很大，成为有名的老板。人们呼其为五老板，即普戛当。他不是董萨，但他在当地有牛马和土地，是一个富有者。因此，在人民群众中有较高的威望，在当地被推举为头人。新中国成立前和新中国成立后，他多次参与组织举行景颇族目瑙纵歌祭祀，特别是 1954 年和 1957 年，先后两次与贡推干、早潘共同主持景颇族目瑙纵歌盛典，热烈欢迎中国人民解放军进驻支丹山，在当地引起很大反响。1950 年 6 月，成立莲山民族行政委员会，任该委员会委员。1951 年，到保山参观学习。1953 年和 1959 年，两次参加云南省民族参观团到北京，得到毛泽东主席的接见。1956 年当选为德宏州政协副主席，1957 年又任云南省政协委员。"文革"期间，被下放到保山地区昌宁县农村 8 年，1978 年 8 月，落实政策后，又回到盈江县卡场乡草坝寨老家。恢复了云南省政协委员、德宏州政协副主席的职务。他虽然不是斋瓦、董萨，但他通晓景颇族历史，了解景颇族宗教祭祀仪程，对景颇族的民间故事、神话传说等有一定的研究，给有关学者口述了许多宝贵的历史材料。1985 年 5 月 21 日，因长期患病医治无效，在卡场乡草坝寨老家病逝，终年 104 岁。

三、格老崩科（1902～1978），男，景颇族，盈江县芒璋乡宝石村人，是景颇族原始宗教大董萨。他的父亲是当地有名的董萨，他从小随父学艺，由于他聪明好学，记忆力强，很快掌握了吟唱景颇族史诗、叙事长诗等技巧。在 20 岁时就能单独主持大型祭祀活动。他生得一副金嗓子，声音圆润、吐词清楚。无论他吟唱祭词或者演唱史诗，演唱技巧娴熟，一招一式，独树一帜。

特别是他的头发蓄养长达 1 米多，平时盘在头顶上，每当吟唱到精彩处时，便将长发一甩，大有除魔降妖，驱云赶雾之势，赢得众人的阵阵喝彩，人们将他的唱腔称为"权摩调"。他多次参与主持本地区景颇族目瑙纵歌祭祀，还多次被缅甸景颇族邀请参加主持目瑙纵歌庆典活动。每次祭祀活动他都是主要的吟唱者和主祭者。由于他来往于中缅之间，在中缅两国景颇族群众中影响越来越大，成为有名气的大董萨。1978 年因病去世，终年 76 岁。

四、董萨干（1903～1979），汉名岳老大，男，景颇族，盈江县铜壁关乡三合村石别寨人。是景颇族原始宗教大董萨。因他从小搞原始宗教祭祀活动，呼其为董萨干。"董萨"一词为景颇语，意为"巫师"，"干"，景颇语，意为"老大"。

他出身于一个普通的景颇族农民家庭，自幼聪明好学，少儿时便对董萨们吟唱祭词和演唱目占（唱史诗）产生了浓厚的兴趣。他特别注意吸取先辈师傅们的演唱方法，努力向先辈们学习用词编句知识及表演技巧，不断丰富和积累自己的知识。当他长到 20 多岁时，只要当地景颇族办各种红白喜事，人们大都请他主持祭献。30 多岁时，终于成为一名出色的大董萨。中年时期已通晓景颇族历史，掌握了大量的景颇族民间故事、神话传说、叙事长诗等，并对各种诗的演唱形式颇有研究。他演唱的曲目很多，其中：景颇族娶媳妇时演唱的《孔然斋瓦》，贺新房时唱的目占《贺新房的歌》；吃新米时唱的《种庄稼歌》以及各种祝贺场面演唱的祝福歌都是他最熟悉、最有造诣的曲目。文艺工作者根据他演唱的内容进行了收集整理，并公开出版以上三种书。董萨干于 1979 年因病去世，终年 76 岁。

五、龚保（1923～1993），男，景颇族，陇川县陇巴镇弄昂寨人，是景颇族原始宗教大董萨。

　　他出身于一个景颇族普通的农民家庭。他幼年丧父，人聪明好学，从幼儿开始喜欢听董萨们吟唱祭词、演唱目占（唱史诗）。他刻苦学习，记忆力较好，当他到 20 岁时，陇川地区的大小原始宗教祭祀都由他来主持。近 30 岁时，他已是陇川地区有名的董萨。40 岁后，参与主持过景颇族盛大祭祀景颇族目瑙纵歌活动数次。他善于积累各种知识，掌握了大量的景颇族民间故事和传说故事，他擅长演唱景颇族叙事长诗《人类起源》《目瑙纵歌的故事》《景颇族搬迁史诗》《贺新房的歌》《婚嫁歌》等，文艺工作者根据他演唱的这些曲目整理出版了以上这些书。他于 1993年因病去世，终年 70 岁。

第六章　原始宗教与禁忌

　　景颇族在对大自然的崇拜过程中，创造出了无数个鬼魂形象，这些形象大都具有鲜明的自然属性。从古至今，人类依赖于大自然，在世代相继的生产活动中，把人的智慧、力量和热情全都用于大自然，大自然却反过来把自己的力量无情地作用于人类，在原始人类尚不发达的头脑里，造成了最初的幻觉，把整个自然界生动的实体看成同自己一样，有感觉、有意志、有情绪，把自然界的各种客观事物赋予人的形象，认为它们都是些有灵魂的东西，进而将自然界神秘化。因此，在景颇族社会里，人们为了祈求平安，除了已形成一套较完整的祭祀仪式外，同时还形成了一系列的禁忌，这些禁忌的形成都与鬼魂有着密不可分的关系。

　　在一系列的禁忌中，无论哪一条禁忌，它无不都是以原始宗教或习惯加以巩固后，要求全体成员严格遵守的。这些禁忌中包含着集体与个体相结合的不少制约原则。这些制约原则对景颇族地区的森林保护，防止环境污染、保持卫生、讲究道德、保护妇女儿童、注意礼节等诸方面，无疑都是很有用的。因此，被称之为景颇族早期的法律。千百年来，景颇族人民靠这些带有法律性质的禁忌，维护了景颇族地区的自然环境、社会环境和生产生活。

第一节　宗教方面的禁忌

历史上，景颇族社会中的很多禁忌都与原始宗教信仰有着相关的联系，随着社会的发展变化，有些不适应时代变迁的禁忌已改变，但有些仍然保留了下来。

1. 禁止任何人在官庙、鬼林附近砍伐树木、打枪、玩弹弓、大小便等，否则会触怒住在官庙和鬼林里的鬼，这些鬼会派遣老虎、豹子、野猪、野猫等各种猛兽进入村寨，危害人畜的安全。

2. 任何人不能无故去抚摸村寨里的鬼桩，特别是目瑙纵歌场上竖起的目瑙示栋更不能无故去抚摸，也不能在其附近大小便。人们认为附着各种鬼，若人无故去抚摸，会触怒鬼，鬼会咬人，使人遭灾。

3. 到别人家不能随意从鬼门（后门）出入，忌穿鞋进屋，进屋后不能久立不坐，更不准双手平伸而立。人们认为鬼门是专门给鬼设置的，随意去闯鬼的门，鬼会不高兴，这对主人家很不利。

4. 董萨念鬼时，不能随意念，特别是念送魂时，所念的路线要往返一致，不能把地名弄错。如果有差错、遗漏等情况，董萨自己的魂也就会被隔离在野外，不能回家，给自己带来灾难，甚至死亡。

5. 竖有鬼桩，特别是竖有目瑙示栋的周围，不能随意乱挖地，更不能把地底下挖空。人们认为，凡是竖有鬼桩的地方，就是鬼生活的地方，无故去挖会触怒鬼，鬼会咬人。

6. 在祭祀活动中专用的鬼裙、神剑、神刀（鬼刀）等器物，只能举行祭祀活动时才能用，平常禁止使用。

7. 丧葬舞"革本歌"、"格崩洞"、"金斋斋"等，只能在丧葬期间跳，平常禁止跳这些舞。

8. 与人交谈时，特别与董萨交谈时不能无故开"鬼来了"之类的玩笑。

9. 骑马入村、过寨时，骑马人必须在"寨门"外下马徒步行走。人们认为每个村寨都有许多鬼生活在其中，如果骑马过村寨，就会被马蹄声惊动，从而鬼会咬死骑马的人。

10. 供奉在家中的家堂鬼架不能随意挪动或者触动。人们认为触动家堂鬼，它们会不高兴，会咬人。如果确定需要挪动时，先请董萨祭献家堂鬼，说明搬动家堂鬼架的原因，方能挪动。

第二节　婚姻方面的禁忌

景颇族的婚姻形态是以个体家庭经济为基础的一夫一妻制，历史上曾存在过一夫多妻的婚姻形态。新中国成立后这种婚姻形态，已全部消失。男女婚配，景颇族要严格遵守同祖、同姓、姨表不婚的原则，而是实行一种单向的通婚关系，即姑母的儿子必须娶舅父的女儿，而姑家的女儿却不能嫁给舅家的儿子。景颇人称姑家为姑爷种，舅家为丈人种，反映在景颇族的称谓上，舅父与岳父同称，舅母与岳母同称，姑父与公公同称，姑母与婆婆同称。这种"丈人种"和"姑爷种"是依照父系亲属观念表达的姻亲关系。由于这种婚姻关系，舅父在景颇人的心目中有着重要的地位与作用。在男女婚配过程中，如果谁违背了姨表不婚、同姓不婚的原则，无疑要受到社会习惯法的严厉制裁。景颇族嫁娶注重长幼行次，男子找配偶，对方家如有多个姐妹，必先长后次。兄弟之间娶亲也要顾及行次，一般弟弟绝不能在哥哥之前结婚，这是表示对长者的尊敬。景颇族在婚配问题上，除了要严守姑爷种和丈人种的关系外，还实行着等级内婚，即这种婚姻存在于官种和官种间，百姓和百姓间，奴隶和奴隶间，它明显反映了景颇族社会的等级关系。虽然有各种各样的婚配关系，但在家庭中，成员之间的关系，特别是夫妻之间的关系，很少有男方压迫女方的现象，一般是平等相待。这种婚姻方面的禁忌在一定程度上起了积极的作用。

1. 禁忌娶亲时，新娘不能直接到新郎家，新娘到新郎村寨后，首先要在媒人家落脚睡一夜，方能到新郎家。人们认为，这样可以免除姑娘把娘家的鬼带到男方家。

2. 禁忌新娘所在的村寨正在举行丧葬活动的时候去迎亲。

3. 禁忌新娘不过草桥直接进入新郎家。

4. 家里有人去世的一年中，禁忌男人娶媳妇，姑娘出嫁。

5. 举行婚礼的那一天，禁忌说："分开、破开、分离"等之类的话。

6. 举行婚礼时，禁忌孕妇参加婚礼。

7. 禁忌参加婚礼的人损坏婚礼中的餐具和其他餐具。

8. 禁忌孕妇参加丧葬活动。人们认为，孕妇的胎儿会被鬼咬死，从而流产。

9. 禁忌生人进入妇女产房。人们认为，生人进入妇女产房，会把鬼带进去，鬼会把小孩咬死。

10. 禁忌有儿女者外遇。人们认为，这样做会触怒家堂鬼，会把儿女咬死。

11. 禁忌新婚者在婚后第一年内出远门、拉事等。

12. 夫妻若一方死亡，禁忌活者一年内娶嫁。

第三节　起居方面的禁忌

历史上的景颇族村寨多半在山顶或者依着山顶的斜坡上，也有的村寨有依着山梁子的。因此，新中国成立前被称为"山头"族。村寨的入口或出口处是官庙神林。官庙神林除了作为全寨性公共祭祀活动的场所外，还起着保护村寨安全的作用。景颇族建盖房屋十分重视选择地基，认为选好地基，才能吉祥如意，六畜兴旺。景颇族传统房屋多为草顶竹楼，分为上下两层，楼上住人，楼下堆放杂物。长屋的两端各开一门，经常出入的为正门，又叫前门，有楼梯。后门经常关闭，任何外人不能出入，因为紧靠后门处是供鬼的地方，所以后门又叫"鬼门"。生人进门时必须脱鞋，不能进出"鬼门"，否则，主人不喜欢。房屋内隔有小间，每间设有火塘，火塘周围便是休息睡觉的地方。

1. 到别人家做客，要在主人指定的位置上就坐。别人还未告辞，不能抢坐其位。

2. 如果去看望病人，要返回时，禁忌讲"告别"之类的话。

3. 出远门时，若路遇蛇、黄鼠狼、野猫、麂子、虎、豹等穿道而过。便视为凶兆，不宜继续前进。

4. 唤醒他人，不能用脚踢。

5. 生日那一天被视为"软命天"，凡是逢生日那一天不能出远门或串其他村寨，只能在自家里玩或到屋旁的园地里干活。

6. 长刀不能从火苗上拿过或递给他人；递刀时刀刃不能向外，必须手持刀尖递给对方；禁止用刀乱砍粮食，用刀砍会把谷魂吓跑，来年粮食不够吃。

7. 禁止在房柱上拴牛马。认为房柱是鬼在的地方，如果拴牛马，鬼会不高兴。

8. 家中有人出行后，禁忌在其后扫地出门。

9. 禁止大小便于农具之上。

10. 准备前去打猎前，禁忌说不吉利的话。

11. 禁忌养羊，认为羊会上屋顶，从而触怒家鬼，引起火灾。

12. 女人不能随意触摸或跨过男子的武器及其他用品。

13. 禁忌女人上屋脊和房顶，因为屋里住着许多家鬼，会触怒家鬼。

14. 禁忌从窗口或篱笆缝里传递东西。

15. 禁忌男女老少乱摸别人的头。

16. 禁忌入门后，站立在门上，更不能伸开双手当门而立。人们认为这样会触怒家鬼，对主人家不利。一般入门后必须立即坐下，男女青年多盘膝而坐，老年人不受这个限制。

第四节　饮食方面的禁忌

景颇族的饮食发展分为两个阶段，第一阶段是景颇族的祖先在北方时，属于游牧民族，吃的主要是牛、羊肉，喝的也是牛奶。饮食结构相对单调。第二阶段是南迁以后，随着居住环境以及居住地气候的变化，这时的景颇族已从游牧民族转变为农耕民族。景颇族分布区内的主要农作物有玉米、水稻、高粱、荞、麦、小红米、黄豆等。蔬菜有白菜、青菜、萝卜、芋头、洋丝瓜、竹笋及各种野生菌类植物及其他野生植物。肉食有猪、鸡、牛、羊、鱼及猎获的各种野味。佐料有辣椒、葱、生姜、野花椒、蒜等。甜食主要有蜂蜜、蔗糖等。水果有甜桔、柿子、黄果、桃、梨、李子及芭蕉等。景颇族较早时期就养成了一日三餐的习惯，用铁锅和竹筒煮饭。早期用芭蕉叶或其它叶子包饮食，主食有米饭、稀饭、粥、玉米饭、玉米粑粑、糯米粑粑等。景颇族主食和蔬菜的制作，多数与其他民族近似，但由于传统习惯和自然条件的特点以及信仰原始宗教等，也形成一些独特的制作方法和饮食习俗，特别是景颇族的炊具不仅具有特点，而且丰富多样，叶子、竹筒、茅草等都是特殊的炊具，在鱼肉类吃法中，有竹筒煮食法、烧烤法、叶子焐肉法（用叶子把肉包好后埋入火塘灰下，烧熟后即可吃）等形式。在蔬菜类吃法中有凉拌、手揉菜、舂菜等形式。由于景颇族的饮食制作方法多种多样，所以景颇族的风味食品丰富多样。在现实生活中景颇族还形成了独具特色的饮食礼仪。如新房落成后，要举行贺新房仪式。为了招待前来祝贺的客人吃喝，主人家要烧白酒、酿水酒，还要宰牛、杀猪、鸡等宴请客人。贺新房的菜谱与平常的菜谱略有区别。这时的菜谱中必须要有鱼腥菜、香菜等山茅野菜，还要有水酒（蒲冈），表示未来将是欣欣向荣。定亲时男方要泡水酒、煮鸡蛋、煮糯米饭等，并制作成礼篮送给女方家。姑娘出嫁，娘家人要宴请亲友和村寨的人。举行结婚仪式时，要宰牛、杀猪、鸡等，制作成各种菜肴，还要烧白酒、泡水酒等宴请亲朋好友，通常是前来参加婚宴的客人带着礼篮。新郎新娘要向所有亲友敬酒。按照景颇族的习俗，生小孩也要烧白酒、泡水酒，还要舂干巴、煮糯米饭，将烧好的白酒、水酒、干巴、糯米饭等送给亲友报喜。老人去世，要举行隆重的送魂仪式。这一天人们进行剽牛、宰猪、杀鸡等，把牛肉、猪肉、鸡肉制作成不同的菜，有的人吃，有的献鬼。景颇族就是因为有各种各样的饮食礼俗，从而形成了一系列的饮食禁忌。

1. 不能在供奉着家鬼的房间做饭炒菜，这样做家鬼会不高兴的，鬼会咬人，使人遭灾害病。

2. 炒菜时锅铲不能碰锅沿。据认为炒菜时用锅铲碰锅沿会使所有家产跑光。

3. 炒菜必须用右手执锅铲。人们认为给鬼炒的菜用左手执锅铲。因此，炒给人吃的菜必须用右手执锅铲，否则鬼会不高兴。如果用筷子代替锅铲，给鬼炒菜时用单支筷子，给人炒菜则用一双筷子。

4. 吃饭包必须由小头吃起，不能先吃大头。人们认为饭包从大头吃起，会不经吃。

5. 孕妇不能吃蜂蜜、公牛肉、公猪肉及公鸡肉。忌吃姜和成双的香蕉。据认为孕妇吃了姜和成双的香蕉，生出来的小孩就像姜一样的怪胎。忌吃成双香蕉是因为会生双胞胎。

6. 用树叶包饭或者包其他物品时，叶心不能向内，这是因为给死人包饭或者包其他物品时叶心向内。

7. 用竹筒去接水，一定要接满，绝不能接半筒。据认为，给死人接水，要接半筒水。

8. 用竹筒喝酒，只能用筒盖喝，忌用竹筒身喝酒。

9. 去别人家做客，主人递酒传烟时，作为客人必须双手接酒或烟。

10. 忌食猫肉和马肉，因为猫为人捉老鼠，马供人骑驮东西。因此，认为吃它们的肉是不道德的。

11. 吃新米前，必须先喂狗。据传说，在远古时代，由于野火烧山，把天地下的谷物全烧光。后来狗到天宫为人类接下来了谷种，所以每年吃新米饭前先喂狗。

12. 杀鸡吃，要给长者鸡头、鸡翅、鸡脚等，一是让长者看卦，二是一种尊敬老人的做法。

13. 任何人不能把饭桌当凳子坐，否则，鬼会不高兴的。

14. 上山猎获虎、豹等猛兽，需要在寨子头以被猎物的身长为距，栽三棵木桩或石桩，以示告知山神鬼猎获何物，才能吃猛兽肉。

15. 上山猎获麂子、马鹿、野猪等野兽，则将其头颅骨悬于屋檐，告知家堂鬼猎获的是何物，才能吃野兽肉。

第五节　睡梦方面的禁忌

景颇族的巫师认为，人有多个灵魂，男人有六个魂，女人有七个魂。女人的魂虽比男人多一个，但其他的六个魂的性能相同于男人。人的六个魂都会出现在睡梦之中，这是人能够做好梦或坏梦的原因。因此，景颇人的心目中总认为，人们睡觉时，能够梦见许多奇异的景象，说明人不仅有身体，而且有灵魂，二者紧紧地结合在一起，又可以分离。当灵魂附于人的躯体时就会清醒，入睡后，如果做了奇怪的梦，那是因为灵魂在外游荡。在现实生活中人们睡梦视为是祖先的亡魂或活人的远魂作出的对将要发生事情的一种预示。正因为如此，人们对睡梦特别重视，把梦当成一种预兆，作出不同的解释，并对一些梦特别忌讳。

1. 忌讳梦见红布飘动。这可能预示着某一个人不小心自己用刀砍伤或者被他人砍伤。总之，预示着要见血。

2. 忌讳梦见太阳落西山，它预示着村寨里某某老人将要去世。

3. 忌讳梦见月亮、星星坠落，它预示着村寨里某某小孩将要死亡。

4. 忌讳梦见拣到钱物，它预示着自家人会死。

5. 忌讳梦见出嫁姑娘或娶媳妇，预示着会有人死亡。

6. 忌讳梦见屎、尿，预示着自己或者家人不小心会被砍刀砍伤。

7. 忌讳梦见牙齿全部掉光，预示着自己的命已不长。

8. 忌讳梦见喝尿，特别不吉利，预示着自己的命危在旦夕。

9. 忌讳梦见山体滑坡或者大树倒下，预示着村寨中有人要死亡。

10. 忌讳无故梦见砍烧旱地，预示着自己的亲友将死亡。

11. 忌讳梦见黄鼠狼跳动，预示着将要发生横祸，自己可能会受伤。

12. 忌讳梦见蟒蛇，预示着家中有人会死去。

13. 忌讳梦见涨大水过不去，预示着自己将要得一场大病。

14. 忌讳梦见敲锣打鼓地喜庆场面，预示着村寨里有一场丧事需要办。

15. 忌讳梦见建盖新房，预示着自己将参加埋死人。

16. 忌讳梦见自己放养的牛或者马走失，预示着自己亲戚子女会死。

17. 忌讳梦见自己被红马踢着，预示着将要失火烧自家的房子。

18. 忌讳梦见敲锣打鼓，其声不响，预示着办事不成功。

19. 忌讳梦见用浑水洗脸，预示着自己将得一场大病。

20. 忌讳梦见吹大风，预示着自己胜不过他人。

21. 忌讳梦见麂子在自己的左边叫唤，预示着自己将被他人砍伤。

第六节　丧葬方面的禁忌

按照景颇族的习俗，家中有人去世，将死者尸体停放在鬼门处，或者停放在死者住的房间里，通常是面朝门，脚朝外，当即在自家门前对空鸣放火药枪数次（当死者是男性时鸣枪次数为偶数，女性则为奇数），以示家中有人去世，向亲友报丧。亲友闻声赶来，协助料理丧事。一部分人制作棺材，另一部分人去坟地挖墓穴。再有一部分人（主要是死者家属为主）给死者沐浴、穿衣。入殓时，如果是女的，就在身下垫围裙，是男的，在身下垫毛毯。若死者为子孙满堂的老年人，从老人死的当天晚上起，死者所在的村寨和邻寨的亲友前来死者家中参加跳"布滚歌"，一般要通宵达旦地跳上三晚上。死者家属用酒、饭等待客，夜夜如此。景颇族认为，跳舞的日子越长，死者家属就越高兴. 出殡日期通常由董萨（巫师）打卦决定。一般是杀牛、猪、鸡等作祭品。葬法有土葬、火葬和天葬三种形式。凡是正常死亡的都采取土葬，凡是凶死者，如枪杀、刀砍、上吊、投河、火烧、久病不愈、野兽咬死以及孕妇难产而死等非正常死亡，多用火葬。刚生下来的幼婴夭亡，用竹笋叶包裹，放在竹筒内，挂在枇杷树上或者到山林僻静处随便埋掉，如生一个死一个，被认为有鬼而把死尸丢弃，称为天葬。举行葬礼以后，还需为死者举行一次送魂仪式，由董萨念祭把死者亡魂送到老家（景颇族祖先居住过的地方），有的要送到父母亡魂所在的地方。送魂时，要在家堂鬼旁设灵堂，在墓地要举行建坟仪式。要在死者的坟墓上搭一座高 3 米左右的圆锥形草棚，作为死者的房屋。在草棚顶端竖立起一个用火炭、红土或用猪、牛血绘成的木人像，作为死者的形象。另外，在坟墓四周，根据死者所有子女数而树立同数量的竹竿，竿顶上悬挂布质或木质的各种符号，用符号代表死者的性别、年龄及其事迹。拴若干条线，作为生者与死者断绝关系的象征。生者与死者断绝关系的实际意义，就是使死者的灵魂不再回来。鬼魂回来，将会给人带来不幸。在送魂祭祀中，如果是村寨中有威望的人，人们要跳最富有景颇民族特色的"金斋斋"送魂驱鬼舞。通过跳"金斋斋"舞蹈，达到送魂的目的。在景颇族的丧葬习俗中，还有与之相配套的一系列禁忌。

1. 停尸期间，绝不能让黑猫从尸体上越过，否则死者会还阳行走，将相继死人。

2. 放枪无故不能只放有节奏地3枪或4枪，因为景颇人的习俗，有节奏地只放3枪或4枪是表示报丧。

3. 禁忌把在村外凶死者的尸体抬入村里停放，这样会把死者的鬼魂带入村里，村里还会继续死人。

4. 人死后尸体只能停放在鬼门处，或者停放在死者住的房间里，不能停在其他地方。

5. 人死后必须把死者的魂送回老家，否则死者的魂继续留在人间，会危害人，还会继续死人。

6. 禁忌送魂的肉带回家，否则鬼魂会跟着来"咬"死人。

7. 送魂活动必须在天亮之前结束，否则死者的魂送不走，继续留在人间，会危害人。

8. 送魂结束，在返回的途中，每人都要折些树枝，边走边用树叶来扫自己的身体，否则鬼魂会跟着来。

9. 丧葬期间，不能吃杂粮，否则死者会不高兴，它会让活人的庄稼长得不好。

10. 平时使用竹子根头朝上，在丧葬期间则根头向下。

11. 在屋内不能叠被盖，因为死了孩子的人家才叠被盖。

第七章　原始宗教与民族文化

　　宗教不仅属于历史的范畴，而且属于文化的范畴。宗教和文化都是在不同的历史时期产生、发展起来的，二者的关系十分密切。宗教是民族文化的表现形式，宗教活动的各种形态，在民族文化中都会有所反映。而民族宗教的产生、传播、变异，也会影响民族文化的发展、变化，宗教的特点还会在整个民族文化中保留着某些痕迹。人类产生的最初时期，由于社会生产力极为低下，生产范围极为单纯、狭窄，人们对生死、梦幻甚至山崖中的回声都不能作出正确的解释，也不能够把人本身的自然与人以外的自然完全分开，由此在人们的脑海中产生了模糊的、不同于现代宗教的最初灵魂观念和万物有灵观念，最终产生了"鬼魂"的概念。与此同时，早期的人们，对于灵魂有着各种不同的理解。有的把灵魂理解为与气息有关的东西，有的则理解为如影子的东西。正因为如此，人们以不同的认识和理解创造出不同的鬼魂形象，从而丰富和发展了民族文化。在人类早期的社会生产生活过程中，人们生活在封闭的自然环境里，对于当时的异地或隔代传递信息的需要并不迫切，但是人与鬼神之间的"信息传递"却十分重要。这是因为当时落后的生产力水平上，人的力量显得小，反而自然界的力量却十分巨大，自然界的鬼神对人类生存的影响显得特别重要。于是，人类与自然界鬼神交流成了第一需要。从而产生了使用于念鬼念神的各种咒语和文字以及原始人用来认识世界，用来满足艺术的需要或达到巫术、祭祀的目的而产生的各种图画，这些东西在历史发展中都成了民族文化的一部分。可以说，宗教的产生，促使了民族文化的发展。

第一节　原始宗教与民族文学

原始宗教和民族文学在发展形成过程中总是相互依赖、相互促进，二者有一定的联系。原始宗教是民族文学产生的基础。从古至今，人类依赖于大自然，在世代相继的生产活动中，把人的智慧、力量和热情，全部用于大自然，大自然却反过来把自己的力量无情地作用于人类，在原始人类尚不发达的头脑里，造成了最初的幻觉，把整个自然界生动的实体看成同自己一样，有感觉、有意识、有情绪，这就形成了自然崇拜。人们在大自然的崇拜过程中，董萨（巫师）们创造出了无数个有名有姓的鬼魂形象，如木代南（木代鬼）、占南（太阳鬼）、占苦南（太阴太阳鬼）等。人们把自然界的各种客观事物赋予以人的形象，认为它们都是些有灵魂的东西，进而将自然界神秘化。无论日、月、风、云、山、川的作用都是鬼灵活动的体现。自从人类创造了自己的人类社会，同时又创造出主宰自己命运的各种鬼神世界。人们根据各种自然现象的特点及其对于人们的关系，确定它们在人们意识中的地位。认为星星是太阳的伴侣，闪电是雷的伙伴。从而产生出神话故事、传说故事等民间传说，通过口耳相传，逐步成为民族民间文学。

一、古老神话

1. 古老神话的传说。景颇族先民经历了充满神话色彩的时代，并产生了古老神话。这些古老神话是全民口头传承的原始文化结晶，它的起源、发展和人类语言的发展、叙事能力的增长、原始宗教的产生是同步并进的。早期的景颇族先民生活在万物有灵观念的支配之下。这种观念认为，宇宙万物都像原始人类一样具有生命甚至"灵魂"。这种古老的原始宗教观念，是古老神话的真正内核。景颇族的先民（原始宗教巫师）在搜集种种材料说明天地之间万物万事的起源、发展、原因、后果时，其故事逐渐演变为各种神话。这些神话是建立在有一点一滴真实影子之上的幻想故事。景颇族古老神话作为古代人类精神活动的智慧结果，是景颇族祖先在大自然威严的力量面前感到惶惑和恐惧，但又力图摆脱这种惶惑、恐惧心理束缚，渴望支配自然力的矛盾产物。古老神话的产生，基于原始时代人类低下的生产力和有限（局限）的认识视野。虽然如此，神话依然不失为人类在特定时代认识自然界的清晰足迹，体现了古代人类力图认识自然界的卓越努力。对早期的先民来说，神话既不是一种无拘束的、不受各种条件限制的"幻想"，它不是一种有意识的艺术模式，而是对宇宙本身全然"真实"的叙述。早期的人们认为，世界万物的起源和本来样态，就是神话里所讲述的那样。如《万物诞生》中说："远古，天还没有形成，地还没有产生，在朦胧和混沌里，产生了阳神能万拉和阴神能斑木占，阴阳神的结合生下了全知全能的圣神潘瓦能桑。潘瓦能桑出世后，便对阴阳神说：'父亲能汪拉呀，母亲能斑木占，快创造，快繁衍吧，创造一个有天有地有万物的世界。'于是，阴阳神创造了天和地，造出太阳和月亮，造出光明神瓦襄能退拉和黑暗神能星能瑞木占，从此有了白天和黑夜。光明神觉得冷清，想要白天的伙伴；黑暗神感到寂寞，想要黑夜的朋友。于是，阴阳神为白天和黑夜创造了天上的星辰、风雨、雷电，还有夜鸟、蝙蝠、猫头鹰，地上的黑蚂蚁、黄蚂蚁、老虎、大象、野牛、大蟒，树上的巫志鸟、巫咱鸟，水里的白鱼、黑鱼、尖头鱼、偏鱼，天上有了鸟禽，地上有了动物，水里有了鱼虾。白天走的归白天，黑夜行的归黑夜。从此，白天有了伙伴，黑夜有了朋友。光明神和黑暗神又创造了管天管地，看管飞鸟走兽，主宰各种事物的诸鬼。管太阳的是木代鬼（男性），管月亮的是阿占鬼（女性），管雷电的是阿目鬼（男性），管风的是崩陪鬼（女性），管大地的是诗底鬼，管山川的是直洞鬼，管动物的是育亚鬼，管人类的是木沙鬼。从此产生了人类、鬼神及世界上的万事万物。"[1] 从这个古老神话中，我们可以了解景颇族先民对天地起源、人类起源的奥秘作出了种种神奇瑰丽的解释。这些解释虽不科学，但它是景颇族先民宇宙观的反映，从中可以看到早期的景颇族先民力图认识自然、解释自然的求索精神。再如关于民族来源的神话传说："自从形成了天地之后，就出现了彭干支伦和其妻木占威纯，他们是一切的'总鬼'，生出了人类和各种各样的实物、实体。他们首先生出了'木代'（景颇族祭献的最大鬼）等7弟兄及'格占'（虹鬼，又称女鬼）。后又生出了各民族所供奉的木代和官家所供奉的'斯铁门慢·子胖木占'以及官庙中所供奉的'斯铁'。之后又生出了金子、银子、金篮子、金盘子、金瓢、银瓢、迈立开江、恩梅开江、水、火、噪子、树木、竹子、盐、智慧、蚕和丝线，鸭、鹅、羊等之

---

① 　石锐、刘更生编：《景颇族民间故事选》，德宏民族出版社。

母或神。再之后又生出了宁贯瓦和他所使用的大刀、锤子、砧子、夹子、弩、弓、尺子等用具。"① 这一神话传说，虽然没有丝毫的科学道理可言，但确能看出一些景颇族先民朴素的世界观。这些神奇的传说能曲折地反映出景颇族先民对自然界的认识。

景颇族古老神话的产生是景颇族先民为了自身生存同大自然进行斗争紧密结合在一起的。神话是远古时期，生产力和认识水平十分低下的原始社会的产物。这就是说，变幻莫测的大自然威力，时刻对人类形成严重的威胁。无论是严寒酷暑、风雨雷电，还是毒蛇、猛兽等都给原始的人们带来了生产生活的极大困难，人类尚处在受大自然危害的地位，人们生存极其困难。在神话产生之初的原始人们，对当时的客观世界的认识和解释，都处于幼稚的阶段。特别是当时景颇族先民对天体日月的运行、昼夜的变化、水旱灾害的产生、人类的生老病死等现象，都使他们迷惑、惊奇以至恐惧。但是无法解释自然现象的奥秘。当原始的人们，在生产生活实践中逐步认识到自然力是某种异己的、神秘的、超越一切的东西。还认识到这一切自然现象，都和自己所进行的生产、生活有着密切的关系。这就促使他们迫切地希望认识自然，解释自然的愿望，于是原始人们用人格化的方式来同化自然力，想象天地万物都和人一样，是有生命、有意志的，从而产生了万物有灵观念，正因为在这个观念的支配下，人们通过各种奇想，创造了许多神，并以为自然界的一切都受灵感的神的主宰。在万物有灵观念的支配下，所有的自然物和自然力都被人格化、神话了。早期的景颇族先民虽然在力大无比的大自然关系中处于被动的地位。但是人类要生存下去，在极其困难的条件下，与大自然

---

① 云南省编辑组：《景颇族社会历史调查》第四，云南人民出版社。

展开了不懈的斗争，一心渴望认识自然、征服自然，探索大自然的奥秘，他们不自觉地将自己的生活经验投射到神的世界中，想象化为具体的形象和生动的情节，神话便应运而生。由此可见，充满天真奇幻想象的神话创作，是景颇族先民在那极为困难的条件下企图认识自然、控制自然的一种精神活动。是人类已具有了意识、语言以及初期的艺术思维方式这些基本条件，如《凯诺和凯干》是景颇族原始社会时期的神话。这个神话把原始人受到的种种灾难加以集中夸张，凶禽猛兽都出来吃人，洪水泛滥。在整个神话故事中，处处表现出自然力显得非常凶恶、强大，作为人的凯诺挺身而出，为民除害。他的智慧和勇气、充分体现了原始人征服自然力，击败凶禽猛兽的强烈愿望。从这个神话中，我们看到，原始的人们已产生了探索自然奥秘，赞美自己的力量，期待征服自然力这一功利目的逐步产生和形成。

2. 神话是原始宗教产生的根源。人无论是原始人还是现代人都是有思维头脑的动物，他所看见、感受、思考、体验以及创作的一切，都是一种有思维能力的动物所看见、感受、思考、体验以及创作的。这在原始人身上表现得更加淋漓尽致。从这一内在的事实出发再结合其他外在的事实，才演绎成了各种各样神话的奇观。有了神奇的神话，才有了神奇的祭祀活动。因此，神话是原始宗教产生的根源。"神话是人们幻想出来的一种主宰部分或整个物质世界的、超现实、超自然的具有人格和意志的存在或精神实体。无论神话或已溶入到原始宗教里的神，都是在幻想中虚构出来的，是一种特殊的心理活动的产物。最初的神的观念，是在原始人对'完全异己的，有无限威力的和不可制服的''与人们对立的'自然力的恐惧感、神秘感及好奇心这一心理背景上产生的。'由于自然力被人格化，最初的神产生了。'神作为一种特定的崇拜对象，当时无疑是一种社会化了的集体表象，在人们的心目中被幻化为某种物质化的实体。不论是哪一阶段上产生的神，既然是以一种超能的崇拜对象而存在，对于世俗的人们来说都具有某种神秘性和权威性，因而成了解释礼仪、宗教、社会组织、道德规范以及各种自然事物及现象的唯一依据，可以用来回答原始人对自身及周围世界所产生的各种困惑。虽然神只是人本身的相当模糊和歪曲了的反映，具有超人的能力，甚至无所不能，被视为各种神秘力量的化身。"① 如景颇族神话表现得最集中、最突出的是宁贯瓦的形象。宁贯瓦是景颇族人民心目中的古代英雄，是一个半人半神的天鬼。他聪明勇敢，带领人民打平了天地，造出了高山，开辟了平坝，在战天斗地、改造自然中立下丰功伟绩。因此，人民拥戴他作了景颇族的第一个"山官"。在《宁贯瓦打天造地》② 中是这样说："远古，彭干支伦、木占威纯，返老还童四次，创造了风雨雷电，高山深谷，河流湖泊，创造了劳动用的工具，打猎打仗用的武器，然后生下人类祖先第一个王子德鲁朋贡山和聪明勇敢的宁贯瓦。

　　宁贯瓦出世之后，他嫌山不好看，地不平坦，土地不肥沃。于是带领着打天造地的众英雄，开始了整天整地的斗争。打好万座山，造好千个坝子，在勤章松脑然地方，杀千头牛，宰千头猪，跳起了目瑙舞。并在洛芒龙布地方，筑造一座最宏伟、最美丽的王宫。宁贯瓦居住在王宫里，百姓拥戴他做官，并向宁贯瓦交纳宁贯腿、宁贯谷，无偿出宁贯工。宁贯瓦成为景颇族的第一个山官。"宁贯瓦的神话传说，是古代景颇族祖先思想的遗留物，

---

① 李子贤：《云南民间文艺源流新探》，云南人民出版社，第 168 页。
② 德宏州史志办公室编：《景颇族民间故事选》，德宏民族出版社。

也是景颇族原始社会中人类的生活和思想之反映，同时宁贯瓦不是凭空跳出来的，而是原始人民的生活状况和心理状况之必然的产物。宁贯瓦被称为景颇族的始祖，景颇族人民心目中的传奇英雄，是一个具有奇才异能的似神似人的典型形象。宁贯瓦是景颇族先民战天斗地的古代英雄，在他身上反映了景颇族先民同大自然作斗争的勇敢精神，能激发和鼓舞后代人，一直受到景颇族人民的崇拜。当景颇族先民还无法战胜自然力，还处于被动地位时，总是把那些与人类日常生活发生利害关系的自然现象，当作有意识，有生命，有人格的实体加以崇拜，景颇族崇拜宁贯瓦也是这样形成的。当然宁贯瓦的身世，目前还没有定论。是在真实人物的基础上加以神化，还是以某种物体加以人格化，不得而知。从景颇族神话产生和发展过程中，景颇族先民将各种自然现象加以人格化和神化这一特有的心理状态及思维方式，不仅形成了图腾崇拜、自然崇拜、祖先崇拜等原始宗教形式，而且某些神话的产生和发展与后来产生的原始宗教形成了推波助澜的作用。《目瑙斋瓦》是景颇族历史上最重要的一部口耳相承的传统神话古歌，可直译为"历史歌"，也可以译为"景颇族创世纪"。在这个神话古歌中关于解释天地起源，人类起源的神话，都已成了景颇族原始宗教的内容。最初的创造神创造了天和地后，接着创造了管天和管地的鬼，并且一开始就有分工。即管天的是木代鬼，管风雨雷电的是阿目崩佩鬼，管地的是诗进鬼等。在这部神话古歌中，创造人类之前先创造好管理人类的诸鬼，如管理生老病死的鬼是木沙鬼，管理婚姻习俗的是布摆鬼，管理钱财文化的是涛若鬼，管理集体活动的是木若鬼等。景颇族的神话，有它自己神的系统，构成了一个神话世界。只不过是景颇族没有神的观念，只有鬼的观念。因此，神话中的神，不叫神，而是叫鬼，如天鬼、地鬼、阴鬼、阳鬼等。其实，在这里，鬼就是神，天鬼、地鬼、阴鬼、阳鬼，都是受人崇敬的神人。"景颇族的神话体系，不仅包括开天辟地、人类起源、民族来源、万物由来等许多重要神话，而且创造庞大的神的家族体系。按照景颇族先民们的思维观念解释，世界的形成发展分为三个阶段三层世界。第一阶段第一层世界是神的世界，第二阶段第二层世界是鬼的世界，第三层阶段三层世界是鬼和人共同的世界。看下面第一阶段第二层世界中的神和鬼谱表"：①

第一层　神的世界　众神谱

1. 皮能帕拉（阳神）；2. 迷能玛木占（阴神）；3. 木托拉（自生神）；4. 顶山木占（自生神）；5. 木章拉（植物神）；6. 普兰木占（植物神）；7. 鸟诗拉（动物神）；8. 鸟诗木占（动物神）；9. 涛智拉（智慧神）；10. 涛浪木占（智慧神）；11. 能万拉（创造神）；12. 能斑木占（创造神）；13. 潘瓦能桑（圣神）；14. 瓦襄能退拉（光明神）；15. 能星木占（黑暗神）；16. 勒农拉（鸟类神）；17. 勒农木占（鸟类神）；18. 尹暖拉（兽类神）；19. 尹暖木占（兽类神）；20. 尤亚拉（野外神）；21. 尤亚木占（野外神）；22. 彭干支伦（创造父神）；23. 木占威纯（创造母神）；24. 占瓦能桑（太阳神）；25. 诗达诗玉（月神）；26. 木佐杜（雷财神）；27. 木佐诺（雷文化神）；28. 木佐腊（雷战神）；29. 目崩佩（风神）；30. 戛诗迪（地神）；31. 登顶根（药

---

① 石锐著：《景颇族文化习俗论》，德宏民族出版社，1998年版。

物神）；32. 星星退（药物神）；33. 梯木梯拉（鬼类父神）；34. 梯木梯木占（鬼类母神）；35. 鸟诗阿拉（畜牧父神）；36. 鸟诗木占（畜牧母神）；37. 尹知阿拉（农业神）；38. 目利目杜（森林神）；39. 尹暖木占（农业神）；40. 卡目杜（河神）；41. 宁贯瓦（祖先父神）；42. 布仁扎圣（祖先母神）；43. 扎容拉（祖先父神）；44. 木代女（祖先母神）；45. 作瓦省纳（祖先父神）；46. 勒望木占（祖先母神）；47. 潘格来瓦（文明神）；48. 瓦切瓦（祖先父神）；49. 格旁木占（祖先母神）；50. 目干督纳（官种诸神）。

第二层　鬼的世界　众鬼谱

1. 木代纳（天鬼）；2. 占纳（月鬼）；3. 目纳（雷鬼）；4. 崩佩（风鬼）；5. 诗迪纳（地鬼）；6. 目沙纳（祖先鬼）；7. 苏纳（财鬼）；8. 卡祖纳（水鬼）；9. 玩木若（火鬼）；10. 地吨纳（灶鬼）；11. 戛祖纳（戛仇鬼）；12. 布当纳（战争鬼）；13. 能独木若（铁匠鬼）；14. 目准木若（歌手鬼）；15. 陶知木若（巫师鬼）；16. 肯庄木若（祭司鬼）；17. 斋利木若（吟颂鬼）；18. 帕知木若（文化鬼）；19. 扎利木若（财钱鬼）；20. 恩胆木若（种植鬼）；21. 布摆木若（婚姻鬼）；22. 日达木若（纺织鬼）；23. 孙左木若（爱情鬼）；24. 波研木若（爱美鬼）；25. 孔然木若（婚礼鬼）；26. 嫩卡木若（离婚鬼）；27. 翁当木若（凯旋鬼）；28. 布蒙木若（理论鬼）；29. 崩东木若（集会鬼）；30. 戛斋木若（议论鬼）；31. 麻岭纳（森林鬼）；32. 崩光纳（山鬼）；33. 卡若纳（洼子鬼）；34. 撒瓦

木若（凶死鬼）；35. 恩当木若（难产死鬼）；36. 目嫩木若（嫉妒鬼）；37. 地沙木若（采集鬼）；38. 会沙木若（狩猎鬼）；39. 鸟瓦木若（畜牧鬼）；40. 开沙木若（农业鬼）；41. 省波木若（东面鬼）；42. 省纳木若（西面鬼）；43. 顶达木若（北面鬼）；44. 顶冬木若（南面鬼）；45. 若考木若（和好鬼）；46. 路苏木若（富裕鬼）；47. 目咱木若（穷鬼）；48. 帕支木若（技术鬼）；49. 勒干木若（咒鬼）；50. 苦迈木若（友好鬼）

从景颇族神话的众谱体系中可以看到，景颇族神话体系已成为一定的规模，而且具有景颇族神话的自身特征。当然神的产生和存在，是以一定的信仰为前提的，是与以万物有灵观念为核心的原始意识紧密相连在一起的。一旦在群体中创造出了某个神祇和祇群，就势必成了一种传统的信仰对象。对其崇拜敬畏，并施以某种仪式，形成一定的宗教形式，讲述其事迹，并世代相传，便形成了某种神话，久而久之，成为某种鬼的形象，同时成为人们长年累月祭拜的对象。

3. 神话典籍。景颇族在早期的社会阶段，曾有过迷人的神话时代，并产生了大量的神话故事。这些神话故事，是景颇族先民以艺术幻想的形式，对自然界和社会形态不自觉的反映，也是景颇族先民企图认识自然、征服自然、支配自然的产物。景颇族先民按照自己的认识理解和要求；理想和愿望，创造了丰富多彩的景颇族神话。独具特色的景颇族神话，是景颇族先民幻想和虚构的产物，是早期社会生活的反映。景颇族神话的内容是十分丰富的。在丰富多彩的景颇族神话典籍中，流传最广、影响最深的主要有举行盛大祭祀时演唱的《目瑙斋瓦》（历史的歌），吃新米庆丰收时演唱的《目占》（种庄稼），结婚时演唱的《孔然斋瓦》（结婚歌），人死后送魂时吟唱的《丧葬歌》5 个相对独立而又相互有联系的组成部分。

（1）《目瑙斋瓦》，又称《历史的歌》《景颇族创史纪》等。它是一种专门歌唱历史的曲调名称。是景颇族千百年来口头流传的作品。它主要是在景颇族最大巫师斋瓦中吟咏、诵唱的，多半是举行盛大目瑙纵歌祭祀时大巫师斋瓦吟唱的。《目瑙斋瓦》的内容在景颇族各地区由于吟唱者的水平不同，往往存在一些差异，但主要内容、情节和表现手法大同小异，基本一致。它在流传中不断得到加工和提高，对景颇族的历史和生活进行了比较完美的艺术概括，是景颇族人民的共同财富和智慧结晶。

《目瑙斋瓦》从开天辟地唱起，以优美的神话形式，叙述了景颇族人民从远古到现代的发展演变过程。在曲折生动的故事中，留下了历史前进的脚印。目前整理出版的《目瑙斋瓦》是德宏州盈江县支丹大山斋瓦——贡推干（汉名沙万福）长期吟唱形成的。1975 年 3 月，德宏团结报社李向前（景颇族）专门到贡推干的家中，历时 20 多天，听他吟唱并记录下来，经反复校对整理成景颇文，1981 年由云南民族出版社出版。后经李向前、石锐、尚晨宏 3 位景颇族学者翻译成汉文，1991 年 11 月又由德宏民族出版社出版发行。

《目瑙斋瓦》的主要内容是：天地的形成、平整天地、洪水、宁贯瓦娶亲、目瑙的来历、大地上的生活等。在天和地出现之前，宇宙间只有一团小小的云雾在旋转，后来越来越大，变成了稀泥一样的东西。这时出现了一对代表阴阳的天鬼，男的叫能万拉，女的叫能斑木占，他们创造天空和大地，创造了日月星辰，创造了带给人以聪明才智的"圣书"。接着他们生下了代表智慧的天鬼潘瓦能桑。他生下来后，不仅给万事万物取了名字，而且为后来人类生活中可能碰到的重重困难，事先想好了解决办法。按照潘瓦能桑教给的办法，太阳太热了，就拿到水里去浸一下，月亮不亮了，再给它加一些光等。

《目瑙斋瓦》还叙述了当能万拉和能班木占又生下了瓦襄能退拉和能星能锐木占这一对天鬼时，老两口便死了。于是，世界万物又接着由瓦襄能退拉和能星能锐木占来创造。他们分开了白天和黑夜，创造了天上飞的飞禽，地上跑的走兽，水里游的鱼虾，同时生下了主宰各种事物的许多天鬼和地鬼。在决定世界应该是白天还是黑夜时，瓦襄能退拉要使世界永远是白天，而能星农锐木占则要让世界永远是黑夜，争执不下，只得请潘瓦能桑来解决。潘瓦能桑说，让白天和黑夜各占一半吧！从此，世界才分出了白天和黑夜。后来，瓦襄能退拉死在山顶上，太阳出来最先照他，所以山顶上天亮得最早，能星农锐木占死在洼子里，黑夜来临时要最先看她，所以洼子里最先黑。瓦襄能退拉和能星农锐木占死前，生下彭干支伦和木占威纯，他们是总鬼。他们返老还童了4次，创造了风雨雷电，高山深谷，河流湖泊，创造了世上一切鬼，创造了劳动用的工具，打猎打仗用的武器。他们同时又是人类的祖先，生下了第一个主子德鲁贡山和聪明勇敢的宁贯瓦。

宁贯瓦是景颇族人民心目中的古代英雄。传说，宁贯瓦出世之后，他嫌山不好看，地不平坦，土地不肥沃，于是他带领着人民，开始了战天斗地的斗争。由于宁贯瓦聪明勇敢过人，带领人民打平了天地，造出了美丽的高山，宽阔的平坝，人民便向他交官租、官腿，人民拥戴他做了景颇族的第一个"山官"。这使得宁贯瓦的哥哥德鲁贡山的 9 个儿子十分嫉妒，他们处处与宁贯瓦作对，终于与宁贯瓦展开了一场殊死的斗争。宁贯瓦呼风唤雨，一连下了 140 天大暴雨，结果大地被洪水淹没，开始了洪水淹没天地的时代。到洪水退尽，躲在木鼓里的两兄妹重新结婚，才又繁衍了人类。因为没有山官，世道混乱，人们又商量重新到赛如山上去请宁贯瓦。先派牛去，牛驮不动宁贯瓦，又派马去，宁贯瓦才骑着马回来了。

《目瑙斋瓦》通过浓厚的神话色彩，表现出景颇族人民创造物质生活所进行的艰苦卓绝的斗争精神，反映了人类童年时代种种美丽的幻想和智慧。较细致地描述了人类由昆虫演变成猴子，再由猴子演变成人类的过程。人类最初模仿天空中的电光，用竹木摩擦取火，从此人类熟食猎物。模仿鸟衔树枝搭窝和鸟兽肋骨组合形状，建造塔形屋顶房屋，人类从此迁出山洞。模仿鸟的羽毛用芭蕉叶御寒，并找到有纤维的棉花和麻类，学会了纺纱织布，缝衣穿衣，从此人类不再是赤身露体了。

《目瑙斋瓦》不仅有开天辟地、创造江川大河、树木山林、飞禽走兽和繁衍人类的神话想象，而且对制造刀具、学会种植等生产劳动也有生动反映，证实了劳动创造世界，劳动创造一切的唯物主义真理，它不愧是一部灿烂光辉的神话史诗。

（2）《孔然斋瓦》，又称《结婚歌》，景颇族民间口头流传的《孔然斋瓦》是一部神话史诗，它与《目瑙斋瓦》是姊妹篇。它是景颇族在结婚仪式上祭献家鬼时，请大巫师斋瓦吟唱的歌。内容涉及天地形成、阴阳界定、祈召祖神、诸神降世、布施万物、五谷下界、人类衍生、历史传神等 20 多个方面，篇幅近万行。1987 年 7 月，云南民族出版社出版了李向前搜集整理的景颇文版《孔然斋瓦》。

《孔然斋瓦》主要是就祝福新郎新娘白头偕老，并追叙景颇族是怎样懂得结婚的道理的。进一步解释，人类受了自然的启示，才会去"串姑娘"的。当人们看到草串草，看见树连树，看见麻埃草和巴令草亲热地抱在一起，看见两棵大青树合抱在一起，因而繁殖了后代时，才悟出了"串姑娘"的道理。于是人们学着"流星划过天空，落坡的太阳追赶东升的月亮"，去追求自己的情人。《孔然斋瓦》中还留下了人类从母系社会向父系氏族社会过渡的影子，这就是关于男人出嫁的情况。相传，景颇族最早是男人出嫁，后来因为男人出嫁时不是忘了长刀、筒帕，就是忘了烟盒、弓弩，三番五次地要回"娘家"去取。女人生气地说："我只拿一个拈线筒，还是我来嫁你吧！"从此，景颇族才改为女人嫁男人。姑娘为了把自己打扮得漂亮，于是学习织筒帕和统裙。在《孔然斋瓦》中还叙述了景颇族妇女种棉、拈线、织裙的整个过程，详细描述了他们怎样学会织各种美丽的花纹图案。小伙子们为了使喜事办得热闹，要学做米酒，学种烟草。当结婚所需要的一切东西都准备好之后，才欢欢乐乐地成家。《孔然斋瓦》通过一幅幅色彩鲜明的生活图画，表现了在劳动中产生的爱情和成家立业这一主题。

《孔然斋瓦》用丰富的想象，赋万物以灵化，人物化手法和精炼、出神入化的语言，勾勒出了一幅自盘古开天地以来人类征服自然、改造自然的历史进程的巨画，并把诸多知识纳入到景颇族独具的思维形式中加以解释。《孔然斋瓦》世代传承，经历了各个不同的历史时期，从而具有一层神秘色彩。

（3）《目占》，又称《种庄稼歌》，是景颇族千百年来口头流传的作品。早期主要由景颇族民间艺人董萨吟咏、颂唱，后来逐步由民间歌手演唱。《目占》属习俗歌，是景颇族史诗。根据不同的场合，《目占》有不同的分类，一种是《种庄稼歌》。由于景颇族长期以来主要从事农业生产劳动，各种鬼魂的性能和来历都同农业生产有关。因此，对于众多鬼魂采取全村寨集体性的或以户为单位的频繁的杀牲祭祀，以祈求福佑和禳灾，这是其宗教活动中最主要的形式。第一次祭祀是在春季砍地时节，第二次祭祀是秋收季节。最初是由山官主祭，具体由大董萨念祭。为感谢诸鬼的保佑，庆贺丰收，以杀牛、猪、鸡祭献，仪式颇为隆重。董萨非常认真地吟唱《种庄稼歌》，其内容主要是生产劳动的全部过程。一种是《建寨盖房歌》，主要是景颇族祖先是怎样学会盖房子的基本过程。《目占》脱离董萨念祭的形式以后，通常由专门的歌手演唱。演唱时，歌手手里拿着一把扇子，用手指边弹响扇子边唱。唱词通过艺术形象，教育子孙后代怎样找水源，怎样取火，怎样炼铁打刀，怎样砍树破竹，怎样开荒种地，怎样打谷晒谷等。在演唱中让年轻人牢记，在什么样的地方建寨盖房最合适，在什么时候砍山种地才能获得大丰收。这些生产劳动知识最初是用神话般的语言描述的，它也是景颇族祖先在长期的实践过程中，用血汗和生命换来的经验教训。为了使这些经验教训成为全民族的共同财富，世代相传，一些董萨在长期的吟唱中，把它编成有趣的神话故事，最终形成优美的诗歌。每当庆贺丰收、过"新米节"、进新房时，都要请歌手演唱。在世代相传中，逐步形成一种深受群众欢迎的娱乐形式，又是名副其实的生活百科全书。

（4）《丧葬歌》是人死后送魂时董萨吟唱的古老史诗，在这部史诗中综合反映了人的生死观念。《丧葬歌》一开头就讲到，人是怎样生下来的，又是怎样长大的，最后为什么会死去等。景颇族南迁以后，在《丧葬歌》中又增加了按照各个姓氏家族南迁的路线把死者魂送回祖先居住地方的内容。

根据《丧葬歌》内容，传说，在天地刚刚形成，人刚刚诞生的时候，人是不会死的。后来因为人羡慕天鬼跳"丧葬舞"，便模仿天鬼也跳起来。天鬼知道此事后，天鬼告诉人们，只有在悼念死者的时候才能跳这种丧葬舞，于是人们便向天鬼要求自己要死，也可以跳丧葬舞。天鬼同意了，准许头发完全白了的人去死。但是传话时却被四脚蛇捣了鬼，话传到人间，变成了让所有的人都会死去。所以，现在才不分老少都会死。早期的景颇族先民把生死看成是一种自然规律，在《丧葬歌》中，人们颂扬死者生前的功绩，劝导生者不必过分悲伤。

4. 从神话典籍看文化层。景颇族神话典籍都是通过丰富神奇的想象，美丽动人的传说，生动具体的描绘，深刻地反映了古代景颇族人民对自己祖先的追念，对民族起源的解释，对各种自然现象的认识。景颇族神话典籍都系统地总结了景颇族人民在与变化无常的大自然作斗争，并长期积累起来的经验和教训。全面地追述了景颇族早期社会生活特有的风俗习惯以及在特定的自然环境和历史条件下所形成的心理特征。景颇族神话典籍都反映了古代景颇族人民对自然、结婚、生死等的认识过程。同世界上许多民族一样，景颇族神话典籍是用想象和借助想象以征服自然力，支配自然力，把自然力加以形象化，从而表达自己追求光明，向往幸福，诅咒黑暗，批判邪恶的愿望。古代景颇族人民，根据自己的认识、理解和要求，理想和愿望，创造了丰富多彩的景颇族神话。除前叙述的 5 个相对独立而又互有联系的景颇族神话典籍以外，还有《太阳神的谷子》《太阳·月亮和星星》《谷种的来源》《取火》《景颇山上为什么鬼会多》等脍炙人口的神话。这些神话是景颇族远古时代的产物，它的流传和保存主要靠大斋瓦、大小董萨以及民间艺人。董萨既是景颇族原始宗教活动的主持者、掌管者，又是景颇族古老神话的原始创作者和传播者。正是由于他们的努力，景颇族至今还保存着丰富多彩的神话故事，为研究景颇族早期社会历史发展情况提供了宝贵的原始资料。

　　景颇族古老神话是一种包容性极广的复杂的景颇族传统文化载体，它蕴含、储藏、沉积着丰富的传统文化。景颇族古老神话，通过幻与真，虚与实，心与物的相互渗透，清晰地透视出景颇族的哲学思想、宗教文化、人生观、民族心理、伦理道德等层面。在《目瑙斋瓦》天地的形成这一部分是这样描述的："远古，天还没有形成，地还没有产生，也没有白天、黑夜，经常是灰蒙蒙的，既分不清上下，也分不清东西南北，好像孵着的小鸡，在蛋壳里混混沌沌的。这时出现了最初的创造神皮能帕拉和迷能玛木占，木托拉和顶山木占，紧接着出现了创造各种植物的神木章拉和普兰木占，创造动物类的神鸟诗拉和鸟卡木占，创造智慧的神涛智拉和涛浪木占。在朦胧和混沌里，出现了阴阳神能汪拉和能斑木占。

　　不久阴阳神能万拉和能斑木占生了个儿子，这个儿子还在母亲肚子里的时候，就长了牙，会说话，还在母亲怀里的时候，就会点头微笑，容光焕发，他还没有生下来，就能挺直了腰，世界上所有的知识早已在他的心里装下，当他诞生时，他的名字是自己取的，名叫潘瓦能桑遮瓦能章。

　　当潘瓦能桑遮瓦能章刚生出就对父母说：'父亲能万拉，母亲能斑木占呀，你们快给我踩脚的地方吧！'父亲能万拉和母亲能斑木占很快答应了儿子潘瓦能桑遮瓦能章的要求，不久便生出了椎形的木兰丁龙地方，他们还为儿子潘瓦能桑遮瓦能章创造了圣书。

潘瓦能桑遮瓦能章坐在木兰丁龙的最高处，手里捧着圣书说：'父亲能万拉，母亲能斑木占，你们快快创造，快快繁衍吧！你们创造的万物，我会按着圣书，指明它们的用处，你们繁衍的万物我会接着圣书，给它们取名的'。天神能万拉和能斑木占生下了像火拉果那样大的一团，稀稀巴巴的，它慢慢变化了。看似像簸箕，又像蜡盒，更像岩蜂窝，它逐渐地长大了。没有人知道它是什么东西，后来全智能潘瓦能桑遮瓦能章给它取了个名字，叫做地。

过后能万拉和能斑木占夫妻俩又接着生出了模模糊糊、稀稀软软的东西，看上去像蜘蛛网一样，它慢慢地伸长，逐渐变宽。不知这是什么东西，由潘瓦能桑遮瓦能章为它取名叫做天。刚出生的天和地，天不停地摇摆，地不停地晃动。

潘瓦能桑遮瓦能章让父母创造出圆圆的大柱子，长长的绳索，大大小小的石头。用圆柱撑住天，天不会再摇摆下坠了。潘瓦能桑遮瓦能章拿绳索把大大小小的石头绑在大地上，大地不会再晃动，从此天稳定了，地坚固了。"

对于认识天地的形成，从一开始就摆在人类的面前，无疑也摆在景颇族祖先的面前。对早期的景颇族祖先来说，大自然仿佛永远是一个无法彻底揭开的谜，关于天是怎样形成，地是怎样形成，对这一类根本性的问题，人类有史以来便一直在思考，并费尽苦心地寻求着正确答案。虽然景颇族祖先受到当时物质环境和认识发展局限的制约，但是还是不断努力探索，通过神话传说的形式，对天地的形成作出了自己时代所能得到的解释。用神话来解释自然现象，是人类最初的最原始的哲学思想，当然现代哲学关于自然世界的认识，显然已经不再是神话，于是，谁也不能否认，景颇族神话传说，特别是其中的古老神话，曾经带着景颇族祖先最初的哲学思想。关于白天与黑夜的形成，在景颇族神话《日月神话》中是这样描述的："创造神能万拉和能斑木占，生下了最初的月亮和太阳，可是最初的月亮黑暗得什么也看不见，太阳热得眼睛都睁不开。就按照潘瓦能桑遮瓦能章教给的办法，太阳太热就拿到水里浸一下，太阳就热得恰好，月亮不亮，就给它加一些光芒，月亮有亮光了。

紧接着创造神能万拉和能斑木占又生出亮光光的一片和黑漆漆的一团，不知这是什么，潘瓦能桑遮瓦能章说：'亮光光的是白天，他的名字叫瓦襄能退拉和能星能瑞木占。'它一生下来就称霸世界，瓦襄能退拉要使地球永远是白天，而能星能瑞木占则要让地球永远是黑夜，争执不下，请潘瓦能桑遮瓦能章来解决，潘瓦能桑遮瓦能章对他们进行了调解，并说让白天和黑夜各占一半吧！从此地球上才分出了白天和黑夜。

可是，白天瓦襄能退拉和黑夜能星能瑞不占分开后，白天感到太寂寞，他需要白天的伙伴。黑夜觉得太冷清，她需要夜晚的朋友。于是能万拉和能斑木占，为黑夜生下了东面的星星名叫省波拾达占，西面的星星名叫省纳拾达点，北面的星星名叫丁各拾达占，南面的星星名叫丁达拾达占，照河面的星星名叫卡拾达占，照山峰的星星名叫丁达拾达占，还有陪伴月亮出来的星星名叫能星拾达占，陪着月亮回家的星星名叫能退拾达占。"

在人是怎样产生的探索过程中，景颇族有多种不同的解释。在景颇族神话传说《人类始祖》当中，对人类的产生是这样描述的："鬼的世界是从两个大鬼开始的，男鬼叫彭干支伦，女鬼叫木占威纯，他俩是一切鬼的始祖，也是人类的始祖。

他俩先后生下了天鬼、雷鬼、太阳鬼、水鬼等有名有姓的鬼魂近百个。生完鬼魂以后，他俩又生了一个像西瓜一样的圆球。

后来他俩的祖父能万拉和能斑木占把圆球剖成两半，一半雕刻成男人，另一半雕刻成女人，并且给他俩灌了气，人就会呼吸了。又给他俩身上擦了仙水，使他俩长大起来，这样就成了人类的祖先。"

在《人类从哪里来》这个神话传说中说："天鬼派山鬼直洞瓦来到世界，此鬼是独眼龙，但它会用泥巴造人，它用泥巴造了许多泥人，这些泥人先是在它身边跳动，然后一对一对走了。后来这些泥人很快变成了人。"

在景颇族《创世纪》里说："在最早的时候，茫茫大地上除了造物主宁贯瓦一个人外，再也没有任何人了。他感到非常寂寞，就照着自己的形象，用泥巴捏了很多小泥巴人，其中有男的，也有女的。宁贯瓦将这些小泥巴人一男一女配成许多对，并让他们一家一户地过日子，从此以后人类就开始繁衍下来了。"

景颇族在探索人先来到世上还是鬼先来到世上，关于这一问题，在景颇族《创世纪》里说："在朦胧和混沌里，代表阴阳而自生自长出天鬼能万拉和能斑木占，上有能万拉，下有能斑木占，能万拉向下漂移，落到能斑木占的身上，能万拉在上摇摆，能斑木占在下抖动，他俩生下了第二代代表全智全能的潘瓦能桑遮瓦能章（他是能创造和解决一切的能人）。

紧接着能万拉和能斑木占生下了瓦襄能退拉和能星能锐木占。瓦襄能退拉和能星能锐木占生下了第三代尹暖拉和给冠木占。

瓦襄能退拉和能星能锐木占死前，他们返老还童了4次，创造了风雨雷电，高山深谷，河流湖泊；创造了劳动用的工具，打猎打仗用的武器。他们死之前生下了一切鬼的祖先彭干支伦和木占威纯。彭干支伦和木占威纯同时又是人类的祖先，他俩生下了人类第一代王子德鲁贡山和聪明勇敢的宁贯瓦。"

关于动植物的来源，景颇族《创世纪》是这样说："创造神能万拉和能斑木占夫妻俩生下陪伴黑夜的许多星星后，又生下了很多出来陪伴黑夜的动物，它们是黑蚂蚁、黄蚂蚁、小蛐蛐、小青蛙、大牛蛙、蝙蝠、猫头鹰等等。从此黑夜不寂寞了，有了许许多多新的朋友。

以后创造神能万拉和能斑木占夫妻俩，又为白天生下了许多的伙伴，它们是大象、野牛、老虎、豹子、马鹿、黑熊、孔雀、犀鸟、黑猴、短脸膛的灰猴、窄脸膛的黄猴。

紧接着生出了大青树、椿树、核桃树等多种树木，还生出了斑色花、山茶花、攀枝花等花草。这时候他们的儿子潘瓦能桑遮瓦能章说：'父亲能万拉，母亲能斑木占，停止创造、停止繁衍吧！让你们的后代，瓦襄能退拉和能星能瑞木占接着创造吧！'从此创造神能万拉和能斑木占夫妻俩停止创造，停止繁衍了。"

这些神话，虽然没有丝毫的科学道理可言，但是确能看出一些景颇族先民们的朴素的世界观。这些神话能够曲折地反映出景颇族祖先对自然界的认识。可以说在景颇族神话的深处，不仅蕴含着描述自然界的艺术热情，而且蕴含着理解和解释自然界的科学（原始科学）意向。对景颇族神话中神的内涵、本质及特点的分析中可以看出，神话中的神是一种特殊的人类精神产品，是一种人类学意义上的文化记录。从整个景颇族神话看，神话主要是原始氏族社会的产物，它是经过具有原始思想及神话思维的人们的心智加工，以不自觉的艺术方式将自然界、社会形式加以形象化、人格化而形成的关于神的故事。神话表达了人类期待认识、征服自然力及敌对社会势力的愿望，透露出原始人类对自身及周围自然界的原始理解，曲折地反映了古代人类的生活、思想及历史。当然从另一方面来看，神话的内涵、本质的特点，规定着神话只可能是一种具有多学科性质的特定的口头创作模式。

　　景颇族神话是已经通过原始人们无数代的幻想，用一种不自觉的艺术方式加工过的一种自然和社会形式本身。可以说景颇族神话是景颇族口头传承的原始文化结晶，可惜景颇族神话通常只是民间口头传承，历史上没有文献记载。通过对民间口头传承中神的内涵、本质及特点的分析研究，神话中的神是一种特殊的人类精神产品，是一种人类学意义上的文化记录。因此，景颇族神话具有多方面的研究价值。主要有：

　　1. 对研究景颇族早期的社会生活具有较高的价值。神话是原始人们对他们的劳动生活、社会生活以及对自然现象、世界起源的原始理解。由于当时的生产力水平很低，原始人的认识水平也很低。因此，原始人对一些自然现象和社会现象不能做科学的、正确的理解，只能作出幻想的反映，这就成了神话。但是景颇族神话的幻想都不是凭空而来的，而是以现实生活为基础。它是对景颇族早期社会生活的间接反映。神话中反映出了原始社会中人与人之间的矛盾，景颇族祖先各部落之间为了夺取生活资料等争端，也会发生武力搏斗，如宁贯瓦与九兄弟的斗争，他们一直闹到太阳官，神话中描绘了这场斗争有声有色，斗争非常激烈。再如孤儿和九兄弟的斗争，反映了贫与富，人的行为美与丑的斗争。

　　2. 对进一步研究景颇族先民是如何认识和解释自然现象具有较高的学术价值。景颇族先民为了自身的生存，他们渴望认识自然、了解自然现象，掌握自然规律，从而达到控制自然、减轻劳动，提高生产，改善生活的目的。他们就开始思索和探测自然的奥秘，如天地是怎样形成的，人类是怎样产生的，动植物是怎样产生的。日月为什么总是在西方沉落，河水为何泛滥成灾，山河何故婉蜒不息，人类的疾病从何而来，人类的生与死由谁来掌管，以及天空中为什么会出现五彩云霞，月亮为什么有盈有缺等问题，都在景颇族神话传说中作了解释，特别是在景颇族创世纪《目瑙斋瓦》中按照景颇族祖先的理解作了解答。当时的景颇族先民能够提出并试图解释这些问题，说明早期的景颇族祖先在反复实践的基础上对自然现象已经有了一些观察和认识，景颇族祖先开始注意到自然界的一些规律性的现象，试图给予说明。但是由于当时的人们处在原始时期十分幼稚的状态，还不能对自然现象作出科学的解释。对自然现象的解释都是通过万物有灵的观念来进行解答。人们按照万物有灵的观念，对自然现象通过天真奇幻的想象把一切的自然物和自然力都人格化了，并以人间的关系法来说明自然现象的关系。在景颇族创世纪《目瑙斋瓦》中讲到潘瓦能桑遮瓦能章和宁贯瓦怎样分开白天和黑夜、天地万物和人类的产生、怎样造天造地等等，都充满了超人间的神力，看上去显然是鬼神的创造。但是从景颇族创世纪《目瑙斋瓦》讲的神话中，看到天地万物和人类，都是从物质变化而来的，他们的产生和发展，还往往离不开人们的劳动创造。

3. 对研究景颇族先民如何征服自然，如何生产斗争具有一定的价值。原始人在强大的自然力面前不妥协的态度，更主要表现为征服自然的意志和行动。在这方面的内容，在景颇族的各种神话中得到了生动的表现。由于当时景颇族祖先在自然力面前处于被动地位，因这类神话虽然也反映了他们的生产实践和取得的成就。但更多的是在这个基础上表现了人们企图征服自然、获得更多的生活资料的愿望和他们坚强不屈的气概，从而使景颇族神话充满了幻想和豪情。征服自然力的内容在景颇族神话中占有重要的地位，因为征服自然的斗争是景颇族祖先争取生存的头等大事。当时的人们经常受到饥饿和死亡的威胁，但是他们在神话中充满乐观昂扬的情绪，歌颂人的力量，劳动的力量，生动地展示了人类力争成为自然主义的豪情壮志，如《凯诺和凯干》是景颇族原始社会时期的神话，这个神话把原始人受到的种种灾难加以集中夸张，自然界中的凶禽猛兽都出来吃人，洪水泛滥，自然力显得非常凶恶、强大。可是凯诺挺身而出，为民除害，他的智慧和勇气，充分体现了原始人征服自然力，击败凶禽猛兽的强烈愿望。透过这种依靠想象征服自然的现象，也可以说明人们当时在强大的自然力面前还是那样无能为力的现实。这预示着人类对自然的征服将是一个漫长而艰巨的历程。

4. 景颇族的创世神话为研究人类上古历史提供了一些佐证。关于人类的上古历史，史料记载很少，而景颇族先民流传下来的神话，保存了先民对远古生活的原始记忆，如史诗《目瑙斋瓦》《孔然斋瓦》，叙事长诗《宁贯瓦》《凯诺与凯干》《孔然目占》等古老神话中，都讲述了景颇族先民企图认识自然、征服自然、支配自然的历程。可以说，景颇族的创世神话为研究人类上古历史开辟了一条独特的路径，这些创世神话与出土文物一样，构成了研究远古社会必不可少的材料。

5. 景颇族创世神话具有很高的艺术价值。在景颇族社会的早期阶段，有过迷人的神话时代，产生了大量的神话。景颇族的神话不仅数量多，而且涉及的内容也十分广泛，大凡对天地起源，万物生长，人类的产生，民族的来源的认识等等，都可在神话中得到生动的反映。人们可以从这些神话中看出景颇族先民对大自然的认识。景颇族的先民们对大自然的奥秘作了许许多多神奇有趣的想象和解释。它是在想象的基础上对大自然作出解释，所以它谈不上科学，但它是景颇族先民对宇宙观的反映。我们可以从中看到景颇族先民力图认识自然、解释自然的精神。早期景颇族先民的生活天地虽然很狭小，但想象力却是很强的，这也正是景颇族神话的艺术魅力之所在，如宁贯瓦在景颇族的神话中有着突出的地位，由于神话传说的缘故，宁贯瓦已成为景颇族人民心目中的古代英雄，他聪明勇敢，带领人民打平了天地，造出了高山，开辟了平坝。在战天斗地、改造自然中立下丰功伟绩，但他是一个半人半神的天鬼。也是由于这一原因，人们利用高度的夸张手法，塑造了宁贯瓦的形象，如在《始祖宁贯瓦的故事》中说："从前，大地上一片混纯，没有平地，没有河流，没有海洋，没有草，没有树，也没有风，只有石头和水混在一起……。

宁贯瓦渐渐地长大成人，决心整理好大地。他告别了父母，到大地上来做活儿。这时太阳神给了他力气，他用大石头捶地，用锥形的石头开沟，用麻蛇做量地的尺子。他用石锥开出很多的深沟，水就顺着这些深沟流出去，地球上有了河流。宁贯瓦敲得最重的地方，变成河流汇集的地方，逐步变成海洋。他用石锤猛敲大地，于是大地就变成了凸凹不平了。凹下去的地方成了坝子和平地，凸出来的地方，就成了大大小小高矮不平的群山。"

景颇族先民赋予宁贯瓦那么宏伟的气魄，那么广阔的胸怀和视野，那么强大的力量。正是由于宁贯瓦被景颇族人民当作古代英雄受到景颇族人民的崇拜。通过宁贯瓦的形象，反映了古代景颇族人民的斗争和斗争意志，他的神话故事可以激发和鼓舞后代人向大自然作斗争。不仅如此，神话故事从开天辟地神话到造人神话、洪水神话等，既反映了远古时期人类艰辛的生活，包括地理环境、气候条件、生活状况等客观情况，又表达了他们的信仰，包括宇宙观、哲学观、宗教思想、道德标准，对自然界的认识等等。因此，神话历来被当做民族文学、历史学、人类学等的源头，历来受到学术界的重视。

6. 景颇族创世神话对认识民族自身具有价值。景颇族创世神话是景颇族先民在生产生活中各种经验的积累，蕴含着自然科学、文学艺术、宗教观念和哲学思想的丰富内涵。不仅如此，根据研究，神话中的神一般是古代的人，即古代英雄、酋长、祭师、巫师等，这些人物由于死后受到人们的敬畏崇拜，他们的生平事迹被涂上了一层宗教信仰的色彩，便由历史人物逐渐变为神话人物。另外，神话是古代思想的遗留物，是原始社会中人类的生活和思想之反映。通过神话故事，可以了解到勤劳勇敢的景颇族人民，在过去漫长的历史进程中，是怎样生息、繁衍过来的，是怎样劳动、战斗、生活的。

二、民间传说

传说是从神话脱胎而来的一种文学形式，不论是内容与形式都有千丝万缕的关系。因此，它不可能与神话截然分开。经过探索神话的奥秘，景颇族神话包含了从愚昧时代、野蛮时代，乃至文明时代初期各个阶段人们对自然和社会现象的理解，如自然万物都有灵性，太阳会说话，月亮会说话，宇宙间任何东西都和人一样有思想、有感情，人和神共同创造天地，一个天锤打出了天地、日月、山川，这样一些观念，显然是人类在还不能把自己从自然界区分出来的时代，对自然界最原始的理解。到了《凯干和凯诺》时代，人们对自然界的认识有了一定的进步，反映出人已经不完全依赖大自然的赐予，而人们更多地希望战胜自然灾害、疾病、猛禽、凶兽等异己的自然力，要通过自己的劳动去获取更多的生活资料的愿望，特别是随着不可克服的天灾、人祸发生，人们的心灵深处产生了善神与恶神，产生了妖与魔，怪与鬼，产生了善与恶的观念。紧接着在神与神之间，在善神与恶神之间，在神与妖魔鬼怪之间展开了斗争，使得万物有灵的原始信仰更加突出起来。从景颇族神话中可以看出，虽然日月星辰、天空大地是天鬼创造的，但人间大地是人们在宁贯瓦的带领下加以改造之后，才变得这样辽阔美丽。神的形象开始削弱，人的形象开始强大。这一现象表明，神已再也无法统治人类，于是出现了一个崭新的现象，人类的英雄与能人巧匠出现了，产生了许许多多有关英雄与能人巧匠的神话传说，从某种程度上讲，这是代表社会发展的标志。在新的生产力面前，人的意识形态毫无疑问要发生巨大的变化，这个变化的主要标志就是慢慢地脱离了原始性，从神的锁链中解脱出来，转而看见人的力量，看见英雄的伟大事迹，从而歌颂他们。这就是神话的削弱，进入了传说的时代。从大量景颇族传说资料证明，最早的传说萌芽于神话，是由神话中的众神演变而来的，但这些神已不再是超现实的，而是具有了人性，基本上与现实的人无区别。正因为如此，传说所述的内容已接近于现实生活，是本民族社会生活的艺术再现，它不过要依附于一定的历史人物。从人物传说的演变过程中可以看到，一个民族的创世神话，英雄神话，逐渐演变为族源传说、英雄传说等。以早期神为中心的原始神话演变为以人物为中心的人物传说，以自然风物为中心的自然风物传说，以习俗为中心的民族习俗传说等。

1. 族源传说。历史上景颇族没有自己的文字，因而也就没有用本民族文字记载的历史，仅只有民间的口头传说，正因为如此，有关景颇族的族源传说比较丰富。在《民族来源传说》之一中说："自从形成了天地之后，很快出现了彭干支伦和木占威纯，他们是一切的'总鬼'，他们生出了人类和各种各样的实物、实体。

他们先生下了天鬼、雷鬼、太阳鬼、水鬼等二十几个鬼，从此，世界上才开始有了鬼。紧接着他们又生了一个像西瓜一样的圆球。天神把圆球剖成两半，一半雕刻成男人，另一半雕刻成女人，并且给他们灌了气，人会呼吸了，又给他们身上擦了仙水，使他俩长大起来，这样就成了人类的祖先。"

在《民族来源的传说》之二中说："是从迷麻、借扎开始，经过任木拉、传至灵章、无日木占，这就是云和雨。

之后出现了松薄阿泡、松催阿米，这就是白天和黑夜。从此出现了天地、山川、河流、草木、飞禽走兽等。又到第五代彭干支伦和木占威纯时，出现了各种鬼神。

之后又经过昔江勒腊、灵高娃木干到宁贯瓦，他从事平天地的伟大。又到了第十二代瓦切瓦更其木干，从他起就分出了人类及世界各民族。"

这些传说，表面上看是口耳相传的传说，没有科学的道理，但它实质上反映了景颇族先民朴素的世界观，这些传说曲折地反映出了景颇族先民对自己民族来源的认识。

2. 人物传说。在景颇族传说中表现得最集中，最突出的是宁贯瓦的形象，关于他的传说，民间有多种多样，如《宁贯瓦的传说》《宁贯瓦娶龙女的传说》《宁贯瓦出生的传说》《宁贯瓦平整天地的传说》等。宁贯瓦被景颇族人民称为始祖，是景颇族人民心目中的古代英雄，是一个奇才异能的半神半人的天鬼，又是景颇族传说中的第一个"山官"。在《宁贯瓦的传说》中把宁贯瓦的形象生动的刻画出来。从前，大地上一片混沌，没有平地，没有河流海洋，没有花草树木，没有风，只有石头和水混在一起。宁贯瓦决心整理好大地，他用大石头捶地，用锥形石头开沟。锥石开出的深沟，水顺利流了出来，大地有了河流、海洋。用石锤子猛敲大地，凹下去的地方变成了坝子和平地，凸出来的地方成了群山。为了治理大地，宁贯瓦听说母亲死了也顾不得管，仍然埋头干活。他的父母死后，他与龙王的女儿结婚，生育了许多子女，后来变成了现在的各个民族。正因为宁贯瓦在改造天地上立下了丰功伟绩，所以，人民拥戴他作了景颇族的第一个"山官"。他是景颇族先民战天斗地的化身，从他的身上反映了景颇族先民同大自然作斗争的勇敢精神，能激发和鼓舞后代人。因此，一直受到景颇族人的崇拜。在人物传说中流传比较广的传说《罗孔扎丁》。传说叙述了景颇族姑娘扎丁是一个山官家的千金小姐，出身贵族。由于山官与山官之间发生了冲突，不幸的灾祸将要降临到她的头上，当时她正好是 16 岁的花季少女，且她又长得美如山花，冲突的对方要求用她去吊祭，这时雷鬼阿木救下了她，并把她带到天上贡陇的地方去。在那里她接受了贡陇①思想。

她回到人间大地后，及时组织人民群众武装反抗山官制度，并推翻了该地区的山官统治，成为女英雄。

传说中讲到，罗孔寨子的山官叫阿旦都，他家很富有，还养着许多奴隶。山官和官娘压迫、剥削人民都很厉害。没有事他们都会找事敲诈勒索，只要有一点事就更不用说了。远近的人都小心翼翼，谁也不敢惹犯他家。

有一天，寨子里的罗孔当家（扎丁家）烧地，由于火路没有断好，不小心火沿烧到了山官阿旦都家的坟边。扎丁的父亲罗孔当马上带上九筒酒，主动到阿旦都家赔礼道歉，才算了却这件事。可是不久，阿旦都家死了一个小孩，临死叫了两声"烫、

---

① 贡陇：没有统治阶级，人人平等的社会。

烫!"阿旦家认定，小孩就是因为罗孔当家烧着祖坟而烧死的，要拿罗孔当的独生女儿扎丁去吊祭。正当这时，雷鬼阿木闻声赶来，问明原因，救下了扎丁，并带到了天上的贡陇。在那里山官由百姓选择，官可为民，民可当官。一天，扎丁找雷鬼阿木告辞返乡。雷鬼阿木送给扎丁一筒水酒和一包糯米饭。

扎丁从天上回到人间，人们闻讯赶来看，扎丁当下便拿出雷鬼阿木送的礼物让大家分享。可是分到山官阿旦都时，水酒、糯米都没有了。山官阿旦都认为有意扫他的面子，不觉又想起往事，于是他决定拉事①。正当阿旦都作准备的时候，扎丁得到消息，她向附近村寨的百姓散发牛毛肉②。战争开始了，扎丁一马当先，率领百姓向阿旦都的队伍冲去，山官阿旦都见状，自知不妙，仓惶而逃，被扎丁追上一刀宰了。当地的山官制度被推翻后，扎丁便把山官家的财产全部分给了百姓们，让山官家的奴隶也获得自由，并按天上贡陇的样子重新建立了新的社会制度，即有事共商，有难互帮，官民一律平等，官由民选，民可当官。

扎丁是罗孔地方的人，故人们称她"罗孔扎丁"。后来景颇族人民怀念女英雄罗孔扎丁，创作了许多歌颂她的传说故事。在人物传说中流传比较广的另一个《乌干娃的传说》，他是由人变成鬼神的人物形象，关于他的传说有多种多样。在《乌干娃传说》中说："他是排姓山官的建立者，从他以后排姓家的后代逐步强盛起来，山官一代接一代沿袭下来。在一次瘟疫流行中他和全家死亡，没有留下后代，就因为这样他死后在阴间不得做官。到贡陇时代时，排姓官家的势力扩大以后，为了显示势力的强

---

① 拉事：复仇的军事行动。
② 牛毛肉：相当于鸡毛信。

大，山官贡陇派把它奉为大鬼，并把它供奉在社庙里。后来其他姓的山官和老百姓也供奉并祭献它。由于它是官家供奉的鬼之一，所以在举行目瑙纵歌盛会时也要祭献它。"

在《乌干娃与瘟疫》中说："从前，在木肯地方的乌干寨，有一位威望很高的老人，他头脑灵活，能言会道，很受人们的尊敬，大家都一致尊称他为乌干娃。有一天，乌干娃的外甥依娃和他的亲妹妹发生关系，按照阿公阿祖传下来的规矩，凡是同姓氏家族男女发生关系的要杀头，以祭献鬼神。

这时人们请乌干娃来神判，是杀头还是让两人捆绑在竹筏上随江漂流。他心中十分痛苦，最终他去参加了。他本想利用自己的威望，拯救外甥免遭刀砍之苦，尽量说服大家采用竹筏流放方式。可他想到自己历来是主持公道的人，就对几个勇士说：'啊！还没有杀吗？'人们很快就把他的外甥依娃兄妹杀死了。人们把两人的尸体放在竹筏上顺水漂走。可是依娃总认为自己死得太冤枉，舅父答应交付神灵裁决，现在被砍杀了。

依娃的魂魄一直随尸体漂流，后来依娃的魂魄发现自己的姐姐是住在江岸边，并叫姐夫救救他。正当姐夫救他的时候，他对姐夫说：'姐夫，快弄点吃的东西，我饿不得了。'他姐夫刚把饭做熟，一只豹子突然从火塘上一跃而过，姐夫莫名其妙听到：'谢谢您了，姐夫。'原来依娃变成豹子吃了姐夫的饭。接着依娃又求姐夫办一件事说：'姐夫，过几天到我家把那一头猪杀掉，把肉分给乌干寨的每一户人家。'几天以后姐夫按照依娃的要求，杀猪后把猪肉一一分给人家吃，凡是吃过猪肉的人都得了瘟疫，全寨人死光了。原来是依娃变成一种瘟疫来复仇了。

瘟疫鬼是依娃，但引发施放瘟疫的是乌干娃。所以直到现在，凡是发生瘟疫、灾害，或者是祈求免除瘟疫、灾害时，除了祭献侬娃外，也得祭献乌干娃。"

　　所列举的这些人物都在不同的历史时期中作出过特殊的贡献，他们都受到本民族人民的世代赞颂、敬仰。景颇族人民群众通过传说创作为古代英雄们树碑立传，永久纪念他们。从所有的人物传说中，我们看到，在人物传说中的主人公身上倾注了景颇族人民满腔的热情，并寄托了美好的希望。为了使人物形象神秘化，人物传说往往带有浓厚的传奇性和神话色彩。当然从整个人物传说的主人公来看，多数是历史上实有的人物，如《罗孔扎丁的传说》《早乐东的传说》等。也有一些是虚构的人物形象，虽然属于虚构，但这类人物有姓、有名、有籍贯，又具有一定的典型性。

　　3. 自然风物传说。以解释景颇族地区的山川古迹、花虫鸟兽为主要内容的传说较为丰富。在《景颇族发祥地的传说》中说："景颇族源于'木拽省腊崩'，'木拽崩'是女山，较低，'省腊崩'是男山，较高。这两座山在一起，不仅是景颇族的发源地，也是各民族的发源地。"

　　根据这个传说，景颇族自古以来认为祖先发源于"木拽省腊崩"，意为"天然平顶山"，或释为"男山和女山"。据传说，此山在迈立开江、恩梅开江、怒江、澜沧江、金沙江之源以北遥远的地方，那里毗邻藏族地区，终年积雪，非常寒冷。同样是传说景颇族发祥地，但更进一步地讲述了发祥地有什么样的东西，如《景颇族来源传说》中说："人类的发祥地在'木拽省腊崩'这座山上。离这座山不远处，还有两座山，一个叫'弄仁崩'，该山长年出草药，是医治人类疾病之需。一个叫'格级崩'，该山的周围有丰富的宝石，这里是妇女佩带'翠器'的来源。"

　　这些传说讲述的都是景颇族祖先曾经居住过的地方，由于无文字记载，早期的景颇族居住地只能用传说来描述。早期景颇族曾在高黎贡山居住过，因而景颇族对高黎贡山有几种传说，如《高黎贡山的传说》中说："从前，景颇族最早居住在木拽省腊崩周围，由于该地区气候寒冷，土质不好，庄稼长不好，就这样人们开始南下寻找'好地方'。

在南迁过程中，景颇支系中的一个姓氏高日家族先期到达现在的高黎贡山，并在高黎贡山居住下来。

当时在高黎贡山还没有人烟，只有山连着山，水连着水，在崇山峻岭中，生长着茂密的树林，生活着数不清的各种飞禽走兽。

高日家族初到高黎贡山时，没有带更多的食物，不久便吃光了所带的食物，便到森林里猎获飞禽走兽来维持生活。后来在居住的周围开垦旱谷地，在旱地里交叉种植了旱谷、玉米、黄豆、棉花等农作物。就这样高日家族在高黎贡山居住下来了。

后来迁到的景颇族就把高日家族居住的这座山称为'高日贡'。以后其他民族逐渐迁到这里居住，人们用汉语称这座山为'高黎贡山'，这便是著名的高黎贡山。"

从上述三条传说来分析，幻想性、传奇性较少。因此，把这三条传说可以看作就是口头历史，它具有明显的真实性、可信性、历史性。

在动物传说方面，早期的景颇族世世代代生活在崇山峻岭中，正是由于这个缘故，对各种动物的习性、特征都十分熟悉。根据动物的习性编织出了许许多多的动物传说，如《豹子坐猫的由来》[1] 中说："豹子是不吃猫的，但传说豹子非常恨猫。

---

① 鸥鹍渤：《景颇族民间故事》，云南人民出版社，1983 年版。

豹子只要一碰到猫，就要把它抓住，拿来坐在屁股底下，一下一下地坐，一直到把猫完全坐扁才肯罢休。豹子为什么不吃猫而要把猫坐扁呢？景颇族有个传说。

本来，豹子和猫是兄弟。有一天，豹子弄得一只麂子，猫去找人借个火来烧麂子肉吃。猫到人家家里时，正碰上人家在蒸糯米饭。一股香气从饭锅里飘出来，叫猫馋得口水直流，早把借火的事抛在脑后。豹子在家里，左等不见猫回来，右等还是不见猫回来，以为发生了什么意外，就跑去看。

来到人家的竹楼外，只见猫正在偷人家的糯米饭吃，顿时，怒火中烧，把猫抓了出来，想咬它，怕把它咬死；想打它，怕打不疼它，结果就拿到屁股下面来坐。豹子想，这样不会出血，死不了，而比打两下又要疼得多。于是，坐一下抓起来看看，再坐一下，再抓起来看看，一直到把猫坐扁。"

又如《鱼和老鼠》[1]传说中说："很古很古的时候，老鼠住在水里，鱼住在山上。鱼的子女多，老鼠的子女少，山上显得比水里热闹、拥挤。

一天，鱼对老鼠说：'我的孩子太多了，而这山上太狭窄，我和你对换一下住处好不好？'老鼠见山上热闹，早巴不得到山上住，就同意对换了。

鱼搬到水里以后，一年间又生了许许多多子女，挤满了大河小溪。这时，它看见老鼠在山上活蹦乱跳，想到还是山上宽阔，觉得后悔当初和老鼠对换住处。可有什么办法呢？不能再换回去了，它只好圆鼓鼓地睁着眼睛，一眨也不眨地看着山上直叹气。到如今，还是这样。"

---

[1] 欧鹍渤：《景颇族民间故事》，云南人民出版社，1983年版。

这些传说，通过对飞禽走兽身上的某些特征，作了优美动人的解释。这些动物传说，虽然是解释某种事物的特征，但它往往以丰富的想象，巧妙的附会，批判了人们思想里的自私、狭隘、猜忌等某些落后意识。同时，也表达了景颇族人民对自己乡土的无限热爱的感情。这些传说，是不同历史时期景颇族人民现实生活的艺术再现，艺术性是比较高的。

4. 习俗传说。以风俗习惯的由来和特点为其主要内容的习俗传说，是极丰富、极有特色的一个部分。它风土气味很浓，具有鲜明的民族特色和地方特色，如《找水的传说》① 中说："远古，大地上因为没有水，人口不兴旺，庄稼也很难生长。

大地上的人们开始到处找水，一直找到秋天。蟋蟀告诉人们，它喝的露水都在六层天上。

人们又请开努神鹰飞到天上为大地上的生灵取回六层天上的水，快回到大地时，水泼到了树梢上。

人们又请果子狸爬上树梢取水时，水又泼到树根下，钻进石缝里去。人们又请螃蟹从石缝引出了清水。树上的猴子看见清清的水，没有祭水神就喝下了水，所以猴子的声音不好听。

大地上的人们看见清清的水，先设起祭坛，摆上甜酒、鸡蛋、糯米、干巴祭献水神后才饮用清水，所以人们有了水，长得漂亮了，说话声音也好听，人口更加兴旺，庄稼也长得更好了。"

这个传说讲的是由于大地上没有水，所以人口不兴旺，庄稼也很难生长。人们为了人口不断兴旺，庄稼也长得好，千辛万苦寻找水的过程。在《谷子的传说》② 中说："远古，大地上的谷

---

① 见《景颇族民间故事选》，德宏民族出版社，1994 年版。
② 见《景颇族民间故事选》，德宏民族出版社，1994 年版。

子没有壳，里面没有衣，大地上的人们就随心抓来吃，顺手扯来丢掉。谷子伤心极了，就离开大地到太阳母亲那里。

大地上因为没有吃的，人类难以生存，猫狗饿得向天官直哭喊，请谷子返回大地来。太阳母亲就劝谷子返回大地，谷子回答说：'不是我不想回去，因为我没有壳，大地上的人们就随便糟蹋我，因为我没有衣，大地上的冷风就天天来吹我。'太阳母亲就给谷子穿上红衣穿上白衣，再套上谷壳，又让其他谷类做谷子的朋友，让谷子重返大地。"

这个传说讲的是由于人们随便糟蹋谷子，促使谷子伤心，最终离开大地到太阳母亲那里。大地上没有吃的，人类难以生存，猫狗饿得直哭喊。这个传说以丰富的想象，以谷子为题，巧妙的附会，批判了人类随便糟蹋粮食的行为，教育人民要爱惜粮食，只有这样人类才不会饿肚子。正因为有这个传说的缘故，景颇族至今还保留着新谷收割时节，每个村寨都要欢庆新米节，这个已经成为景颇族的传统习俗。过去景颇族欢度新米节时，主人家一定要举行祭祀谷神活动，祭品有糯米饭包、水酒、干鱼、干田鼠等祭品。董萨要唱祭祀歌，来祈求全家人畜平安兴旺，免除灾难。按照景颇人的传统习俗，祭祀之后，大家还不能吃饭，主人家首先要把新米饭送给狗吃，再给水牛吃，最后人才吃。人们欢庆新米节后才能开始正式的收割。

在《学盖房子的传说》① 中说："远古，人们不会盖房子。后来，梯木梯拉和梯木梯木占就学盖房子。

看见野猪在拱土，学会了挖地基；看见竹鼠断树根，学会了砍木料；看到牛的四只脚，学会了立楼柱；看着对方光滑的身

---

① 见《景颇族民间故事选》，德宏民族出版社，1994年版。

子，学会了削桩子；看着对方的肩膀，学会了砍叉口；看到搭在树枝杆上的蛇，学会了架尾梁；看见牛背上的毛，学会了铺茅草；看见燕子尾，学会了收屋顶。

从此大地上的人们，学会了盖房子，有了温暖的房子住。"

这个传说多么神奇，多么富有想象力，说明景颇人具有细微的观察力，并能把想象与实践巧妙地结合起来。

在《学穿衣穿裤的传说》①　中说："远古，大地上的人们赤裸着身子又灰又黄太难看。为了人们能穿衣穿裤，潘格来遮能斋给人们棉花籽，并教给人们种棉、捻线、织布和穿衣裤等方法。

人们看着一团团的白云，学会了收棉花；看着瀑布下翻起的水花，学会了弹棉花；看蜘蛛抽丝，学会了捻线；看蜘蛛结网，学会了织布；看裹着竹子的笋叶壳，学会了穿衣裤；看到旺菌，学会了剪头发；看到掉下的树枝穿过树叶，学会了穿耳洞。

从此，大地上的人们有了衣裤穿，也学会了爱美爱打扮。"

这些传说都是人们通过对各种动植物的细微观察，受到了启发，从而学会了织布，学会了穿衣穿裤的过程。在《目瑙纵歌传说》②　中说："从前，在阿康省样地方，有一种结黄色小果的树，大家叫它黄果树。那些黄果是鸟类最喜欢吃的果实，所以，每当黄果成熟的时候，天下的雀鸟都集中到这里来吃果子。一种叫乌度鸟的鸟站出来提议举行太阳神传给的目瑙纵歌盛会后再来吃黄果。乌度鸟的提议，马上得到了大家的拥护，并且大家一致选举它担任了目瑙纵歌的主持人。

接着，乌度鸟很快召集大家共同讨论，分工筹备目瑙纵歌盛

---

① 见《景颇族民间故事选》，德宏民族出版社，1994年版。
② 鸥鹍渤：《景颇族民间故事》，云南人民出版社，1983年版。

会。一切准备就绪，目瑙纵歌开始了。斋瓦、董萨们祭献了天神地鬼后，孔雀和斯曼映作瑙双，领着大家跳起了目瑙纵歌舞。举行目瑙纵歌以后，阿康省样地方的黄果树更多了，枝叶更加茂盛，还传到了许许多多的地方。鸟类的食物更丰富了，鸟也繁殖了许多，它们迁移到了世界的各个角落。

原来，人们是不知道举行目瑙纵歌盛会的，后来景颇族始祖宁贯瓦亲眼看见了鸟类举行的目瑙纵歌盛会后，黄果树更多起来了，鸟类更加兴旺发达了。

看到这一些以后，宁贯瓦就领着人们并学着鸟类举行目瑙纵歌盛会。说来也怪，人们学着鸟类举行目瑙纵歌以后，谷子、玉米、棉花等各种农作物越来越好起来了；牛、马、猪、鸡、鹅、鸭等家禽也发展起来了；金银财宝也多起来了；人也一天比一天发展起来了；人们欢欢喜喜，日子过得更加美好了。

从此，景颇族人民每年都要举行目瑙纵歌盛会。"

这个传说，从不同的角度反映了景颇族是如何学会了目瑙纵歌舞的过程。景颇族习俗上有目瑙纵歌节，也就有关于这个节日的传说。这个传说或多或少地带有幻想、虚构、传奇，一方面又依附着实有的人或事或物。从目瑙纵歌传说，可以透视出历史的真实来，也可以更多地看到景颇族历史的足迹。因此，景颇族的传说，给研究历史学、民俗学、文化学以及美学等，提供了很有价值的材料。

三、民间故事

在景颇族民间文学中内容最多，品种最多，数量最大的要数（除神话、传说以外的）民间故事了。景颇族民间故事所反映出来的内容是十分丰富的，可以说是从原始社会开始，到各个历史时期的社会生活，甚至每个历史时期社会生活的每个角落，都得到了充分的反映，如生活故事、爱情故事、笑话故事、寓言故事、童话故事、动物故事、植物故事等，品种多，应有尽有，而且各具特色，充满了奇情异彩。它和神话、传说共同构成了庞大的民间文学体系，形成了景颇族民间文学的重要组成部分。景颇族民间故事像一幅幅色彩斑斓的历史画卷，把各个历史时期的景颇族社会生活，展现在人们的面前。它形式灵活多样，内容包罗万象，表现和揭示了社会生活中各个阶层人际关系和各种矛盾斗争，深刻地反映出人民群众的要求、愿望，现实性很强。景颇族民间故事，一般都有典型人物，有较广泛的社会背景和较完整的故事情节，趣味性较强，又都具有鲜明、独特的民族风格。

1. 幻想故事。这一类故事一般通过浓厚的神话色彩，表现出景颇人民创造物质生活所进行的艰苦卓绝的斗争精神，反映了人类童年时代种种美丽的幻想和智慧，如《宝灯》中说："从前，有一个孤儿，跟奶奶住在一起。孤儿心地善良，什么都会干，他成天不停地干活，养活奶奶，寨子里的人都很喜欢他。

有一天，孤儿帮富人的儿子捞鱼，劳累了一天的孤儿太疲倦，倒在沙滩上迷迷糊糊地睡着了。孤儿醒来时，迎面走来了一个白胡子老头，手里拿着一根棍子对孤儿说：'小伙子，这是一根魔棍，它能把一切东西打开，能把所有的东西敲碎。你跟我去干一次活，会有你的好处的'。孤儿心想这也许还能挣回点钱来，养活奶奶。于是和白胡子老头一起来到一个山洞门口，白胡子老头对孤儿说：'这是一个很深的石洞，里面放着一盏烂瓦灯，那是一盏宝灯，拿到它，想要什么就有什么。你进去取，我给你守着门，可不能让别人进去。'说完，白胡子老头急忙把孤儿推进石洞，又关上了石门。

原来宝灯藏在石洞的最深处，石洞里有许多凶猛可怕的怪物和野兽守护着，白胡子老头胆小，但又想要宝灯才打主意叫孤儿为他卖命。孤儿无可奈何，只有捏着一把冷汗，鼓起勇气往前走，刚走两步，一具死人的白骨头晃来晃去，再走一步，一条大蟒躺在前面，像要吃人似的。这时，孤儿心一狠，一个箭步纵过去。奇怪，白骨、大蟒不见了。孤儿胆子大起来了，前面出现狮子、老虎、豹子、老熊等他都不害怕，径直往前走。最后，孤儿来到洞底，只见一个闪闪发光的东西，他拿起来一看，是一盏烂瓦灯。

再看放灯的地方是一块四四方方的石墙，石墙上雕龙画凤、百花盛开。龙凤栩栩如生，百花比野地里的鲜花还鲜。孤儿越看越有趣，越看越着迷，就把时间给忘了。

洞外的白发老头在等着孤儿，老不见出来，认定是被洞里的猛兽吃掉，把石洞关死，便走了。孤儿在洞里许久才突然想起了家里的奶奶，连忙抬着瓦灯就走。奇怪，这时那些白骨头、毒蛇、猛兽又一一呈现，可它们规规矩矩排列两旁恭送孤儿。孤儿走到洞口，用力去推石门，推不开，急得哭起来。当他擦泪水时，无意中摸了一下瓦灯边，只见'哗'地一闪，在一道金光中现出一个猛士。猛士对孤儿躬腰说：'小主人，有什么事？请吩咐！'孤儿一看，真高兴，忙说道：'快把石门打开，我要出去！'猛士不费吹灰之力，就把石门打开了。石门一开，猛士就不见了。孤儿走出石门，白胡子老头无影无踪。这时，孤儿才感到肚子饿了。他摸了一下瓦灯边，金光一闪，猛士又出现了，并说：'小主人，有什么事，请说！'孤儿说：'我肚子饿了，弄点饭来吃吧！'霎时孤儿面前出现了一张竹桌子，一把竹椅子，竹桌上摆满了麂子肉、牛肉、猪肉、香肠、鸡腿、鸡蛋、青菜汤、白米饭，还有米酒。

他吃饱后才想起了家里的奶奶，于是，又摸了一下瓦灯边，叫猛士送回家，只觉得自己轻轻飘飘地飞在天上，不一会就飞到家了。回到家，孤儿一摸瓦灯边，又叫猛士给奶奶弄吃的，弄穿的。从此以后，孤儿和奶奶不愁吃，不愁穿，要什么，有什么，日子过得很好。"

这个幻想故事通过它特有的艺术表现形式——幻想，来编织奇异曲折的情节，运用瓦灯变化无常的夸张手法，来表达思想内容，把种种事物和现象，作出奇特的夸张描写，使它带上不平凡的神奇色彩。因此，特别具有趣味性和吸引力。在故事中离奇的幻想，虽然不是现实生活的如实反映，但它塑造的象征性形象，具有劳动人民正直、善良、勤劳、美丽的性格特征，而那个会用魔棍的白胡子老头，则具有现实生活中自私、狭隘、贪得无厌者的性格特征。在故事中孤儿一摸瓦灯，在一道金光中就会出现一个猛士，这个猛士具有创造一切财富的神奇威力，但它有一个特点，只有在正直善良、热爱劳动、肯帮助别人的人手里，才能真正发挥威力。

又如《金锅》[①] 中说："从前，在景颇山寨里，生活着一对夫妇。一天夜晚，丈夫外出，发现从天上落下来一个闪光的东西。他出于好奇，就去寻找，但找了好长时间也没有找到。他就把衣服脱下来放在闪光东西落下来的地方，以便第二天再来寻找。

回到家之后，却发现有位朋友前来投宿，主人就把他所看见的一切告诉朋友。朋友听了他的话，认定放衣服的地下一定有金

---

① 参见《景颇族民间故事选》，德宏民族出版社，1994 年版。

银财宝，便提议去挖，如果挖出宝贝来，就一人一半平分。主人说，地里的活计还忙，没有工夫去挖这种金银财宝。朋友说：'这样吧，明天你们上山干活，我去挖宝，如果真挖出金子银子，就两人对半分。'

第二天早晨，夫妇俩便到地里干活去了。朋友去挖金子，挖了一整天，终于挖出了一口金锅，锅里有很多金子。

贪财的朋友得到金锅之后想独吞，把金锅抱在怀里，像遇到狼一样的狗，跑到主人家中，把金锅藏在没有人知道的地方。看到夫妇俩收工回来，他便假装在床上睡觉。吃晚饭的时候，无论主人怎样呼叫，他都一动不动地躺在床上。当善良的主人还在睡觉时，贪财的朋友想把金锅偷走，他往金锅里一摸，发现金子都变成了水，他就把金锅里的水倒掉，拿着金锅走了。可是，早晨主人起床时发现屋里有很多金子。

善良的主人以为朋友一定是生他的气了，才把金子倒在这里。他就追赶那位朋友，想分给他一些金子。朋友发现主人追来，跑得更快了。主人追了很长时间没有追上，回到家中对妻子说：'我认为那位朋友很辛苦，应得到金子，但我不明白他为什么跑？'妻子也觉得奇怪。

得到金子之后，两位主人生活得很幸福。贪财的朋友后来发现手中的金锅不过是一口铁锅，后悔莫及，整天唉声叹气。"

这个故事描写出了一对夫妻正直、善良、勤劳、美丽的性格特征。它以丰富的幻想，巧妙的附会，批判了极少数人自私、狭隘、贪财等不良行为，歌颂了真善美。

2. 生活故事。景颇族生活故事产生于现实生活之中，它是按照生活本身所具有的形式来反映生活的故事。因此，它和幻想故事、寓言故事相比较，所讲述的是现实生活中的人和事，现实性最大，幻想性最小，有的甚至没有幻想成分。在景颇族的生活故事中，种类之多，几乎涉及到生活的每个角落，从各个方面表现人的生活风貌，直接反映人们对自己生活境遇的态度和评价。

（1）爱情故事。它一直以独特的魅力，感染着景颇族人民。景颇族的爱情故事，以生动感人的情节，从不同的角度，反映了景颇族人民对恋爱、婚姻的观点，歌颂了景颇族男女对爱情的忠贞不渝，批判了嫌贫爱富及其它丑恶行为，如《羌退必波与腊必毛垂》中说："从前，有一个山官叫诺羌瓦，他有一个聪明漂亮，能歌善舞的姑娘叫羌退必波。当她长到 18 岁时，周围几十里的小伙子都向往着她。可是她的父亲诺羌瓦是一个势利的山官。他看不上那些虽然能干但家境贫穷的小伙子，只看上了有钱人家的儿子阿罕毛棉。阿罕毛棉又丑又懒，瘦得像只猴子。他的两只细眼睛，随时都在打着坏主意，老在羌退必波的身前转来转去，但羌退必波连看都不看他一眼。

诺羌瓦为了女儿的婚事，绞尽了脑汁。其实羌退必波心里早有自己的打算。她向父亲要求，她要去迈立开江边去捞鱼，她父亲也同意让她去。

羌退必波来到江边，看到鱼笼里关住了活蹦乱跳的两条大鱼，准备拿着鱼往回走，这时突然听到江对岸传来一阵悠扬的歌声，她回头望去，只见一个身披兽皮和树叶、头戴野猫皮帽、手里拿着弩弓的青年猎人，正在对着自己唱歌。随着悠扬的歌声，两个人越走越近，最后一见钟情，从此两个人形影不离。这使阿罕毛棉忌妒得两眼冒火。他把这件事告诉了诺羌瓦，并且说：'腊必毛垂是一个孤儿，是一个野人，穷得连裤子都没有。羌退必波跟上他要穷一辈子。'诺羌瓦一听，怒火从心起，便找来了羌退必波，问她是怎么一回事。羌退必波对父亲说：'阿罕毛棉心太坏，他只配娶一只猴子。腊必毛垂是勇敢的猎手，他心地最善良。除了腊必毛垂，找谁也不嫁！'诺羌瓦眼睛一转，肚子里打了个主意。他叫羌退必波把腊必毛垂找来，然后对阿罕毛棉和腊必毛垂说：'我的女儿只有一个，你们两人都要娶，你们到山上去，找一种能把家里的鸡、鸽子、鸭子吓得满天飞的枇杷果浆，谁找到了，我就把女儿嫁给谁。'可是，等腊必毛垂走后，诺羌瓦却悄悄地对阿罕毛棉说：'这种枇杷果浆，是老虎的奶，只要把它找来，家禽就会被吓得到处飞。'这话被羌退必波听见了，她赶忙去告诉腊必毛垂。勇敢的腊必毛垂，穿起了虎皮衣，戴上了野猫帽，躲在老虎窝里，当小老虎吃奶的时候，他也去吃老虎奶，终于把老虎奶汁拿到了。

胆小的阿罕毛棉拿回了真的枇杷果浆，家禽一点也不害怕。当腊必毛垂把老虎奶倒出来的时候，家禽吓得乱飞乱叫，腊必毛垂胜利了。但是，诺羌瓦却变了卦，他说：'光拿回来老虎奶还不行，谁能找回一节没有节的竹子，把我们家的人都吓跑，我的女儿就嫁给谁。'等腊必毛垂走后，诺羌瓦又告诉阿罕毛棉：'没有节的竹子是大黑蛇，只有拿得黑蛇来，全家人才会害怕。'这话又被羌退必波听见了，她立刻又去告诉腊必毛垂。腊必毛垂上山去，不到半天就牵回来一条大黑蛇，把全家人都吓跑了。而胆小的阿罕毛棉，只找回来一根黑藤条，家里人谁也不害怕。腊必毛垂又胜利了，但是，诺羌瓦又变了卦，想出一个更恶毒的主意。他对腊必毛垂和阿罕毛棉说：'谁要娶我的女儿，还得经最后一次考验。谁敢到山上去挖个野猪窝，我的女儿就嫁给谁。'等腊必毛垂走后，诺羌瓦悄悄告诉阿罕毛棉说：'野猪窝在风洞口，挖的时候只能边挖边退，不能边挖边进。'这一次，羌退必波在织统裙，没有听见他们的谈话。

当阿罕毛棉挖野猪窝时，挖一下，退一步。而腊必毛垂却挖一下，进一步。结果，一脚踩空，掉进风洞里去了。阿罕毛棉洋洋得意地对羌退必波又献殷勤又吹嘘说：'腊必毛垂没本事，掉进风洞里去了。风洞是一个很深的洞，人只要一掉进去，就永远出不来。'羌退必波一听，连忙往风洞口跑，坐在风洞口哭了三天三夜，一口水不喝，一顿饭不吃。突然，风洞里飞出一支弩箭，羌退必波捡起来一看，这箭正是腊必毛垂的，腊必毛垂还没死。她立刻到山上采来了九箩火拉果，把火拉果倒进风洞里。她想，火拉果一定会在风洞里生根、发芽、长藤子，总有一天，这火拉果藤会爬上地面来，腊必毛垂也就可以顺藤爬出洞来了。怀着这样的希望，她每天都朝洞里丢一包饭，让腊必毛垂天天有饭吃。

九年以后，火拉果藤果然爬出了地面，腊必毛垂也随火拉果藤爬出来了。九年不出来，山林好像都变了样似的，这个时候看见一只斑斑鸟，斑斑鸟带着他来到树林里，见羌退必波在那里砍柴，他激动地唱起了歌，羌退必波一听是腊必毛垂回来了，就奔过去紧紧地抱住了情人……。"

故事中的羌退必波是山官诺羌瓦的千金小姐，出身贵族，按传统，她本应嫁给山官家的富豪子弟，享受一辈子荣华富贵，但她毅然选择了与传统相对抗的生活道路，和狩猎为生的青年猎人——腊必毛垂。她的父亲用种种手段让她选择富贵子弟阿罕毛棉，但都无法动摇她对腊必毛垂的爱。

又如《恩郭诺克内与洛沛玛扎兑》中说："从前，在古老的卡古地区，有一个有名的山官叫洛沛瓦。他有一个姑娘叫洛沛玛扎兑，长得像金竹一样美丽，她的名字像斑色花一样芳香。四面八方的小伙子们都被她的美貌迷住了，有事一天跑来九趟，无事也要来转三转。能和她说说话的三天三夜睡不着。可是她对这些小伙子谁都看不上。

洛沛玛扎兑经常来到迈立开江边洗衣裳。原来在迈立开江的对岸有个英俊的小伙子叫恩郭诺克内，是个勇敢的猎手。他爹妈死得早，家里只有一个老奶奶，全靠他打猎过日子。他也经常到迈立开江边打麂子、射百鸟，是个远近闻名的好猎手。江边奔跑的麂子，他的枪响就倒下；天空飞着的鸟雀，举弩就落地。洛沛玛扎兑在江边洗衣裳时，恩郭诺克内的一举一动都看在眼里。她敬佩恩郭诺克内的勇敢、机智，喜欢他的英武相貌，早就悄悄地爱上他了。

可是隔着一条江，无法倾诉衷肠。一天，他们终于远远地隔江相见了，洛沛玛扎兑想先弹个口弦试试他的心，口弦轻轻一拨，口弦声飞过江一直飞进恩郭诺克内的耳朵里，他呆呆地站在江边上，静静地听对面的口弦声，同时他也从筒帕里掏出竹笛吹起来。这时，口弦越弹越有意，竹笛越吹越有情，但两人只能隔江相望。

这对情人的恋情深深感动了迈立开江里的银龙，银龙决定帮助他们搭一座桥。在一个雨过天晴的日子里，两个情人不约而同来到江边隔岸相会。突然，江上出现了一座银色拱桥，他们喜出望外。当洛沛玛扎兑还没有反应过来，已被恩郭诺克内飞跑过来抱住了。他俩互相说着心里话，一直说到天黑，说到深夜，双双表示要永远相爱直到白头到老……。

可是，江的另一边有个山官的儿子叫早干，他早就想着洛沛玛扎兑，时时刻刻都在注意着洛沛玛扎兑的一举一动。洛沛玛扎兑和恩郭诺克内在大家面前公开相爱了，两人欢欢喜喜尽情跳舞，时刻不分离。早干越看越眼红，他跑到洛沛山官面前说：

'洛沛山官呀！孔雀哪能配山鸡，洛沛玛扎兑挑选了穷孤儿，这辈子都要吃苦了。'洛沛山官也正着急，早干翻一翻眼，又对洛沛山官说：'对付这穷小子，我有办法。'他走到恩郭诺克内的身边说：'我们比赛支扣子，看谁扣的猎物最多。'恩郭诺克内是个好猎手，便同意和早干比赛支扣子。

第二天早上，早干用钱雇了许多人，把满山的树枝上都支满了扣子。恩郭诺克内见扣子无处支，就支在小小的路口上。第三天，早干领着手下人来到山上看，自己支的扣子只扣住一只鹧鸪，而恩郭诺克内支的扣子扣住了一只又肥又壮的大麂子。早干很不甘心，叫人用鹧鸪偷换了肥麂子，并拖回家来交给洛沛山官，接着又请来了评判员。恩郭诺克内当着洛沛山官和评判员的面，用手指扣子上的鹧鸪说：'地上的麂子飞上树；空中的鹧鸪地上跑！你说奇怪不奇怪？'早干一听发了呆，调解人哑口无言，洛沛山官一下子明白了。

比赛支扣子，早干又输了。于是，他又打了个坏主意。他偷偷地派人通知恩郭诺克内说：'要娶官家的子女，要先送去30头牛，30扇大铓，30罐米酒。'他们明知道恩郭诺克内是拿不出这么多的彩礼的。恩郭诺克内为了美好的爱情，为了娶到美丽的洛沛玛扎兑，决定到远方做生意，便出走了……

恩郭诺克内出去做生意以后，早干三天两头跑到洛沛山官家提亲，可洛沛玛扎兑死也不肯答应。这时早干又想出了坏主意，到很远的地方去找恩郭诺克内，趁恩郭诺克内不注意，偷了恩郭诺克内的长刀和统帕，并悄悄地溜回家来。回到家他一边揩汗一边说：'不得了啦！洛沛玛扎兑呀！你的恩郭诺克内在赶路时，从悬崖上摔死了。'接着他又把恩郭诺克内的长刀和统帕给洛沛玛扎兑看，后来洛沛玛扎兑伤心流泪的时候，被早干抢婚了。

三年以后，恩郭诺克内发了大财，他赶着99头牛，99匹马，驮着99扇大铓回来了。刚回到寨子外面时，从寨里传来欢快的乐鼓声，寨子人告诉他说：'早干和洛沛玛扎兑正在举行婚礼。'恩郭诺克内一听就像晴天霹雳打到头上一样，突然倒地气死了。恩郭诺克内的奶奶把孙子死的消息，托人转告洛沛玛扎兑，她立刻奔到恩郭诺克内家，一头扎在恩郭诺克内的尸体上面，抚摸着尸体泣不成声：'要死我和你一块儿死，化成火烟，变做云彩。活着不能成一家，我们死后成一家！'便一头撞在木桩上，也倒在恩郭诺克内怀里死去。"

恩郭诺克内和洛沛玛扎兑的遭遇，是一个爱情悲剧。恩郭诺克内是个穷苦百姓，又是个孤儿，他生活在社会的最低层。而洛沛玛扎兑则是洛沛山官的掌上明珠，她生活在社会上层。他俩的爱情一开始就是建立在一种不可调和的阶级矛盾关系上，这就使他们的爱情具有了浓重的社会色彩。他们所追求的爱情自由，也不再局限于个人幸福生活的向往，而成了一场冲破阶级牢笼、反对等级婚姻束缚的斗争。使故事赋予了更为广阔的历史内容和更为深刻的社会意义。在表现手法上，采用多样化的艺术手法，成功地塑造了恩郭诺克内聪明、能干、勇敢、忠于爱情，不怕困难、敢于斗争的人物形象。同时塑造了洛沛玛扎兑是洛沛山官的千金小姐，出身贵族。按传统，她本应嫁给山官富豪子弟，享受一辈子荣华富贵，但她毅然选择了与传统相对抗的生活道路，同地位低下的孤儿订了婚，违抗父母的婚姻包办，这样一个女性形象，通过巧妙地运用比喻，拟人、夸张、排比等手法，人物形象更加光彩夺目，故事把现实与理想完美地结合在一起。故事中所揭露的矛盾和斗争，是现实生活的反映。悲剧的根源，是现实的社会制度。没有山官制度，没有等级制度，没有包办婚姻制度，就不会有官家小姐和贫贱孤儿的爱情悲剧。整个故事把神话和现实生活融为一体，情节曲折，有起有伏，使作品绚丽多彩，优美动人，充满了浪漫主义色彩。它是景颇族现实生活的缩影，以伤感的悲剧故事展现了景颇族山官制度下的社会现实。

（2）阶级斗争故事。在景颇族生活故事中，反映劳动群众与山官、头人斗争的故事也占有重要位置。主要以笑话故事、机智人的故事为主。它以幽默、讽刺作为它的表现手法，来揭露山官、头人、富人们的丑恶行为，很有喜剧性。如《仉片的故事》①中说："有一次，山官神气十足地骑着马走过来，仉片见了，就横起一棵竹竿站在路中央。山官走来见他不让路，发火了，破口大骂：'是哪个穷鬼，竟敢挡住山官的去路，想找死吗？'

仉片放下竹竿，转过身来盯住山官说：'哦，我不认识你就是枕头官，请原谅。'

山官一看，还是不让路，便大叫起来：'啊？你就是那个最会哄人的仉片吗？'

仉片上前一步说：'不！枕头官，我是最老实的仉片。'山官说：'听说你很聪明，今天非要你把我从马上骗下不可。'

仉片恭恭敬敬地说：'枕头官，我倒有一个本事，如果你下马来，我立即可以叫你上马去，如果办不到，我愿为你牵一辈子的马。'山官问：'当真吗？'仉片回答说：'枕头官不信，不妨试一试。'山官说：'好！好！好！便从马上跳下来，站到一旁说：'快骗我上马吧！'仉片说：'你不是要我骗你下马吗？'

最后，山官张口结舌，呆若木鸡。等他醒悟过来时，仉片早

---

① 鸥鹂渤：《景颇族民间故事》，云南人民出版社，1983年版。

已无影无踪了。"

又如《南八的故事》① 中说："从前，有个孤儿，家里没有田地，被迫到富人家去放牛。

有一天，牛群中的一头大牯子突然死去了。富人明明知道他的大牯子是怎样死的，但却硬说是孤儿用弹弓打死了他的牛，要孤儿马上赔偿。孤儿知道自己有理，并不买富人的账，于是两人争了起来，谁也不服谁。最后，富人提到，各自去请长老来评理，孤儿答应了。就这样，两人约定时间，各自去请评理的人去了。

富人回去后，把和他关系好的长老和亲戚朋友们都请到了一起，招待他们喝酒吃肉。孤儿呢，没有亲戚，也没有招待客人的酒肉，他想起了同布寨子的南八。听说南八是个很愿意帮助穷人的人，而且很会说话，也许会帮忙的。于是他找到了南八，南八很痛快地答应了。

到了评理的日子，天还没亮，孤儿就急着去叫南八上路，但太阳出了一大截了，南八还没打算动身，孤儿每次去催他，他都说：'你先去吧，我随后就会赶到的。'直到傍晚，南八找了许多破布条，把自己的一只脚缠了一层又一层，才一瘸一瘸地向富人家走去。南八刚到富人家的堂屋坐下，富人请来的那些人都责怪南八，问他为什么这么晚了才来，害得大家白等了一天。南八却不慌不忙地说：'实在是对不住大家了，我本是打算早早就来的，所以一清早照料完鸡、猪就动身，哪料到，由于走得太急，从地里经过时，撞到了一棵芝麻树，芝麻子掉下来砸在我的脚上，骨头都要打碎了，路也走不动了。我只得回去找了药包上，才勉强

---

① 鸥鹏渤：《景颇族民间故事》，云南人民出版社，1983 年版。

赶来了，哎——哟，哎——哟，疼死我了。'南八做出很疼痛的样子。

'不要骗人了，小小的芝麻子就能把脚砸伤，你南八是不是疯了！'说着众人哈哈大笑起来。

这时，南八镇静地用眼扫了在座的人，理直气壮地回驳道：'那你们就更疯了，用弹弓就能打死一头大牯子？你们在哪里听谁说过？你们到底找的是什么鬼主意？'富人请来的长老和亲戚们都被南八问得目瞪口呆了，一个个张大了嘴巴，像哑巴一样坐在那里。"

这类故事中，涉及到的人物不多，通常是一个孤儿或一个机智的人和一个山官或富人，通过斗智来展开情节，故事讲得轻松，引人发笑。这些故事中塑造的机智人，他们都是聪明、机智、沉着，能随机应变地揭露那些贪婪、愚蠢、残酷、无能的山官头人或富人。这类故事，喜欢用幽默、讽刺为表现手法，喜剧性气氛浓厚。

3. 动物故事。景颇族人民长期生活在崇山峻岭中，从远古到现在，景颇族都喜欢打猎，因此，对一些动物的习性、特征十分熟悉。几乎每一种动物，都被景颇族人民编成奇异有趣、颇具人情味的故事，形成一个趣味无穷的动物故事。从动物故事的内容上看，这类故事可分为两种类型。一类是透过动物与动物之间的矛盾纠葛，曲折地反映人的社会生活和社会关系，表现社会的人情世态。这类故事大多有生动的性格刻画和概括的心理描写，有极其浓郁的生活气息，含有一定的教育意义。如：《狡猾的野猫》① 一故事中说："从前，在一座高山上，有一棵很大的大青

---

① 见《景颇族民间故事选》，德宏民族出版社。

树，它成了老鹰、野猫、野猪等动物的栖身之地。老鹰住在树梢头，野猫住在树中间，野猪住在树下面，它们成了邻居。

一天，狡猾的野猫起了坏心，它想挑拨老鹰和野猪。它抬头对老鹰悄悄地说：'喂！老鹰，野猪有坏心，它说你和小鹰欺负了它，等你出去找食，它要咬断树枝，让你的小鹰摔死。'

狡猾的野猫这样一说，老鹰从此以后再也不敢去找食物，每天都在守着小鹰，被饿得头昏眼花。

这时，野猫又往下对野猪说：'喂！野猪，老鹰有坏心，它说等你出去找食，它要飞下来吃你的小猪仔。'

野猫这样一说，野猪从此以后也不敢去找食物，成天守着自己的小猪仔。

时间久了，老鹰和野猪都饿得支撑不住，又都出去找食。

野猫见它们都走了，就上树梢去把小鹰吃了。老鹰回来，见失去了小鹰，以为是野猪干的坏事，冲下树来，把小猪仔啄死，自己也飞走了。

那只贪婪的野猫，又从树腰上爬下来吃小猪仔。刚好，野猪回来见到这情景，知道自己受了骗，就死守着树，等待时机报仇。野猫心虚，怕野猪吃它的小猫，也死守着小猫，最后终于饿死了。"

这一故事，通过动物规劝人们嫉恶从善，邻居间要和睦相处，不要搞阴谋诡计，想害别人最终也害了自己，有一定的哲理意味。又如《贪吃的乌鸦》[①] 一故事中说："有一群乌鸦在大海上边飞翔，忽然发现海面上漂着一只溺死的大象。这群乌鸦立刻飞落在死象上面啄食，这真是一次难得的美餐。

---

① 见《景颇族民间故事》，云南人民出版社，1983 年版。

死象在海面上随着风浪漂动，漂呀漂，渐渐飘远了。乌鸦们就像乘坐在船上一样舒服。

一只乌鸦说：'啊，吃得真够饱了。'又接着说：'快起飞吧！不然离海岸越来越远了。'

这时，多数乌鸦同意了，抹抹嘴，一起飞回海岸。

可是有一只最贪吃的乌鸦还在一个劲地吃。吃呀吃呀，死象漂到大海的中间去了，它还在吃。等把象肉吃光，剩下的骨头向海底沉去，这贪吃的乌鸦才拍动翅膀飞起来。可是，它吃得太饱，怎么也飞不动了，'嘎！嘎！'地叫了几声，就沉到水里，沉到海底去了。"

通过乌鸦的故事，告诉人们贪得无厌，终究没有好下场这样一个道理。

动物故事是对动物的种种解释，在解释过程中，有些穿凿附会的特点，但从整个故事情节来看，穿凿得合情合理，意味深长，说明景颇族人民在编织这些故事时，想象力是很丰富的，所塑造的动物形象是十分鲜明、典型的，具有较高的艺术价值和借鉴价值，是景颇族人民宝贵的艺术财富。

第二节　原始宗教与民族民间艺术

原始宗教作为原始文化的综合表现，既有原始的科学成分，又有原始的艺术成分。因此，原始宗教不仅是艺术的土壤，而且是科学的土壤。从原始宗教研究的成果来看，在原始宗教的深处，不仅蕴含着描述世界的艺术热情，也蕴含着理解世界的科学意向。原始宗教大多是借助某种艺术形式表现出来并传承后世的。原始宗教除了具有信仰的内核以外，有超现实的艺术魅力和哲理的、科学的内涵。原始宗教所信仰的基础是原始人类所面临的生存环境。既有外在的生活环境，也有内在的心理环境，特别是内在的心理环境在一定程度上仍是一个悬而未解的秘密，因而更加显得神秘莫测，对此加以信仰。原始宗教和艺术的关系而言，原始宗教是艺术的土壤，艺术则是生于其上的多姿多彩的艳丽花卉。

一、原始宗教艺术的产生和发展

景颇族原始宗教表现了景颇族先民征服自然、改造自然的强烈愿望和创造精神，以及大公无私、舍己为人、刚毅勇敢的高尚品质。生活在原始社会的早期的景颇族先民长期被生存的困难和与自然作斗争的困难所威胁着，原始先民们要战胜种种威胁和困难，就需要一种激情而振奋以及鼓舞人心的原始宗教歌谣，再加上，由于原始宗教的祭祀、巫术、娱神的需要，于是产生了宗教味极浓的歌谣。如举行重大庆典时演唱的《目瑙斋瓦》（历史的歌）；吃新谷庆丰收时演唱的《目占》（种庄稼歌）；结婚时演唱的《孔然斋瓦》（结婚歌）；人死后送魂时唱的《丧葬歌》等，这些最初的歌谣，显然是在原始宗教的活动中应运而生的。之所以产生这些歌谣，是因为原始人们企图揭示自然、社会和生命的奥秘，而凭着主观的经验，愿望和幻想，把未知的东西变成自以为可知的东西。在原始人看来，原始宗教及其神灵，是他们的灵魂和生命。人们对这被视为生命和灵魂的东西，怀着炽热的感情和虔诚的敬仰，创造出诸如《目瑙斋瓦》《孔然斋瓦》等艺术形式的歌谣。这些歌谣是景颇族先民以艺术幻想的形式，对自然界和社会形态的不自觉的反映，也是景颇族先民企图认识自然、征服自然、支配自然的产物。歌谣的内容丰富、范围广泛，包括当时所能见到的方方面面的东西。所产生的歌谣是通过人和神的事迹，表现民族生活最初期——原始父系氏族社会英雄时代的民族生活，它也是景颇族先民的生活和精神的写照。景颇族的歌谣一般都产生在比较古老的年代，所反映的社会生活也就带有更多的古老的色彩。早期的歌谣是原始人们对他们的劳动生活，社会生活以及对自然现象，世界起源的原始理解。

从艺术的角度来讲，在早期产生的景颇族歌谣深处，不仅蕴含着描述世界的艺术热情，也蕴含着理解世界的科学意向。可以说景颇族最初的原始歌谣是景颇族最早的原始艺术之一。最早的歌谣可能是一句或者几句对大自然的怒吼，这个怒吼是先民们当时图腾观念的语言表述，也是先民们最早的文学样式之一。在早期的先民看来，自然界中不可知的一切，是他们的灵魂和生命。先民们对这被视为生命和灵魂的东西，怀着炽热的感情和虔诚的敬仰，创造出某种艺术形式，唱出一些歌谣来。所唱出来的歌谣，最初先民们没有按艺术来认可它、欣赏它。随着社会的发展和进步，景颇族先民在形象思维进一步发展后，开始对歌谣等形式当作一种艺术来欣赏，进而开始懂得掌握诗歌舞蹈等各门艺术的形式和创作技巧，特别是在万物有灵观念的支配下，人们认为各种自然精灵和死者们的灵魂，同活人一样会欣赏艺术活动。因此，景颇族先民格外注重年老辈高之人的丧葬，为长辈治丧尽孝。通常是人死以后，活人为死者念诵祭词并跳舞送葬、送魂，成了悼念者的主要形式，《丧葬歌》便是董萨们在为死者送葬活动中给死者念唱的歌谣，如：

　　哎，老人哟，
　　火拉长藤会断，

一窝蜂群会散，

熟透的瓜果要落地，

叶会落，

山会塌。

闭上眼睛吧！

你的寿诞已满。

你后脚离开这苦难的人世间，

前脚快跨进太阳宫的门槛。

好就好在天上的天堂等待着你，

米酒随心喝，

绸缎任意穿。

你是有福气的人，

我们为你欢唱。

　　这实际上是早期的景颇族董萨们为死者送魂时的祭词发展变化而来的。另外，在整个丧葬期间，还要跳"布滚歌""金斋斋"等大型丧葬祭祀舞蹈，这些丧葬舞蹈体现为一种古朴的艺术。因此，景颇族这种丧葬祭祀舞蹈从古至今一直延续下来。

　　原始宗教艺术的发展是随着人类的进步而发展起来的。在生产力极低下的原始社会，人们一开始就受到社会物质生活的支配和制约，那个时候的人们，处于蒙昧状态，思维方式是粗线的、圆囵的，感情是单纯的、炽热的，往往凭着直观感受来了解和认识变化中的自然界。原始人们在自然物面前感到弱小无能，便幻想依靠神的力量来征服它。在原始先民的意识中，自然界有一种巨大的不可抗拒的力量，只有寻求某种自然物的保护才能避免其他自然物的伤害，于是人们便相信某种自然物与某个氏族有亲缘及其他关系，这种自然物就是这一氏族的神灵。开始，先民对神灵对象的确定仅凭直觉能力去感受，体验，继而加入了联想、想象成分，便把某个自然对象抽象化、神秘化，使之成为支配人类的神物，原始宗教艺术也随着人类想象力的丰富而逐步发展起来的，特别是随着原始宗教的产生以后，一定的原始宗教需要借助一定的可感形式来体现、来传播，于是就出现了一种带有时代特色、民族特色，具有原始宗教性质、富有美感特征的艺术形式。这些艺术形式包括古老神话、故事、传说、舞蹈（丧葬舞、目瑙纵歌、叮歌、象脚鼓舞等）、音乐、绘画、雕刻、织物图案、刺绣、礼仪等。原始宗教与原始艺术有着同源关系。在原始艺术形成过程中，原始先民们在生产劳动过程中，把各种自然现象加以人格化、神化这一特定的思维定势，不仅形成了图腾崇拜、自然崇拜、祖先崇拜等原始宗教观念，而且也成为原始宗教艺术产生的思想基础。原始先民们所信奉的图腾或神灵，必须不间断地加以祭献，而歌舞便是一种极好的祭献手段。随着社会的不断发展，这种祭献性质的歌谣、舞蹈等最初的艺术形式一直延续下来，逐步发展成为迎神、驱鬼、祝祷丰收、祈求人畜平安的祭祀歌舞，最终形成较为完整的原始宗教艺术。

二、原始宗教艺术的类别与特点

原始先民们从事劳动、狩猎、战争之后，凭着直觉能力去感受、去体验，继而加入了联想、想象成分，便把某个过程抽象化、神秘化，使之成为支配人类的神物，用一定的手段再现某个神物，原始宗教艺术就被创作出来了。所创作出来的原始宗教艺术，其名目繁多，并带有浓厚的原始宗教观念的深刻印记。其类别有古老神话艺术、古歌艺术、祭祀舞蹈艺术、音乐艺术、绘画

艺术、雕刻艺术、服饰艺术等。原始宗教艺术具有以下几个
特点：

1. 景颇族原始宗教艺术具有原始图腾美。景颇族在氏族公社
时期就经历了图腾的阶段，正是这一阶段，景颇族祖先在长期的
社会生产劳动实践活动中创造了神秘的原始宗教，同时也创造了
灿烂的图腾艺术。景颇族先民早已懂得用犀鸟嘴和孔雀尾作装饰
品，祖先们认为用这些东西装饰起来，比起人体自然本身要好看
得多，正因为这样，祖先们以此作为美的象征和标志。在原始社
会的祖先们处于愚昧状态，思维方式是粗线的、囫囵的，感情是
单纯的、炽热的，祖先们往往凭着朦胧的直观感受来认识自然
界，特别是在人类社会的初始阶段，原始人还没有完全与动物界
相分离，因而在早期人类的意识里很难产生比较复杂的意识观
念。当人类社会发展到一定阶段，人们为了生存而开始从事生产
活动，并在劳动过程中逐步积累了一定的社会经验，从此人们与
周围的自然界开始有了区别。人们随着认识能力的增强，在现实
生产劳动中看到，自然界所发生的变化层出不穷，令人感到神秘
莫测，就这样人类得出了一种观念——万物有灵，这以后人类就
在万物有灵观念的基础上来理解世间的一切。在原始先民的意识
里，自然界是一种巨大的不可抗拒的力量，人类只有寻求某种自
然物的保护才能避免其他自然物的伤害。于是人们便相信某种自
然物与某个氏族有亲缘及其他关系，这种自然物就是某一氏族的
图腾。图腾的实质，就是人们通过幻想去征服当时支配着人类的
自然界的力量，再通过原始宗教的形式，定期或不定期地举行仪
式加以膜拜。原始祖先们在万物有灵观念的支配下，对自然界怀
着深刻的依赖、恐惧和崇敬的心理，从而表现出屈从、虔敬、感
激、祈求或禁忌等一系列的崇拜活动，而集体的歌唱和舞蹈可能

是一种必要的、经常采用的方式，以后逐步走向贡献。人们祈望能从自然界那里获得长久需要的东西，避免对人们不利的东西，就这样图腾崇拜在人们的心灵深处扎下了根。在图腾崇拜的基础上逐渐演变成原始宗教，由于原始宗教的需要，于是产生了巫术、祭祀等，同时也产生了宗教味极浓的图腾的符号、标志、原始绘画、装饰艺术、原始音乐、祭祀舞蹈等，这些东西都具有原始图腾的美感。景颇族在送葬过程中跳的金斋斋舞是与图腾崇拜有关，舞者裸身绘身，从头到脚都绘有黑、红、白三色相间的花纹，分雌雄性，雌性舞者身上画一道一道的波浪形围着身子和四肢转的圆圈，雄的则是一道一道的直条纹围着身子和四肢的圆圈。跳时手持长矛，呐喊狂奔，勇猛击杀，驱邪撵鬼。人们相信，图腾活动的魔力能驱邪野鬼，驯服各种禽兽。除此而外，在死者坟墓上的木雕人像和木雕鸡，木雕用一截圆木粗略雕刻而成，脸部和身部用红、黑二色绘制螺旋形花纹以及动植物形象，代表死者及死者的鬼魂，在坟墓上放置木雕人像是造成恐怖气氛，表示死者已经变成了鬼。木雕鸡用一截木头粗略雕刻而成，分别悬挂在竹竿顶端，是让死者带回祖先地的鸡。这一些作法都是有着景颇族祖先图腾崇拜标志的原形及演变的轨迹。

2. 原始宗教艺术实际上是巫术艺术的再现。在人类早期的社会生活里，巫与巫术具有多重的文化功能，早期人类在创造文化的同时，也创造了巫术。艺术是古今人类追求美的一种表现，这种艺术美追根溯源下去的话，就不难看出，巫术与艺术有着千丝万缕的联系，特别是在歌舞和美术上显得更加突出。巫师们认为，疯狂的节奏、粗犷的舞姿、炽烈的情感，能唤醒历代死亡的祖魂，能降服各种人们赖以生存又难以捕获的野兽，还可以消灾免难、繁衍后代。从整个原始宗教活动的情况来看，是一种综合的艺术形式，一般是音乐、舞蹈、诗歌合而为一，有舞蹈、吟唱、歌唱，有音乐伴奏，有化装、表演。景颇族老人死后，在丧葬期间要跳几种不同的丧葬舞。布滚歌是守丧期间跳的一种舞，一般要通宵达旦地跳三个晚上。人们在屋内或外面院场伴着铓声，由"蹦拉"、"背塌"领舞（历史上曾是巫师领舞），凡是参加跳的人手握一根削制的竹片边跳边唱"本阳阳"。主要是表现死者生前事迹以祭祀死者魂灵和教育后人。这种丧葬舞有几十个舞蹈名称，且有专门的名词，多是表现磨刀、开荒、砍地、打猎、种豆、种棉花等生产劳动的模拟动作。反映劳动生产、生活的景象。通过舞蹈动作和舞蹈名称再现了死者的生平，表示对死者的悼念和崇敬。通常是边舞边唱诵，诵词一般是："老公公呃，你活在世上的时候，你教儿孙们做活，你活在世上的时候，像大青树一样常青，你处处为别人着想，你做过的好事数不完，人们记着你，子孙后代传颂你，你的名字像金子一样闪光。我们永远记住你，放心走吧！不要牵挂儿女。你留下的猪、鸡、牛、马，会有人照看，你种过的土地会有人耕种，你住过的房子后人会居住。你只管背着你的背箩，带上你的长刀，沿着祖先来的道路回去吧！你不要回头，前面有三条路，左边有深沟，不能走，右边有悬崖陡壁，不能去。中间那条路平平坦坦，去吧！子孙后代称颂你，你的名字像金子一样发光，你没有做完的事我们接着做，你放心去吧！去吧！"① 虽然所唱的是丧葬歌，但所表达的感情更多的是对死者的怀念之情，颂扬死者生前的功绩，没有流露出过分的悲伤情绪，主要是巫术艺术起了很大的作用。再如，景颇族在送魂祭祀中，如果是村寨中有威望的人，人们要跳最富有景颇

---

① 雷重安：《盈江县盏西区景颇族宗教调查》，民族调查研究专刊，第102页。

族特色的"金斋斋"送魂驱鬼舞。舞者都要扮成"鬼",一般可由4人或者8人来跳。他们从头到脚都绘有黑、红、白三色相间的花纹,其扮相如似飞禽走兽,而且有雌雄的区别。当他们跳起舞来,气氛更加活跃。舞蹈动作也是表现死者的生平,如死者生前是武士,那么,跳"金斋斋"者手中要持有树皮做的盾牌和木棒,跳出各种各样的战斗姿态,通过跳"金斋斋"舞蹈,达到送魂的目的。这种舞蹈是景颇族原始巫术艺术在祭祀活动中的表现。

3. 董萨(巫师)是原始宗教艺术的创造者和传承者。一般来说,原始宗教艺术都来源于原始宗教观念,一切都是按照这个观念来刻画出来的,而刻画这些艺术的正是董萨(巫师)。在每个宗教艺术中都凝聚着董萨们的智慧,所以原始宗教艺术被称为董萨(巫师)艺术。人类创造了文化,而这些文化的创造者大都是董萨。原始宗教是原始人的宇宙观,董萨们在宇宙观的影响之下,由于祭祀、巫术、娱神的需要,于是产生了宗教味极浓的董萨调,如景颇族中较有影响,具有代表性的祭祀古歌《目瑙斋瓦》《种庄稼歌》《孔然斋瓦》《丧葬歌》等相对独立而又互相联系的祭祀古歌。这些祭祀古歌展示了景颇族的历史、生产、生活、礼俗、道德等方面的内容。原始宗教作为原始文化的核心,对远古时代和近代以及现代的景颇族先民生产生活的各个领域以及思维活动产生着广泛的影响。这些古歌再现了景颇族所经历过的生产生活活动,描绘出了景颇族文化的产生、形成和发展过程,及其随着景颇族迁徙流动而发生的发展变化。像景颇族创史纪《目瑙斋瓦》,董萨们通过丰富神奇的想象,美丽动人的传说,生动具体的描绘,深刻地反映了景颇族人民对自己祖先的追念,对民族起源的解释,对各种自然现象的认识,总结了景颇族人民在与大自然作斗争中积累起来的经验教训。较全面记述了景颇族社会生活特有的风俗习惯。景颇族的这些传世之宝，虽然是历代景颇族人民智慧的结晶，但它的保存、流传，丰富、发展，却不能不归功于历代的董萨们。他们靠着惊人的记忆，把上万行诗句牢牢地记在头脑中，并且随着社会的发展，时代的前进，不断加以丰富，一代一代地流传下来。景颇族的这些祭祀古歌不仅是景颇族社会的百科全书，而且是景颇族文学中的母体文学。董萨们除掌握祭祀古歌以外，还熟悉和掌握景颇族的各种神话传说，如民间故事、历史典故、歌谣谚语等。一个大斋瓦、大董萨，往往又是一个景颇族的大知识分子，在人民群众中享有很高的荣誉和威信。其他各级的董萨，也在他们的念唱中，不同程度地保存着本民族丰富的文化财富。

4. 原始宗教艺术中包含着语言艺术。在原始先民的观念里，语言具有魔力。原始先民相信语言有魔力，语言对于原始先民，既是发出咒语的工具，又是实现征服自然界愿望的主要依靠，是支配自然的有力工具，甚至就是愿望本身。原始先民相信语言有魔力的主要表现在：第一，原始先民对待自然界中各种名称的观念和做法上。原始先民把自然界中各种名称看成是一种必需而且具有特殊意义的东西，并把一切事物的名称看成是具有人格的主要部分。景颇族传说中说，彭干支伦和木占威纯是人和鬼的祖先，也是创造万物的祖先。他们创造的鬼都取名为天鬼、雷鬼、山神鬼等，这些鬼也都和人一样会说话，会走路。这些鬼中有的鬼能给人带来金银财宝，保佑官家、百姓健康长寿。有的鬼有无穷的力量，能保佑人们发财致富。有的鬼如蚂蚁子鬼，人们遇到这种鬼会红眼、耳生病或全身溃烂。原始先民们取鬼名一般不离开自然界中的天和地，离不开水和山。第二，原始先民们相信董萨（巫师）发出的咒语可以支配自然、控制自然。原始先民们在万物有灵观念的支配下，认为各种自然精灵和死者们的灵魂，同活人一样会欣赏艺术活动，所以人死后，活人为死者唱诵祭词并跳舞送葬，成了悼念死者的主要形式。布滚歌、金斋斋便是人们常跳的一种大型丧葬祭祀舞蹈，而布滚歌便是董萨们在这种时候必须唱诵的一种仪式古歌，通过歌舞的形式起到驱邪撵鬼的作用。第三，原始咒语是最早的古歌。一般而言，诗歌是从原始咒语中逐步演变过来的，其演变的过程比较漫长，在这个过程中其内容不断丰富和发展。在远古时期，原始先民们最关心的是生产生活中实际问题，人们为了满足求食的需要，不断对着大自然呼出咒语。最初的咒语很可能是无目的的吼叫，经过长时期的吼叫，逐步变为有目的的唱诵，最后成为流芳千秋的《历史的歌》《种庄稼歌》《结婚歌》《丧葬歌》等。第四，原始先民们相信通过语言念诵能消除灾难。景颇族先民迁入新居时，要举行一系列祭新房仪式，下面是董萨在祭新房时念诵的一段："嘟、嘟、嘟，天鬼不要怪主人，地鬼不要吓主人，阿公阿祖不要吵主人。你们要保佑他们，房梁上不要站小雀，谷仓不要进老鼠，牛腹不要长虱子，猪蹄不要生脓疮，主人不要做噩梦……。"人们企图用语言消除艰苦的生存条件所造成的"沉重压抑"。

5. 景颇族原始宗教艺术的色彩主要以红、黑、白为原始色彩。原始先民们对自然和社会还不具备科学认知的能力，只能以朴素的观念来试图解释自然和社会现象，这种朴素观念必然反映在各种艺术的创造上。从景颇族传统的绘画、雕刻、织布花纹、织物图案等来看，色彩主要运用以红、黑、白为主的原始色彩。在目瑙纵歌目瑙柱上的图纹，在龙尚棚横梁上的螺旋形花纹，金斋斋驱魂舞者身上的文身，在寨门架上的图纹，在坟头上的人像雕刻图纹等色彩均是红、黑、白为主的原始色彩。这与景颇族原始宗教观念和原始审美意识有着密切相联。在现实生活中人们的社会感受、情感、情绪、风俗习惯等都受着这种社会意识的支配，这种原始审美意识在很大程度上又是通过图腾崇拜活动来体现的。艺术起源于生产劳动。人类赖以生存的最有功利的活动，是物的生产活动。当人们的情感处在生产劳动活动中时，人们的精神也同样处在这种活动的氛围中。当人们的实践活动终止后，这种活动连同目的、对象、收获等都会在精神上留下强烈的、欢乐的印象，人们通过语言、声音、节奏、动机、色彩、形象等手段表现出来。景颇族先民从原始时代就开始模仿自然色彩来绘画、祭祀及装饰自己。红色是由战争引起流血并导致死亡而发现鲜血，先民们在实践中发现鲜血与任何动物包括人类在内的生命有关，于是人们就用红色作为生命力的象征。人们从燃烧过的骨、木等黑炭中得到启示，使用黑色在祭祀性绘画雕刻中让人感到恐怖。白色主要是用来调节红色和黑色。在景颇族传统的绘画、雕刻、织物图案等的直线条纹中运用红、黑、白为主的色调，显得传统艺术明朗、深厚、壮丽，充分表现出景颇族生存发展的自然社会环境，体现了这个民族的性格，心理特征和审美观念。

三、原始宗教艺术的魅力

随着原始社会生产的发展，经济生活范围的扩大，人们逐渐产生了自我意识，人们已不像动物那样单纯地适应自然界，而是把自然作为自己的改造对象，人们已经有意识支配自然、控制自然、改造自然，让自然界的一切为自己服务。但是先民们不可理解自然界中周期性发生变化的原因是什么？这就给自己不发达的意识造成了最初的幻想，而这种幻想往往又同人们生理上的直接需要交结在一起，人们凭借幻想视自然界的一切也和人一样具有知觉、感情或意志，进而把人所具有的所有的品格和素质都逐一加在自然界上。人们对于造成自然界的千差万别，千姿百态和千变万化的内在原因，想象成是一种灵魂的存在与作用，自然界人格化，而且神秘化，在人们的思想意识里出现了最早的抽象，进而将自然界中各种事物的性状和人们的谋生活动联系起来，形成了长久而密切的关系。由于人们对灵魂的祭祀，巫术、娱神的需要，于是产生了宗教味极浓的原始艺术形式，形成原始宗教信仰的一部分。原始宗教艺术是人类精神财富中的瑰宝。原始先民们创造原始宗教艺术，在人类发展史上留下了光辉灿烂的一页，它的产生和发展对现代文明的发展起到了坚实的基础。一种艺术的成就和发展有它自身特有的价值和规律。在原始社会时期，所产生的原始艺术是灵魂观念的影响下进行的，所代表的意义都是对鬼神的崇拜和敬仰。由于当时整个社会生产力水平的限制，所造的艺术，不可能有繁荣的鼎盛时期。但是原始先民们的确创造了许许多多令现代人为之惊叹的不朽的艺术杰作，并在后来的历史阶段中长期保留和沿袭这些艺术形态。景颇族保留至今的许多传统艺术中，有相当一部分是从原始社会时期创造的原始艺术。

原始先民借助于图腾这一自然力来抵御、征服外在世界那些异己的自然物，他们对图腾物的活动习性和形象面貌的感知信息，必然会不断地神化为意象性的心理体验与情感活动。随着社会的发展变化，在自然属性中又注入了社会属性——原始宗教。最初人们对图腾对象的确定仅凭直觉能力去感受、去体验，继而加入了联想、想象成分，便把某个自然对象抽象化、神秘化，使

寨　　门

之成为支配人类的神物。当人们的形象思维进一步发展后，开始懂得掌握绘画、雕刻、服饰、音乐、舞蹈等艺术形式，祭拜神灵，同时以求产生驱邪除恶的宗教魔力。

1. 绘画艺术。景颇族的绘画艺术有悠久的历史。从景颇族的绘画艺术形式特征来看，主要展示的是自然崇拜物，是典型的作为图腾标志的原始造型艺术。绘画艺术形式所表现的对象，也就是自然崇拜物，通过艺术造型把它们具体化和形象化，它们既是物的艺术造型，同时也是鬼魂形象的艺术再现。无论是抽象描写还是概括了的抽象反映，这在绘画中得到充分表现。在景颇族的原始宗教活动中，每年都要举行龙尚祭祀仪式，它是景颇族世代从事刀耕火种的一个产物。自古以来，每个景颇族村寨都建有一个龙尚（又称官庙），它是全村寨祭祀的中心，龙尚供有天鬼、地鬼、水鬼、火鬼和山官家的一两个祖先亡魂，构成一个对自然和人的结合崇拜的实体。在龙尚棚两侧的横梁上各绘有两对螺旋形花纹，每对花纹成对称形，富有韵律和均衡性。花纹似卷草图案，又像爬虫类动物的变形图案。这两对螺旋形花纹已经作为景颇族传统花纹沿袭了很长的历史，景颇族都认为，它是景颇族祖先创造并相传下来的，自古以来，它作为祭祀场所的规定花纹早已约定俗成。在景颇族的寨门上，为防止邪恶对于人们健康的威胁，寨门上还画有龙齿银花纹，以求产生驱邪除恶的宗教魔力。在官庙外鬼桩上的绘画是景颇族绘画艺术中最具丰富内容，形式独具特色的壮丽画卷。鬼桩分为公桩和母桩，一高一矮，高的为公桩，一般约长 125 厘米，宽 10 厘米左右，母桩稍矮，一般约长 120 厘米，宽 10 厘米左右。背面中分一条直线，两边各用一条曲线分割成角形区域，曲线象征水渠或河流，角形区域则象征田园或山川。正面绘满了自然崇拜物的图形，虽然各支系或村寨所绘画的图形有某些差异，但基本上是一致的。公桩上主要绘有砍刀、弹丸、弹弓、犁、轭、耙、犁铧、水牛、黄牛、水塘、鱼、水田、青蛙、螃蟹等，有的支系或有地区加有日、月、山、河、鹿、麂子以及玉米、稻谷、小米、瓜等作物图形。这些图形也用一根曲线分割成角形区域，分别嵌绘以上那些图象，曲线则代表水渠或河流。母桩有用横线分割成方形区域图形的，也有用曲线分割成角形区域的，不论哪种构图，都绘有与妇女生产、生活有关的自然崇拜物图象，一般绘有项圈、耳饰、玉米、棉花、黄瓜、向日葵、南瓜、旱谷、芋头、辣椒、茄子等，有的支系或有的地区还加有鸡、牛、丘田、山沟、河流等图形。鬼桩的绘画如此构成，既富有精美的格局，又富有韵律，产生动与静相对比，直线与曲线相映衬的均衡而又稳定的艺术效果，说明景颇族很早就懂得了丰富多彩的几何构图。用横线分割成方形区域的母桩绘画构图，整个图形显得平稳和安静，与公桩的曲线构图相对比，更显得女性性格和心理特征，同时也说明了景颇族很早就懂得了对比手法在艺术中的运用。公桩和母桩正面所描绘的几何图形，反映了景颇族从狩猎和采集时代进入农耕时代的生产、生活面貌，而且公桩和母桩的图形，分别表达了与男性与女性有关的事物。弹弓、弹丸是男子打鸟的工具，水塘、鱼、青蛙、螃蟹等都与水田有关，管理水田是男人的农事，而牛是耕作用的畜力。男耕也是景颇族的分工，说明公桩上的绘画表现的是男子的生产和生活情景。项圈、耳饰是女子的装饰物，而瓜菜、玉米、棉花、茄子等，大多由妇女去管理和收摘。园圃和旱谷也由妇女去管理和收割，说明母桩上的绘画表达的是妇女生产和生活的情景。无论公桩或母桩，上面所绘画的图象，不仅是自然界中的物的形象，而且作为自然崇拜的鬼魂形象，在人们的观念中作为二者的综合体来加以信仰和供奉。景颇族的鬼桩绘画起源于什么时代？因无文字记载和原始遗物作依据，已无法考证，但景颇族的原始绘画艺术一直延续到现在。鬼桩绘画艺术所分列的代表自然力的那些形象，无论在造型和格局排列上，还是在自然崇拜意义上，都表明它是属于原始艺术的范畴。举行盛大的目瑙纵歌舞时，为了祭献木代鬼，在舞场中心高高矗立着四根彩绘目瑙桩，下面横置一块木牌，均用红、黑、白三色绘有规则的螺旋形几何纹样，景颇语叫"目瑙示栋"。立着的四块木牌分为雌牌和雄牌，雌牌两块，雄牌两块，对称排列。雄牌一般为直线交叉而成的菱形几何纹样，似水渠交叉而成的田园，又像编织纹样。雌牌上的

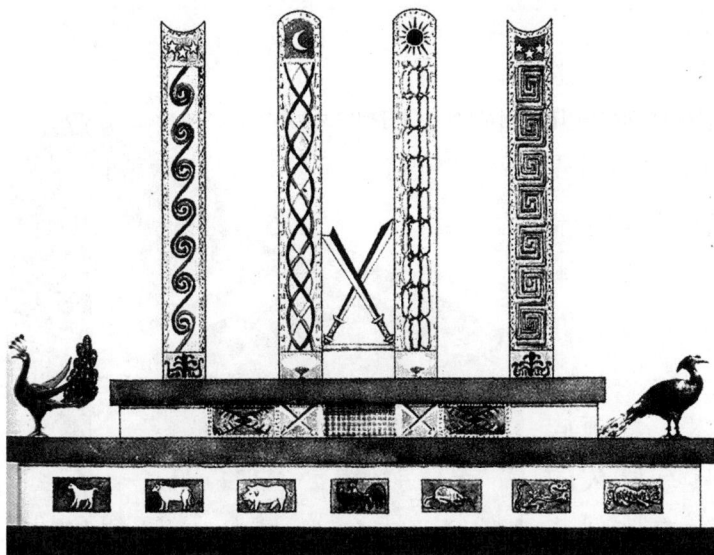

目瑙示栋

螺旋形花纹，从上至下，顶端有一圆圈复套花纹，下接直线角形和螺旋形相连接的几何图形，颇似在天地间的一条腾龙。在景颇族中，有的解释为舞蹈队伍行进路线图，有的说它是迁徙路线图，有的说它是狩猎、上山采集、下地耕作，出门远行等的路线图，有的说它是龙纹。在目瑙纵歌舞场中心也立有四块木牌，四块木牌中间又立一根鬼桩，其图纹与目瑙示栋上的绘画图形虽然在不同地区和不同村寨有些差异，但螺旋形与直线角形相连结构形成的图形则是相同的，说明它是景颇族的吉祥标志。目瑙示栋上的花纹与龙尚横梁上的螺旋状花纹虽然有一些差异，但总体上是属于一类，不管作何种解释，它是一种图腾标志。按照景颇族的丧葬习俗，德高望重的老人去世，人们要跳最富有景颇民族特色的金斋斋送魂驱鬼舞。届时跳金斋斋舞者的身上，从头到脚都绘有黑、红、白三色相间的花纹，分雌雄性，舞者脸上都绘满螺旋状的花纹，扮雌性舞者全身上下画满一道一道波浪形的圆圈，雄的则是一道一道的直线围着全身。跳此舞时，舞者手中持树皮做的盾牌和木棒，跳出各种各样的战斗姿态，绘身跳金斋斋舞蹈，是表示护送死者灵魂回归祖先地。据传说，这种绘身在古时候，曾用于战争，敌对双方都绘成不同花纹的绘身，主要用来恐吓对方，最后夺取胜利。

2. 雕刻艺术。景颇族的雕刻艺术也具有悠久的历史。从景颇族的雕刻艺术形式特征来看，还保持着原始艺术特征。从原始宗教的角度来看，景颇族的雕刻艺术最典型的是坟墓上的木雕人像和木雕鸡。按照景颇族的丧葬习俗，

木代房

人死了以后，在墓地举行建坟仪式，并在死者的坟墓上搭一座高约3米的圆锥形草棚，作为死者房屋。在草棚的一端竖立一个木人像，木雕人像代表死者及死者的鬼魂。通常用一截圆木粗略雕刻而成，大致像个人形，但不追求与死者形象相似，只起到某种符号的作用。高2米多，重200多斤。雕刻有人头、人身、乳房、面孔和表情，身着彩绘的筒裙、顶端长条木片或象征男子举刀，或象征女子长发，还画着螺旋图案，代表祖先迁徙的路线，也是死者灵魂回归的路标。木人像的基色是黑、白、红，辅以蓝、绿、黄。木人像的脸部和身部用红、黑二色绘制成螺旋状花

景颇族崇拜物

纹以及动植物形象，其造型与鬼桩绘画相似。木鸡也用一截木头粗略雕刻而成，大致像个鸡，分为公鸡和母鸡。通常雕刻成 4～6 只木鸡，分别悬挂在坟墓边上的竹竿顶端。据一些董萨解释，死人坟墓上悬挂的木鸡是让死者带回祖先地的鸡，雕刻木雕人像是制造恐怖气氛，表示死者已变成了鬼。无论是木人雕像，还是木雕鸡都雕绘得十分恐怖，雕绘成恐怖气氛的主要目的是，一表示死者已变成鬼，二让人看了后不想死。

　　景颇族的雕刻艺术除了上述较典型的原始宗教艺术雕刻外，大量的是生产、生活用具的雕刻，而这些雕刻艺术较明显地脱离了原始宗教艺术的母胎而在向前发展。这些雕刻主要有扇筒、口弦筒、耳环、刀把、织布机、木梳、腰圈、门头、门、水筒等都有两方连续和四方连续图案，图案纹样较为精致，构图严谨，形象均衡，排列有序。到了近代，景颇族的一些生活用具和装饰物中还出现了银器和银饰品，如银泡、银耳环、银项链等上面也雕刻有两方连续和四方连续图案。这些动植物图案和抽象性几何纹样，在人们的观念中已不再是明显的鬼魂形象，可见艺术已从原始宗教中开始逐渐分离出来。

3. 服饰艺术。景颇族的服饰在本民族的艺术中占有相当重要的位置，其丰富程度是其他艺术品所不可比的。一部分是表现自然崇拜，

仓光　石锐　提供

服务于原始宗教的服饰艺术，一部分是人们日常生活中使用的服饰艺术。在漫长的历史发展过程中，勤劳智慧的景颇族人民创造富有特色的景颇族服饰艺术，这些服饰艺术是景颇族传统文化中生命力最强、与人们生活关系最密切、特点最鲜明的变化艺术部分。人类最初发明服饰主要是出于保暖御寒和防止野兽毒虫侵害的实用目的，以后羞耻心和审美观念又逐渐影响到服饰的变化和发展。服饰艺术的产生和发展，取决于人民群众生活的自然环境、气候条件、生产生活方式、审美爱好、心理素质、宗教观念等多方面的因素。从景颇族服饰图案来看，服饰图案十分丰富，既有各种各样的几何图纹，也有各种花卉、动物花纹以及种种自然物的变形图纹。这些图案除反映着人们的审美情趣外，还隐含着特定的神性意识。

景颇族在举行大型祭祀舞蹈目瑙纵歌活动中，通常有一对装扮成一雌一雄的领舞者，景颇族叫"瑙双""瑙巴"，二者身着

大襟长袍，袍上绘有日、月、山、水、龙等图案。跳舞时，头戴盔帽，形同犀鸟，帽顶插满五颜六色的孔雀、锥鸡、鹰的羽毛，也是象征一对飞禽。其意义是在远古时代，原始人类同变幻莫测的大自然作顽强的斗争，或狩猎，或采集时，需要在潜伏或者隐蔽自己，出击时惊吓猎物。出征时，在与敌人搏杀中，以图腾装饰保护自己，恐吓敌人。在举行原始宗教仪式时，以图腾装饰表示同一祖先、同一集团以及彼此的血缘关系。金斋斋舞是景颇族死人后跳的祭祀性丧葬舞蹈，其中有四对或者六对裸身男子作绘身化妆。他们身上用黑、白二色绘满图案花纹，装扮为一雌一雄，雌性面部是逆时针方向的螺旋花纹，身上为水波形条纹。雄性面部的绘画是顺时针方向的螺旋形花纹，身上则是直线条纹。在举行跳舞时，他们随自由的舞步穿插跳跃于舞队中间，确有展翅飞翔之态。跳此舞的意义在于为死者担任守护，进行放哨，巡查和监视，以防邪魔进入舞场。在舞蹈中所象征的保护、巡查、监视邪魔侵犯的

金斋斋舞　　　石锐　提供

意义，正好证明了人们期望图腾保护的原始宗教意识。

　　在整个服饰艺术里，祭祀活动中专用的"鬼裙"是件奇特而又珍贵的艺术品，其图案象征的原始宗教意义神秘而又饶有风趣。鬼裙分为雄裙和雌裙，雄裙为白底，两头织咖啡色和黑色图案。雌裙从上至下分为四段，每段织有二方连续几何图案，并且从上至下互为连续。鬼裙每段都有具体的意思，第一段为谷魂引进的路线，人鬼分开的岔路。第二段为人和谷魂结合的过程。第三段为旱谷、水田、水沟等。第四段为谷堆，看守谷堆的人，偷谷子的人。如果用语言来表述鬼裙的意义就是：春天就要来了，播种谷子的时候到了，把谷魂请回来吧！谷魂已经和谷子以及人结合在一起了。可以引水灌田、犁田耙地、播种插秧，薅秧除草。在谷魂的保佑下，来年的谷子一定会茁壮成长。到了秋收季节，谷子收割了，田间地头到处都是堆满了谷子。这段时间有歹意的人会来偷谷子，一旦谷子被偷，不仅已收好的粮食受损失，而且还会把谷魂吓跑。如果是这样，即使把谷子收回家也不经吃，所以要由专人日夜在田间地头看守谷堆。鬼裙所描绘和表述的意义主要是播种谷物的整个农事过程。以上是表现自然崇拜，服务于原始宗教的服饰艺术。

　　从许多景颇族的传说和史料证明，景颇族的祖先很早以前就学会了种植棉花，为以后织出各式花样的服饰艺术打下了基础。景颇族妇女从小就学会纺织技术，并一代传一代，织物种类也越来越多，织物图案也越来越丰富多彩。据已收集到的资料统计，景颇族绚丽多彩的织物图案已有四百余种。景颇族有图案的织物有统裙、筒帕、包头、护腿、腰带、长刀背带和象脚鼓背带等。景颇族服饰虽然各支系或各地区之间有某些差异，但总体来说是统一的。男子服饰及其他身体装饰。男子又分为中老年服饰和青年服饰。中老年人一般留长发，作髻于顶，用红、黑、白色布作

捻　线　　朱于湖　摄

包头。早期的景颇族男子左耳带耳环，最初的耳环为竹制管，以后改为银棒，颈套银项圈，手戴银手镯。上衣以黑色为主，银币作扣，中间开襟。男子传统裤子短而宽大，裤脚边绣有红、黑二色花边。腰系织花带或红、黑、白等色布作腰带，一端垂至膝部。用黑布绑腿，套黑色藤图。出门通常佩带长刀、火枪、筒帕等。在筒帕内装有草烟、沙桔、槟榔、石灰、竹筒等常用物品。男子青年用白布绣花作包头，在包头巾的一端，用各种各样的颜色毛线剪成无数个小绒球，把绒球垂吊在右耳边。上衣以白色为主，银币作扣，中间开襟。裤子以黑色或者蓝色为主，裤子短而宽大，裤脚边绣有红、黑二色花边。腰系织花带或红、黑、白等色布作腰带。未婚的男青年常常把情人赠送的耳环戴在耳上，二三个项圈套在劲上，炫耀于人。不管是走村串寨，还是下地劳动，或参加婚丧节庆活动，都要佩带长刀、筒帕和火枪。景颇族男子的装饰品中最有特色的是那把雪亮的长刀。景颇族有句谚语："景颇山的路是长刀砍开的，赤脚踩亮的。""男子不会耍刀，不能出远门。"在现实生活中砍山播种要用长刀，上山打猎要用长刀，结交朋友要赠长刀，在传统的目瑙纵歌盛会、进新房、送葬等要舞长刀。在不同的历史年代，长刀不仅是景颇族男子的装饰品，它又是伴随着景颇族人民的历史、生活、战斗中必不可少的珍贵物件。可以这样说，长刀既是景颇族人民生产、生活的工具，又是战天斗地的重要武器。正因为如此，景颇族长刀既是景颇男子的装饰品，更是民族性格和民族精神的象征。

女子服饰及其他身体装饰，在整个景颇族服饰品中最复杂最有民族特色的是景颇族妇女服饰品，而且景颇族妇女的服饰品保留得最完整。景颇族妇女的衣装大体是：青少年女子头发前额齐眉，后齐颈，成半圆形。中年女子蓄长发，作髻于顶，包黑色或红色头巾。两耳穿四孔，上孔戴扁形银牌，用线吊至肩头，下孔戴银制长管，两端吊有小珠。颈上戴银项圈和各色小石珠做成的项链，大小女子胸襟上缀满银泡（银制半圆凸形，状如水泡），似鱼鳞片。手戴银手镯，脚套护腿，用红布和黑布各一半拼接而成。大小女子穿的上衣多为黑色，较短，袖口、下摆、大襟等处镶有红布边，袖管上段镶有约 5 寸宽的红布。腰系红、绿、白色腰带。有的地区的腰带上垂一些红穗或系小铜铃，套黑色藤圈、竹圈、草圈。下身着织锦统裙，一般为黑底红花或红底黑花，间有黄色等条花。浪莪、勒期支系的女子服饰与景颇族其他支系的女子服饰有一些差异，衣服镶有红色和绿色布块以及贝壳等饰物。裙子无花，为蓝色条纹布裙，两头叠在前面的中间，而景颇、载瓦支系的妇女统裙则叠在右边。古代的景颇族妇女主要用竹、木、骨、贝壳、藤篾等物做饰品，到了近代被银饰取而代之。景颇族官家女子的服饰与百姓女子的服饰有一些不一样。百姓女子的银泡衣裳像孔雀尾翎上的花纹，而官家女子的银泡衣裳像金龙身上的鳞。这种装束来源于景颇族古老的传说：远古创世英雄宁贯瓦娶了龙王的女儿布仁扎线公主，在盛大的婚礼大典上，布仁扎线公主穿着金龙鳞的盛装，显得非常美丽。从此以后所有的山官家女子都穿上了依照金龙鳞制作的盛装，后来这种盛装传承下来并成了山官家女子的节庆盛装和嫁装。

景颇族的服饰是美丽的，而美丽的服饰来源景颇族有这样的神话故事：

从前，景颇山上有一位聪明美丽的姑娘，叫麻锐。她很快就要出嫁了，可是她没有一条像样的裙子。因为那时景颇族的妇女们还不会织统裙。她为无法把自己打扮得漂漂亮亮而整天发愁。有一天，她父亲从山上打来一只美丽的巴板鸟，这只鸟浑身长满了五光十色的羽毛。麻锐灵机一动，就把巴板鸟的羽毛缝在自己的裙子上。她出嫁那一天，全寨子的人们看到她的裙子都惊呆了，一个个都称赞她的智慧，随后人们也就跟着学做起来。可巴板鸟毕竟很少，也不容易打到，其他的妇女又发愁了。麻锐又照着巴板鸟羽毛的颜色染出各色毛线，模仿飞禽走兽、日月山水、红花绿叶等的样子织成有花纹的统裙，并教会所有的妇女。从此，景颇族就有了美丽的织花统裙。

这个神话故事告诉人们，美丽的景颇族统裙是在美丽的巴板鸟的"保佑"下创造出来的，统裙的图案丰富多彩也是在巴板鸟的"保佑"下创造出来的。

统裙：统裙是景颇族服饰中最复杂最有民族特色的妇女衣装。分为中老年妇女围的统裙和青年姑娘围的统裙，还有一种专门用来祭献鬼用的统裙。一般用三幅布拼成，小女孩的裙子用两幅拼成，都是蓝黑色或黑色的底，红色为主的图案。图案分为满花和半花两种，其中半花的统裙只有两头织着一尺左右宽的图案，满花的统裙全部织上图案。中老年妇女一般围半花统裙，姑娘围满花统裙。祭鬼裙分为雌雄两种，雌裙以条纹布为底布，两头织谷色图案，雄裙白色底布两头织咖啡色和黑色图案。景颇族统裙无论是过去的，还是现代的都有着较高的艺术性。

筒帕：筒帕是景颇族人民日常生活中的必需用品，也是一种别致的工艺装饰品。筒帕制作十分精致，筒帕工艺发挥了景颇族织物的传统艺术特点，小小一块筒帕面上，不但能织出各种鸟兽花卉等图案，还能绣上景颇少女的爱慕之心。

护腿：自制的护腿有两种，一种是无花纹护腿，是妇女们日常套用的。一种是满花护腿，是妇女们穿节日盛装时套用的。

裙裤腰带：自制裙裤腰带有两种，一种是女子用的，长布，两头织满图案。一种是男子用的腰带，中间织满图案，两头用布扣或银扣扣住。

景颇族的织物花纹、图案种类繁多，构图粗犷新颖，色彩鲜艳耀眼，一般一条统裙上就有几十种不同的花纹图案。精致美观的花纹图案，绝大部分用挑数经纬线纺织而成，经线一般为黑线、纬线可用多种颜色。通常用红、黑两色为基本色调，同时辅以黑蓝、大红、深红、柠檬黄、紫色、浅蓝、白色点缀，使整个图案色调对比强烈，鲜艳夺目，十分吸引人。景颇族的织物花纹，是一种实用性很强的民间艺术品。从织物花纹的表现内容和取材来看，景颇族的织物图案可分为两类：一类带有原始宗教色彩的，如鬼裙上的各种图案。一类是纯装饰性的，它的取材来源很广，有以动物为题材的图案，如虎脚印、猫脚印、蚯蚓花纹、鸟眼睛花纹、蝗虫牙、毛虫脚印、蝴蝶、虎尾巴、蛇纹等。以植

裙　子　石木苗　摄

物为题材的图案，如木棉花、斑色花、南瓜、南瓜藤、竹桥花、生姜花等。以自然现象为题材的图案，如虹、流水、江河、山、云彩等。以生活中常见的题材为图案的，如横倒花纹、连接花纹、小弯子花纹、小交叉花纹、梭小花纹、结扣花纹等。以人物称呼命名的，如母之花、老师花、引路花、姐妹花等。这些图案不同程度地反映了景颇族人民的社会生活，展现了景颇族人民的审美观念和美学趣味。

美丽的景颇族服饰艺术，除了织物图案自身美丽以外，还有蜡染艺术起了很大的作用。景颇族蜡染艺术有悠久的历史。据传说，景颇族祖先很早以前就用紫梗、龙卡（一种野草根）染红色，用野生植物木塔墨染蓝色、墨蓝色，用野生植物散灰花染黄色，用格桑树皮染咖啡色，用野生植物根、皮染绿色、玫瑰红、谷色等。

在景颇族服饰艺术中，与织物图案紧密相连的是种类繁多、造型各异的刺绣艺术图案。这些刺绣图案中，有以动物为题材的，如虎脚印、毛虫脚、甲虫眼睛、乌龟、螃蟹、蜈蚣、雀眼睛、蝗虫牙齿、蝴蝶、蚯蚓、蟑螂、蛇、鱼、猫脚印等纹印。有以植物为题材的，如南瓜藤、南瓜子、生姜花、红木花、蕨菜叶、革枪叶子等纹样。有以自然现象为题材的，彩虹纹样、水花、山尖等纹样。有以常见的用具为题材的，如篮子、笼子、梭子等纹样。据统计，景颇族的刺绣图案有 300 多种，这些图案都取材于本民族所生活的地区的自然对象，上有天上的飞禽、彩虹，下有地上的花草树木、走兽、用具等等。最有景颇族特色的刺绣有手巾、护腿、包头等。手巾大多数用白布，剪成有规则的四方形，周边绣上红、绿、黄等色图案，主要用来包烟草芦子。另一种手巾是把白布剪成长条的，绣上红、绿、黄等色图案，主要用于青年男女谈恋爱时姑娘们绣给情人的赠物。护腿有的用深蓝色布，有的用白布、黑布做成，布的两头或者中间绣上白、黑、红、绿、蓝色图案。男子包头巾是用长的白布做成，包头两端绣上红、绿、黄、黑、紫等色图案。除了手巾、护腿、包头等以外，男子裤脚边、青年姑娘的上衣，小孩子的上衣边、领口上面也绣有各式各样的刺绣。景颇族刺绣艺术的特征，绝大部分是直线组成，弧线较少。刺绣图案比较自由，不受回纹的束缚，可以绣得多种多样。

景颇族服饰艺术还保持着原始艺术的特点，首先，景颇族的织物图案，绝大部分是直线相成，多以回旋组织为主，点、线、面相结合，结构严谨，造型生动，色彩以红、黑、黄、绿为主调，织物图案显得浑厚、庄重、粗犷、有力，从不同侧面反映出景颇族的性格特征。其次，景颇族的织物图案是由经纬线交叉而成的，都是直线构成的方形变化图案，其形象只是自然对象的一种象征，而不是写实的描绘。因此，景颇族的织物图案不是景颇族是很难辨认某图案为某物的代表，一般只有景颇人才懂得这些织物图案的真正含义。再次，景颇族的刺绣图案造型与织物图案相似，也以直线为主，主要是成方形几何纹样组合形式。一般而言，刺绣不像织物图案一样受织布机生产条件的限制，应该说可以自由运用直线、曲线和点与面相结合的方法，但景颇族的刺绣图案造型依然沿用织物图案造型的方法，这是景颇族审美观念的特点。

以服饰艺术相配套的其他装饰艺术也很有特点，在住所、生产工具、生活用具、祭祀、集会场所、寨门等，景颇族有自己独特的装饰。由于生产生活的需要，对刀、火枪等的装饰特别重视。在刀把上刻有精致的花纹，刀鞘上用彩色丝线或用细篾、藤条缠出条纹，刀带也用红色丝线，下垂红穗，加上局部的银饰，把刀装饰得十分精美。景颇族有了火药枪以后，人们在枪身上刻上花纹，在枪托上粘贴猎取猎物的羽和毛，显示猎人和猎枪的功绩。景颇族的竹制编织品可以编织出几何纹样，织出的图案多达五六十种。景颇族的房屋室内外装饰也讲究，特别是山官家，横梁上绘有彩色花纹，屋脊两端用牛头形木雕装饰，屋外墙角放置牛头骨，每杀一头牛添置一个牛头骨，以显示官家的富有。景颇族地区几乎每个寨子都建有寨门，有的用木头搭成，有的用竹子搭成，门柱上刻画着各式各样的龙齿锯花纹图案，以表示把邪恶拒之门外。

4. 音乐艺术。景颇族是一个能歌善舞的民族。勤劳、智慧的景颇族人民在漫长的生产、生活过程中，创造了独具风格的音乐艺术，并子子孙孙，世世代代，传承下来，经久不衰。景颇族的音乐艺术可以分为音乐、器乐两大类。

第一类音乐。景颇族在形象思维进一步发展以后，开始懂得唱歌、跳舞艺术形式的创作技巧。人们最初唱的是歌谣，它是在万物有灵观念的支配下产生和发展的。人们在强大的自然力面前，凭着主观的经验、愿望和幻想，企图揭示自然，社会和生命的奥秘，把未知的东西变成自以为是可知的东西，并把它以歌谣的形式唱出来。歌谣不仅仅只起源于人们认识自然，而且起源于劳动、战争、宗教、情爱、风俗等活动之中，可以说人类的社会生活是艺术产生的总根源。凡是人类社会生活的各个领域，特别是在那些最容易激发人们的感情、思想、想象，能唤起人们艺术灵感的地方，都可能产生文娱艺术来。景颇山是能唤起人们艺术灵感的地方，在这肥沃、丰富的社会生活的土壤之上，能开出多姿多彩的艺术花朵，会结出种类各异的累累艺术果实。景颇族的音乐按其格调、唱词内容以及歌唱的时间、地点和对象，大致包括反映原始宗教祭祀性歌、生活习俗歌、情歌、劳动歌、儿歌等。

原始宗教祭祀性歌。在远古的迷蒙混沌的初民时期，人们对大自然的种种神奇现象无法作出科学的解释，在威严的大自然面前处于被动地位，于是幻想的翅膀展开了，神和神话应运而生，人们企图凭借神力以征服自然力，这是原始宗教观念萌芽的根源。在庞杂、执著和延绵不断的多神崇拜观念导致了景颇族原始宗教祭祀活动的繁多，是哺育景颇族祭祀歌的源泉。祭祀活动的繁杂性，决定了祭祀歌内容和形式的多样性。祭祀歌是景颇族最早创作的艺术产品之一，这种歌往往以诗、歌、舞三者合一的形式出现。吟唱者多半是景颇族原始宗教祭司斋瓦、董萨担任，他们不仅阅历丰富，而且是德高望众。祭祀歌一般是音调忽高忽低、抑扬顿挫、时而激昂奔放，时而嘟嘟嘟嘟，充满了原始宗教的神秘色彩。祭祀木代鬼而举行的目瑙纵歌时唱的"欧热热"歌，唱法基本上是吼叫和呐喊，以显示人的威力。在整个吟唱过程中，词的内容是次要的，也不固定，重在吼叫。数千人数万人同声呼出"欧热热"，如山呼海啸，似风雷变击，顿时山鸣谷应，真有千军万马、排山倒海气势。这是原始先民狩猎、采集、战争、农耕等生产、生活情景的艺术再现。在盛大的目瑙纵歌祭祀中也唱调子，其内容是把目瑙纵歌的来源、人的来源唱出来。按照景颇族的习俗，人死了也要唱祭祀性的丧葬歌，分为屋内唱法和屋外唱法两种。屋外唱的与举行目瑙纵歌时唱的"欧热热"相同，边唱边跳。唱的目的是为了驱赶鬼魔不让其再来危害人们。屋内唱的叫"奔集"，曲调充满哀怨。人们随着铓锣所击的节奏而悲唱。词的内容包括人为什么会死亡，死人的身世和品格是什么等，以达到追悼死者为目的。人们认为老人死去是回自己的老家，躯体终结了，但灵魂不灭，也不必过分哀伤。人们边舞边唱："你去吧，好好地去吧！你不要给儿孙们带来灾害。"在举行金斋斋驱魂舞时，也边舞边唱："啊热"。歌的节奏是随着劳动的节奏，战斗的节奏来进行的。随着打击、吹奏声节奏而调整歌调，所以歌的音往往用三个或四个音相互交错，类似吼叫。

在祭祀性的音乐中还有结婚、盖新房、吃新米时唱的歌，其活动是生产、生活方面的，而歌的内容大多为原始宗教方面的。根据景颇族的习俗，当新房落成时，村里村外的亲朋好友都前来祝贺进新房。每当这个时候，人们都要唱《建寨盖房歌》。白天在新房外唱，晚上在新房内唱。歌词记述了建寨子盖房子的千辛万苦。歌词通过艺术形式，教育子孙后代怎样找水源，怎样取火，怎样炼铁打刀，怎样砍树破竹，要让后代记住，在什么地方建寨盖房最合适。这些生活知识是景颇族人民在长期的实践过程中，不断总结的经验教训。景颇族祖先为了把这些经验教训成为全民族的共同财富，世代相传，把它编成有趣的故事，优美的诗歌。每年举行吃新米节或者进新房时，都要请本民族歌手演唱，有的地区则边唱边舞，一般都是通宵。按照景颇族的习俗，当新娘来到新郎家门口时，很快就有人前去为新娘唱调子，用优美的歌声来赞美新娘。举行婚礼的晚上，男女老少围坐在火塘边，听歌手唱歌。歌手唱的内容主要是人为什么要结婚，结婚的来源等。所唱的这些故事就是神话，它包含着原始宗教的内容。景颇族的一些传说中不仅认为谷物也有灵魂，更有其祖先和来历。人们认为确保谷魂不轻易离开谷物，对于谷物的丰收、耐吃以及人畜兴旺是至关重要的事。正因为如此，景颇族人民每年收割完旱谷时，常在打谷场上举行叫谷魂的仪式。在仪式上也唱谷魂歌，唱者请求谷鬼保护今年的收成，不要让雀兽、暴雨山洪或山火侵毁谷物，吓跑谷魂。凡被各种禽兽吃去的谷子，风刮走洪水冲走的谷子，以及牲畜践踏掉的谷子的魂，统统都叫回来，还把在山地上干活的家庭成员的魂也都叫回来，目的是保佑今后的丰收、粮食够吃和人们在生产劳动中安然无恙。

生活习俗歌。景颇族生活习俗是反映景颇族的风土人情，社会风俗习惯的歌。它少有鬼魂崇拜的内容，主要包括过年时、农闲时唱的歌和平时男女青年唱的情歌。这种歌景颇族不同支系有不同的称法，载瓦支称为"不哀直"，浪峨支系称为"整萨直"，一般都是新年集会活动中唱的歌。通常是过年后的二三天，由两个或两个以上村寨的人在预先约好的野外草坪上举行对歌。举行时一般由老年人担任歌手，人们所唱的内容和范围非常广泛，包括对景颇族的历史回忆、人类起源的神话描述、生产和生活的有关知识、做人的道德标准、来年的生产情景等。唱生活习俗歌，目的是老年人传播各种生产生活知识和经验，青年人时时悉心聆听，并从歌的内容中受到教育。生活习俗歌的曲调是古老的，在千百年的传唱中形成了固定的曲谱。

情歌。是景颇族男女青年谈情说爱时唱的情歌，它较真实地反映和直接记录了男女青年谈情说爱的具体内容。所涉及到的内容极其丰富，而且又能体现出浓郁的民歌音乐特色，具有较高的思想性和艺术性。情歌包括走路时边走边唱的情歌和"干脱直"两种。走路时边走边唱的歌，载瓦支系称"直因"，是大声唱的意思。一般是男女青年到田间地头劳作或上山采集、砍柴、放牛时，单唱或对唱。这种曲调自然抒情，似高山流水，像天边飞云，感情真挚无华。"干脱总"是景颇族男女青年谈情说爱的集会点，也是情歌对唱的集会点，多数是在农闲时间来举行。当举行情歌对唱时，小伙子背上长刀、火枪、筒帕。姑娘们则穿上节日盛装，戴上项链首饰。每当夜幕降临，男女青年陆续走下竹楼，来到预先约定的地点。唱歌时，一般采用男女对歌的形式。歌的内容多数是情歌，但也唱一些历史知识、生产知识、生活知识、自然知识方面的歌。景颇族的情歌曲调悠扬动听，节奏较缓慢，听起来缠缠绵绵，情真意切。

劳动歌。是反映景颇族人民生产劳动的歌。它所反映的是生产劳动过程，实践经验和劳动过程中表现出来的某种情绪。当播种季节到来时，唱"种庄稼歌"所描述的是一幅原始刀耕火种的生产情景。当秋收季节到来时，人们又唱起"秋收歌""割谷子歌"，以歌的形式来抒发丰收的喜悦。上山打猎或上山采集野菜时，唱"打猎歌""采集歌"，歌中充分反映出打猎、采集的过程和经验。妇女们在平常舂米、背水、纺织等也唱"舂米歌""背水歌""纺织歌"等。当新房落成时，人们在进新房时还要唱"建寨盖房歌"，这种歌以木占调的方式，唱出祖先是怎样学会盖房子的知识。

儿歌。在漫长的历史岁月中，产生了许多反映儿童生活、表现儿童思想感情的儿歌。

第二类器乐。景颇族有丰富的器乐。在远古时代，原始人类须同变幻莫测的大自然作顽强的斗争，或狩猎，或采集，需要在潜伏时隐蔽自己，出击时惊吓猎物，或出战，在与其他部族搏杀时，以图腾的器乐恐吓对方，在举行宗教仪式时，用器乐恐吓鬼

木　鼓

鬼。可以想象，最早的器乐是先民们模仿动物的鸣声和自然的响声而来的。人们出于生产和狩猎以及原始宗教祭祀的需要，创造了诱捕飞禽的和恐吓鬼魂的拟声工具——器乐。经过漫长的历史岁月，这种器乐逐步变成乐器。景颇族的器乐可分为打击乐、簧管乐、管乐、弦乐四种。

打击乐。主要以木鼓为代表，它是景颇族器乐中最古老的一种器乐。在"目瑙纵歌""龙洞歌"等舞蹈中多由木鼓伴奏，它声音浑厚、急促、有力，声声震天撼地，以显示人的威力。木鼓一般用一段粗大的圆木挖空，两头张以兽皮。打击时用木棒敲击，节拍随情绪而变化，声音极为低沉而粗犷，往往一山敲击木鼓，四山反响。木鼓不仅运用于舞蹈，而且还用于生产、生活、军事、祭祀等活动。

象脚鼓。以形似象脚而得名。鼓身用攀枝花或芒果树圆木凿空制成，鼓面为牛皮，用牛皮箱拉紧，以控制音响，用蒸热的糯米饭做成10厘米大小的饭环粘于鼓面中心，拳击环内，鼓便发出沉重的响声，可远传数里之遥。若不加糯米饭环，则鼓声清脆，但不能及远。象脚鼓常以锣、钹相配作群众性舞蹈的伴奏。在景颇山上，景颇人的体育健身活动离不开象脚鼓，每逢节庆的夜晚在篝火旁尽情地跳上一阵象脚鼓舞，顿时筋舒血活，疲劳全消。

铓。一般用金属（铜）制成，呈似盘。铓有大小之分，大的有直径10厘米左右，小的有直径20厘米左右。打击时用木棒或者藤条敲击，节拍随情绪而变化，声音极为低沉而粗犷，往往一山敲铓，四山反响。在景颇族人民中铓被看作是神圣之物，主要用在丧葬和其他祭祀仪式活动中，跳丧葬舞时主要用大小铓混合伴奏。举行"目瑙纵歌"、"金斋斋"等舞蹈中多由大、小铓伴奏。

锣。一般用金属（铜）制成，呈似盘，因体积小而区别于铓。打击时用木小锤，小锤头用布裹住，敲击时才有弹性。锣具有音量大，音色浑厚，激昂有力和传得远的和声效果，它和象脚鼓、钹结合后，便成为其他打击乐器不可替代而独具特色的乐器。它是景颇族象脚舞、景颇刀舞等舞蹈伴奏的不可缺少的乐器。

钹。一般用金属（铜）制成。形状圆形，中间隆起部分大，正中有孔，两片

铓

相击发声。钹有大小之分，声音也大小不同，敲击时发出"镲镲"的清脆声。钹常以象脚鼓、锣相配合作群众性舞蹈的伴奏。它还可以用来伴奏音乐，吹打乐及歌舞伴奏。

以上三种打击乐器主要与木鼓、象脚鼓配合起来使用，在跳"目瑙纵歌"舞、进新房舞、刀舞和跳丧葬舞时伴奏使用。

管乐器。景颇族有种类繁多的管乐器，而且独具特色。一般

分为簧管和纯管（即无簧管）两类。

簧管乐器。景颇族的簧管乐器主要有桑比、比曼、比巴、比格、锐作、盏西双曼、风笛等。上述几种簧管乐器均为双管，在竹节处开吹口，内置薄铜片，由极细的铜丝发音，其曲调的变化，由五个或六个音孔而决定。

纯管乐器。主要有勒荣、比唇、比对、吐良、同巴、比客、文蚌等。纯管乐器一般只开五孔，泛音较多，音域也很宽，所吹奏的乐曲具有民族乐器特色。

吐良　朱于湖　摄

景颇族的管乐曲大都和歌舞紧密联系在一起，歌舞必须由管乐曲来伴奏。景颇族的歌舞没有管乐曲的伴奏，就无法舞起来。

弦乐器。景颇族的弦乐较少，弦乐器景颇语称"叮"，主要有三弦、二胡等。三弦一般制作简单，通常用来伴奏歌舞，平常也弹奏一些古老的曲调和流行歌曲。二胡是内地传入景颇族地区的，在长期的使用过程，现已成为本民族的乐器之一。

4. 舞蹈艺术。舞蹈是表达人类思想感情的表演艺术形式，它的特点是通过肢体的动作抒发情感。在原始社会，严酷的自然环境和低下的生产力使人类的生存成为一场艰辛的搏斗，而原始的舞蹈则是这场搏斗中短暂的放松和娱乐。它是现实生活中沉重、痛苦的生命序曲中一缕轻快明亮的颤音，因而舞蹈往往为人类所珍视和发扬。舞蹈起源于人类的生产实践。当人类狩猎满载而归，或喜获丰收之时，都会唤起人们的激情，人们自然而然地手舞足蹈起来，而最早的舞蹈就

比　曼　朱于湖　摄

是朴实地模拟生产动作，再现生产过程的劳动舞。这些自发性的活动构成了舞蹈艺术的雏形。但是在人们自我意识极低，宗教观念还未产生的阶段，舞蹈还不具有宗教意义，而只是一种下意识的、条件反射式的活动。随着原始社会生产的发展，经济生活范围的扩大，人们逐渐产生了自我意识，他们已不像动物那样单纯地适应自然界，而是把自然界作为自己的改造对象。这时人们已强烈希望支配自然、控制自然，让自然为自己服务。可是当时处于低下的生产力和智力水平，使得人们最终跪倒在无法驾驭的自然力面前，只能把它神秘化、人格化，从而在人们的脑海里产生了万物有灵的观念。人们处于希望与恐惧交织的双重状态，于是采取祭祀的方式，以佳肴美味、赞歌颂词、舞蹈对之顶礼膜拜，百般讨好，这就使舞蹈成为宗教祭祀的重要组成部分。对于原始

宗教来说，舞蹈在形式和内容上具有特殊的感染力和顽强的生命力，因而是为迷惑、吸引大众的最佳手段，因而人们自然加以利用。原始舞蹈培植于原始宗教的沃土中，便产生了民间舞蹈民俗的特殊形态——祭祀性舞蹈。随着人类的形象思维进一步发展后，人们开始懂得掌握诗歌、舞蹈等各门艺术的形式和创作技巧。就这样祭祀性舞蹈产生后，紧接着产生和发展了各种舞蹈艺术。这些舞蹈艺术是用经过组

风　笛　沙明宝　摄

织加工过的优美形象，通过带有节奏的人体动作，来表达各种思想感情，反映其生活的艺术形式。景颇族的舞蹈艺术也是这样发展起来的。根据舞蹈内容和表现形式可分为祭祀性舞蹈、生产劳动性舞蹈、狩猎和军事性舞蹈、欢庆娱乐性舞蹈。

（1）祭祀性舞蹈。

目瑙纵歌。是景颇族区域性较大的祭祀活动，以祭祀最大的

天鬼木代鬼而举行的隆重仪式，同时也是景颇族最盛大的传统节日。届时在头插长羽，手持长刀的领舞祭司瑙双、瑙巴的带领下，成千上万的集体群舞者，随着隆隆的木鼓声、铓锣声，照着目瑙柱上螺旋纹舞蹈图，时而进，时而退，千回百转，边歌边舞，呈现出壮观的大型歌舞场面。

丧葬舞。是一种原始的模拟舞蹈，象征死亡。按照景颇族的习俗，人死以后要跳丧葬舞。这种舞一般要通宵达旦地跳三个晚上。天一黑，村内外的男女老少成群结队地前来参加跳丧葬舞，跳时人们敲起声音雄浑、洪亮、深沉的两个大铓，"咚叮咚"的响声在夜空中回荡。丧葬舞是由蹦拉、蹦塌四人领舞，众人两手握着一条削好的竹篾，踩着咚叮咚的节拍，在死者家的竹楼里跳。人们步伐整齐，节奏明快，气氛肃穆，边舞边唱丧葬歌。舞蹈内容是反映景颇族先民们如何艰苦创业的，通过古朴豪放的舞姿，把人们又带到了很久以前的日子里。舞蹈的动作有数十种，人们要依次跳出磨刀、砍地、烧地、点谷、收割、舂米、平地、立架、狩猎等动作，反映劳动生产、生活的景象。通过舞蹈动作再现了死者的生产，表示对死者的悼念和崇敬。歌词内容丰富，语言流畅生动。虽然所唱的是丧葬歌，但所表达的感情更多的是对死者的怀念之情，颂扬死者生前的功绩，但却没有流露出过分的悲伤情绪。传说，远古景颇人还不会跳丧葬舞。人死了，有的人哭，有的人怕，不知如何处理。一天，天神派以蒙毛龙到人间，当他来到景颇地区时，没人死，他先用簸箕罩着一条四脚蛇，让人敲着大铓，领着大家围簸箕跳，结果景颇人学会了，当人死了就用这种方法处理。从此一代传一代，一直传到今天。丧葬舞有两套，共有六十多个动作。这些动作有先有后，哪个动作跳几圈，在什么地方变换都有规定，不能随便跳。第一套是纪念死者生前克服重重困难种麦豆的情形。第二套是纪念死者生前克服重重困难种棉花的情形。通常只跳第一套，如果要跳两套则抓紧时间，不然天亮还跳不完，是不吉利的。

恩朵格强舞。在送魂过程中，前来参加送魂的人，在户外跳一种饶有风趣的恩朵格强舞，参加跳舞的人，有的手持长刀，有的人手持树枝，边歌边舞，跳的人时而高声呼叫，时而对空鸣枪，舞姿强悍有力。整个舞场出现刀光火影相互映照，气氛非常热烈。这种舞也是驱魂舞的一种形式。

金斋斋舞。按照景颇族的习俗，如有威望的人去世，人们要跳最富有景颇民族特色送魂驱鬼舞——金斋斋舞。跳金斋斋舞者都要扮成"鬼"，一般由4人，6人，8人来跳。他们整个身体，从头到脚绘有黑、红、白三色相间的花纹，下身仅系有用树叶做成的短裙，其扮相好似飞禽走兽，而且有雌雄的区别。舞蹈动作也是表现死者的生平，如死者生前是武士，跳金斋斋舞时，跳的人手中持着树皮做的盾牌和木棒，跳出各种各样的战斗姿态。在跳的过程中有时还会故意跳出各种各样有趣的舞姿，来引人发笑，让人们感觉到，此时自己好似已置身于另外的世界，更有意思的是跳金斋斋的人会突然跳出舞场，来到人们的面前，跳出风趣的舞蹈动作。向人们表示要索取金钱。凡是被索取者，如果你表示出不肯给钱，舞者总是要缠着你不放，而且还会做出许多动作，说明你小气，引起人们大笑。人们为了逃避舞者的追逐，尽快离开舞场，走到死者家的屋檐下。据说，野鬼不敢越过屋檐下的水沟。这是因为有家堂鬼保护。一般而言，舞者讨钱，大家都是愿意给的。

（2）生产劳动性舞蹈。

丧葬舞"布滚歌"是死人时跳的舞，但其内容和形式是表现古代先民生产劳动过程。丧葬舞生动地再现了景颇族先民狩猎、农事等生活情景。跳时男子手持火枪或篾片,女子手持篾片,在"勒芒"(领舞者)的带领下,伴随低沉的木鼓声,在死者屋内或屋外跳。所表现的舞蹈动作是劳动过程中的动作,即跟着带头人向前走,前进后退,脚擦地,踩螃蟹,踩柱子,砍地,种地,种豆子,看猴子,打猴子,剥猴皮,破豆架,抬豆架,豆子开花,结豆子等。

(3)狩猎和军事性舞蹈。

在丧葬舞中有一种叫"龙洞歌"的舞是军事和狩猎性的舞蹈。跳时男子持长刀、火枪,女子持扇子或芭蕉叶,在领舞者的带领下,众人唱着"阿热"的歌,男子时而对空鸣枪,时而挥舞长刀,女子不断舞动扇子。整个舞场铓鼓齐鸣,歌声震天,如似狩猎归来,又像战斗胜利之后勇士凯旋而归,好像人们在欢庆胜利。舞步自始至终只跳一种,稍显单一,但人们激情奔放,舞步回旋曲折,如长蛇蠕动,似蛟龙腾飞,令人仿佛看见了原始人类的狩猎和军事情景。丧葬舞"金斋斋"舞也是表现狩猎和军事生活情景的,舞者时而鸣枪,时而舞刀,时而呼喊,边跳边击木鼓、敲铓锣,作回旋搜索前进动作。当山官家男人死了,官家要跳丧葬舞,这种舞称"木代纵"。跳时在官家供有木代鬼的小房子里,由7个老年男子跳6天。如果是死了女人,则由8个男子跳7天。屋外由群众组织跳的一种叫"龙洞拓"的丧葬舞。在主人家门外的平地上立着刻有花纹的4块木牌,中间立一大鬼桩,在化妆成一雌一雄飞禽类的领舞者带领下,男持长刀、铁矛,女持扇子,在鬼桩两边挑列,陆续回旋前进。参加跳舞的人少则数百,多则数千,随着震天动地的木鼓和铓锣声,时而呼喊,时而唱歌。人们挥舞着长刀、铁矛、扇子迂回前进。这也是再现狩猎、军事、农事劳动生活情景。其声势之浩大，场面之壮观，是其他舞蹈所不可及的。刀舞有多种含义，在节庆里，男子常常抽刀而舞，有一定的刀路和刀法，这种刀舞具有表演性和娱乐性。而在目瑙纵歌里跳的叫"以弯弯"的刀舞，主要是表现战斗中挥刀杀敌的情景，是属于纯军事性的舞蹈。跳时左手持野猪皮制成的盾牌，右手持长刀，作冲杀动作，时而向前冲击，时而迂回后退。

（4）欢庆娱乐性舞蹈。

在景颇族的娱乐活动中，最普及最受人们欢迎的是舞刀。长刀是景颇族生产、生活的工具，又是自卫抗敌的武器。砍柴、打猎、打仗要用长刀，结交朋友也要赠长刀。在景颇族传统的"目瑙纵歌"节盛会，盖新房庆贺的时候也要用长刀。在现实生活中，长刀既是景颇人的生产工具和防身武器，又是身上的装饰品，更是景颇民族性格，民族精神的象征。景颇族喜爱舞长刀，时而抽刀而舞。这种刀舞，实际上也是一种武术。在节庆活动中，高兴起来，抽刀而舞。刀舞分为大型集体舞、单人和双人舞。景颇族男女都可以舞刀，舞刀有单刀、双刀、刀路、刀法各有一套。练刀不同年龄有不同的练法，对强身健体有好处。"赠歌"，是生产劳动性舞蹈，也是较有特色的生产劳动性舞蹈。每当有人家盖新房进新房时都要跳赠歌舞，表示庆贺主人新居落成。跳时前面有三人敲鼓、铓、钹，众人在其后跟着器乐节奏欢跳。舞蹈动作主要表现建盖房物的平地基、抬柱子、栽柱子、架屋梁、搭木橡子、盖茅草等等。还有一种是在盖房子时跳的一种舞叫"直歌"。这种舞不用打击任何乐器伴奏，跳时以唱为主，伴有简单舞步，所唱内容是盖房子的整个过程和对新居主人的良好祝愿。另一种是用小三弦琴伴奏的舞蹈唱歌，这种舞通常是青年男女跳，它舞步轻捷活跃，情绪越跳越高涨，是一种娱乐性舞蹈。

第三节　原始宗教与伦理道德

　　景颇族是一个有着悠久历史和文化的民族，在其漫长的历史发展进程中，以自己的勤劳和智慧，创造了具有鲜明民族特色的原始宗教文化和传统文化。景颇族的原始宗教文化和传统文化内容丰富，缤纷异彩，它们植根于其特定的生活环境，并适应其赖以产生的社会物质条件。无论过去还是现在，景颇族原始宗教文化和传统文化都对景颇族社会的安定团结和稳定起着重要作用。纵观景颇族原始宗教文化和传统文化，其主体精神突出地表现在对真、善、美的颂扬。对现实生活中存在的虚假、丑恶的挞伐。热情地赞美勤劳朴实、勇敢机智、大公无私、助人为乐、见义勇为、爱情专一、尊老爱幼和不畏强权，辛辣地讥讽批判损人利己、贪得无厌、好吃懒做以及虚情假义、狂妄自大、奸诈邪恶、忘恩负义、贪生怕死等。可以看得出原始宗教是民族文化形成的重要组成部分。在早期的景颇族社会，原始宗教渗透到景颇族文化领域的各个层面，原始宗教意识成为构建原始文化和民族传统文化的主要支柱。可以说，缺乏原始宗教，民族传统文化的古朴画卷难以绘制，原始艺术的神秘殿堂无法矗立于人类文明发展长河的源头。原始宗教信仰有时就是人们的理想，人们虔信笃奉，执着追求，有时又表现为潜意识，伏流暗藏，隐形潜移。原始宗教给人们带来了心灵的恐惧和精神的锁链。人们创造的原始宗教理想又给自己的苦难生活带来缥缈的期望，抚慰着人们的灵魂，鼓舞了与自然奋斗的勇气。而融会于感情、思想、欲望中的宗教意识，更是无孔不入地影响人们的言行。看得出民族的哲学、科学、艺术、道德、礼仪等，无不与原始宗教存在不解之缘。

一、原始宗教与道德观

在景颇族的伦理道德意识中，除了需要依靠传统的道德规范去处理人和人之间的关系外，还要处理好另一种关系，那就是人与鬼神的关系。尽管鬼神是虚幻的，但却又很现实地影响着景颇族的心理和文化，影响着相应的社会组织、经济结构、政治制度、生活习俗、人生仪礼、文化观念、精神气质、思维方式等。在景颇族社会中，其道德意识、道德行为、道德原则、道德品质、道德信念等都与鬼神崇拜、巫术活动、宗教信仰相融合，正因为如此，许多重要的伦理观念和道德形式，都与信仰原始宗教有密切的关系。说道德观，不同的民族和社会有着不同的道德观念，它是在人类自己的社会生产、生活中形成的。景颇族在漫长的历史岁月中保留了许多原始道德和习俗。

1. 诚实忠厚。景颇族以诚实忠厚著称。人们在开垦荒地、占有荒地的过程中，也表现出诚实、守信的道德风尚。如有人事先看中一块荒地，想把它开垦成水田，那就在这片荒地上砍倒一片草，或四边挖出一条小水沟，它表明，这块地已有人准备种植水稻了。又如某人看中了一块旱地，就在这块地上砍倒一片杂草，或在这块地边的树上削开一块树皮，夹上一束荒草，说明已有人准备开垦。后来者只要见到这一情况就知道这里已有人，便自觉地另谋它处去了。但漫无边际地设置标记，也会被视为不道德行为。早期的景颇族外出不用上锁，通常用一根竹棍将门拦好，外人见此标志便不会入内，东西也不会丢失了。景颇族诚实忠厚，最痛恨盗窃者，如发现有盗窃行为，要严加处罚，如属于屡教不改者更要重罚。

2. 平等和平均的社会公德。景颇族经历了较长时间的农村公社发展时期，因此景颇族社会具有鲜明的原始平等的思想，这种思想主要体现在，对家庭内部的重大事情，必须召集全家成年男女共同协商，共同决定。在商议过程中，每个家庭成员都处于平等的地位。在社会上山官头人和一般社会成员的地位也处于平等。如历史上山官与群众一样，也只能通过"号地"的方式，来得到土地。从这一点看，山官对土地的使用和占有，并无明显的特权。由于经济地位上的平等，山官在处理氏族公共事务上虽有一定的权力，但有关部族和村社的重大问题的决定和解决，仍必须召开有各村寨苏温（村寨头人）或斯郎（村寨长者）参加的会议共同协商，才能正式通过。这种社会地位上平等的原则反映在经济上就是原始的平均主义。由于早期的社会生产力水平极其低下，个人对于集体有着很强的依赖性，因此，人们过的是"有福同享，有难同当。"正是因为有这样的平均主义思想，历史上景颇族各个家庭之间，曾存在"帮食"的习俗。在狩猎时，如猎取猎物，每人都有一份的平均分配制度。

3. 尊老爱幼的社会公社。年长者在景颇族社会中有着很高的威望。他们当中有从事宗教祭祀活动的"斋瓦"和"董萨"等原始宗教祭司，他们是景颇族传统文化的主要传承者，本民族的生产、生活经验、宗教祭礼、歌舞、历史传说、民间故事等主要靠老人来总结与传授。特别是巫师董萨，由于他们进行的活动常常与本民族的祭祀、通灵送阴直接相连，关乎着集体的兴衰和安危以及个人的祸福苦乐，所以，在景颇族社会中，他们的地位十分显要，常与山官、头人并列。还有他们一般都有较高的文化素养，对本民族传统文化和道德的保存、传播和弘扬有较大影响，对重大的社会问题往往要由老年男子作出决定，有争议时以长者的意见为准。担任各村寨苏温（村寨头人）或斯郎（村寨长者）的多为年长的男子。按照景颇族的习俗，敬酒时以长者为先，小辈在长辈面前则不得有不恭的语言和举动。景颇族在尊敬老人的同时，社会、家庭还盛行幼子继承制。正是如此，景颇族家庭中，幼子的地位要比家中兄长的地位高，即使兄长已另立门户，仍需要尊重老家的幼弟。父母通常留下幼子来赡养自己，所以，幼子享有较多的财产继承权。

4. 团结协作的社会公德。景颇族从古至今生活在条件较差，自然恶劣的地方。生活在这种一个地方，如果脱离了集体，没有人们彼此间的团结协作，就等于失去了生存的能力，也就谈不上民族的进步和发展。因此，在景颇族的道德观念上，认为人们彼此间的团结、互助、协作是不可缺少的。这种观念在景颇族的生产、生活以及狩猎活动中表现得很突出。历史上，在原始的团结协作道德观念，在日常生活中也很突出。建盖一座新楼，先由主人家在一个多月前开始平整地基，下柱子绑梁，编竹壁、竹地板、竹门。最后要完工的时候，全寨人会不请自到，像建盖自家的房子一样热情相助。不用谁来安排，按自己的年龄，都知道该去做什么事情。当村里有人去世，村寨周围的亲朋好友，一听到枪声，便主动前来帮忙，而且帮忙到丧事办完。在农忙季节，相互之间以"戛索"即"约工"的形式，进行互相帮忙，主人约来的帮忙者，不要主人家的任何报酬，而且每个人自带饮食，主人仅以水酒招待即可。

除以上的公德外，景颇族在为人处事方面，提倡做人要正直、勤奋、俭朴；无论在什么情况下，要自觉、自律、自强；提倡道德的价值高于生命的价值；主张品格之美高于外表和形式之美；提倡群体意识高于个人意识；在婚姻家庭方面，婚姻自由，提倡夫妻平等；主张纯真的爱情与崇高的义务相统一；提倡在家庭中建立和睦、亲密、自尊、自立、自爱的关系。

二、原始宗教与习惯法

原始宗教中的巫术是原始宗教的一个重要组成部分，是原始宗教的一种技术表现形式。它种类繁多，有的用于祈祷，有的用于占卜，有的用于赌咒发誓，有的用于求神问病和解禳消灾等等。习惯法利用巫术来解答自己的问题，反过来则利用习惯法来扩充自己的权力和影响力，二者相互依赖。在原始宗教盛行的社会里产生和发展的习惯法，具有巫术的成分，但两者并不等同。习惯法的基本属性仍是一种从原始社会末期一直流传下来，并在不同的社会历史进程中形成的带有一定约束力的法律制度。习惯法要达到的最终目的是弄清是非曲直进行所谓"公正"的裁决。原始宗教中的巫术，在习惯法中只是一种技术形式。习惯法需要借助原始宗教的巫术，是因为习惯法实施成功，需要有一种神秘性，使人望而生畏，缺少这种神秘性，习惯法就失去它的权威性。在这个关键性的问题上，习惯法本身无能为力，具有神秘性的巫术正好能弥补这一点。

景颇族社会中盛行的习惯法是"不成文"的一种民间法律。习惯法分为成文习惯法（记载于文书的习惯法）和不成文习惯法（没有文字记载的习惯法）。习惯法在景颇族社会发展过程中占有十分重要的地位，它是由传统习惯和民间的一般行为准则演变发展而来的，是人类进入阶级社会，社会形态处于低级阶段的必然产物。习惯法产生于人类社会早期的氏族社会，发展于阶级社会。它是氏族社会用于调整人与人之间关系的行为规范，是氏族制度的核心。景颇族的习惯法是指景颇族社会中处理人与人之间的关系，并且人人都必须遵守的行为准则。它是随着景颇族社会生产力不断发展，并且随着一夫一妻制个体婚姻的发展，个体家庭逐渐开始形成，公有制经济逐渐被个体家庭私有制经济取代。私有制产生后出现侵占他人财物的现象，靠原来的社会公德难于维持社会秩序。这样，景颇族原有的原始社会道德习惯规范，开始演变为习惯法。由于景颇族社会历史发展的特殊性，萌芽于原始社会末期，在山官制度下所形成的习惯法，在阶级社会中已成为山官制度的重要组成部分。习惯法景颇族称"通得拉"，意为"做人的道理"。它的形成具有多方面性质。首先，有维护财产权和新的社会阶级分化的作用，在习惯法中处处表现出鲜明的阶级性。其次，在整个景颇族社会中，原始道德观念还起着一定的作用，正因为如此，在实施习惯法过程中表现出较大程度的民主性。再次，在习惯法的形成过程中，又与原始宗教密切相结合。因而在习惯法中又表现出神秘的色彩，在习惯法的裁决过程中是以神的意志来判定是非曲直的。从习惯法的性质来看，其核心问题是以生产资料集体所有制为基础的原始公社，转变为承认私有财产权神圣不可侵犯，谁要违反了这一点，也就违反了习惯法。第四，习惯法是直接为山官制度服务的，因而习惯法随着山官制度的演变而发展变化，主要表现在山官裁决时具有伸缩性与随意性，同时具有特权性。特别是随着山官的专制性逐步增长，原始民主性逐步减少。虽然如此，习惯法是长期生产生活中约定俗成，在社会实践中它已被群众所公认，是山官制社会人人要遵守的最高准则，谁违反习惯法，就要受到社会的谴责和制裁。习惯法是一种不成文的法，它所制约的内容有财产、土地、债务纠纷、凶杀、偷窃、奸淫、诬陷、触犯禁忌等。在山官制度下司法权操在山官的手中，因而习惯法的行使是由辖区范围内的最高领袖山官来负责。每当山官用习惯法处理纠纷时，一定要让寨中的头人、长老和董萨（巫师）参加，以示公正性。景颇族用习惯法调解纠纷的程序是，如果某人需要起诉，起诉人可以直接到山官家，送上一筒酒，先诉说申诉事由。山官接受申诉后，先确定评理日期，而后通知双方评理的日期。从古到今流传下来的用习惯法评理，其过程采用民主协商方式，通常也有山官一人之见不能成为定论的情况。其评理过程很有特点，一般是山官、头人、长者、董萨、当事人是在边喝酒边进行评理，这种评理方式，在一定程度上起到缓解紧张气氛，便于和解纠纷。景颇族用习惯法处理纠纷，对当事人不使用任何刑法，不搞强制手段和逼供。在裁决方式上，通常以交纳赔偿金的办法代替惩治。如果犯了故意杀人罪，按景颇族的习惯法一般不判偿命。景颇人认为，杀人本来已不是好事，再把活着的人杀死，就更不好了。按照景颇族习惯法规定，如杀了人，那么除凶手必须付给死者家属若干头牛外，还要赔偿物质，如银子、戎芦、宝石、斧头、大刀、铁三脚架、铜炮枪、铁锅、银饰衣服等等。物质赔偿还要因人因地而异，特别对富有的凶手，要加倍赔偿。历史上，通奸者被女方丈夫当场捉奸，可当场杀死奸夫，习惯法不予判罚，也无需赔偿。如酒后误杀，打猎中误杀的属过失杀人罪，赔偿较轻。山官和百姓犯了杀人罪，同样要受到习惯法的处罚，但赔偿的轻重有别，山官打死百姓赔偿较轻。一般伤害罪，伤势又不重，相互能谅解可不予赔偿。如是有意伤人，除要没收凶器外，凶手要给受伤者献鬼，还要赔偿接血铓锣、擦血布，还根据伤势决定是否赔牛。习惯法所规定范围较广，如严禁砍伐寨外祭祀"龙尚"附近的林木，违者要重罚。单家独户不准砍伐一片山地，不准随意烧野火，否则要罚牛或猪一头。在现实生活中对人身攻击者的处罚，如有诬告、辱骂等人身攻击行为者，要用实物赔偿。如乱诬告别人，经查实是诬告，必须由诬告者恢复被诬告者的名誉，要赔偿牛或猪一头。

在现实生活中如果无法用习惯法裁决，就用原始的神判进行裁决。神判是假借神的超自然至上力量，来证明诉讼当事人有罪或无罪的一种裁判方式，是极其典型的巫术形式之一。具体做法是对嫌疑犯经过调查仍无法弄清时，最后通过神判方式，作为山官制度下判决的证据之一，它不仅具有与证言、物证同等的效力，并且更富有权威性，是景颇族习惯法的重要组成部分。但神判一般不轻易举行。景颇族传统的神判方式有如下几种：

1. 卜鸡蛋卦。在景颇族传统的社会生活中，如果发生丢失较小的钱物，失主又没有当场抓住窃贼，那么失主就要请董萨来卜鸡蛋卦。具体做法是，董萨从几位被怀疑者的房屋上分别取下一根茅草，尔后，请山官、头人、董萨、邻居到场作证。当着被怀疑者面，把每根茅草掐下一小段放入碗中，倒入鸡蛋清，与茅草搅拌，谁家的茅草先糊上蛋清，谁就被判定为偷盗者。

2. 捏鸡蛋。若用卜鸡蛋卦结果不符合失主所疑，失主可以再怀疑另一个人，由董萨再行捏鸡蛋卦，直至确定偷窃者为止。具体做法是在山官、头人、邻居面前，董萨让被怀疑者手捏一个新鲜鸡蛋，如果一捏即破，就说明此人确实犯了罪，反之则无罪。

3. 埋鸡头。在神判过程中，用卜鸡蛋卦、捏鸡蛋卦都无法定罪，而且已由神判确认的偷窃涉嫌者不承认时，就采取埋鸡头的方式进行神判。具体做法是失主在寨子连叫两天，通知大家，自己丢失了什么东西，拾得者须归还原主，如两天后仍不见有动静，失主便请董萨来念咒，念完董萨随即砍下一只活鸡头，并将鸡头埋入土中。意指盗窃者必将像此鸡一样死于非命。

4. 斗田螺。如有人家的牛被盗，失主怀疑为某人所为，而此人又不承认，即请山官、头人、董萨到场，请董萨主持举行斗田螺。具体做法是双方各准备一个活田螺，各作记号，失主要先将田螺放于碗中，被怀疑者后放。如被怀疑者的田螺斗输，则被判为偷窃者，如失主斗败，则被认为是诬陷好人，应为被怀疑者赔"洗脸牛"。

5. 捞开水锅。甲乙双方因某种事而发生激烈争执，无法解决时，就用捞开水锅方式解决。具体做法是，选一空旷处，置锅烧开水，锅中投入钱币。捞前甲乙双方同时请一位董萨献鬼。水沸后，当事人双方同时把手伸入沸水中取钱币，看谁被烫伤就被认为无理。

6. 煮米。在现实生活中，村与村之间，户与户之间，人与人之间发生争执时，当事双方各出4人，每人均用同样大小的布包裹同样份量的米，分别做好记号。一切准备好后，双方共请一位董萨祭献鬼神，祭献完毕，8个人同时把米包投入锅中去煮，过一定时间，由主持仪式的董萨取出米包查看，凡生米已煮成熟饭的则被视为有理，有夹生米的，或夹生多的一方被判为无理。

7. 闷水。处理较大的盗窃案，如凶杀案、偷牛，怀疑是某某所为，而某人又矢口否认，这时举行闷水神判方式来解决。举行前先请山官、头人、长老、董萨等共同确定闷水的时间、地点。双方各出同等数量的若干头牛，并请来双方亲友作证。通常由董萨祭献鬼神，后由一老人叫天，请天鬼判断是非。仪式举行完毕，双方沿插在水中的竹竿，闷入水底，谁先露出水面者为输。如失主先露出水面，则被认为是诬陷好人，如嫌疑者先露出水面，则被认为是偷牛者。输者要将所出的牛全部为对方所有，判定后，双方还要给山官一头牛，胜利者要鸣枪，并杀牲祭鬼。

8. 诅咒。甲乙双方因某种原因发生争执，争执双方谁也无法胜诉，就采取诅咒的办法。事主双方事先约好时间，来到容易被雷击中的大树下喊天呼地。被怀疑者对天呼叫："老天听着，如果是我偷的话，我不得好死，被雷打死！"失主也对天喊叫："老天听着，如果我诬赖他，我不得好死！"人们充分相信，如果嫌疑者确实偷了却不承认，他以后一定会遭雷击或患重病，房屋、谷堆被雷击，火烧等灾难降临。如失主诬陷好人，同样也会得到相应的报应。

诅咒是景颇族董萨常采用的一种巫术形式，每次祭祀活动都离不开咒语。咒语如同人们的日常语言，内容有陈述和哀怨，有起誓和祈求，也有呵斥和怒骂。

从神判的结果来看，若受怀疑者被确定有错，也就是被神判巫术定了罪，超自然神秘力量的旨意不得违抗。于是，此人就必须接受失主的任何惩罚，赔还失主所丢失的东西，或者被赶出村寨，甚至于被处死。凡此种种神判，均表露出人类早期理性的缺乏和思维的幼稚。经如此神判不定罪的这个人，也可能并不是真正的犯罪嫌疑人，或者偷窃者，却成了超自然神秘意志的无辜牺牲品。但是，透过神判也可以看出，巫术确实在某种意义上给人以帮助，使人们得以解脱那数不清的烦恼，清除他们的疑惑。至于所得出的结论正确与否，所得到的结果真实与否，那是另一回事。

第四节 原始宗教与早期的哲学思想

原始宗教是民族文化的重要组成部分。在景颇族的历史早期，原始宗教渗透到民族文化领域的各个层面，原始宗教意识成为构建原始文化的主要支柱。原始宗教是原始社会各种文化的混沌整体，它不仅包含了民族的精神、道德、习俗、观念，也包含了民族哲学、艺术、科学。可以看得出，民族的哲学、科学、艺术、道德、礼仪等，无不与宗教存在不解之缘，特别是当原始宗教文化发展到一定时候，它一般并不直接进入人们的生产活动中，也不要求人们从原始宗教中寻找生活方式，而是将原始宗教精神潜移默化到人们的精神世界之中。

一、景颇族原始哲学的产生和发展

原始宗教的产生，原始人们为了清除对自然力量的恐惧，并进而认识、控制自然，但宗教又是一个十分矛盾的事物，它在某一方面反对科学，又在一定程度上容纳科学，在原始社会时期更是如此。原始巫术与医术常常难以区分，原始的占星术与天文学的诞生关系更紧密。在早期的景颇族社会中，董萨（巫师）是掌握知识最多的人，在他们世代传颂的宗教经典史诗中，积沉着丰富的对于自然和人生的认识，而这些认识中包含着哲学思想。就两者关系而论，在早期的社会里，宗教与哲学是一对孪生子，从某种意义上看，宗教甚至是一些哲学思想孕育的母腹和成长的摇篮。但到了阶级社会，宗教与哲学的关系变得更加复杂化，有时哲学屈从于宗教，似乎哲学就是宗教的奴婢。

在景颇族的原始宗教中，包含着景颇族先民探索世界奥秘的原始哲学思考。景颇族先民首先探索了天地是怎样产生的，世界上万物是如何产生和发展的。这种与原始宗教祭祀活动同时进行的探索虽然得出了非科学的结论，但其中的产生和发展观念却是景颇族原始哲学思想的成果。在景颇族古老传说《驾驭太阳的母亲》中说："很古很古以前，世间本来没有天，没有地，也没有万物，一片混沌。"景颇族史诗《目瑙斋瓦》即《历史的歌》中描述：在天和地出现之前，宇宙间只有一团小小的云雾在旋转，后来这个云雾越来越大，变成了稀泥一样的东西。这时出现了一对代表阴阳的天鬼，男的叫能万拉，女的叫能斑木占，他们创造天空和大地，创造了日月星辰，创造了带给人以聪明才智的"圣书"。史诗中唱道[①]：

　　　　在朦胧和混沌里，
　　　　上有能万拉，
　　　　下有能斑木占，
　　　　能万拉向下漂移，
　　　　落到能斑木占的身上，
　　　　能万拉在上摇摆，
　　　　能斑木占在下抖动，
　　　　创造天地的神已有了。
　　　　男神有了，
　　　　女神有了。
　　　　就要造天了，
　　　　就要打地了。
　　　　万事该出现了，
　　　　万物该产生了。

　　紧接着他们生了代表智慧的天鬼潘瓦能桑遮瓦能章。史诗中

---

① 《目瑙斋瓦》，德宏民族出版社，1991 年 11 月版。

唱道:①

　　　　还在母亲肚子里的时候,
　　　　他就长了牙,
　　　　会说话。
　　　　还在母亲怀着的时候,
　　　　他就会点头微笑,
　　　　容光焕发。
　　　　他还没有生下来,
　　　　就能挺直了腰,
　　　　摇晃着腿。
　　　　世界上所有的知识,
　　　　早已在他的心里装下。
　　　　他是谁呀?
　　　　他的名字是自己取的,
　　　　这就是潘瓦能桑遮瓦能章!

　　他生下来后,不仅给万事万物取了名字,而且为后来人类生活中可能碰到的困难,事先想好了解决办法。如太阳太热了,就拿到水里去浸一下;如月亮不亮了,就再给它加一些光线。这些充满智慧的大胆神奇想象,是古代景颇族人民想战胜自然力的反映。潘瓦能桑遮瓦能章是景颇族人民智慧的化身。从这些神奇想象中,显露出了景颇族先民首次对整个自然世界的最初的哲学宇宙观思考。史诗中还叙述了当能万拉和能斑木占又生下了瓦襄能退拉和能星能锐木占这一对天鬼后,老俩口便死了。于是,世界

――――――――――

　　① 《目瑙斋瓦》,德宏民族出版社,1991年11月。

万物又接着由瓦襄能退拉和能星能锐木占来创造。他们分开了白天和黑夜，创造了天上飞的飞禽，地上跑的走兽，水里游的鱼虾，同时生下了主宰各种事物的许多天鬼和地鬼。史诗对各种自然现象有许多巧妙有趣的解释，成为一个个生动有趣的故事。在决定世界应该是白天还是黑夜时，瓦襄能退拉要使世界永远是白天，而其妻能星能锐木占则要让世界永远是黑夜，争执不下，只得请潘瓦能桑遮瓦能章来解决。潘瓦能桑遮瓦能章说，让白天和黑夜各占一半吧！从此，世界才分出了白天和黑夜。在史诗中还描述了瓦襄能退拉和能星能锐木占老夫妻俩死之前，返老还童了四次。他们的一生创造了风雨雷电，高山深谷，河流湖泊。还创造了劳动用的工具，打猎打仗用的各种武器等。最后他俩生下了彭干支伦和木占威纯。据说他俩是夫妻，既是一切鬼的祖先，他们的一生生下了无数个鬼。又是人类的祖先，他们生下了人类第一个王子德鲁贡山和聪明勇敢的宁贯瓦。宁贯瓦是景颇族人民心目中的古代英雄。史诗用很大的篇幅描述了宁贯瓦出世之后，他嫌山不好看，地不平坦，土地不肥沃，于是他带领着人民，开始了战天斗地的斗争。在史诗中唱道[①]：

> 远古，
> 在戛昂阿崩地方，
> 招齐了打天下的英雄，
> 整地的勇士，
> 勇敢的前锋，
> 剽悍的后卫。

---

① 《目瑙斋瓦》，德宏民族出版社，1991 年 11 月。

打天的英雄，
举起了神刀，
整地的勇士，
拿起了神锤。
跟着宁贯杜，
开始了打天造地。
前面是打天的英雄，
后面是整地的勇士，
敲天的大锤举起了，
打地的铁砧支好了，
量天的标杆拿起了，
丈地的绳索扯开了。

远古，
宁贯杜率领打天造地的队伍，
翻过高山，
越过平坝，
用标杆去量天，
用绳索去丈地。
一锤打到迈立开江岸，
一锤打到恩迈开江边，
热旺松康山打好了，
热旺松康山造好了，
再铺上土块泥团，
土壤肥沃了，
土地湿润了，

庄稼可以生长了。

景颇族先民一般都认为，日月星辰虽然是天鬼创造的，但大地是由人来加以改造之后，才变得如此美丽辽阔的。由于宁贯瓦聪明勇敢过人，带领人民打平了天地，造出了美丽的高山，宽阔的平坝，人民便向他交官租、官腿，拥戴他做了景颇族的第一个"山官"。他的活动，不但体现了景颇族人民借助想象征服自然力的愿望，而且是景颇族氏族社会形成，发展以至解体的缩影。他既是聪明勇敢的群众领袖，同时又具备了后来景颇族山官的基本特征。

二、主要的原始哲学思想

景颇族原始哲学思想主要来源于古老的神话传说。古老神话是原始先民用一种不自觉的艺术方式折光地陈述历史、反映现实，寄托愿望，进行认识和掌握世界的思维活动的特殊产物。一般神话不是有意识地创作的艺术审美作品，而是一种不可重复的，心理学意义上的精神创造或人类学意义上的文化记录。它是以特定的社会条件下原始人类特有的思维方式，思维的主体与思维的对象在一种虚幻的关系中合为一体，人与万物交感，万物与人同灵，思维主体与对象处于含混不分的心理阶段。古老神话常常不自觉地将通过直观摹写和直觉体悟获得的实的经验，与通过主观投射和想象幻化获得的虚的经验混在一起，使神话之象，神话之意和神话之情显得神秘奇异，显得不可捉摸。特别是在神话的集体潜意识中，更是隐藏着一个难以捉摸、无法分析、心物混杂的神秘领域。景颇族的原始哲学思想也是在天人合一、心物合一的混沌浓雾中产生和发展。在神话的"混沌"中交感而萌的智慧之芽，蕴含了抽象逻辑思维、直觉感悟思维、审美艺术思维等不同思维方式分化与整合的潜能，正因为如此，它是孕育科学、哲学、美学、宗教等的母体。

创世神话可以说是原始宗教的经典，又是原始哲学的主要内容。创世史诗依赖原始宗教得以保存，同时原始宗教的祭司、巫师们又有传唱过程中对创世史诗进行加工改造，加之祭祀的不断进行，创世史诗的世代传唱，使原始宗教的个体情感与群体情感融为一体，两者的融合构成了重要的民族哲学思想。根据景颇族创世神话来看，早期的景颇族首先探讨自己头顶上的天空和日月星辰是从哪里来的，自己脚下的大地是怎样产生的，其次才考虑人类自身是如何产生的。在景颇族创世纪《目瑙斋瓦》中说，能万拉和能斑木占是第一代创世物的天鬼，这一对超凡的男女也就代表着宇宙间的阴阳生源。不仅如此，他俩所生下的第二代天鬼，瓦襄能退拉和能星能锐木占，也是一男一女构成一对。再下面一代，彭干支伦和木占威纯，同样是一对男女天鬼。整个宇宙天地，天上地下的万事万物，基本上就是由这三代天鬼阴阳相交创造出来的。就这样，天与地、日与月、公与母、男与女，相辅相成，构成了阴阳相生的创世之源。具体是能万拉和能斑木占创造了天地、日月。瓦襄能退拉和能星能锐木占分开了白天和黑夜，创造了天上的飞禽，又创造了地下的走兽，还创造了水里的鱼。彭干支伦和木占威纯创造了风雨雷电、高山深谷、河流湖泊，也创造了劳动用的工具和打仗用的武器。据说，他们返老还童四次，为的是最终完成创造万事万物。当他们死时，仍然不忘创世造物之责，最后血肉变成了泥土，毛发变成了草木，脏腑变成了宝藏。关于天鬼们创世的传说，对他们创造万事万物的过程的充满神奇色彩的幻想，形成了原始的创世神话。景颇族创世神话较丰富，除前面提到的创世天鬼之外，在《人类始祖》中也说松昌和诺强创造万事万物的神话传说。传说，松昌和诺强创造万事万物过程中，松昌只是出主意，让他的九个儿子干活，造出了树木和花草，造出了飞禽走兽和昆虫，造出了五谷，甚至建造了军营等。据传，诺强与其妻苏琼一起商量一起干活，也创造了世上的万事万物，还创造了两个人，一个姐姐和一个弟弟。在《格莱格桑》的神话传说中，也提到格莱、格桑创造万事万物的传说。在迷蒙一片的天上，他们想，应该有一个太阳，太阳便出现了。他们又想，夜间应该有一个月亮，月亮也出现了。月亮太孤独了，他们想，应该有星星去陪伴，于是星星出现了，银河出现了。上面的天空和日月星辰有了，他们想，下面应该有地，地果然出现了。他们又想，地上应该有动物，于是蟒蛇、大象、野牛、老鹰、乌鸦等等便出现了。在人类自身的探索过程中，探讨了人是怎样来的。在景颇族《人类从哪里来》中说，天神派山神鬼来地界，据说他是非常凶恶的野鬼，会用泥巴捏人，这些泥人先在他身边跳动，然后一对对走了。在景颇族史诗《目瑙斋瓦》中说，在最早的时候，茫茫大地上除了天神宁贯瓦以外，再也没有别的人了，他感到非常寂寞，就照着自己的形象，用泥巴捏了很多小泥人，其中有男的，也有女的。他将这些小泥人一男一女配成许多对，让他们一家一户地过日子。同样在景颇族史诗《目瑙斋瓦》中关于解释人类起源时说，彭干支伦和木占威纯生下了没有脖子、没有脚圆圆的冬瓜，不知道做什么。潘瓦能桑遮瓦能章把圆圆的冬瓜剖成两半，左边一半放上男性生殖器，右边一半安上女性生殖器，人的模样做好了，但不会动，后来潘瓦能桑遮瓦能章给男人、女人各吹了一口气，男人会呼吸了，女人会说话了，从此有了人类。

参考书目

1．景颇族简史．云南人民出版社，1983．

2．景颇族文化．周兴渤，著．吉林教育出版社，1991．

3．德宏宗教．德宏民族出版社，1992．

4．目瑙斋瓦．李向前整理．德宏民族出版社，1991．

5．云南少数民族生活志．云南民族出版社，1992．

6．景颇族当代文学作品选．云南民族出版社，1990．

7．景颇族语言文字与民俗．赫茨，著．四川民族出版社，1992．

8．德宏州志（综合）德宏民族出版社，1996．

9．景颇族社会历史调查（一）（二）（三）（四）．云南民族出版社，1985．

10．云南民族民俗和宗教调查．云南民族出版社，1988．

11．论原始宗教．蔡家麒，著．云南民族出版社，1988．

12．中国少数民族宗教（初编）．云南民族出版社，1985．